U0898168

CREEF Beijing SW

第四届首都西南区域经济发展论坛论文集

DISIJIE SHOUDUXINANQUYU JINGJIFAZHAN LUNTAN LUNWENJI

主编　唐淑荣

中国经济出版社
CHINA ECONOMIC PUBLISHING HOUSE
北　京

图书在版编目（CIP）数据

第四届首都西南区域经济发展论坛论文集/唐淑荣主编

北京：中国经济出版社，2010.11

ISBN 978-7-5136-0336-2

Ⅰ.①第… Ⅱ.①唐… Ⅲ.①地区经济—经济发展—研究—北京市—文集

Ⅳ.①F127.1-53

中国版本图书馆 CIP 数据核字（2010）第 217261 号

责任编辑　王振岭

责任审读　霍宏涛

责任印制　石星岳

封面设计　任燕飞

出版发行　中国经济出版社

印 刷 者　北京金华印刷有限公司

经 销 者　各地新华书店

开　　本　710mm×1000mm　1/16

印　　张　31

字　　数　500 千字

版　　次　2010 年 11 月第 1 版

印　　次　2010 年 11 月第 1 次

印　　数　1-1000 册

书　　号　ISBN 978-7-5136-0336-2/F·8623

定　　价　56.00 元

中国经济出版社 **网址** www.economyph.com **社址** 北京市西城区百万庄北街 3 号 **邮编** 100037

前 言

在北京明确建设世界城市新目标，深入推进“人文北京、科技北京、绿色北京”建设，全面启动“城南行动计划”和“永定河绿色生态发展带规划”实施的新形势下，由北京市丰台、石景山、门头沟、房山、大兴区政协联合主办，房山区政协承办的第四届首都西南区域经济发展论坛，于2010年9月9日在房山区隆重举办。在前三届论坛取得宝贵经验的基础上，本届论坛坚持继承与创新，进一步丰富了论坛形式，扩展了论坛内涵，达到了预期效果，产生了良好的社会影响。

“论与行”相结合的论坛新理念，意在研讨论证与推动工作落实的有机融合，促成了西南五区区长联席会议制度的建立，有效促进了实际工作的开展。“5+2”的论坛新模式，在原西南五区政协共同主办论坛的基础上，邀请河北省涿州市、固安县政协加盟，更加有助于研究探讨首都西南区域及周边地区发展的重大问题，推动区域交流合作，实现共同发展。“把握机遇 跨越发展”的论坛主题和推进永定河绿色生态发展带规划实施、首都西南区域经济发展方式转变、首都西南城乡一体化发展和首都西南生态涵养发展区建设四个方面的主论内容，与当前首都发展的新形势、面临的新任务紧密契合，凸显了论坛的举办宗旨与核心目标，奠定了论坛成功举办的坚实基础。

本届论坛共征集论文165篇。这些文章紧紧把握论坛主题和主论内容，旁征博引、深入浅出，借鉴性很强。文章的作者有市、区政府领导，市、区民主党派成员和政协委员，科研单位、大专院校知名专家学者及社会各界人士。文章内容有多年潜心研究的心血，有最新的研究成果，有就重大问题的研究，也有对发展蓝图的描绘，还有国内外先进经验的借鉴，等等。这些颇有价值的论坛成果，在“十一五”规划将要结束、“十二五”规划即将开启的重要时刻，将为北京市委、市政府和西南五区的科学决策、民主决策提供重要参考，助推首都西南区域实现又好又快发展。

在本届论坛筹备和举办过程中，北京市委、市政府、市政协，北京市发改委、规划委、水务局等市直部门，西南五区党委、政府、政协，各民主党派市委，部分大专院校与科研机构，河北省涿州市和固安县党委、政府、政协，以及社会各界人士给予了大力支持。在此，我代表论坛组委会，向关心支持本届论坛的各级领导、各位专家学者、各民主党派及社会各界人士表示衷心的感谢！

本届论坛的成功举办可喜可贺，但其研究成果的转化运用更显重要。为此，论坛组委会整理编辑了《第四届首都西南区域经济发展论坛论文集》，以资市、区党委、政府决策参考，业界人士交流借鉴。颇感遗憾的是，由于本次论坛的研究成果较为丰富，本书未能全部收入，在此谨表歉意。借本书出版之际，衷心祝愿首都西南区域经济发展论坛越办越好，为北京建设中国特色的世界城市，为首都西南区域的崛起贡献力量！

第四届首都西南区域经济发展论坛组委会主任

政协北京市房山区委员会主席

唐淑荣

2010年10月

目录
CONTENTS

市直部门和区县政府领导特约论文

永定河绿色生态发展带规划建设管理篇

首都西南区域经济发展方式转变与产业结构调整篇

首都西南区域城乡一体化发展与城镇化建设篇

首都西南生态涵养发展区建设篇

首都西南区域发展综合篇

市直部门和区县政府领导特约论文

站在建设世界城市的战略高度
加快推进首都西南区域新型城市化进程

北京市房山区区长　祁　红

首都西南区域是北京的重要门户，区域面积大，内部子区域情况复杂，既有矿区又有重工业区、农业区，既有平原又有山区，既有城市建成区又有城乡结合部、农村地区。如何更好地促进城乡一体化发展、加快推进新型城市化进程，是西南区域发展中面临的突出问题。

一、加快新型城市化是西南区域发展的必然要求

北京成功举办奥运会和新中国成立60周年庆典后，市委市政府明确提出了建设世界城市的目标。习近平同志在北京调研时指出，北京建设世界城市，要按照科学发展观的要求，立足于首都的功能定位，着眼于提高“四个服务”水平，既开放包容、善于借鉴，又发挥自身优势、突出中国特色，努力把北京打造成国际活动聚集之都、世界高端企业总部聚集之都、世界高端人才聚集之都、中国特色社会主义先进文化之都、和谐宜居之都，充分体现“人文北京、科技北京、绿色北京”的要求。这对首都各区县特别是西南区域提出了更高的要求。首都西南区域在北京城市化进程和经济社会发展中具有重要地位，承担着承接中心区功能转移、人口疏解和综合服务功能。我们在首都建设世界城市过程中，既要抢抓机遇、加快发展，又要强调联动、整体提升，为促进首都城乡一体化发展做出积极的贡献。

目前，西南区域突出的特征是城乡并存、工矿业退出和区域转型。我们认为，抓住城乡统筹和一体化就抓住了区域发展的核心，从而以新型城市化实现区域转型升级，促进发展方式转变和产业结构优化调整；实现富裕百姓惠及民生，改善农民生产生活方式，将首都发展、世界城市建设的

成果惠及民众；促进区域协调发展，加快城乡一体化进程；解决好发展和生态的关系，实现土地资源集约高效利用，资源型产业有序退出，友好产业加快形成，经济社会与生态环境和谐共进。为此，我们应加快达成共识，密切协作，抢抓首都当前推进城乡一体化带来的重大机遇，努力探索并深入实践西南区域新型城市化的模式与有效路径，共同加快新型城市化步伐。

二、房山加快城市化进程的措施与成效

从房山近年来推进城市化的实践历程看，既有经验、也有教训，总体上认识在不断加深，思路在逐步清晰，实践成果正在逐步显现。特别是近两年来，全区上下认真总结过去的成功经验，立足当前全力应对金融危机影响，同时立足长远深入研究首都经济发展规律和特征，结合深入开展学习实践科学发展观活动，提出了“三化两区”的发展新思路，即“坚持科学发展，加快城市化、工业化、现代化进程，建设产业友好、生态宜居新房山”。明确了发展的新路径，就是坚定不移地走新型城市化道路；确定了总抓手，就是突出抓好“两轴、三带、五园区”建设，努力形成城市化带动与功能区支撑互动发展的新格局，努力走出一条以城兴业、以业促城的新路子。我们之所以提出把新型城市化作为第一拉动力，主要是基于以下认识：

一是加速推进城市化是落实“三个北京”要求、缩小与全市发展差距的必然选择。对照“三个北京”要求，与首都整体发展水平相比，我区还存在较大差距。对房山来说，落实“三个北京”要求，就是要以科学发展观为统领，加快推进城市化、工业化、现代化进程，全面落实功能定位，逐步缩小与全市整体发展差距，这是我们提出“三化两区”新思路的现实基础。

二是加速推进城市化是融入全市城乡一体化发展新格局、实现跨越发展的必然选择。以奥运会为标志，北京进入了新的发展阶段，呈现出经济增长优质化、城乡发展一体化、建设管理集约化、改革创新制度化、城市发展国际化、公共服务均等化的阶段性特征。与“六化”标准相比，房山存在较大落差，主要原因在于我们主动融入市区的程度不够，只有加快城市化进程，才能逐步缩小落差，这是我们提出“三化两区”新思路的客观

依据。

三是加速推进城市化是我们抢抓机遇、实现经济发展方式转变的必然选择。近两年，北京市的政策发展导向正逐渐倾向首都西南地区，城南行动计划、永定河绿色生态发展带建设等一系列政策为我们高起点规划建设新城、加快重点功能区建设、打造区域经济新的增长点带来了历史性机遇，同时也使我们面临着加快转变经济发展方式的压力。要加快发展，就必须强化首都意识，立足首都谈发展，着力引进市区优质资源和先进要素，这是我们提出“三化两区”新思路的内在动力。

在新思路的引领下，全区经济社会实现了跨越发展，城市化水平不断提高。主要体现在四个方面：

一是区域城市空间体系初步形成。围绕新城规划，在原有城镇体系的基础上，构建了以良乡、燕房两大新城组团为核心，以长沟、窦店、琉璃河、韩村河四个中心镇及长阳、阎村、青龙湖等众多建制镇为重点的城镇体系，建立了新城、重点镇、一般建制镇、中心镇四级城镇空间结构体系，为优化城乡空间资源配置确定了方向。在城镇规划体系逐步完善的基础上，新城开发建设步伐加快。2009 年我们完成 117 亿元土地储备任务，土地收益大幅增加，达到 27.6 亿元，表明城市化第一拉动力作用开始显现，为“十二五”的大发展打下了良好基础。

二是城市综合承载功能不断提升。始终坚持基础设施先行的方针，全区道路交通承载能力进一步提升。进城通道建设快速推进，轨道交通房山线实现了试运行，拆迁速度和建设速度创下了房山建设史上的新纪录。京石客运专线、京石第二高速、京良路及西延线、丰良路等道路正在建设或开展前期准备。区域路网进一步优化。长周路竣工通车，良黄路改建工程开始施工，5 条城市道路相继建成。实施了“引磁入房”“引万入良”、良乡污水处理厂、集中供热等一大批市政工程。随着新城基础设施的逐渐完备，吸引了中粮万科、中铁、上海绿地等大企业相继到我区投资开发，房山新城面貌正在加快改善。

三是城市经济带动效应日趋显现。在推进城市化进程中，我区始终把城市建设和产业集聚紧密结合起来，依托城镇建设布局推动经济布局调整，在全区形成“两轴、三带、五园区”的区域发展新格局。“两轴”即京石高速公路发展轴和良乡组团、燕房组团连接线发展轴。“三带”即东部发展带，包括京石高速公路以东、永定河以西地区，重点发展休闲购物、现代制造、都市农业等产业，打造城市前沿发展区；中部发展带，包括京石高速公路以西平原地区，以燕房组团为核心，重点发展石化新材料产业，辐射带动周边地区，形成中部城市集群；西部山区发展带，依托山水文化资源，重点发展休闲旅游、文化创意等低碳高端产业，以浅山区发展的突破带动山区整体发展。“五园区”即北京石化新材料科技产业基地、窦店现代制造业产业基地、中央休闲购物区（CSD）、中国房山世界地质公园和中国北京农业生态谷五个重点功能区。此外，北京良乡高教园区、北京西南良乡物流基地、北京中核科技产业基地和青龙湖高端葡萄酒庄园也在加快推进。

四是民生问题持续改善。抢抓机遇，力促山区与平原统筹协调发展。今年5月底，房山彻底结束了千年煤炭采掘史，关闭了最后一批小煤矿，非煤矿山也在加快退出。同时，着力实施了山区人口迁移工程，在平原地区采取集中与分散安置相结合的方式，迁出部分山区群众，促进了全区的一体化发展。在完善城镇公共服务功能上，我们着力补足短板，实施了一批文教卫体公共服务设施工程，还取得了国家卫生区称号。随着城市综合服务功能的不断完善，农村人口向城镇转移的速度呈现加速趋势。2009年底，全区非农业人口达到40.4万人，占人口总数的52.6%。

尽管我区城市化水平有了明显提高，但受城乡二元体制和农村发展水平的制约，还有不少问题：

一是我区城市化水平与全市整体水平差距仍然很大。由于受思想认识、交通瓶颈等因素制约，房山融入市区的广度和深度不够，加之建设资金缺乏等因素制约我区城市化水平与全市整体水平差距仍然很大，城市化对区域经济社会发展的龙头带动作用尚未充分显现。

二是新城形象和城市功能与首都城市发展新区的要求还不相称。近年来我区虽然加大了新城基础设施和公共服务设施的投入，但由于新城建设尤其是良乡组团基础设施建设起步较晚，市政配套设施和生态环境建设欠账太多，与新城发展还不同步。

三是城镇统筹发展能力还需进一步优化。受土地资源制约影响，我区新城规模偏小，空间不足的问题仍很突出，建设档次、环境面貌、综合竞争力和辐射带动能力与发达地区和先进兄弟区县还有较大差距。

四是城市化与功能区尚未形成互动发展的良性态势。受城市化进程相对滞后的影响，园区（基地）发展速度还不够快，整体优势还不突出，对城市发展的支撑作用明显不足。

三、推进体制机制和政策创新，构建西南区域新型城市化建设保障体系

结合首都发展形势和我们自身的实践，我们认为，西南各区县应按照“一条主线、四位一体”的总体思路，加快推进西南区域新型城市化进程。

“一条主线”：即全面提升西南区域城乡一体化发展水平，实现区域综合服务功能和承载力显著增强，城市规划建设与管理水平全面提高，城乡基础设施和公共服务更加完善，形成西南区域“经济高效、社会和谐、功能完善、环境友好、城乡共进”的新型城市化发展格局。

“四位一体”：即促进产业发展、民生改善、基础建设、机制创新四个方面均衡发展，支撑西南区域新型城市化建设。力争将西南区域确立为“北京新型城市化试验区”，用 10 – 15 年左右的时间将西南区域建设成为北京乃至全国新型城市化的先导区和区域转型升级的示范区。

围绕“一条主线”和“四位一体”，我们应在市级层面共同争取支持，做好以下几件事情：

一是强化规划对西南区域新型城市化的宏观引导。积极争取将西南区域确立为“北京新型城市化试验区”，促成出台先行先试的扶持政策。在北京市“十二五”规划中，将推进西南区域新型城市化作为重要内容，从战略思路、发展目标、实现路径、重点任务等方面进行宏观引导。筛选一批重点功能区和重大项目，争取纳入北京市发展规划。

二是构建西南区域协调发展联动机制。争取在市级层面建立统筹西南区域新型城市化的长效机制，推动政策资金扶持向西南区域倾斜。加强西南区域间的交流合作，成立西南区域新型城市化发展协调小组，共同推进重大事项。

三是加大在土地供应、住房保障、生态补偿等方面向西南区域倾斜力度。增强土地规划的弹性和可操作性，在空间上合理安排一定的建设用地弹性发展区，在控制指标上留有一定的弹性和机动空间。完善生态补偿机制，争取市级对永定河治理、废弃矿山修复、生态建设重点工程给予政策

和资金倾斜。

四是设立专项资金、拓展社会融资渠道保障西南区域城市化建设资金。研究设立“首都西南区域新型城市化专项资金”，用于区域基础设施与市政设施投资、重点产业功能区建设投资。引入市场竞争机制，引导企业、中介机构等社会力量参与投资，将基础设施、公共设施项目的建设、经营、管理、维护等职能逐步从政府分离出来。

五是搭建西南区域新型城市化科技和人才支撑平台。积极与市级有关部门进行沟通和协调，加强新型城市化重点领域关键技术研发，对重大科技问题联合攻关。争取市级相关人才引进政策对西南区域的倾斜，适当放宽对西南区域急需专业人才的户籍管理设立专业化人才引进“绿色通道”。

生态为本　基础先行
全力建设永定河绿色生态发展带

北京市丰台区代区长　崔　鹏

永定河千百年来生生不息，哺育了燕赵大地一代又一代优秀儿女，孕育了北京深厚的文化底蕴和独特的人文资源。奥运会后，为加快推进首都南部地区发展，市委市政府出台了《促进城市南部地区加快发展行动计划》，并明确提出构建“一轴一带多园区”的城市南部地区产业发展格局，其中“一带”就是指永定河绿色生态发展带。对首都而言，永定河绿色生态发展带是市委市政府践行“三个北京”发展战略，着眼建设中国特色世界城市提出的一项重大决策；是深入贯彻落实科学发展观，加快转变发展方式，促进经济社会全面协调可持续发展的具体体现。对西南五区来说，永定河的开发建设有利于建立京西南绿色生态屏障；有利于拓展西南地区的发展空间，改善投资环境；有利于提升西南五区人民的生活环境和生活水平。对丰台来说，永定河绿色生态发展带（丰台段）的建设是我区推进城南行动计划落实、带动河西地区发展的重要引擎，是融合商务服务、文化创意、旅游休闲和高新技术产业的绿色生态发展带，是推进浅山区土地利用、统筹城乡一体化发展的生态文明综合示范区。总之，通过建设永定河绿色生态发展带，能够有效治理永定河沙化问题，恢复河道生态环境，建设沿河生态文明，发展水岸经济，在落实北京城市总体规划、加快北京建设国际性宜居城市等方面发挥重要作用。

按照刘淇书记提出的“统筹规划，合理布局，科学设计，注重细节，加快推进永定河绿色生态发展带建设，打造山清水秀的京西绿色生态走廊，为建设中国特色世界城市提供支撑”的总要求，以及郭金龙市长提出的“要化腐朽为神奇，满怀信心地把园博园所在地的荒滩、垃圾场建设成为生态新区，为打造西南部地区新的增长极奠定坚实基础”的工作目标，丰台区委区政府会同国家及市有关部门研究制定了《丰台区永定河绿色生态发展带建设发展总体实施方案》，为这一地区的长远发展奠定了坚实的基础。

一、加强整体规划

永定河绿色生态发展带（丰台段）规划面积55平方公里，其中规划建设用地29.4平方公里，绿地和水域用地22.6平方公里，分别占总规划面积的48.5%和37.3%，依山傍水，生态环境优美。我们将以永定河沿岸丰富的生态环境资源和深厚的历史文化积淀为依托，突出历史文化底蕴、聚揽园林艺术精华、再现卢沟晓月美景、塑造水岸经济名片，把丰台段打造成为具有国际一流水准的绿色低碳生态发展带，成为北京母亲河上一个贯通京西水系、汇聚八方财智、传承古今文化、融合中西文明、见证盛世辉煌的璀璨明珠。

二、改善生态环境

根据北京城市总体规划，永定河绿色生态发展带将自上而下形成溪流——湖泊——湿地连通的河流生态系统，建成各具特色的生态自然景观、城市景观、田园景观，形成“一条生态走廊、三段功能分区、六处重点水面、十大主题公园”的空间景观布局。丰台区重点要完成宛平湖、晓月湖生态系统构建，建成绿色生态走廊13.6公里，恢复水面41万平方米，增加蓄水91万立方米，增加绿化覆盖面积2万平方米。我现在可以告诉大家，经过市区各方面的不懈努力，宛平湖已于近日顺利实现蓄水，其他重点项目也在有序推进。此外，我们还将建设园博会历史文化园和河滩生态湿地，形成水面16万平方米，恢复植被130万平方米，形成40公顷潜流湿地，彰显永定河有水有绿、水绿相融的生态休闲功能。

三、提升基础设施

通过市区联动，加快实施一批轨道交通、城市道路、供排水、能源电力等项目，基本构建起永定河（丰台段）两岸基础设施支撑骨架。其中，以地铁14号线一期为轨道交通建设重点，以梅市口路西延、京良路、京周路等为道路建设重点，力争新增城市主干道25公里，次干道及内部交通廊道30公里，为高端要素快速流动创造便利条件。现在可以告诉大家的是，地铁14号线从西局到园博园段已经率先启动拆迁，2013年园博会举办之前将确保实现通车，为园博会的顺利举办创造条件。另外，我们还将配合市有关部门建成南干渠、大宁调蓄水库等南水北调工程，以及青龙湖污水处理厂、卢沟桥再生水厂、河西再生水厂及配套管网等供排水工程，以补充生态水源，为永定河地区生态环境建设提供保障；力争建成北宫、东河沿和南营3个变电站，增强区域能源保障能力。

四、优化产业结构

我们将以深度挖掘和弘扬永定河文化为抓手，以统筹河道内生态修复和区域产业升级为重点，以文化品质、现代科技和绿色生态优势吸引高端人群、高端产业要素，构建以文化创意产业和高端商务服务业为“双引擎”、以高新技术和生态休闲文化旅游为“双支撑”、以高端制造业和观光农业为“双补充”的产业格局，打造绿色生态新空间和高端产业新区域。

当前，最重要的就是全力以赴筹办好2013年第九届中国国际园林博览会。园博会会址位于永定河绿色生态发展带的核心区域，总占地267公顷，将建设主展馆、国家园林博物馆等重点工程。它的规划设计将体现中国文化的精髓，突出北京的鲜明特色。我们将充分运用现代手法表现中国文化的深刻内涵，使整个园区景观与文化背景相协调、与周边环境相一致，既传承历史，又充满现代感。同时，积极利用在京园林行业科研院所等资源优势，打造园林行业交流中心、信息中心、展示中心和创新中心，大力发展园林园艺会展经济。

美好的前景离不开脚踏实地的努力。我们将遵循远期着眼、近期着手相结合的原则，按照“三步走”发展战略，分阶段统筹推进“三个一批”重大工程，包括集成一批重大政策、实施一批重点项目、举办一批重大活动，力争实现以重大工程促发展，以精品工程塑形象，“一年一变样、三年大变样、五年成规模、十年大发展”。具体来说：一是坚持政府推动、市场运作。一方面注重发挥政府的主导作用，明确区域功能定位，加强产业功能和布局规划，统筹土地一级开发；另一方面注重发挥市场在资源配置中的基础性作用，采取灵活多样的市场化运作方式，积极吸引社会资本参与建设发展。二是坚持统筹兼顾、总量平衡。面对发展中的诸多矛盾和问题，必须统筹好当前与长远的关系，按照统一规划、连片开发、集中推进、协调发展的原则，对高端功能区、公共服务设施等方面的建设进行统筹考虑，实现各类资源总量动态平衡。三是坚持重点突破、有序推进。重点抓住基础设施、产业功能区、主导特色产业和民生改善四大领域，努力提升永定河沿岸地区的自我发展能力；注重把握开发时序，优先选择重点区域为突破点，整体带动永定河沿岸地区的建设发展。四是坚持区域协调、合作共赢。充分抓住实施城南行动计划的机遇，加强市区联动，在市政府的统筹协调和支持帮助下，充分发挥西南五区的积极性、主动性和创造性，妥善处理市区之间、区域之间、政企之间、不同投资主体之间、村集体和农民之间的利益关系，实现区域协调发展与合作共赢。

永定河绿色生态发展带既是北京的，也是中国的，又是世界的；她的开发建设，对我们来说既是机遇，又是挑战，更是永定河沿岸人民群众的殷切期盼。我们坚信，在市委市政府的正确领导下，经过西南五区全体干部群众的共同努力，永定河必将建设成为集文化、科技、生态为一体的发展带；这条母亲河必将再次绽放她不老的容颜，焕发出蓬勃的生机！

抓住世界城市建设机遇
加快首都西南地区发展

北京市石景山区区长　周茂非

打造世界城市，是市委、市政府着眼新阶段、新形势确立的首都发展新目标、新定位。在市域范围内构建网络化大都市，西南地区具有区位条件优越、土地资源丰富等后发优势，是辐射京津冀腹地的枢纽。西南五区应联动起来，以世界城市建设为契机、以永定河绿色生态发展带建设为纽带、以首钢新兴产业基地等项目建设为先导，加强协作、整体谋划，形成合力、互利共赢，共同推进区域经济又好又快发展。

一、以世界城市建设为契机，加快京西南地区发展

世界城市目标的确立，对推进全市全面协调可持续发展提出了更高要求，也凸显了加快发展西南区域的紧迫性。

（一）加快西南区域发展，是落实市委、市政府重大决策部署的必然要求

北京城市总体规划（2004 年—2020 年）提出了“两轴 - 两带 - 多中心”的城市空间结构，明确了西南区域发展定位。刘淇同志在市十次党代会上强调要“科学规划、切实提高西部地区的发展水平。”市政府正式启动了《促进城市南部地区加快发展行动计划》。加快西南区域发展，是市委、市政府改变“北强南弱、东重西轻”不平衡不协调状况的重大决策。

（二）加快西南区域发展，是推进世界城市建设的重要抓手

西南区域土地空间资源丰富、生态环境条件优越、交通条件不断改善，随着首钢搬迁、永定河绿色生态发展带建设以及北京第二机场项目启动、“新南站”经济圈形成，实现跨越式、高水平、高起点发展成为可能，

必将形成世界城市建设的有力支撑。

（三）加快西南区域发展，是改变地区落后面貌、改善和保障民生的迫切需要

由于多方面原因，西南地区经济发展起点较低，基础较差，与全市整体发展水平相比，仍然存在较大差距。大力加强重大公共服务、交通、市政基础设施建设，对提升区域公共服务水平，改善和保障民生具有重要意义。

二、以永定河绿色生态发展带建设为纽带，提升京西南地区发展水平

市委、市政府高度重视西南区域发展，将永定河绿色生态发展带建设列入2010年重点建设项目，成立市级协调机构，投资170亿元全面启动了工程建设。到2014年全部工程完工后，将建成长170公里、面积约1500平方公里的生态走廊，成为联系西南区域经济发展的纽带，对改善投资环境、形成规模经济具有重大意义。我们一定要紧紧把握这一历史机遇。

（一）科学合理规划西南区域产业布局

西南五区经济发展落后的根本原因在于产业发展滞后，尤其是高端产业集聚度低。加快经济发展转型，加速大项目引进和落地，形成新的高端产业聚集区是加快京西南地区发展的必然路径选择。我们要以首钢主厂区、石景山、门城地区为依托的京西滨水创意商务区，以良乡—长阳组团、燕房组团为重点的京西新型工业化发展区为发展“双核”；打造沿永定河、108国道、109国道3条山水生态发展带；培育壮大生产性服务业、高新技术、文化创意、旅游休闲、特色农业5大新兴替代产业，重构西南区域产业发展空间布局，共同打造西南区域跨越式发展的强力增长极。

（二）大力强化西南区域基础设施建设

在市政基础设施建设投入上，西南区域长期以来置于全市发展规划和建设的后位，城市主干路、水、电、气、热、通信以及绿化造林、水系治理、环境保护等方面的投入严重不足。在现阶段要推进西南五区发展，必须大力强化基础设施建设，形成良好的发展环境，吸引高端产业的聚集。

（三）全面加强西南区域协作联动

西南区域发展涉及西南五区和首钢等多个政府和企业主体，应按照集聚发展、梯次开发的原则加强区域协作联动，充分发挥重点产业项目的引擎作用。针对西南区域功能定位和发展要求，在产业项目开发进度上，应优先安排一批辐射能力强的重大项目，如首钢新兴产业基地、新航城以及南苑综合商务区等市级高端产业功能区。同时要协同推进各区现有重点功能区和重点产业项目的发展，如丽泽金融商务区、门城新城综合服务区、燕房新材料产业基地、大兴生物医药产业基地等，促使其更好更快地壮大起来。

三、以首钢新兴产业基地建设为先导，加快推进京西南地区高端产业聚集

市委、市政府高度重视首钢搬迁、替代产业发展及推进原厂区开发建设工作，成立了郭市长担任组长的首钢规划建设及产业调整改造领导小组。郭金龙同志强调，“要努力把首钢原厂区建成加快转变经济发展方式的示范区，建成首都生态文明建设的重点区。”首钢新兴产业基地建设在西南区域发展具有重要的先导作用。

（一）发挥独特区位优势，吸引高端产业聚集

首钢主厂区达8.56平方公里，以首钢为核心的协作发展区规划范围总用地达43平方公里，跨石景山、丰台、门头沟三个区，位于北京西部发展带和东西轴——长安街延长线的重要节点位置，具有突出的区位优势。今年年底首钢主厂区涉钢产业全部停产后，首钢地区将依托自身的区位优势，发展成为北京城市西部的创意中心，吸引高端产业聚集，重点发展高新技术研发与总部经济区、创意产业密集区、现代服务业密集区、水岸经济区等四大产业区。

（二）发挥基础条件优势，实现高水平规划建设

作为老工业区，首钢新兴产业基地市政基础设施齐备、交通条件便利，具有优化发展的条件。区域内拥有五环路、阜石路和莲石路等构成的城市快速路网和地铁1号线，长安街西延线将穿过首钢主厂区直达门城；还拥有丰沙铁路、京原铁路、京门铁路和即将于年底开工建设的市郊铁路

S1 号线等铁路交通；三环、四环、五环路、六环路，108 和 109 国道分别从西南和西北方向构成首钢新兴产业基地对外联系的通道。目前，首钢新兴产业基地建设的前期准备工作如主厂区规划、区域功能定位和产业发展研究、首钢主厂区土地一级开发和基础设施规划建设等工作正在市领导小组的统一协调指挥下有序进行，取得了阶段性成果，为彻底停产后快速启动开发建设奠定了扎实基础。

（三）发挥辐射带动优势，全面提升西部地区发展水平

朝阳 CBD 地区作为北京城市发展格局“一轴”、“一带”的东部节点，经过近 20 年的发展，已初步形成了以国际金融为龙头、高端商务为主导、国际传媒聚集发展的产业格局，带动了整个东部的发展。而首钢新兴产业基地作为一轴一带的西部节点，通过优先形成高端产业聚集，将会极大地发挥辐射作用，引领周边产业的升级，带动整个北京市西南部地区的发展。

四、关于加快京西南区域发展的三点建议

（一）建议整体联动，制定“城西建设行动规划”

建议在市政府已经出台的《促进城市南部地区加快发展行动计划》的基础上，制定“城西建设行动规划”，统筹谋划城西地区产业布局、空间布局，统筹安排城西地区重大产业项目和基础设施项目。按照集中力量、统筹各方、分期分批的原则，以功能提升为重点改善地区的形象，以基础设施提升为抓手优化发展环境，以产业聚集和生态创新为主线带动区域经济发展，以公共服务提升为保障促进民生改善，有步骤、分阶段实施一批重大工程，配置一批重大项目，打基础、调结构、上水平，使西南区域相对滞后的面貌得到明显改善，为世界城市建设奠定更加坚实的基础。

（二）建议科学调整区划，打造西部横三轴经济区

相比于长安街东轴区域，长期以来西轴区域发展严重滞后，行政区划划分不尽合理，制约了其辐射带动作用的有效发挥，造成了“东重西轻”的发展不平衡现状。我们建议，应根据首都发展的客观形势和规律，以西长安街延长线为核心，阜石路和莲石路两条城市西部主干道为两翼，着力打造西部横三轴经济区，通过统一规划，分阶段实施，力争用两个五年规

划的时间，建成行政办公、商务办公、总部办公功能，金融服务、研发设计服务、商务服务、文化创意等高端服务业聚集，创意、创新、总部特征凸显的国家级示范区，形成与CBD相呼应的首都创意发展新区。为统筹推进西部横三轴经济区的开发与建设，建议市委、市政府考虑对分别隶属于海淀、石景山和丰台三个区的长安街西轴区域的行政区划进行局部适当调整。通过区划调整，有效克服在现行体制下造成的西轴区域内部产业规划不相协调、经济联系阻隔和行政协调成本高昂等弊端，加快西轴区域的开发建设步伐。我们认为，打造西部横三轴经济区，不仅对带动整个城市西部的发展有重要意义，而且对北京科学建设世界城市的空间体系、功能分区、建设框架和发展秩序，在更大范围内更为高效地配置、整合和转化资源都具有重大战略意义。

（三）建议下放部分行政审批权，扩大西南五区发展经济自主权

西南五区干部群众都有加快区域经济发展的迫切愿望、信心和决心，但因为一些政策因素，导致符合区域发展定位的大项目引进难、落地难，严重制约了区域经济发展。建议市委、市政府进一步简政放权，扩大区一级行政审批权，按照“能放则放、能扩则扩”的原则，把一些原需市职能部门审核、审批的权限，下放到区级政府。尤其是在重大项目审批、土地、规划、市政、环保、工商等方面赋予区级政府更大的发展自主权，进一步激活西南五区发展的活力与动力。

抢抓机遇　携手合作
共同加快首都西南区域经济发展

北京市门头沟区区长　王洪钟

首都西南区域包括丰台区、石景山区、门头沟区、房山区、大兴区，五区地缘相邻，文脉相通，发展条件相近，资源互补性强，通过开展区域经济合作，实现西南区域快速发展，对于建设“三个北京”和有中国特色世界城市具有重大的意义。

一、西南区域面临的主要问题及加快发展的重要意义

近年来，首都西南区域经济社会发展取得了显著成就，但是受历史及自然等多方面条件的制约，西南区域与北京整体发展水平还存在一定差距。主要表现在：

（一）经济发展水平相对落后

2009 年，西南区域占全市 30% 的土地和 27% 的人口，仅创造了北京市 12.5% 的地区生产总值和 7.8% 的财政收入，经济总量较低，缺乏能够带动全局发展的重大建设项目和产业项目，与中心城区和城北、城东地区相比，经济社会发展差距较大。

（二）基础设施相对薄弱

近年来，首都西南区域基础设施有了较大改善，但是由于起点低、基础差，区域次级道路及水、电、气、热等相关基础设施非常滞后，山区快速路缺乏，五区间交通一体化水平较低，已经严重制约区域经济的发展。例如门头沟区的公路总里程、路网密度以及高等级公路所占比例均为全市最低。

（三）群众生活水平较低

由于历史和自然条件等原因，西南区域的群众生活水平与中心城区差

距较大，特别是关闭以资源开采为主的生产企业，直接或间接造成大量劳动力失业，成为北京市登记失业率最高的地区，残疾人和享受低保人群比例也在全市最高，医疗、教育、文化、体育等设施欠账较多，社会事业整体发展水平相对落后。特别是门头沟区还有近7平方公里的采空棚户区，近3万人长期居住在低矮破旧的小平房内，居住条件和生活环境亟须改善。

（四）产业结构调整任务十分艰巨

西南区域主要是能源和矿业开采企业，集中了石化、煤矿、大理石、石板等建材产业，随着首都经济转型步伐的加快，均面临着产业结构调整的问题。尤其是门头沟区和房山区，在历史上均以采矿业和石材开采业为主要经济来源，近年从服务首都的大局出发，关闭了全部的乡镇煤矿和石材开采企业，原有的支柱产业退出，新的替代产业尚未形成，结构调整存在较大困难。

（五）思想观念有待进一步更新

从门头沟区的实际来看，一些干部的思想观念还不能适应市场经济形势的变化和科学发展的需要，习惯于传统的思维观念和工作方式，“等、靠、要”和畏难的思想还不同程度存在，对促进地区跨越式发展存在思想障碍。

当前，市委、市政府提出了加快建设“人文北京、科技北京、绿色北京”和建设有中国特色的世界城市的目标，启动了首都新一轮的发展战略，为西南区域加快发展创造良好的宏观环境。

首先，加快西南区域发展是北京市落实科学发展观、转变经济发展方式、实现区域协调发展的必然要求。西南五区面积为4866平方公里，占全市的30%；户籍人口285.5万人，占全市的24%，在全市经济发展和城市空间格局中处于重要地位。没有西南区域的现代化，就没有北京的现代化。加快西南区域的发展，对于改变北京“东北重、西南轻”的城市空间格局，转变经济发展方式，实现区域协调可持续发展具有重要推动作用。

第二，加快西南区域发展是北京调整经济结构、实现产业高端化发展的重要手段。从保护首都环境大局出发，西南五区不断加快淘汰高耗能、高污染传统工业的步伐，坚决退出对生态环境造成较大破坏的资源开采业和传统种植业、养殖业，大力发展高新技术产业、旅游休闲文化产业和现代服务业等生态友好型产业，逐步明晰了高端化的产业发展思路。这对于充分发挥西南五区的区位优势、资源优势和产业基础优势，吸引生产力要素的快速聚集，拓展首都城市功能，实现人口和产业的合理布局具有十分重要的意义。

第三，加快西南区域发展是建设“三个北京”和有中国特色世界城市的客观选择。首都西南区域山地面积大，拥有北京的母亲河—永定河，是北京重要的生态屏障。按照“三个北京”和建设有中国特色世界城市的要求，全面加强西南区域生态环境建设，加快永定河综合治理和山区生态修复步伐，加大生态保护和生态涵养力度，必将极大改善区域形象和城乡面貌，切实加快宜居城市和低碳城市的建设步伐。

第四，加快西南区域发展是北京改善民生、促进社会事业发展的迫切需要。努力用加快发展的办法去解决面临的困难、矛盾和问题，不断加大民生事业的投入，大力提升群众生活水平，切实改善弱势群体的保障水平，着力做好就业工作，加强文化、教育、卫生等公共服务设施建设，加快采空棚户区和旧城旧村改造，全面提高西南区域群众的生活环境和生活质量，对于首都构建和谐社会首善之区具有十分重要的意义。

第五，加快西南区域发展是北京辐射周边，带动京津冀地区共同发展的有效途径。首都西南区域是北京重要的综合交通门户和枢纽。加快西南区域的发展，将进一步优化首都产业布局，更好地辐射带动周边区域发展，实现京津冀城市圈发展的良性互动。

此外，首都西南区域是革命老区，有着艰苦奋斗、无私奉献、服从大局的光荣传统，为首都发展做出过巨大贡献，房山、丰台、门头沟都曾为北京抗战胜利做出了不朽贡献，解放后，房山和门头沟作为北京主要能源产地，为首都现代化建设贡献了“一盆火”。近年来，西南区域又从服务首都大局出发，承接首都生态涵养功能，坚决退出资源开采业，为建设首都西部的生态屏障做出了积极贡献。门头沟区还服从全市大局，积极承担了垃圾焚烧、火化场等一大批资源处理项目工程。西南区域的发展应该得到全市更多的关注，得到更多的政策和资金支持。

二、加快推进首都西南区域发展的政策建议

加快首都西南区域发展需要结合实际，认真解决历史欠账和遗留问题，在政策、项目、资金方面制定具体的措施。在此，我对促进首都西南

区域发展的政策提出几点建议。

（一）提升西南区域的整体战略功能定位

西南区域在北京市整体战略规划中主要承担着城市功能拓展、生态涵养等功能，产业发展的功能相对弱化，缺乏高端产业功能区，与城市东部、北部存在较大差距。应统筹考虑提升西部地区的区域功能定位，加大市级政策支持力度。例如：尽快研究出台促进西南区域发展的意见，形成支持西南区域发展的一揽子优惠措施和具体方案；支持门头沟新城、石景山以及丰台区北部地区共同建设首都西部综合服务中心。

（二）支持西南区域加快产业结构调整

西南区域普遍面临结构调整的困难，尤其是门头沟区和房山区，长达上千年的采煤业退出后，农民就业增收压力较大，急需政策资金支持山区发展替代产业。建议北京市针对西南区域产业转型的实际困难，增加政策支持和优惠力度，通过产业发展增强自身“造血功能”，实现产业转型和群众增收。例如门头沟区在发展沟域经济和加大招商的过程中，受建设用地不足的制约，大批符合功能定位的项目无法落地，我们建议对沟域经济参照第二道绿隔的政策，按照沟域面积 3－5% 的标准确定建设用地指标。同时采取产权置换的方式，将废弃矿山腾退出的工矿用地，置换出同比例的建设用地。此外还要支持山区发展替代产业，给予矿山关闭地区 5－8 年产业结构调整资金补贴；在尽快完成永定河绿色生态带治理的同时，制定统一的产业发展规划，促进永定河水岸经济的发展。

（三）加大对生态修复资金的支持力度

由于长期的煤矿开采，使房山及门头沟山区生态得到了较大破坏。近年来，随着生态修复力度的不断加大，西南山区环境有了明显改观，但是距离首都生态屏障的要求还有很大差距，急需得到更大力度的支持。此外，为更好保护生态环境，西南山区生态管护的面积逐年增加，区财政每年负担 50% 的生态管护资金压力较大，建议市政府建立特殊补偿制度，由市财政对生态管护资金实行全额投入，帮助西南山区更好地保护林木资源，继续加大植树造林的力度。

（四）加快西南区域基础设施建设步伐

基础设施是区域经济发展的基础，西南各区应当建立统筹发展、互利共赢的合作机制，努力争取市级财政对西南区域基础设施建设的支持，争取更多市级基础设施建设重点项目落户西南区域，同时在市、区财政资金投入配比中，适当提高市级资金投入比例。建议尽快开工建设109国道复线高速路，使深山区旅游优势资源发挥应有的经济效益。打通连接门头沟和房山的西部旅游环线，带动灵山、百花山、百草畔等景区联动开发，形成发展旅游的整体优势。

（五）加快山区群众搬迁步伐

门头沟及房山深山区还有数万农民，居住较为分散，发展社会事业的成本较高，容易对生态环境带来破坏。为加强生态涵养区的保护，提高山区群众生活质量，建议加大搬迁力度并给予相关政策支持，引导山区居民相对集中。

（六）全面提升公共服务质量和水平

市政府应加大对西南区域公共服务领域的投入，采取名校办分校、名院办分院、资源整合及改革等方式，不断加快教育、文化、医疗、体育等公共服务设施建设步伐，全面提升西南区域社会事业发展水平。

三、门头沟区加快发展的思路与对策

门头沟区是革命老区，由于历史和自然条件等原因，经济社会发展处于相对落后位置，经济总量低，财政收入、固定资产投资在五区中均排名靠后，弱势群体多，就业压力大，人民群众的生活水平还需要从根本上改善，特别是棚户区面积较大，在加快完成现有3.1万户8.5万人的采空区安置任务的基础上，又准备用三年时间完成40万平方米近2万人的工矿棚户区改造任务，拆迁安置难度非常大。煤矿开采业全部退出后，地区正处于产业结构转型和新型替代产业培育的艰难时期，在实现生态涵养基础上加快产业发展，是门头沟面临的难题。为在首都新一轮发展中紧抓机遇，缩小与其他区县的差距，门头沟区围绕地区功能定位，通过深入调研和科学论证，对地区发展进行了重新定位，确立了在“十二五”期间将旅游文化休闲产业作为地区经济发展的主导产业，加快打造首都西部综合服务区（Western Service District，简称WSD）的全新发展思路。

“十二五”期间，门头沟区将按照生态涵养发展区和西部综合服务中心功能定位的要求，正确处理生态涵养和经济发展的关系，依据加快建设新城区、规划发展浅山区、保护涵养深山区的思路，着力打造“首都西部综合服务区”（WSD），重点发展依托首都、面向世界、服务市民的旅游文化休闲产业。在空间布局上，确定了“一带、两线、三点”的空间发展思路。

一带：打造永定河绿色生态发展带。这“一带”的建设从产业布局上，主要是按照全市关于加快永定河水岸经济的总体部署，优化永定河门头沟新城段15公里两侧的产业空间布局，重点打造龙泉休闲商务区、门城生态商务区、永定滨水商务区和三家店旅游文化休闲区，积极争取大型国内外企业集团的高端产业项目落户我区，吸引更多优势发展要素向该区域聚集，大力发展商务服务、金融证券、旅游度假、文化娱乐、高端会议、体育休闲等新兴生态友好型产业，促进沿河地区经济发展。从城市功能上，主要是以采空棚户区、旧城改造和S1磁悬浮轻轨、长安街西延等大型基础设施建设为契机，整合新城区和浅山区的土地资源，加快永定河沿岸的开发建设进度，加强基础设施和公共服务设施建设，提升居住环境，构建城市水系，把门城地区建设成为山水环绕、绿色宜居的新城区。

两线即打造108、109国道两线旅游文化休闲产业品牌。依托丰富的永定河文化资源，加快建成集自然风光、文化旅游、观光农业与民俗文化于一体的十八条沟域经济示范基地，高起点建设中芬生态谷，彰显京西山水文化的独特魅力，形成以旅游文化休闲产业为主导，多点支撑的生态友好型产业体系。

三点即打造三个山区特色小城镇。与知名大企业联手，力争用3－5年时间，将潭柘寺镇打造成为国际旅游休闲名镇，将斋堂镇打造成为全国旅游集散中心特色镇，将军庄镇打造成为面向首都的休闲宜居森林小镇，真正通过重点镇的建设作为山区城镇化进程的推动力。

WSD是北京城市总体规划在门头沟区的具体延伸和科学拓展，将与首都其他区域形成差异化发展格局，通过提供高端综合服务延伸首都产业，加强生态保护，打造首都西部坚实的生态屏障，把门头沟区建设成为经济发展的精品区、低碳环保的生态区、舒适和谐的宜居区，实现门头沟区经济社会的跨越式发展，也为绿色北京建设做出更大贡献。

近一段时期以来，门头沟区按照这一发展思路，抢抓机遇，解放思想，充分挖掘自身优势，在经济发展、城乡建设、招商引资等方面采取了一系列重大举措，为建设西部综合服务区奠定了坚实的基础。

（一）积极推进产业结构调整

从服务首都大局和区域功能定位的要求出发，坚决淘汰资源开采业及落后产业。目前，全区270个乡镇煤矿全部关闭，结束了地区上千年的小煤窑开采史。非煤矿山、砂石企业和石灰土窑、煤矸石砖厂和水泥厂基本退出，全面退出了传统养殖业和种植业。将位于长安街西延线端头的石龙开发区产业定位和功能进行全面转型，使之成为中关村高科技园区和总部经济孵化基地，为发展面向首都的高端综合服务产业奠定了基础。

（二）大力发展旅游文化休闲产业

将旅游文化休闲产业作为地区主导产业，区财政设立了旅游发展专项基金，充实和完善了旅游管理机构，引进华谊兄弟传媒及影视文化基地、北京国际健康城等大型旅游休闲文化项目12个。还将进一步扩大旅游业的内涵，建设一大批高档旅游接待设施和配套服务设施。通过举办旅游山会、京浪岛摇滚音乐节、首届北京国际山地徒步大会等大型主题活动，进一步扩大了区域知名度和影响力。此外，还全面启动了北京旅游的重组工作，使上市公司在发展旅游文化休闲产业中更好地发挥龙头带动作用。

（三）坚定不移发展沟域经济

我们将门头沟区18条沟域划分为自然风光旅游沟域、民俗文化展示沟域、都市农业发展沟域、生态治理示范沟域等四大类型。在推进沟域经济发展进程中，始终坚持以龙头企业带动为抓手，通过社会资本拓展沟域经济发展的空间；坚持以富民增收为目标，带动更多山区群众的就业和生活质量的明显提高；坚持以改善生态环境为前提，实现产业发展和生态涵养的良性互动；坚持以旅游文化资源为依托，提升沟域经济的文化内涵。目前，门头沟区沟域经济发展取得了较好成效，形成了川柏沟、苇甸沟等一批产业特色鲜明、带动农民增收能力强的示范沟域。近期，又通过与国内外一批知名大型企业开展合作，共同建设中芬生态谷等十个高端产业园区，努力打造绿色生态、产业融合、高端高效、特色鲜明的沟域产业经济带。

（四）全方位开展招商引资

今年以来，门头沟区全面加大招商引资力度，争取了中建股份、中国五矿、京投银泰、众美集团、中芬生态谷、太平洋国际等众多大型国内外企业集团入区投资，引进各类重大项目61项，投资意向超过2200亿元，涵盖了商务服务、旅游度假、文化娱乐、高端会议、体育休闲等新兴生态友好型产业，将成为西部综合服务区重要的产业组成部分。近期，市政府对我区34个重大投资项目召开专题会进行了研究，目前正在加快办理相关手续。

（五）加快重大基础设施建设

当前，阜石路二期工程即将通车，S1磁悬浮轻轨线将于10月份动工，长安街西延工程正式获批并将于明年3月开工建设，108国道改线工程年内将通车，109国道复线高速路建设项目即将启动，届时门城新城将成为北京交通最为便捷的新城之一。借助S1磁悬浮轻轨线和长安街西延等工程，计划收储土地1600亩，投资突破176亿元，全区土地储备总量实现新突破，将为西部综合服务区建设带来广阔的发展空间。

（六）坚持不懈改善生态环境

近年来，门头沟区先后投入20多亿元，加强永定河水源保护，修复废弃矿山环境，建设城市景观，成为国家级生态示范区，京西生态屏障初见雏形。今年还将投入8.8亿元，对永定河上游河道、清水河河道进行修复治理，建设湿地120万平方米，形成山区百里生态绿色走廊；建设门城湖公园，形成水面67公顷，工程在10月底前主体完工并实现蓄水目标。我区将坚持不懈地打造生态环境，争创国家生态区，让优美的生态环境转变为经济发展的独特优势。

（七）以采空棚户区改造带动城市建设

自2009年开始，门头沟区决定利用3年时间基本完成近7平方公里的采空棚户区改造，建设异地安置房200万平方米、安置拆迁居民3.1万户8.5万人，解决全区近三分之一人群的住房困难。还将实施棚改新三年计划，再利用三年时间完成全部棚户区改造任务。此外还与中建股份全面合作，通过土地收储解决4万农民上楼问题。还将以采空棚户区改造为契机，带动全区城市建设。在充分论证的基础上，门头沟区城市建设的思路不断清晰：即以S1磁悬浮轻轨线和长安街西延线的现代标志建筑为中心，以城市旧城改造为重点，以依山傍水的景观体系为依托，以经营城市为手段，把门头沟区打造成为特色鲜明的现代化滨水山城。

紧抓机遇 密切协作
实现首都西南五区跨越式发展

北京市大兴区区长 李长友

一、制定科学的发展思路是我们紧抓机遇、乘势而上的前提

首先，围绕难得的发展机遇，要争求一个“先”字

随着市委、市政府关于“世界城市”、“三个北京”建设和“城南行动计划”等重大战略部署的深入实施，西南地区经济发展面临着越来越多的新机遇。这里，我想说一个理念，就是西南五区各自的机遇也是我们大家共同的机遇。比如，随着城乡结合部地区改造力度加大、永定河绿色生态产业带的启动建设，五区基础设施和生态环境将得到极大改善。特别是随着房山线、大兴线、亦庄线等轨道交通的建成通车，西南地区与中心城区之间的联系将更加紧密，承接中心城区产业转移的条件也将更加完善。因此，我们要发扬“敢为天下先”的精神，抢抓机遇，争取先机，为推动首都科学发展发挥示范带头作用。

从大兴的实际情况看，这种“争先”的精神主要体现在“十二五”总体目标和发展定位上。作为北京“一南一北”产业格局中的重要一极，市委、市政府赋予了大兴区发展、提升、壮大北京现代制造业的重任。按照市里的要求，我们确定了“一体化、高端化、国际化”的总体目标，紧密围绕“世界城市”建设，努力实现城市与农村、行政区与功能区、经济社会与生态环境一体化协调发展，高水平建设北京南部现代制造业新区，大力发展高技术制造业、高端服务业和战略性新兴产业，把大兴区建设成为具有国际水平和国际影响力的首都新增长极。

从发展定位上讲，我们表述为三句话：世界城市产业新区、区域发展战略支点、体制机制创新高地。世界城市产业新区，就是要从北京建设世

界城市赋予我区的产业职能出发，强化开发区的产业发展主体平台地位，提高辐射带动能力，努力发展成为国家高技术制造业、高端服务业和战略性新兴产业聚集区。区域发展战略支点，就是要从国家发展京津冀都市圈、环渤海经济圈的战略部署出发，充分发挥我区“承上启下、连接两端”的区位优势，成为区域发展的重要枢纽和支撑。体制机制创新高地，就是要从国家和北京市进一步深化改革、突破发展瓶颈、化解突出矛盾的时代要求出发，以两区行政资源整合为契机，按照“机制新、活力大、效率高”的要求，创新行政区和功能区的管理模式，探索与城乡一体化建设、战略性新兴产业发展相适应的体制机制。

其次，面对良好的区位优势，要体现一个“特”字

西南五区一衣带水，地缘相邻，文脉相通，联系非常紧密。相对其他地区，西南五区拥有更为充裕的土地资源、更好的生态环境条件，以及更丰富的自然资源和历史文化资源。因此，我们要结合自身条件和特点，创造性地开展工作，在永定河发展、招商引资等方面创造新的特色。从大兴来看，在未来一个时期，我们将从实际出发，打造独特的产业架构。重点围绕做大做强北京经济技术开发区，着力构建“一区六园”的产业格局，形成产业互促、功能互补的发展统一平台。其中：“一区”指的是北京经济技术开发区，重点发展电子信息、汽车制造、装备制造和新材料产业等主导产业。“六园”指的是六个专业园区，包括生物医药产业园、新媒体产业园、新能源汽车产业园、军民结合产业园、生产性服务业产业园和新空港产业园。各园区都围绕开发区，做到产业互促、功能互补、共同发展，形成一个产业发展的有机整体。

同时，产业发展上坚持做到“四个统筹、两个提升”，即：促进经济增长与结构效益相统筹、投资拉动与创新驱动相统筹、规模扩张与集约循环相统筹、龙头带动与企业培育相统筹，着力提升城市承载能力和产业服务质量。

第三，针对未来的发展构想，要突出一个“实”字

未来的发展构想必须要围绕新形势、新机遇、新定位，实现新发展。特别是围绕“十二五”规划的编制实施，确定科学思路、目标和定位，形成更加符合大兴实际的实实在在的发展思路。以城市空间结构为例，未来几年，大兴区将是城镇化快速推进的时期。根据这一特点，我们初步确定了“三城、三带、一轴、多点、网络化”的城市空间结构，通过农村城镇化和农民市民化，推进大兴新城、亦庄新城和新航城建设，构建“新城－新市镇－农村社区”新型城市体系。三城，指的是亦庄新城、大兴新城和规划中的新航城；三带，是京开和永定河水岸经济发展带、京津塘城镇发展带、南六环产业发展带；一轴，是南中轴；多点，就是以城镇和产业功能区为节点，促进人口和产业在空间上聚集；网络化，指区域内城、带、轴、点的有机衔接和紧密配合。

二、合理开发永定河资源是加强合作、协同发展的抓手

就西南五区总体来讲，我们共同的优势是永定河。今年，石景山区莲石湖和丰台区宛平湖建设项目的启动，标志着永定河水岸经济带建设正式拉开帷幕。下一步，面对全市连续5年投资170亿等良好机遇，如何结合各区实际，强化区域统筹，加快永定河绿色生态发展带规划实施，是五区最迫切需要深入思考和研究解决的关键问题。

永定河在大兴区境内全长55公里，约占整个北京段的三分之一。按照全市关于永定河绿色生态发展带建设总体部署，我区今年主要任务是做好前期规划研究工作，工程建设计划明后年开始实施。目前，我们正在抓紧做好两项重点工作：

一是规划区管控方面，区委、区政府成立了专门的组织机构，加强规划区管控，严厉打击和遏制非法占地、违法建设、盗采砂石等行为，为下一步产业带启动建设提供良好的基础条件。

二是在规划研究方面，结合大兴的区位特点，我们初步提出了“生态修复、基础先行、产业提升、区域发展”的建设思路，促进生态与产业融合发展，通过重点打造“一廊四区”，力争把永定河绿色生态发展带建设成景色秀丽、产业高端的机场后花园。其中：一廊，就是南部绿色长廊，通过引水、治沙、绿化等措施，实现永定河“有水则清、无水则绿”的目标。四区，是指在沿线布局高端体育休闲区、生产性服务业和文化创意产业区、会议会展商务区、临空经济产业发展区等四个功能区。

由于大兴区处在永定河下游，水源的解决是最大问题。希望市委、市政府和上游各区给予大力支持，尽最大可能将水源直接引入永定河下游，彻底改善北京段的整体环境，充分挖掘和展现永定河完整的生态功能，打造真正的绿色生态长廊，使永定河发挥出最大的生态和社会效益。

各位领导，兄弟区县的各位同仁，在永定河的保护、开发、利用上，我们必须携起手来，充分整合区域生态、人文、产业资源，加强区域之间的协作，建立共同开发和利益共享机制，打造统一对外品牌，形成整体发展态势，避免重复建设和同质竞争，真正实现优势互补和规模效应，把永定河绿色生态产业带建成首都新的景观带、生态带、产业带，成为世界城市的重要产业聚集区。

三、解决关键问题是快速发展、突破瓶颈的保障

西南五区经济发展论坛专家学者云集，社会各界广泛参与，智力集中，联系广泛。本次论坛，各界人士又为西南五区的发展实际提出了很多好的思路和想法。下一步，我们将认真汲取各位专家、学者的意见和建议，及早动手，尽快落实，加快推进成果转化。

同时，结合区域特点，我认为，当前有几个影响区域发展的关键问题，需要共同努力，积极呼吁，争取支持。

一是基础设施问题。西南五区基础设施明显滞后，综合承载能力不足，已不能适应当前经济社会发展的需要。比如，在道路建设方面，西南五区之间、西南五区与中心城区的连接线中，断头路多，道路等级低、通行能力差；在市政设施方面，随着人口持续增长、产业规模不断扩大，水、电、气、热等设施建设缺口较大；在生态环境方面，各类资源还未得到有效整合，对旅游业发展的带动能力不足，等等。建议市委、市政府优先安排西南地区的公益性基础设施和产业园区基础设施建设项目。

二是产业支撑问题。重点是希望尽可能多地把重大、战略性项目布局在西南地区，增强对区域经济发展的支撑。同时，在产业用地指标上能够进行统筹协调，解决西南地区产业发展空间不足问题。

三是金融支持问题。当前，西南五区都正处在城乡一体化快速推进、经济发展方式加速转型的关键时期，土地拆迁、腾退和开发过程中的资金平衡压力非常大。建议市委、市政府统筹协调有关部门和金融机构，建立长效的产业金融支撑体系及开发资金平衡机制，以解决短期密集投入与长期发展收益之间的矛盾。

四是民生改善问题。西南五区与其他地区在公共服务方面存在较大差

距，需要市里加大政策倾斜，鼓励优质教育、医疗、卫生等公共服务资源布局到西南地区，提高群众生活质量和水平。

五是人才发展问题。产业发展必须依靠人才支撑。西南五区的人才紧缺问题比较突出，急需高端化、国际型人才。希望市有关部门能够在人才进京落户方面，给予西南五区特殊的优惠政策，加速区域经济发展。

从永定河绿色生态发展带建设审视涿州“十二五”发展

河北省涿州市市长　董晓宇

永定河之于北京，犹如黄河之于祖国。千百年来，大北京地区的人民共同生活在永定河畔，同饮一河水，共顶一片天，文化气息相融，产业发展相通，是一个休戚与共的大家庭。涿州地处于这个大家庭的西南方，总面积742平方公里，人口63万，辖15个乡镇、办事处、开发区。近年来，全市紧紧围绕繁荣舒适的“京南保北现代化中心城市”发展目标，依靠“涿州制造”和“涿州文化”双轮驱动，做强“人文环境”和“生态环境”两大支撑，城市建设和经济发展跃上了新的历史平台，迈上了新的发展起点。预计到“十一五”末，地区生产总值将达到170亿元，财政收入超过18亿元。“十二五”期间，涿州将进入大发展、快发展、和谐发展的关键时期，面临着北京城南行动计划加快实施的历史性机遇，而构筑“永定河绿色生态走廊”的提出，更为我们抢抓机遇、加快发展提供了广阔平台。我们将深入实施“统筹建市、产业立市、借京兴市、文化亮市”四大主体战略，与大家一道携手推进永定河水岸经济带建设，为我们这个大家庭不断做出新贡献。

一、统筹建市，推进城乡一体化

涿州是河北省扩权县（市）、保定北部次中心城市，去年被省政府确定为全省10个统筹城乡发展试点县（市）之一。为了科学推进城乡一体化发展，我们研究制定了“一个中心”、“五个组团”、“49个中心社区”的“1549”空间布局规划。与空间布局规划相衔接，谋划制定土地利用规划、产业发展规划和人力资源培育规划，实现“四规合一”，使我市的公共资源配置更加合理，产业集聚优势更加充分。永定河生态建设与我市规划中的码头组团发展协调统一，这一组团拥有全国重点文物保护单位金门闸、中央电视台影视拍摄基地、27 洞的东京都高尔夫球场、千亩梨园、万亩瓜果以及一批乡村游、农家游景观，发展定位是影视文化、休闲旅游等服务业，建设国家级旅游度假区。永定河的生态开发建设，将进一步增加这一区域的生机与灵气，画龙点睛、相得益彰。“十二五”期间，我们将把 10.4 公里的永定河西岸打造成新兴的经济发展带、靓丽的景观旅游带、宜人的生活休闲带和涿州北部别具特色的发展新区。我们计划利用 5－8 年的时间，全面实施统筹城乡发展规划，基本实现城乡一体化，使城市和农村只有风貌的不同，没有品质的差异。目前，涿州城乡建设全面展开，新民居试点顺利推进，美好的规划正在一步步变成现实。

二、产业立市，加快产业集群化

产业竞争力是城市发展的命脉，着力构建“高端化、总部型、低碳化、集群化”的现代产业体系，是我们不懈追求的目标。在充分调研论证的基础上，我们明确农业发展目标是现代都市农业，通过延伸产业链条、壮大龙头企业、培育林下经济等新的经济增长点，不断提升农业的组织化和产业化程度。特别是我们将以服务首都为目标，构筑辐射力较强的现代农产品流通网络，打造区域性高端农产品供应基地。工业发展将依托开发区和松林店两大园区的项目集聚效应，发展壮大电子信息、冶金新材料、物探数据处理三大高新技术产业和机加工、铝加工、包装印刷三大传统产业，打造高科技、高效益、高附加值的京南战略性新兴产业基地。同时，我们还将依托电力、交通和土地资源优势，加快启动涿州西部新区建设，打造集教育、休闲、养生于一体的绿色低碳经济区；依托紧邻房山的区位优势，建设以轻工业为重点的东仙坡工业园区。第三产业则注重发挥驻涿中直单位多、交通路网发达和文化底蕴深厚的优势，加速发展总部经济、现代物流和文化创意产业，创造既能充分利用和享受现代城市生活又具有自然和田园之美的幸福家园，打造北京周边高品位文化休闲旅游基地。在“十二五”及今后一个时期，我们将不断优化产业布局，打造产业名片，建设京西南高新技术产业、先进制造业和现代服务业的集聚地。

三、借京兴市，提速京涿一体化

通过工作实践，我们深深感到，对接北京是加快涿州发展的方向性选择。我们把对标五区、学习固安作为重中之重，努力在思想、产业、设施等方面实现无缝隙、全方位对接，力争融入北京、同城发展。涿州历届党委、政府秉承借京兴市理念，解放思想，锲而不舍的改造路网、完善设施、优化环境，时刻准备承接北京的功能外溢和产业转移。因为这些优质要素是涿州提速发展的引擎，是跨越式发展的希望。目前，驻涿40余家中直单位发展势头良好，其中中石油东方地球物理公司、中国钢研集团、中国航天科工集团等大集团、大公司在我市投资兴建的项目顺利推进，展现出蓬勃的发展前景。北京轻轨入涿事宜正在进行可行性论证，京南公交换乘站二期即将启动，京石高铁在涿设立站点且车站周边5平方公里开发已完成规划，随着一系列工程的顺利推进，对接通道进一步打开，古老而充满希望的新涿州将乘坐借京兴市这列快车加快发展、高速驰骋。

四、文化亮市，打造城市品牌化

历史文化是城市的根。一座城市的价值，很大程度体现在有形的文化遗迹和无形的文化内核上。保护好城市文化遗存，不仅是城市文化延续的要求，更是展现城市个性的需要。涿州是一座有2300多年建制史的文化古城，人杰地灵，名流辈出，仅载入25史中的人物涿州就有257人，居全国同行列城市之首。汉昭烈帝刘备、宋太祖赵匡胤、汉桓侯张飞、东汉政治家卢植、易学大师邵雍、北魏地理学家郦道元、佛教六祖慧能等皆出于此，是三国时期刘、关、张“桃园三结义”的故地，三国文化、卢氏文化、郦学文化、易学文化源远流长。为了将无形的历史文化寓于有形的城市载体之中，使资源变成产品，2005年我们编制了《涿州市历史文化资源挖掘、保护与利用规划》，以此为纲，实施了永济桥、辽代双塔等一系列保护、修复工程。进入“十二五”，我们将以争创国家级历史文化名城为目标，通过抓投入、抓载体、抓创新，不断增强文化的承载力、影响力和生命力。特别是我们将在建设六祖禅寺、刘备故里和举办好邵雍诞辰1000周年庆典活动的同时，把在工作实践中凝练出来的职业精神、企业精神等作为文化去总结和发扬，进一步唱响“忠义诚信、开明开放、务实创新”的涿州城市主题文化精神，打造诚信涿州、人文涿州、和谐涿州。

一个人有了梦想，就有了自由翱翔的翅膀；一个城市有了梦想，就有了创新进取的方向。我们有理由相信，在大家的共同努力下，永定河将被编织装扮成一道亮丽的彩虹，闪烁着七彩之光，照亮我们的征程，迎来更加美好灿烂的明天！

加速融入　相伴崛起　全力打造京南“卫星城”

——固安县“十二五”规划目标及发展战略说明

河北省固安县县长　李克良

固安隶属河北省廊坊市，位于天安门正南50公里，是首都“零距离”县之一。全县幅员面积696平方公里，辖12个乡镇（其中建制镇5个）、1个省级工业区、1个省级温泉园区，1个街道办事处，419个行政村，耕地65万亩，人口40.3万。固安历史悠久、文脉绵长，土地肥沃、资源充沛，地上粮食、瓜果、花木、蔬菜农作物种类繁多，地下地热、矿泉水等资源丰富。2007年以来，先后被国家权威机构命名为“中国温泉之乡”、“中国钓具之乡”、“中国花木之乡”和“中国民间文化艺术之乡”。

近年来，固安通过狠抓项目建设、园区建设、环境建设，大力推进工业化和城镇化进程，保持了经济社会平稳较快发展的良好势头。全县地区生产总值连续四年保持两位数的增速。财政收入连年递增，2009年全县财政收入提前5个月完成全年任务，比2007年翻了一番。2010年，全县财政收入再次提前5个月完成全年任务。如今的固安已逐渐发展成一座现代化的“投资之城”。钓具、肠衣、滤芯等传统优势产业不断壮大，电子信息、汽车零部件、现代装备制造、新能源新材料四大新兴产业形成了一定的聚集，商务休闲、现代物流等服务业端倪初露，设施农业、都市农业、观光农业发展迅速，农业产业化经营率达到52%。2002年启动建设的固安工业区为省级工业区，规划面积达到24平方公里，实现了“十通一平”。温泉休闲商务产业园区为全省唯一的省级温泉园区，远期规划面积120平方公里。目前，总投资416亿元的8个温泉开发项目已经签约入驻。如今的固安已逐渐打造成一座时尚化的“魅力之城”。近年来，随着城镇面貌“三年大变样”活动的推进，固安谋划启动了影剧院、体育场、五星级酒店等一批重点工程，城市化率连续三年跻身全省30强，2008年，获得省级“通道绿化先进县”荣誉称号，2009 年，又获得“国家级文明县城”及全省唯一的“省级卫生县城”等荣誉称号。如今的固安已逐渐建设成一座人文化的“宜居之城”。在河北省率先实现了高标准城市化供水模式在全县农村的全覆盖；对城区主要出入口、重要节点、重要路段进行了景观改造，城区污水处理厂和垃圾处理厂设施健全，城区路网体系扩至“八横八纵”，城区绿化覆盖率达 45%。2009 年，顺利通过国家级生态示范区的验收。

在“十二五”期间，我们的目标是打造京南“卫星城”。具体来讲，就是遵循区域经济一体化规律，突破行政区划界限，加速融入北京“世界城市”，逐步把固安建设成为特色鲜明的北京南部现代化中等卫星城市。到 2015 年，初步形成主城区、空港新城、温泉新城“一核两极”“三点组团”的城市格局，建成区面积达到 33 平方公里，城市人口达到 35 万。同时，将其特征具体化为“产业之区、休闲之地、空港之都、宜居之城”。“产业之区”，就是全面承接北京的经济辐射和产业转移，加快培育既与首都相互融合，又独具固安特色的支柱产业。“休闲之地”，就是对接北京休闲体验经济发展的巨大需求，充分发挥独特的自然环境、良好的生态产业，特别是潜力巨大的地热资源优势，突出发展高水平休闲产业和各类商务设施集群。“空港之都”，就是依托规划建设的北京新机场，适时发展以空港为依托的高新技术产业、现代物流业及以会展旅游、高级商住为重点的现代高端服务业，实现经济临空发展，产业临空聚集。“宜居之城”，就是着眼北京中心区域人口转移，在人居环境建设上充分体现以人为本原则，加快建设自然环境清洁优美、设施环境先进完善、体制环境高效规范、人文环境健康和谐的生态精致宜居之城。

围绕打造京南“卫星城”的发展定位，“十二五”期间，我们将重点抓好四个方面：

一、规划上坚持同城一体布局

坚持把规划作为固安全方位融入北京的引领，按照“主动融入、全面对接、同城一体、互补双赢”的理念，全力实现固安与北京尤其是城南地区在规划上的无缝拼接。突出“一体性”，重点抓住首都新机场建设即将启动和北京南城崛起的机遇，突破行政区划的局限和体制性障碍，通过与北京南部各区的沟通、交流，尽快编制合作发展的规划衔接图，将县域城乡统筹规划、产业发展规划、旅游发展规划等相关规划与北京相应规划逐一进行全面对接，推进与北京南部地区在产业发展、基础设施、体制机制等方面的深度契合。体现“互补性”，充分考虑北京实施城南行动计划所产生的大规模项目转移，着眼于打造更适宜承接转移、聚集项目的平台格局，对固安工业区、温泉休闲度假区、产业聚集区及都市农业示范区等几大经济板块在空间布局、项目摆放等方面作出科学调整，在规划上实现与北京的优势互补。凸显“前瞻性”，按照京南“卫星城”的发展定位，谋划制定固安未来20年科学发展规划体系。加快制定与北京水资源与生态环境、商贸流通、文化教育、医疗卫生、房地产、旅游、劳务、人才等方面合作规划，实现与北京发展的深度对接、长远合作、持续双赢。

二、产业上坚持相互竞合发展

着眼于京南“卫星城”的发展定位，按照“重点发展二产、提升发展一产、放手发展三产”的思路，全力构建现代产业体系，实现与北京地区的竞合发展。在一产方面，加速传统产业升级改造，提升农业现代化水平，全力壮大无公害蔬菜、生态林果花木、优质粮油、健康畜牧养殖等主导产业，打造独具固安特色的现代农业。在二产方面，继续培育电子信息、汽车零部件、现代装备、新能源新材料四大新兴主导产业做大做强，同时，着眼于北京城南行动计划中重点发展的高新技术等相关产业，积极承接产业外溢、引进相关配套项目，加速融入京南区域产业发展链条，全力打造大北京经济圈产业链条中的重要一环。在三产方面，扶持一批彰显固安文化特色的典型上档升级，打造独具固安特色的文化游；抓好一批农业示范园建设，打造独具固安特色的田园游；加快发展以南部温泉资源为依托的商务休闲产业，打造独具固安特色的温泉游。此外，围绕即将建设的首都第二机场，大力发展空港物流业，着力打造京南“空港之都”。

同时，不断加强园区平台建设，为产业发展提供坚实支撑。固安工业区加快实现上档升级，不断提升聚集项目的能力，打造中国北方现代制造业基地；温泉园区加快完善相关配套基础设施，全力建设中国北方最具吸引力的温泉休闲产业区。此外，谋划、建设好城南产业园、京南物流产业园、大清河产业园、钓具产业园四个产业聚集区，加快完善区内基础设施，积极申报省级产业聚集区，着力打造平台支撑坚实、产业集群发展的投资“宝地”。

三、环境上坚持宜居宜业宜游

围绕承接城南行动计划带来的产业、人口等生产要素外溢，抓好城乡统筹，突出宜居、宜业、宜游的特色。一方面，着力打造“三点组团”城区发展格局。充分借助北京城南行动计划、首都第二国际机场建设等重大机遇，全力打造固安主城区、空港新城、温泉新城“一核两极”、“三点组团”的城区发展新格局。对主城区，依托以电子信息、汽车零部件、现代装备制造为主导产业的固安工业区，通过推进大外环、机场快速路建设、北京南中轴线对接等路网体系工程及城市公园、剧场、酒店等相关配套设施建设，进一步提升主城区承载能力、凸显宜居功能。对空港新城，依托近期谋划建设的京南物流产业园，通过加快推进物流产业发展，带动人口集聚和城市配套设施的建设，加速临空产业聚集，全力打造京津冀都市圈物流集散中心。对温泉新城，着眼于北京地区巨大的休闲消费需求，依托省级温泉产业园区建设，通过大力发展温泉休闲商务旅游产业，带动周边乡镇的快速发展，着力建设京南“休闲之地”。另一方面，加快推进城乡统筹。在城区“三点组团”的基础上，沿域内主要交通干线，推进小城镇带状分布，同时，将全县 419 个行政村规划为 79 个农村社区，16 个城镇社区，15 个具有独立产业特色的独立村，以点状布局，突出城镇特色、田园风光，全力打造设施完善、特色鲜明、民风淳朴的休闲宜居、旅游度假胜地。

四、设施上坚持全面对接融入

着眼对接城南发展的未来预期，全力提升基础设施建设水平，增强配套能力，并加速与城南的联系对接，实现全面融入、和谐发展。路网建设上，就南中轴南延、S4 线建设、知高公路和固雄公路对接北京项目等，做好与相关方面的沟通协调，争取几条公路对接北京项目的尽快落实，实现在路网上的“无缝对接”。公交设施上，在已有 943 路公交车贯穿全境的基础上，围绕北京城南计划中 7 条轨道交通线的建设，进一步就增加公交线路、实现地铁线路对接等项目，与北京方面积极沟通协调，争取增加新的公交载体，尽早实现固安至北京各区县的“零换乘”。此外，围绕城南计划中的信息基础设施提升工程，积极谋划对接方案，争取“010”电话在固安域内的全面普及，并探索固安北京两地移动电话无漫游等全新的对接模式；积极推进与北京联合办医、办学，加紧谋划各类社会保险与北京的联网对接，使固安的各项事业实现与北京的深度融合。最终，让所有到固安的投资者、居住者，都能享受到同北京一样的便捷交通、高档教育、优等医疗、全面保障。

总之，在“十二五”期间，我们将通过不懈的努力，使固安与北京之间的距离进一步拉近、差距进一步缩小、融合进一步加深，逐步将固安打造成为经济快速增长、产业协调发展、环境清新雅致、配套全面完善的京南“卫星城”，使固安真正成为大北京发展建设的见证者和参与者，切实成为北京“世界城市”不可或缺的重要组成，为京津冀区域的加速崛起贡献力量。

科学推进永定河绿色生态发展带建设 带动西南五区加快发展

北京市发展和改革委员会

永定河是北京的母亲河，是带动门头沟、石景山、丰台、房山、大兴西南五区发展的核心区域和重要节点。开发建设永定河绿色生态发展带，是市委市政府在首都经济社会发展进入新阶段后提出的重大战略部署，对于改善沿河区域发展条件、带动京西南地区快速发展、打造首都新的经济增长极、加快北京迈向世界城市具有重要的战略意义。西南五区以及整个北京正面临又一重大发展机遇。

永定河流域拥有众多有利发展的条件。从发展区位看，具有“一河穿五区”的特征。永定河纵贯门头沟、石景山、丰台、房山、大兴西南五区，随着城市建设的不断扩大，永定河与中心城区的关系不断密切，由最初的城市边缘区逐渐变为环绕融合区，区位优势日益明显。从发展要素看，沿河兼具多种发展要素资源。从自然山水风光、古村落文化、历史名胜古迹、生态农业和旅游资源，到首钢工业区、园博会选址区和城市建成区等等，永定河沿岸兼有城与乡、山峡与平原、自然风光与都市经济、历史文化与现代产业等多种发展要素，是名副其实的综合发展区域。从发展空间看，尚存可连片开发的土地资源。相对全市其他地区，永定河沿河区域如门头沟新城、首钢搬迁改造区、丰台园科技园西区、长阳半岛、大兴新城等，土地存量资源比较丰富，尚有较多可连片开发的建设用地。随着水、绿的引入及周边基础设施的不断完善，沿河生态效益和经济效益远景可期。可以说，永定河绿色生态发展带发展潜力巨大，开发好永定河和两岸流域，对带动西南五区的发展意义重大。

按照总体定位、分段规划、重点突破、大力推进等思路，全力支持永定河绿色生态发展带发展。

总体定位：要深入贯彻落实科学发展观，按照“人文北京、科技北京、绿色北京”的要求，在确保防洪安全的前提下，以绿色滨水的生态环境为基础，坚持生态优先、文化引领、科技支撑、高端发展的原则，高标准规划、高起点建设、高水平配置，谋划好永定河城市绿色休闲新空间和首都高端产业功能新区域等总体定位，带动西南五区加快发展，为北京建设世界城市提供有力支撑。

分段规划：围绕永定河绿色生态发展带的总体定位，对不同河流段，可有针对性地规划各段发展。在上游官厅山峡段，可以“控制性开发”为原则，深山区遵循原生态自然山水景观和丰富植被资源，围绕生态湿地、文物古迹、古村落文化、文化古道等，重点发展生态休闲、民俗体验、文化旅游等产业，打造上游段百里水岸生态画廊，带动沟域经济和镇域经济发展；浅山区适当布局研发设计中心、创意中心、高端商务服务等低碳、高端服务产业。在中游城市平原段，可以功能再造提升为方向，重点打造以城市绿化和城市景观形象提升为主的滨水滨绿带，打造文化创意、商务会展服务、高科技研发等高端要素聚集的产业功能区。在下游平原郊野段，可按照“引导控制开发”的基本原则，利用连接亦庄、连接京津冀以及未来的北京新机场临空经济区的地缘优势，重点发展休闲旅游、现代体育和都市农业。同时，提前做好河道治理、生态环境修复和未来发展空间的土地储备工作。

重点突破：在永定河的开发建设是一项长期、艰巨、复杂的任务，未来三至五年间，要通过重点项目建设和重点区域开发，以点带面，带动整个永定河流域的良性发展。一是建设生态景观系统，打造京西“绿色生态走廊”。要加快推进河道水系治理，增强生态功能；优先解决永定河环境用水，保障生态环境水源；加快沿岸生态环境建设，大力提升沿岸环境品质；高水平规划沿河景观，构建高品质的绿色水岸风景线。二是加快基础设施建设，改善发展的基础条件。加快建设一批重大交通基础设施，做好S1线、14号线、房山线和远期的M3线轨道交通规划建设，提高沿河交通现代化水平。打通长安街西延、阜石路西延、京良路、丰良路等一批跨河交通通道，增强永定河流域与中心城的快速连接。建设房山区东环路等一批主干路，完善沿岸各区城市路网主骨架。加强一批热气管线、输变电设施等能源基础设施建设，提高能源保障能力。三是培育发展重点产业功能区，营造产业集聚效应。按照高端、低碳的方向，高标准、高起点规划建设永定河沿岸产业功能区。四是大力发展优势特色产业，构筑永定河流域产业板块。

大力推进：通过加强规划引领、加快集成政策创新、积极拓宽融资渠道、加快项目审批、加强宣传推介和落实市区责任分工等多项制度保障，大力推进永定河开发建设工作。

建设山清水秀的绿色生态走廊
提升永定河水生态服务价值

北京市水务局局长　程　静

北京西南五区同在永定河流域，山环水绕，一脉相连。由五区组织的首都西南区域经济发展论坛，以建设“人文北京、科技北京、绿色北京”为坐标，探讨区域发展的新思路，有着非常重大的意义。

一、历史与现状

永定河是海河水系最大的一条河流，全长747公里。永定河的冲积扇是北京城建成的地质基础，永定河水为北京提供了源源不断的水流，养育了世世代代的北京人，哺育了灿烂的城市文明，因此永定河被称为北京的母亲河。永定河在北京境内河道长170公里，境内流域面积3200平方公里，分为三段：官厅山峡段：从幽州入境至三家店拦河闸，长92公里；平原城市段：从三家店拦河闸至南六环路，长37公里，是首都的防洪安全屏障和城市发展的拓展区；平原郊野段：从南六环路至梁各庄出境，长41公里，两岸是现代农业发展区。

不可否认，像世界上的许多河流经历的一样，经济发展进程中的不可持续发展方式使永定河屡遭劫难。随着永定河流域人口增加、城市规模扩大，产业发展无节制地用水、无节制地排放污染物，特别是上游地区层层拦蓄来水，使永定河成为北京最早遭受污染、水资源量严重衰减的河流。官厅水库入库水量由上世纪五十年代的年均19亿立方米衰减到九十年代的4亿立方米，进入新世纪的最近10年，年均来水量仅有0.84亿立方米。应对永定河水量减少、水质污染、生态退化等问题，各方面采取了许多措施，但是收效并不尽如人意。

永定河水资源量持续减少，先是导致三家店以下河道常年干涸，生态系统严重退化，河道成为北京境内的主要风沙源。接踵而来的是永定河不能向京西工业区供水，迫使我们不得不从高碑店引中水西送以救急。更为严重的后果是，永定河是北京平原的地表、地下水补给源，永定河水脉衰微后，西部广大地区地下水常年入不敷出，第四纪水已趋疏干状态。永定河断水致使流域生态环境遭到破坏，成为制约区域经济发展的重要因素。五区辖域占全市30%，而GDP只占全市的12%，地方财政收入仅为全市的7.8%。

二、行动与成效

永定河流域生态改善问题得到全社会的广泛关注。人大代表、政协委员连续多年提出关于永定河治理的建议和提案，沿河五区政府强烈呼吁治理永定河，改善发展环境。全面推进永定河生态治理，恢复河道生态环境，建立首都西南生态屏障，成为社会各界的广泛共识。

市委、市政府领导高度关注永定河的治理和开发，在多次考察、调研永定河治理情况的基础上，提出了“建设永定河生态发展带与水岸经济”的目标，将推动永定河绿色生态发展带建设扎实起步纳入了市政府的重要工作内容，并成立了以陈刚副市长为组长、夏占义副市长为副组长、13个相关委办局和沿河五区政府为成员单位的永定河绿色生态发展带建设领导小组，领导小组下设办公室全面推进永定河流域的综合治理。

建设永定河绿色生态发展带是落实“人文北京、科技北京、绿色北京”和世界城市发展目标的一项重大决策，对扩大西南地区发展空间、改善投资环境、发展水岸经济、提升人民生活水平都具有重大的意义。去年，市水务局会同规划、发改等有关部门编制了《永定河绿色生态走廊建设规划方案》，并先后经市长办公会和市委常委会审议通过，开始组织实施。

按照规划，永定河绿色生态走廊建设将以科学发展观为指导，按照“安全是主线、节水是理念、生态是效果”的新思路，政府主导、社会参与、统筹规划、分期实施、综合治理，用5年的时间，构筑防洪安全保障体系、水生态保护体系、水资源配置体系，把永定河建成“有水的河、生态的河、安全的河”，成为城市西部绿色生态走廊，打造沿河经济发展区，为建设“人文北京、科技北京、绿色北京”提供支撑。

在山峡段，维护生态水环境和生物多样性，打造自然景观河道，利用当地特有的自然山水文化资源，增加市民旅游休闲场所，发展旅游经济。在城市段，优化调度水资源，增加河道蓄水，形成由溪流连通的湖泊和湿地，修复河流自然形态，打造城市景观河道，为市民休闲、体育健身等提供场所，实现河流与城市间的相互融合。在郊野段，加固堤防，彻底消除防洪安全隐患，打造田园景观河道，恢复金门闸、龙王庙等历史人文景观。

为确保绿色生态走廊建设效果，本着“立足本地水源，充分利用再生水和雨洪水、多水联调、循环利用、节约高效”的原则，合理配置永定河生态用水水源。根据水源供给情况，实现丰水多蓄，水少多绿，以绿代水，水绿相间。

今年是永定河流域生态治理规划实施的第一年。2 月 28 日，永定河绿色生态发展带建设启动仪式分别在石景山区莲石湖、丰台区宛平湖举行。今年的主要任务是启动“建设一个循环工程，营造二处湿地，整治四个湖泊，治理一条河道”8 项工程。

目前，门城湖、莲石湖、晓月湖、宛平湖和循环管线“四湖一线”工程建设进展顺利。门城湖工程形象进度 40%，力争 9 月底具备蓄水条件，明年 9 月底工程竣工；莲石湖工程形象进度 19%，力争 9 月底具备蓄水条件，明年 8 月底工程竣工；宛平湖工程水下部分基本完工，8 月 31 日开始实验蓄水，明年 5 月底工程竣工；循环管线工程形象进度 40%，力争 10 月底具备通水条件。晓月湖工程考虑现状蓄水情况，待宛平湖工程施工完毕后将现有蓄水下泄到宛平湖，再进行施工，预计明年 7 月底工程竣工。

“四湖一线”工程将建成以水串景、水绿相间的绿色生态走廊，形成水面 150 公顷，绿化 120 公顷。彻底消除扬沙扬尘，建成良好的生态水环境，示范带动永定河全线生态治理，为发展永定河水岸经济创造条件。

在全力推动“四湖一线”工程建设，争取早日见效的同时，我们将加快推进园博园湿地、南大荒湿地公园和小清河综合治理工程，加快完成园博园辐射区 4. 2 公里河道治理，与园博园建设规划统筹考虑，同期完成。还将协调有关区县和部门，加快永定河两岸的环境建设与整治，协调市园林绿化局启动麻峪湿地公园、门城滨河公园、永定河文化公园和卢三段风景防护林带等“六园一带”工程。同时，抓紧做好平原郊野段方案设计，采用“以绿代水”的治理模式，加固堤防，彻底消除防洪安全隐患，修复已退化的河流生态系统。

三、展望与思考

现代城市河流的治理不仅要实现河流的水利功能，还要发掘其经济功能，在建设景观河、生态河的基础上，让河流文化得以延续，实现“人文、生态、宜居”的目标。

永定河流域将建成长170公里、面积约1500平方公里的生态走廊，新增水面1000公顷、绿化面积9000公顷，自上而下形成溪流—湖泊—湿地连通的健康河流生态系统，形成“一条生态走廊、三段功能分区、六处重点水面、十大主题公园”的空间景观布局，为两岸五区创造优美的生态水环境，打造有水有绿、生态良好的北京西南生态屏障。

同时，永定河沿岸以现代服务业为主导的巨大潜能得到挖掘，将吸引包括休闲健身、旅游观光、商业服务、金融开发、房地产等产业，更多优质的发展要素向北京西南聚集。永定河两岸将成为山清水秀、生态宜居、设施完善、经济繁荣、社会稳定的宜居、宜业、宜游之区，大大提高沿岸居民的生活幸福指数。

永定河绿色生态发展带建设已全面启动，一幅巨屏的青绿山水画卷正在徐徐展开。在这里，我也愿意将在永定河绿色生态走廊规划和建设过程中的一些思考与大家一起探讨。

（一）关于永定河水量的调度与配置

水是河道生命的源泉。永定河干枯断流的现状造成河床沙化、植被退化，使流域地区生态环境遭到破坏。因此，合理调度、优化配置水资源，向永定河补充适量生态需水是绿色生态走廊建设成败的关键。

据预测，永定河三家店以下北京境内河段生态需水量为1.3亿立方米左右，水源包括官厅水库、再生水、雨洪水和外调水。按现有规划，再生水是永定河生态环境最主要的补水水源，每年补水量将达到1.2亿立方米。近年来北京通过中心城区污水处理厂的升级改造，使污水处理厂出水水质主要指标达到地表水Ⅳ类标准，完全可以用于河道环境。除了西南五区范围内的五里坨、门头沟污水处理厂再生水外，中心城区的清河、小红门污水处理厂也将为永定河提供优质的再生水。我们将借鉴奥运公园水系利用再生水补水的成功经验，采用湿地净化处理和循环流动等措施，进一步改善河道水质，以保证水质安全。

（二）关于流域综合治理理念的延伸和推广

近年来，为了强化水源区保护，北京在山区县开展了生态清洁小流域建设。生态清洁小流域的治理，不仅改善了水库的入库水质和农村的人居环境，也为沟域经济奠定了基础，促进了绿色产业发展，富裕了农民。山区小流域“源头治污、循环利用、防灾减灾、建管并重”的治理理念，为北京推进北运河、永定河等大流域的规划和治理积累了经验。

一是推广小流域源头治污的理念，溯源治污，还清水质，建立流域水资源保护体系；二是推广小流域水源涵养、循环利用的理念，优化配置水资源，建立流域水资源配置体系；三是推广小流域综合治理防灾减灾理念，提高防洪能力，实现安全迎讯，人水和谐，建立流域防洪减灾体系；四是推广小流域建管并重的理念，建立全流域河流水质考核机制，将各断面 COD 减排的年度目标作为考核各级政府的内容之一。

基于小流域成功的治理模式，北运河流域的综合治理已经取得了显著成果。我们坚信，科学发展观指导下的新的治水理念，也必将在永定河流域的综合治理上取得成功，一定可以让永定河建设成为生态的河、有水的河、安全的河。

（三）关于提升永定河水生态服务价值

过去我们认识水，一般是把水作为一种自然资源和经济资源来看待的。事实上，水还有许多潜在的价值，如水生态系统为人类提供自然环境的生态服务价值。根据有关科研机构的研究，水生态系统的服务功能可分为提供生产生活用水、调节区域气候环境、服务娱乐和生态旅游、维持生态系统功能等四大类作用。研究测算，2008 年北京全市的水生态服务价值约 2700 亿。水生态服务功能的理念为我们重新认识水，进一步挖掘水的深层价值，提高水生态的服务水平提供了新的思路。永定河绿色生态走廊的建设也将极大地提升永定河的水生态服务价值：在山峡段，自然山水品质提高，休闲游憩场所增多，旅游经济繁荣；在城市段，恢复生物多样性，人水相亲，休闲娱乐、体育健身空间扩大，宜居指数激增；在郊野段，空气清新，以水为魂、以绿为体，人文气息浓厚。规划实施后，永定河在生态用水、生物多样性保护、水资源调蓄、水质净化、气候调节、洪水调蓄、景观价值、水文化等方面将发挥重要的作用，北京的水生态服务价值将大幅度提升。

为了更好地增加永定河的水生态服务功能，实现更多层面、更大范围、更高水平的价值，我们要以改善生态环境，提升区域可持续发展能力为出发点，采取多种措施增益永定河的水生态服务价值：一是要营造水面，降低空气粉尘，改善区域小气候，提供可供市民休闲娱乐的场所；二是充分发挥水资源的利用效率，减少对河水的截留利用，尽可能地使河水流动起来、循环起来；三是严格控制污染，特别是沿河区域在发展民俗旅游时，要同时做好污水的收集和处理，严禁污水入河。

建设山清水秀的绿色生态走廊，提升永定河的水生态服务价值，恢复永定河的水脉功能是一件功在当代、福泽后世的大事。相信在市委、市政府的领导下，在西南五区和相关委办局的共同推进下，永定河终将再次展现它历久弥新、生态和谐的自然景象，为“人文北京、科技北京、绿色北京”建设提供有力的支撑。

永定河绿色生态发展带规划建设管理篇

关于永定河绿色生态发展带建设的若干思考

谷树忠　张　亮

《永定河绿色生态发展带建设规划》已经正式批准并付诸实施。北京西南五区都积极投入到了各项工作，重点工程建设已大规模展开并取得重要进展。市委市政府领导均十分高度重视永定河绿色生态发展带建设工作，多次视察指导工作；市政府各有关部门也从不同方面给予大力支持；社会各界高度关注并热烈议论这一关系到北京西南五区、乃至整个北京未来发展的重大举措；不同专业的专家也从各自的学科和专业角度，发表了一系列意见、建议。这些，无疑对于永定河绿色生态发展带的发展大有裨益。

我们作为北京市民和资源环境政策研究工作者，围绕永定河绿色生态发展带的可持续发展问题，谈五个方面的意见和建议，也算是提供一种决策参考。

一、进一步明确永定河绿色生态发展带在全市发展中的地位与功能

无疑，永定河绿色生态发展带在北京市社会经济发展中占有十分重要地位，将发挥十分重要的作用。具体来说，其重要地位和作用体现在如下方面：

——是全市新的经济增长极。目前，永定河绿色生态发展带在全市GDP总量、人口总数中所占份额还十分有限。然而，鉴于其较为丰富的土地资源、水资源、旅游资源等，将随着大量投资的注入而进入加速发展时期，从而必将提高其在全市经济总量中的比重和相对重要性。

——是全市各项改革的重要实验区。永定河绿色生态发展带作为一个具有资源环境优势和经济发展后发优势的特殊区域，应注重探索新的机制

和模式，成为全市改革的重要试验区。其一，通过五区在资源、环境、产业、投资等方面的统筹和协调，成为全市区域统筹发展及相关配套改革的试验区。其二，通过整个流域（北京段）的城乡土地、水资源、水环境、产业布局等方面的统筹，成为全市城乡统筹发展（或城乡一体化发展）的试验区。其三，通过科学、系统地评估整个发展带的资源环境承载能力，并通过合理的产业、人口空间配置，成为全市人与自然和谐发展的试验区。其四，通过在土地整理、污水处理与循环利用、水资源统筹与水权交易、林权交易及碳汇交易等方面的改革试验，成为全市资源、环境、生态管理改革试验区。

——是全市的最适宜人居住、最适宜绿色产业发展的区域之一。通过生态环境建设、基础设施建设和产业规制管理等措施，逐步建成为全市的宜居区、绿色产业发展带。

二、进一步树立永定河绿色生态发展带发展的基本理念

永定河绿色生态发展带的建设和发展，是一项长期的工程，是一个渐进的过程。作为水土能矿资源较为丰富、生态环境条件较好、产业发展空间潜力较大的区域，永定河绿色生态发展带的发展，决不能再走老城区发展的老路，应本着科学、和谐和可持续的根本宗旨，全面树立新的发展理念。

——树立系统的理念。要考虑的因素多些、再多些，包括自然资源、生态环境、社会经济、民生民意等因素，需要多部门联合推动。水务主管部门目前发挥着主要作用，其他部门，包括环保、国土、农业、林业、旅游、商务等部门，也都应在其中发挥重要作用。部门系统推动的工程，部门联合共建的工程。加强部门协商协调，加强与海河水利委员会的协商、协调，并充分利用其协调功能处置区际水事纠纷。

——树立开放的理念。永定河不是哪一个区的，也不仅仅是北京的。永定河把西南五区有机地联系在一起，同时也把北京与河北省联系在一起。为此，要开放地分析问题，永定河绿色生态发展带的建设和发展，既为西南五区提供重要发展机遇的同时，也成为河北省毗邻地区发展的重要机遇，成为北京加强与河北省联系、合作的重要纽带。

——树立动态的理念。永定河绿色生态发展带建设和发展中所面临的

环境、问题和需求往往是“不定”的。为此，市政府有关部门及五区政府，应时刻关注建设和发展中的新情况、新问题、新要求等，及时采取措施，防止不良倾向、不当行为的发生。在这里，适应性管理（adaptive management）具有较强的适用性。

——树立民主的理念。决策民主化是一个必然的趋势。永定河绿色生态发展带建设和发展关系到成千上万人民群众的切实利益，也关系到区县、乡镇政府及村级组织。应充分听取和广泛采纳群众和基层政府的意见建议，鼓励成立以永定河绿色生态发展带建设和发展为基本宗旨的民间团体；注意各种媒体的有关报道；注意重要决策实行自上而下与自下而上相结合的决策路径。切不可让广大民众成为永定河绿色生态发展带建设和发展的局外人、旁观者。

——树立创新的理念。应注意在资源、环境、生态、产业、投资、利税、就业等方面，进行体制机制方面的探索和创新。可以重点考虑在土地整理产权归置、农村宅基地流转、耕地流转、林权交易、产业转移利税分成等方面，率先进行改革探索和创新。

——树立法治的理念。永定河绿色生态发展带建设和发展，绝不是一个人治的过程，也绝不仅仅是一届政府推动的工程，而应始终是一个法治的过程，一个依法有序推进的过程。依法管理是永定河绿色生态发展带长期持续发展的基础。

——树立共赢的理念。永定河绿色生态发展带建设涉及北京市五个区，还涉及河北省诸多市县。各区县之间适度的竞争是允许的，没有竞争就没有活力；然而，这种竞争不能以牺牲共同利益为前提，不能以破坏其他区县的利益为代价。应重点防止工程性冲突，防止工程建设中出现各种形态的“跑马圈地”。

三、进一步分析永定河绿色生态发展带建设和发展的可持续性

如前所述，永定河绿色生态发展带的建设和发展是一项长期、系统的工程，其可持续性问题至关重要，关系到工程的成败与评说，关系到工程的可持续性。为此，应重点分析和时刻关注以下四个方面的可持续性：

——自然资源的可持续性。水资源是问题的关键。没有水就没有以水

系维持的永定河绿色生态发展带的建设和发展。要重点分析和高度关注水的天然补给和人工补给及其可持续性，进行自然降水、上游来水及中水供给等方面的不确定性，并提出不同保证程度的对策预案。

——生态环境的可持续性。水环境是问题的关键。中水长期滞留、利用的水环境风险问题要给予应有的重视。应高度重视河道防渗的长期生态环境安全问题。建立河道安全和健康预警系统。

——经济发展的可持续性。永定河绿色生态发展带工程建设静态投资高达 170 亿元。这就要求进行系统而科学的投资与收益分析。对于非基础设施类和非生态环境建设类投资，应注重投资的回收问题；对于基础设施和生态环境建设类投资，则应注意提高投资的受益范围等。应特别注意工程经济持续运行的问题，防止出现“重工程建设、轻运行管理”的情况。在工程运用、经营和管理中，应注意采用“特许经营”或“PPP 模式”，保证工程服务于广大民众的同时，实现经济上的可持续。

——社会发展的可持续性。民心、民意的得失与向背，关系到永定河绿色生态发展带建设和发展的成败。应始终、时刻关注广大民众、特别是永定河绿色生态发展带民众对工程建设、项目选择、经营模式、利益分配等方面的意见、建议。建立和畅通民声、民意表达的渠道或平台。注意互联网信息动态，并注意运用互联网加强与民众的互动。

四、进一步提高永定河绿色生态发展带建设和发展的社会认知和参与度

提高社会各界对永定河绿色生态发展带建设和发展的参与度，是现代文明社会的重要标志，是建设和谐社会、和谐永定河绿色生态发展带的基础。为此，应注意做好如下三方面的工作：

——进一步加强宣传和推介。让广大民众了解建设永定河绿色生态发展带的意义、目标等。

——切实促进工程建设公开。目前，首要的是要让广大民众对《永定河绿色生态发展带规划建设规划》有一个全面的、系统的了解。任何规划不仅仅是工程建设者和政府要遵循的，也是要让广大市民知晓并以此监督政府及工程建设单位的。然而，截至目前，规划文本尚未不能公开获取，原因不得而知。

——注意公布工程建设情况。通过公告栏、电视电台、报刊及实地参观、座谈等形式，让广大市民及时了解工程建设的动态。农民村务公开、政府政务公开的许多好的做法，都可以充分借鉴。

五、进一步强化永定河绿色生态发展带建设和发展的组织制度保障工作

永定河绿色生态发展带建设和发展，至少有三个特点。一是持续时间长，期间干部变动的可能性比较大，但工作决不能时断时续。二是涉及范围广，涉及五区及河北部分地区，还涉及五区的各个部门，加强地区之间、部门之间的协调，统一工作部署十分必要。其三是利益关系复杂，工程建设涉及社会各阶层、各利益主体，应妥善处理好各种利益关系。为此，应重点加强组织和制度建设：

——建议成立永定河绿色生态发展带协调机构。目前五区已经有一个“永定河绿色生态发展带五区联席会”，这是一个好的开端。在此基础上，应加强日常工作层面的协商、协调。为此，可以考虑设置“永定河绿色生态发展带建设运行管理办公室”，主要由市发改、规划、水务、农业、林业、旅游、经信等部门以及西南五区政府共同构成。

——建议尽快研究制定永定河绿色生态发展带条例。北京为保护水资源、水环境等资源、环境、生态，已经发布了诸多地方性法规，起到了积极而重要的作用。作为北京重要的改革试验（实验）区，永定河绿色生态发展带的建设和发展，亦应有相应的法规作为制度保障。永定河绿色生态发展带条例，应明确永定河绿色生态发展带建设的意义、范围、目标、任务，明确各区、各部门的职责，明确资源、环境、生态、产业、投资等方面的鼓励、限制、禁止的行为、项目、区域等，应明确永定河绿色生态发展带规划的性质、地位和效力及违规处置办法等。

作者：谷树忠　国务院发展研究中心资源与环境政策研究所副所长，北京市政协委员，民建中央人口资源与环境委员会副主任，民建北京市委科教委副主任

张　亮　国务院发展研究中心资源与环境政策研究所博士

推进循环经济发展
建设永定河绿色生态发展带

缪建平

建设永定河绿色生态发展带，发展“水岸经济”，对改善京西生态环境、打造西南五区新的经济增长点，带动沿岸开发建设和产业升级、进一步促进西南五区经济发展具有战略意义。初步提出几点不成熟的看法和建议。

一、建设永定河绿色生态发展带具有重要战略意义

建设永定河绿色生态发展带，带动沿岸开发建设和产业升级，是北京都市型现代农业发展新的探索，提升都市型现代农业水平的需要。都市型现代农业最容易受到城市开发、水气污染等环境影响，不断改善城市及周边郊区县环境，扩展绿色生态发展带，是推动都市农业可持续发展的重要内容。

建设永定河绿色生态发展带，也是顺应世界经济发展新的趋势。2008年10月联合国环境规划署为应付金融危机，发起了“绿色经济倡议”，提出通过绿色投资推动世界产业革命和经济“绿色化”，使之成为经济增长的“引擎”。这个倡议得到了世界各国的积极响应。因此，建设永定河绿色生态发展带，是顺应世界经济发展新趋势，北京西南五区建设北京世界城市、推进绿色经济发展的重要举措。

二、建设永定河绿色生态发展带应贯穿循环经济理念，成为编制有关规划的一个重要指导原则

建设永定河绿色生态发展带，建议把发展循环经济作为编制有关规划

的重要指导原则之一，把增强自我创新能力作为转变增长方式的重要环节，最大限度地利用系统中有限的物质和能源，最大限度地减少废气物排放，提高资源利用率，实现绿色生态发展带经济的可持续发展。

在规划中，建议按照减量化、资源化、无害化和再利用的原则，充分体现循环经济的基本理念，明确发展的方向、目标、重点和措施，找准工作的切入点。

在这方面，各地已经探索出了一些可资借鉴的经验。例如，河南省有些国家循环经济试点市，把着力点放在小麦、玉米、花生等优势产品的加工上，同时大力发展食草型畜牧业和畜产品精深加工业，有些地区推动规模化养殖场建立有机肥加工基地、并采用生物治理技术，走出了“养殖业——畜禽排泄物——沼气——发电——有机农业”的循循环农业新路，不仅有效控制了畜牧养殖污染，大大提高了经济效益。北京市密云、大兴等区县也在这方面做出了有特色的探索。

三、突出创新，走出一条循环经济发展的新路子

（一）明确指导思想

今年是“十一五”最后一年，即将进入“十二五”时期。最近有专家建议，“十二五”规划是中国的绿色发展规划，其核心思想或者基本思路就是绿色发展，其中建立资源节约型社会、环境友好型社会和发展循环经济是三大支柱。北京市政府召开常务会议研究《绿色北京行动计划(2010—2012年)》，强调要全面贯彻人文北京、科技北京、绿色北京发展战略，将城市发展建设与生态环境改善紧密结合，以切实提升首都可持续发展能力为核心，把发展绿色经济、循环经济、建设低碳城市作为首都未来发展的战略方向。建设永定河绿色生态发展在指导思想上，建议要注意这样几点：

——坚持以人为本、可持续发展理念；坚持发展循环经济，创建节约型新农村的思路。

——按照“减量化、再利用、再循环”的原则，发展循环经济，在生产过程中防治污染，提高资源利用率。

——发展循环农业建设现代农业，提升都市型现代农业水平

——大力开展资源的综合利用，在资源发展中大力提高资源综合开发和回收利用率，回收和循环利用各种废弃资源，变无用为有用，变小用为大用，变一用为多用。

——延岸开发建设应着力延伸农副产品产业链，系列开发、精深加工，综合利用，着力提高资源利用效率，降低能源消耗，产出清洁产品，出上一条良性循环的发展道路。

（二）因地制宜建设好生态村、生态县

1. 生态村建设的主要内涵：生态村建设是生态农业建设的一个层次，侧重于实际生产的模式与内容，例如生态工程建设（种植工程、养殖工程、物质能量合理循环转化工程），在我国生态村的概念是在行政村的范围内，运用农业生态工程原理与技术，适时调整生产结构，充分合理利用当地的资源，保护农业生态环境，经济、社会和生态效益协调发展的村级生态经济系统。

所谓生态农业，就是遵循自然生态规律和社会经济规律，运用生态学和生态经济学，系统工程理论来指导、组织和发展的农业生产。生态农业能在保持农业生态平衡的前提下合理利用各种农业生态资源，在有限的土地上强化物流、能流的产出环节和多层次的利用物质和能量，从而较快地发展农村商品生产，同时又保护农村生态环境，取得经济效益、生态效益和社会效益的同步。

我国早在九十年代初，就经国务院批准，由农业部、林业部、国家环保局等七部委组成全国生态农业试点县建设领导小组，按照不同的生产类型地区在已有100多个县选择了51个县作为全国的试点县，推动生态农业建设。经过多年建设实践，取得显著成效。农村经济快速增长，农民收入大幅提高，生态环境明显改善，社会事业全面发展，逐步走上可持续发展的良性循环道路。经过专家组的调研总结，他们的共同经验是：

①根据本地实际情况，制定生态农业建设规划；②党政领导高度重视，纳入议事日程，成立了由县领导人主特、各有关部门负责人参加的领导小组和综合协调办事机构；③选准生态环境的主要障碍因子，确定了不同生态类型区域的主攻方向；④创造了多种符合不同生态类型区要求的各具特色的生态农业发展模式；⑤推广了一大批既保护环境又推动经济发展的生态实用技术；⑥加强宣传与培训工作，使生态农业家喻户晓，深入人

心；⑦在县党政统一领导下，统一协调各部门的人力、财力、物力，形成合力，加大投入，充分发挥综合效益。这些经验和做法，可供推进永定河绿色生态发展带建设参考。

2. 北京市西南五区建设生态村起步早，已取得突出成效。经过多年努力，在全市已涌现出许多有特色的优秀典型。西南五区如果能涌现出更多的象大兴区留民营村、房山区南河村这样的生态村，永定河绿色生态发展带建设就更有特色和坚实的基础。

大兴区留民营村得到国际生态学界和联合国环境规划署承认的“中国生态农业第一村”，有许多经验可以借鉴。他们生态村建设主要特色是：

①围绕沼气建立循环型产业链。利用村里养猪场、养鸡场的排泄物建300立方米大型厌氧发酵沼气，全年生产沼气30万立方米。并将沼气渣转化为优质绿色肥料，生产有机蔬菜、果品，形成循环式产业链。②土地集约化经营，统一由农场管理。在此基础上，成立了粮食、蔬菜、果园、养殖场等专业队。走出了一条统一管理、集约化经营的新的农村土地经营之路。③依托自身生态第一村的优势，多种形式吸引内外资金，发展绿色工业、农业观光和生态旅游业，增加了集体和个人收入。

留民营生态村建设实践证明，生态村是建设新农村的一个有效模式。他们生态村建设的经验有几点值得借鉴，在永定河绿色生态发展带建设中有普遍推广意义：一是注重环境保护，经济与生态协调发展；二是从实际出发，实施推广生态模式，选好切入点项目。生态产业始终处于生态村建设主导地位；三是村落景观丰富多样，创造良好人居环境；四是注重生态工程技术的应用；五是认真普及生态意识。农民的理解与参与是生态村建设的重要保证。

3. 从实际出发，实施推广生态模式。农业部推广的具有代表性的十种典型生态农业模式，如北方“四位一体”生态模式及配套技术；生态种植模式；生态畜牧业生态模式；丘陵山区小流域综合治理模式；设施生态农业模式；观光生态农业模式等，永定河绿色生态发展带及周边各村，都可以从各村实际情况出发，积极组织实施。

房山区大石窝镇南河村打造绿色种植产业基地模式，就是一个很好的案例。他们坚持以“生产发展”为核心，确立“发展循环经济、打造绿色种植产业基地”的全新发展构想，全力打造产业化链条，让群众通过绿色农产品种植增收致富。建立了蔬菜种植服务中心，实行集体“六统一”一条龙式的经营模式（统一配料、统一种植、统一管理、统一服务、统一指导、统一销售），实现了蔬菜产量、质量、效益三丰收。采用农户投资、集体补贴的办法，使村里的蔬菜产业成为生态型的绿色农业，社会主义新农村建设的优秀典型，“京郊最美丽乡村”。

（三）发展循环农业，提升都市型现代农业水平

循环农业是对传统农业发展观念、发展模式的一场革命，是实现农业可持续发展，建立环境友好型、资源节约型农业的有效途径。传统农业是一种具有“资源——产品——废物排放”的单程线性结构型经济，其特征是“两高一低”，即资源消耗高、废弃物排放高、物质能量利用低。而循环农业强调通过建立“资源——产品——再利用——再生产”的循环机制，实现经济发展与生态平衡的协调，实现“两低一高”。

目前，都市型现代农业进入转变经济增长方式时期，党的十七届三中全会决定指出，完善农村基本经营体制要实现“两个转变”：“家庭经营要向采用先进科技和生产手段的方向转变，增加技术、资本等生产要素投入，着力提高集约化水平”；今年中央一号文件强调要“加强农业面源污染治理，发展循环农业和生态农业。”都市型现代农业要实现持续发展，很重要的是资源的可持续利用，能以最小的成本获得最大的经济效益和生态效益，也为资金、技术的集约利用创造了有利条件。

因此，永定河绿色生态发展带及周边地区，应根据实际构建农业产业链，大力推进农业生产的清洁化、资源化和循环化。通过培育和完善农业产业链，逐步实现农业生产过程的清洁化、资源化和产品的无害化。具体提出几点建议：

1. 北京市社会主义新农村建设领导小组综合办公室 2008 年组织实施的“亮起来，暖起来，循环起来”工程建设，就是根据北京市郊区农村实际，贯彻可持续发展理念发展循环经济，创建节约型新农村一个很好的部署。其中“循环起来”工程中有雨洪利闸建设工程；沼气集中供气村建设工程；大中型规模养殖场粪污治理工程；整村推进户用沼气示范工程等，都可根据实际情况，精心组织实施。

2. 中型规模养殖场粪污治理工程是实施循环农业很好的一个切入点。这里我介绍一下近期考察和参加组织实施沼气发电项目情况，供大家参考。

发展沼气发电项目形成的循环产业链是“粮食种植——畜禽养殖——沼气发电——有机肥无公害农产品生产链”，很有推广运用价值。可以和新农村建设的设施农业相结合，和当地畜牧养殖企业、农户组成的专业合作社相结合，是提升农业畜牧养殖业形成产业链的有效途径、完善当地农业产业化的渠道。

案例1：北京市密云县德清源沼气发电。

利用300万只蛋鸡生产的鸡粪，建沼气发电厂，沼气装置可产生沼液15万吨/年，沼渣6600吨/年。处理鸡粪77400t/年，可产生沼气700万方/年。用沼气发电1400万kw. h/年，每年发电2000千瓦×24小时×300天×0. 66元=950. 4万元，延伸产业链至农业采摘及农业观光旅游，形成以整条农业循环经济带动的农业产业链。当地种植业增加了收益，并促进了农田土壤改良，增加土壤有机成分。

案例2：江苏康乐农牧养殖公司沼气发电。

最近我参观考察了江苏康乐农牧养殖公司沼气发电。他们养殖种猪近十万头。在武进养殖场探索循环农业路子很有成效。利用猪粪建起了4000立方米厌氧发酵罐，2000立方米沼液贮存，250千瓦/小时发电机两台，将沼渣加工成有机料，沼液经处理后作为冲洗水重复使用，年产沼气80万立方米，沼气发电120万度，生产有机肥5000多吨，剩余沼液作有机肥使用，灌无公害蔬菜、花卉苗木和水稻，形成良性生态链，既解决养猪环境污染问题，又做到变废为宝，资源循环利用，提高了经济效益。

3. 视“农作物秸秆综合利用”生态循环链。秸秆是巨大的污染源，同时也是巨大的资源。据统计我国年产各类农作物秸秆达5. 7亿吨，其数量相当于北方草原打草量的50多倍，北京市郊县有各类农作物秸秆超过150万吨。目前就全国来说，秸秆仍然主要用于作燃料，占全国秸秆产量的50%以上，秸秆作燃料仍然以直接燃烧为主，烟熏火燎，不卫生，能源利用率仅为13%。每年“三夏”和“三秋”时节，我国城郊农民在田间焚烧秸秆的现象相当突出，不仅浪费了秸秆资源，污染了环境，其形成的烟雾，还严重干扰了运输秩序，同时，也给防火安全工作带来很大隐患。近几年出现了秸秆气化技术，通过对秸秆不完全燃烧或干馏，获得可燃气作燃料，也有将秸秆通过生物发酵产生沼气作燃料。

秸秆处理及资源化利用涉及众多方向，包括秸秆还田、秸秆饲料、秸秆肥料、秸秆高值及综合利用几方面。目前，可大力提倡和推广的技术比较成熟的秸秆利用方式主要有：秸秆做饲料；秸秆做燃料，即在有条件的村镇建立秸秆气化站，使植物纤维素、木质素分解成一氧化碳、氢气、甲烷等小分子可燃气体，由供气系统送入农户家中，使农民像城里人一样用气做饭、取暖、洗澡，提高农民的生活质量；秸秆做基料，即利用秸秆为基料生产食用菌，短期内增加农民收入；秸秆做建筑原料等等。

最近我在山东省高唐县调研看到，该县国能高唐生物发电有限公司兴建的生物质直燃发电厂，建有130th电站锅炉和30MW的汽轮机发电机组各一座，直接燃烧棉花秸秆等农林剩余物，每年可提供绿色电力2.1亿度，每年秸秆利用量达28万吨左右。不仅对发展方式转变起到积极作用，还对农民增收起到重要的推动作用。这就是秸秆合理、高效利用的一个很好的案例。

建议：一是切实加强组织领导，建立健全推进秸秆综合利用的有效机制；二是制定规划，加强政策引导，逐步推动将秸秆综合利用由行政强制性向群众主动性的转变；三是从建设绿色北京高度出发，从长计议，加大资金和科技投入；四是农业、科技、环保等相关部门紧密协作，形成合力，特别要充分发挥农技推广部门的作用，加强技术指导服务，开展技术示范和推广工作，积极促进秸秆综合利用的有序展开。

4. 业废弃物循环利用，是都市型现代农业中值得重视的“绿色经济”项目。农业废弃物无害化处理后的循环利用，不但循环利用了农业生产、贮运和加工过程中产生的植株残体等农业废弃物，变废为宝，增加土壤有机质，改良土壤结构，而且有效地节能减排，节约化肥、有机肥和农药，减少对地表水、土壤等农业环境的污染和土传病害的传播。

据北京市农业局农业废弃物循环利用试点提供的经验，将花卉、杂草等农业废弃物，通过机械粉碎、堆沤腐熟、微生物菌剂和无害化处理工艺等技术手段，能有效解决农业废弃物单独发酵和木质纤维彻底腐熟的技术难题，转变了传统生产方式，美化了园区环境，实现了田园清洁。

该试点单位还将先进工艺有机结合，通过好氧发酵过程，产生持续

70°C 以上的高温，使易腐熟、难处理的花卉、杂草等充分成熟，有害病菌、虫卵、杂草种子全部被杀灭，10 至 14 天内完成无臭味、无病菌的生物发酵活性有机肥料。试点示范点取得了良好效果，每天能处理农业废弃物 20 立方，约 5. 5 吨，一年处理能力为 2000 吨，覆盖园区面积 1000 亩，第一年的纯利润就能达到 50 万元，是典型的“绿色经济”。这个经验在永定河绿色生态发展带及周边地区建设中，值得重视。

作者：农业部原农村经济研究中心主任

永定河绿色生态发展带建设中的几个问题

文学国

永定河是北京的母亲河，曾经水量充沛，是全国四大重点防洪江河之一。它流经北京市的门头沟、石景山、丰台、房山和大兴五个区。无论是从历史与文化、自然与人文来看，永定河都具有重要的不可替代的作用。

就整个北京的建设现状与发展水平来看，永定河两岸与北京的东、西、北相比，发展相对缓慢，所以，北京市政府出台了“城南行动计划”，制定了《永定河绿色生态走廊建设总体规划》、《永定河绿色生态发展带建设规划》和《关于推进永定河绿色生态发展带建设的实施意见》等规范性文件，开启了永定河流域开发与建设的序幕，也意味着永定河流域的五个城区迎来了新的发展机遇。永定河流域的开发建设冠之以“绿色”、“生态”这样的字眼与限定词，体现了强烈的时代特色与政策指向。如何将永定河流域的北京五城区发展成为北京城南的绿色生态带，市政府与各区政府均有了规划与蓝图，有的规划与政策正在实施过程中。学者的意见常常是“纸上得来终觉浅”，下面就永定河绿色生态发展带建设中涉及的几个问题谈点自己的粗浅认识。

一、差异化的发展理念

北京提出了建设世界城市的目标，现在北京市的各区县都在建设世界城市的大目标下制定各自的发展规划，如朝阳区就提出了一个“新四区”的目标。那么南城的开发与建设，推而广之永定河绿色生态带的发展建设如何与世界城市的建设目标结合起来，制定自己的发展规划？规划建设在理念之上，确定一个符合客观实际的发展理念，找准自己的定位，是十分重要的。全国各地现在都在搞地区发展的攀比，比 GDP 的速度，比招商引资的数量，比财政收入增长的快慢，所以各地都在征地、拆迁、旧城改造，当然，也在不断为社会贡献失地农民的数量、暴力拆迁的案件、不断增加的上访人数等。永定河绿色生态发展就定位了该区域的发展必须是绿色的、生态的，但怎样理解绿色与生态，不同的理解也会作出不同的文章，房地产商也可以说在这个地区建设的住宅小区是绿色住宅小区、生态小区等，开发房地产也符合这个地区的发展理念等。

北京城区的发展，速度不可不快，档次不可不高，但城区的发展理念雷同的问题也很突出，都往 CBD 上靠，都搞总部经济，都以入驻本地区的跨国公司的数量为炫耀的指标，功能混同，所有的竞争都以经济指标为核心，即使带有“文化”、“创意”的时髦字眼，眼睛盯着的依然是其背后的经济利益。所以，一个不了解北京的外来人，到北京城里走一圈，除了一些文物古迹由于古人的原因分布在不同的区域外，其他没有什么区别，一色的高楼大厦。所以南城的开发，永定河沿岸的开发，理念一定要与现在东城、西城、北城有所不同，要有自己的特色。现在的北京城已经很拥挤，我希望永定河沿岸能够建设成北京人未来的生态休闲区，生活休闲区，接近自然、与自然和谐相处的地区。若干年后，城里的北京人度周末、过节日，首先想到的是到永定河沿岸来，而不是往那些摩肩接踵的城里小公园、小区小片绿地里挤。北京南城的开发计划很宏伟，几年之内要投入近 2000 亿元，这无疑会彻底改变北京南部基础设施落后的现状，随着基础设施的改善、交通的便利，人口稠密的东西北三个方面的人群必然会往南部走。

永定河沿岸五个区，发展模式与理念也不能雷同，要根据各自的资源禀赋、比较优势来确定自己的发展模式。比如搞都市农业，就要寻找各自的特色，你可以搞观光农业，我可以搞农家乐，他可以搞高档有机农业等。同样的开发旅游，五个区的旅游资源都不相同，房山区可以以周口店的人文资源开发为主，石景山就可以以首钢为基础开发工业旅游等。总之，五个区在确定各自的发展战略时，不能相互效仿，一味盯着高科技、制造业，而忽视了自家的优势资源，拿自己的短处去与别人的长处竞争。

二、法制化的发展规划

谋划发展，规划先行。有了科学的、切合实际的理念，就要将这种理念付诸实施，而规划则是实施发展理念的指南。长期的发展谋划叫规划，短期的发展谋划叫计划。现在从中央到地方都在抓紧制定“十二五”计划。现在没有领导不重视规划，但重视的是制定规划的过程与形式，规划制定之后形成的文本常常被束之高阁。现在的普遍情况是，规划的实施没有受到应有的重视，在具体的工作中，在政府的决策过程中，规划往往不被人想起。还有一种特别糟糕的情况，随着领导班子的变更，规划也随之变更，城市发展规划的严肃性、法定性受到了严重的挑战。在地方发展战略方针的制定上，主要领导的意志仍然在起主导作用，而且常常是现任的主要领导与前任的主要领导的发展理念与思路都不一样，前任领导制定的规划当然也就不管用了。

规划要管长远的发展，不然规划的功能就削弱了，也就失去了制定规划的意义。我国的城市规划有一个成功的范例，那就是内蒙古包头市的城市规划。包头市的城市规划是我国“一五”时期前苏联的专家帮助制定的，50 多年过去了，该市的城市规划依然保持当年设计的格局与布局。人们一般认为，这是由于当时苏联专家对包头市发展的准确定位与长远眼光决定的。所以一个好的规划至少要满足以下几点：第一，制定规划的依据是建立在符合本地实际的科学定位上的，发展的定位确定了，就不要轻易地改变。一个城市与区域的发展，如一个人的发展一样，定位确定后，要持之以恒，不要看到其他的城市或者地方发展某个产业挣钱了、发达了，就改弦更张。产业结构时刻在变化，如果没有打好坚实的发展基础，实际上什么产业也发展不起来，不能形成长久的区域竞争优势。第二，规划既然是未来的发展指南，规划的制定者必须要着眼于长远，不能只管眼前，更不能想到后任会更改规划。所以规划只管自己任内的几年，这种短期规划必然带来短期行为的后果，从而就会使发展的连续性经常被人为地打断。第三，规划一旦制定后，就成为了各级领导与干部遵循的法规，不能漠然置之。只要规划是在科学的基础上经过了严格的论证之后制定的，规划一般就具备了可操作性，只要按照规划的设计持之以恒的发展下去，成功的概率是相当高的。中国近 30 年的高速发展，任何行业、任何产业都有壮大的机会，哪个地区都有发展的机遇。但现实的情况却大不一样，有的地区发展快，有的地区发展慢，除了一些自然禀赋相差较大外，没有一个好的发展规划是一个重要的原因。有的地方本来也有发展的规划，但规划三天两头在变，随着领导人的变化在不断进行调整，今天重点发展这个产业，明天重点发展那个产业，没有坚持的精神，永远跟着别人身后跑。

现在北京市已经将永定河沿岸经济社会发展的蓝图绘就，南城行动已经付诸实施，那么，接下来就要看五区各自如何根据自己的发展理念确定自己的发展定位与模式了，也就是如何制定自己的发展规划了。今后五区发展的差距与速度，取决于谁的发展理念先进、发展定位准确、发展规划科学而又能持之以恒地坚持下去。

三、城乡一体化发展应成为永定河区域发展的根本要求

永定河区域绿色生态发展带的建设，是在我国经济社会处在一个新发展阶段的大背景下进行的，因此，发展的内涵富有时代的要求。目前我国已经到了以工补农、以城带乡，破解城乡二元结构，推进城乡一体化发展新格局的阶段，永定河绿色生态发展带的建设，要将目标定在成为北京乃至全国率先实现城乡一体化的示范区。北京市政府、五个区政府在永定河绿色生态带建设过程中，以各种类型的项目、工程加大投入，改善该区域的基础设施条件，畅通道路，规划产业发展，从而对该区域内的广大农村的经济、社会发展带来新的机遇，市、区两级政府，要抓住这次机遇，全面规划城乡一体化发展的蓝图，争取随着永定河绿色生态带的建设，该区域内的城乡一体化也随之实现。

城乡一体化建设要求统筹城乡经济社会各方面的发展，在基础设施、产业规划、空间布局、公共服务、劳动和社会保障、生态环境保护等方面，按照统筹安排、协调发展的思路，将城乡作为一个整体进行考虑，共同推进，从而彻底抛弃过去的城市按照城市的要求来规划与发展、农村按照农村的要求来规划与发展的传统思维模式。作为北京的城郊，在大城市的辐射功能的影响下，具有得天独厚的发展条件。总的来说，这些郊区农村在基础设施、公共服务、生态环境保护方面已经有了相当的基础，随着城区的扩张，南城开发速度的加快，相当一部分农村居民的生活条件会得到较大的改善。因此，未来五区的城乡一体化发展，重点是要解决农村居民的社会保障、劳动就业问题。当然，随着绿色生态带的建设，城区居民向这一地区进行旅游、休闲机会的增多，无形之中也为该地区的农村居民提供了大量的就业机会。

加大政府的投入是推进城乡一体化的关键。在城乡二元分割的体制

下，政府的公共财政投入只管城市，不管农村，农村的公共产品大多数由农民自己筹集资金解决。永定河绿色生态带的建设，为解决农村公共财政投入不足的问题提供了契机。一方面，政府加大了该地区公共基础设施的投入，以城带乡的效果立即显现，另一方面，政府由于功能区域规划与产业规划的需要，会动迁一部分农民，征用一部分农用地，这样就解决了这部分农民的集中居住、离地上楼的问题，加快了城市化的步伐，也随即解决了城市化过程中容易出现的问题。

笔者建议，西南五区在永定河绿色生态带的建设过程中，就城乡一体化建设协调政策，统一规划。遇到区政府无力解决的问题时，联合向市政府申请优惠政策，或者申请市政府批准。突破一些现行的阻碍城乡一体化发展的政策、规定，力争在农村土地政策、户籍制度、社会保障等长期困扰我国城乡一体化的不合理规定与制度进行大胆的改革与试验，率先成为北京市实现城乡一体化的区域，成为全国城乡一体化的示范区域。

四、处理好拆与建、保护与开发之间的关系

这些年来，旧城改造，城市拆迁，征用农地，成为我国城市建设与城市化过程中的主旋律，城市中一座座摩天大楼拔地而起，城市化既给一部分人带来了暴富的机会，也给另一部分造成了生存的困难。一个公正的社会，一个法制化的国家，不能让一部分人所得的利益来自于剥夺另一部分人的合法利益，如果这种的状况不能得到根本的纠正，社会的公正就无法实现，社会的和谐稳定也就失去了根基。永定河绿色生态带的建设，必然会面临到拆迁与建设、保护与开发之间的矛盾，如何处理好这两对矛盾，关系部分城市居民和农民的利益，也关系到这一地区的稳定与和谐。

实际上，拆迁与建设、保护与开发之间并不是一对必然的矛盾，关键看政府以什么样的理念进行规划与设计。毕竟，根据我国目前的国情，在推进城市化与城乡一体化建设过程中，政府是主要力量，承担着主要的义务，同时，也需要政府动用公权力推进各项工作的开展。如果政府是着眼于长远、发展的眼光看问题，规划未来，真正体现以人为本，实践科学发展观，许多的问题也就会迎刃而解，不会出现那么多的社会矛盾。但是，如果政府只是一味地着眼于形象工程和短期利益，尤其是着眼于财政收入，那么，其行为就会表现为了钱而不惜动用公权力与民争利。北京是座

古都，但现在人们放眼只见摩天大楼，即使走进胡同，也难见往日古都的风采。一座留存历史记忆的建筑坍塌在推土机下时，推倒的不仅是在有些人看来只不过是一座破旧的房子，而且也埋葬了一段历史的遗产。如果推而广之，当有一天全北京城只有像火柴盒一样的现代建筑时，谁还会相信这是一座蕴含着千年中华民族历史与文化的古城呢?

西南五区地域广大，发展空间广阔，因此，不要在乎一房一地的拆与建的问题，该留下的就留下，能保护的就保护，为子孙后代留下一些能让他们回忆与留念的东西。现代都市人都留恋、崇尚大自然，所谓的绿色与生态概念，也正迎合了现代人的需求，因此，在绿色生态带的建设过程中，尽可能地将那些自然的遗产保护下来，农家小院，一棵古树，几块农田，几垅菜园，不正是城里人向往的田园生活吗?如果要将永定河建成真正的绿色生态区，没有这些自然的存在，只是一些人工的东西，那肯定不是绿色生态的本意。因此，在保护自然生态的前提下，因势利导，就地规划，在绿色生态带的统一理念下，五个区都根据自身的条件与特点，规划出一些各自独立，又有自然特色的生活休闲区，将来一定能够成为城里人竞相光顾的地方。

五、永定河沿岸的产业规划要体现绿色生态要求，将现代元素注入绿色生态之中

现在的普遍观念认为，一个地区能否发展起来，主要靠产业带动，因此，要发展经济，首先就要有主导产业。北京要建世界城市，面临的一个问题是发展经济与首都定位之间的矛盾。国务院批准北京建设世界城市，但不同意北京建成中国的经济中心，不是中国的经济中心，当然成不了世界的经济中心。国务院要求北京建成中国的政治中心、文化中心。国务院的批复是正确的，如果北京也建成了中国的经济中心，那么北京这个城市将来不知道会建成什么样子，规模会有多大，而北京的发展所面临的资源约束已经让许多有识之士十分担忧。西南五区在永定河沿岸进行产业规划时，要紧紧抓住北京是中国的政治中心与文化中心这个城市定位，不能盲目地设立经济开发区，引进制造业。北京市发展制造业，与国家对北京的城市定位不相符。

政治与文化并非与经济不搭界。文化搭台，经济唱戏，在我国的某些

地方已形风气，而且经济效益还不低。在我国现行的体制之下，政治中心也意味着巨大的经济利益，每天全国各地有多少人来北京出差、开会？这必须带来旅游、餐馆、娱乐业的发展。因此，西南五区只要抓住永定河绿色生态带开发的机遇，准确地进行功能定位，依然能够找到产业发展的机会。举一个例子，在美国的大城市，每到夏天都会有各种各样的露天音乐会等艺术表演形式，有的音乐会的观众人数不亚于一场足球比赛的观众人数。试想一下，在夏日凉爽的永定河岸，在一片树木覆盖的草地上，一场由著名乐团演出的古典或现代音乐会开场了，会吸引多少家庭前去欣赏？这难道不是产业吗？我们不缺少策划大师，如果将一些现代元素，如现代艺术表演形式、文化创意等，注入永定河绿色生态带的建设中，那么，就能将人文与自然很好地结合起来，从而也实现了人与自然的和谐相处，也真正满足了人类对绿色与生态的需求了。

作为一名坐而论道的所谓学者，以上的议论只是有感而发，我没有在西南五区生活与工作过，对这里的情况不熟悉，了解也有限，以上对永定河绿色生态带建设提出的几点意见，仅供参考。永定河绿色生态带的建设，流域内的西南五区的经济社会发展必将产生巨大的推动作用，也是西南五区面临的巨大发展机遇，能否抓住这次机遇，乘势而上，取得经济社会的全面发展，率先在北京实现城乡经济社会发展的一体化，将五区建设全国城乡一体化的示范区，以改革的精神，为城乡一体化建设走出一条对其他地区具有参考价值与示范作用的路子，在城市化、旧城改造、生态保护方面，贡献首都的经验。我们期待，永定河绿色生态带的建成，不仅是成为区域经济社会发展的成功范例，而且所衍生出来的发展理念正是科学发展观所蕴含的本质意义。

作者：中国社会科学院研究生院教授

整合资源　做强休闲产业

——永定河休闲产业带发展的可行性分析及政策建议

民盟北京市委员会
政协石景山区委员会经科委

永定河流域总面积4.7万平方公里，在北京段全长170公里，境内流域面积约3200平方公里，流经门头沟、石景山、丰台、房山和大兴五个区。根据《永定河绿色生态走廊建设规划》，永定河绿色生态走廊建设计划总投资170亿元，4年完成，到2014年，建成一条长170公里、面积1500平方公里的生态走廊，未来的永定河将形成有水有绿，生态良好的北京西南生态屏障，大大提高永定河生态服务价值，依托永定河改造也将建成各具特色的生态自然景观、城市景观、田园景观，这些不仅在很大程度上扩大五区城市发展空间，而且为五区产业转型和升级，提升五区在北京世界城市建设中的地位提供了非常好的机遇。为此，民盟北京市委、政协石景山经科委、民盟石景山区工委组成课题组，专门就永定河改造未来产业发展进行调研，大胆提出：整合五区资源，做强休闲产业，大力发展永定河休闲产业带。

一、永定河沿岸发展休闲产业带既是产业转型需求，更符合北京建设世界城市要求

据专家预测，到2015年前后，发达国家将进入休闲时代，发展中国家紧随其后，休闲经济将主导全球经济的发展，成为下一个席卷世界各地的经济浪潮。而提出建设世界城市的北京，无论是休闲的硬件还是软件都比较欠缺。永定河绿色生态走廊建设，不仅使五区传统产业转向休闲产业成为可能，更为北京世界城市建设增添休闲硬件和软件。

（一）永定河绿色生态走廊建设为休闲产业带发展奠定了硬件基础

休闲产业是指与人的休闲生活、休闲行为、休闲需求密切相关的产业领域，特别是以旅游业、文化产业、娱乐业、服务业和体育产业为主构成的经济形态和产业系统，它是一个产业群或产业链，已成为国家经济发展的重要的支柱产业。实际上，休闲产业最终会辐射到全部产业的各个领域。

有数据显示，2009 年我国居民旅游休闲、文化休闲、体育休闲及其他休闲等休闲消费的规模在 17000 亿元左右，相当于社会消费品零售总额的 13.56%、GDP 的 5.07%。休闲作为一种文化消费方式，是经济发展、社会进步和民众生活水平高低的重要标志。休闲相关产业的不断发展，不仅成为人们精神文化生活水准不断提高的重要标志，也对转变经济发展方式和产业结构调整产生着深刻影响。作为北京的母亲河，永定河孕育了北京深厚的文化底蕴和独特的人文资源，永定河绿色生态走廊建成后，自上而下形成溪流—湖泊—湿地连通的健康河流生态系统，建成各具特色的生态自然景观、城市景观、田园景观，形成“一条生态走廊、三段功能分区、六处重点水面、十大主题公园”的空间景观布局。这样大规模的绿色生态走廊在北京是绝无仅有的，在其他城市也不多见，这就为永定河休闲产业带奠定了非常好的硬件基础，如果五区合力开发休闲产业，那 170 公里的休闲产业带不仅成为北京、乃至全国甚至世界亮丽风景线，更是北京新的经济增长点。

（二）西南五区产业转型和升级需要休闲产业带作为重要支撑

休闲产业本身的产业特征恰恰符合西南五区产业转型的重要依托。首先，休闲产业品种、门类众多，产业形态多种多样，其受众面相当广泛，相当部分的产业属于劳动密集型，并可以为社会提供大量的就业岗位。其次，大部分产业属于服务类型，通过服务促进社会财富的流通与分配。再次，休闲产业创新空间大，资源配置多样化，许多项目和产品具有品牌效应和个性特质，既有有形物，又有无形物，既有天然物，也有人工物，既有信息符号，也有观念和意义，具有产业持久力。之所以永定河休闲产业带建设是西南五区产业转型和升级重要依托，是因为西南五区作为北京市后发城区，产业类型大多是传统产业，都处于转型、升级的关键时期，作为一种集资金密集、技术密集和劳动密集等特性于一体的新兴产业，对于五区扩大就业、拉动经济发展都有着积极的作用。

（三）永定河休闲产业带建设是北京世界城市建设目标的要求

近年来，随着我国经济和社会的发展，人们收入水平不断提高，闲暇时间日益增多，休闲产业、休闲经济呈现出蓬勃发展的势头，已经成为城市经济新的增长点，在拉动内需、促进就业、活跃市场等方面发挥着越来越重要的作用。美国权威专家预测，随着休闲时代的来临，休闲对于城市发展的重要意义将进一步凸显，休闲城市的建设和发展问题将更加突出。传统的观光旅游已经不能满足越来越多旅游人群的需要。旅游从过去的观光向休闲、度假方向过渡已成为旅游业发展的趋势，而这也是北京旅游未来发展的方向之一。

北京要建设世界城市，要作为世界旅游目的地，首先应该对世界各国的游客具有吸引力，在城市建筑景观对游客产生吸引的同时，还需要培养一种吸引游客的城市文化、发展城市的休闲旅游。而永定河 170 公里长的绿色长廊如果打造成休闲产业带，将会会大大提高对世界游客的吸引力，大幅度提升北京世界城市形象。

二、永定河沿岸发展休闲产业带的可行性分析

我们认为，西南五区完全可以依托永定河绿色生态走廊建设打造成北京休闲产业带。

（一）五区旅游产业趋同成为休闲产业带建设的基础

西南五区，在地域意义上包括了丰台、石景山、门头沟、房山、大兴 5 个区。它们共处于北京市总体规划中的“北京西部生态建设带”和永定河流域文化带上，地缘相邻，文脉相通，发展条件相似，经济互补性强，合作前景广阔，在北京市经济发展大局中居于十分重要的战略地位。西南五区占地 4866. 68 平方公里，约为北京市土地面积的 29. 66%；在籍人口 285. 5 万人，约为北京市在籍人口的 24. 18%。依照北京市“十一五”时期旅游业及会展业发展规划中“十一五”期间各区县旅游产品发展导向，五区各有发展的侧重点和导向，如丰台区侧重都市化形态、石景山重点是现代娱乐、大兴则以农村旅游为导向、房山则重点开发寻根之旅、门头沟

大力发展宗教文化活动等。但五区在旅游产业发展上并没有完全按照这一导向去做，而是旅游产业基本上趋同。这就为永定河休闲产业带建设打下了合作基础。

（二）五区旅游资源整合为休闲产业带建设提供了保障

西南五区旅游资源丰富，文化底蕴深厚。璀璨的历史文化与醉人的湖光山色交相辉映，人文自然与现代娱乐有机融合，构成了独具特色的北京西南部旅游画卷。既有上方山国家森林公园、世界地质公园、十渡景区、半壁店森林公园、北宫森林公园、小龙门森林公园等自然类景点；也有周口店、云居寺、潭柘寺、戒台寺、八大处、法海寺等富有人文内涵的景点；更有石景山游乐园和世界公园等现代娱乐的典范。各区旅游资源的差异性和互补性，趋同性和相似性，为西南五区的旅游资源整合及打造休闲产业带提供了强有力的保障。特别值得一提的是五区历史悠久的休闲文化、独具魅力的山水文化、弥足珍贵的古道文化、源远流长的宗教文化、资源丰厚的民俗文化、极具价值的墓葬文化、厚重宝贵的工业文化、由来已久的军事文化，为永定河休闲产业带建设奠定了非常雄厚的自然基础。

（三）五区产业转型需求是休闲产业带做大做强的动力

现在正值“十二五”规划编制时期，五区都在产业转型和产业升级方面大力开拓思路。因为西南五区原产业大多属于传统产业，这些产业或因不符合北京世界城市建设要求退出市场，或因产业竞争力不强而力求升级，或因为产业布局和产业结构缺乏差异性特色而苦心寻求差异化。事实上，不仅五区之间，北京各区之间在招商引资、产业布局方面都存在一定程度的恶性竞争，在这样的困局中，我们不妨换一种思维方式，为什么一定要靠竞争求生存，为什么不能靠合作谋发展。因此，五区既然都迫切需要产业转型，借助于永定河改造契机，依托五区原有的产业基础和资源，打造休闲产业带，这样就突破了原有的僵局，我们认为合作谋发展是可行的。

休闲产业是一个完整的体系，它包括三大方面：

1. 休闲基础产业。包括旅游业、文化休闲业和休闲体育业。首先分析旅游业，旅游业是休闲产业的重要组成部分，是以旅游这种方式和活动，提供相关旅游产品和服务来满足人们在休闲生活、休闲行为、休闲消费、休闲需求中的物质和精神文化需求的产业形态。这一产业五区都有，只不过现在处于竞争态势，没有形成合力，资源也没有整合，如果把旅游业置于休闲产业带里面，切实整合，五区旅游产业会做大做强。

其次分析文化休闲业，文化休闲是新兴的产业形态，是满足人们休闲消费中的精神文化需求的行业。①游戏产业。游戏产业是文化休闲业的重要组成部分，主要包括以棋牌、游乐园、游戏机、网络游戏等游戏类的产品和服务，来满足人们休闲的需要。目前，石景山大力发展网游产业，电子竞技产业，如果把这些文化创意产业内容纳入休闲产业，会大大提升休闲产业吸引了和休闲产业竞争力；②娱乐产业。指以提供各种娱乐的产品和服务来满足人们在休闲活动中的物质和精神文化需求的相关业态，以电视、广播、歌舞厅、城市秀场、唱片工业、无线网络音乐等为主要内容。五区各自的娱乐特色，结合永定河绿色生态走廊建设成的景观，配合娱乐产业发展，定会打造成京西不夜城；③品尝产业。通过餐饮等产品和服务来满足人们在休闲活动中的物质和精神文化需求的产业业态。主要涉及餐厅、咖啡厅、酒吧、茶馆以及其他休闲食品。围绕绿色生态走廊进行餐饮休闲吧建设，绿水红灯的休闲氛围不亚于后海，也不逊色于三里屯；④观赏产业。通过提供观赏类产品和服务来满足人们在休闲活动中的物质和精神文化需求的业态，主要包括戏剧、电影、博物馆、科技馆、动物园等。五区均有较为丰厚的文化资源，借助北京文化名城优势资源，在永定河沿岸安排一定的文化观赏场景，定会大幅度提升整个休闲产业带的品位。

再次分析体育休闲业。体育休闲业是休闲产业与体育产业的交叉，是以休闲为主要目的，通过体育活动的途径和手段来满足人们在休闲活动中的相关健身、娱乐、交际等物质和精神文化需求的产业。包括竞技体育表演、群众体育、健身服务、体育用品等。体育休闲活动是现代人生活的必需，充分利用奥运场馆资源打造体育休闲产业是五区完全可以做到的。

2. 休闲延伸产业。包括休闲农业、休闲商业和商业地产业。①休闲农业。在一定意义上，休闲农业是一种工业化的发展方式，这和传统的农村、农业的概念是截然不同的。休闲农业的要求，第一是自然；第二是在享受自然的过程之中形成一系列的延伸性要求，不是简单的农家乐概念，而是在发展的过程中逐步构成一个体系。五区除石景山没有农业外，其他四区都还有较好的农业基础，目前发展主要是特色种养殖，休闲观光农业还没有做起来，把四区的农业部分打造成各具特色的休闲农业，不仅是四区农业产业转型，更为休闲产业带提供了丰富的休闲资源和产品；②休闲商业。通过商业所提供的产品和服务以及商业活动本身来满足人们在休闲生活、休闲行为、休闲消费、休闲需求中的物质和精神文化需要的产业领域。主要包括商业游憩区、步行街、特色消费店等内容。现在五区在这方面都投入很大，如石景山万达广场、台湾步行街、品牌店等，其他各区也各有亮点，这些资源如果整合起来，形成休闲商业名片，定会大大提升永定河休闲产业带休闲商业活力和氛围；③商业地产业。商业地产业是在一般住宅要素的基础上，依托项目周边良好的自然生态环境，把房地产和房地产以外的其他产业资源，包括生态资源、旅游资源、体育资源、教育资源进行嫁接，并在社区生活配套设施中导入休闲、健身娱乐、益智等多元概念，使使用者有足够的条件充分放松自我，享受休闲生活。永定河绿水生态走廊建成后，五区的生态环境大大改善，相应的商业地产业也会大幅度提升。那样借鉴苏州工业园模式，把开发区与休闲、开发区与观光联系起来，对外来资本更具有吸引力。

3. 休闲支撑产业。这主要包括休闲工业。如休闲服装、休闲用品、休闲装备、休闲食品等。在休闲产业带建设规划中，应考虑引进休闲支撑产业项目，把这些项目融入休闲产业带，真正支撑休闲产业发展。还有休闲信息业和休闲中介业。这两种产业类型也属于服务业范畴，通过信息发布和中介（如游客中心、旅行社）对整个休闲产业带起到服务作用。当然，这些应该是由五区共同打造的。

从上述分析可以看出，永定河休闲产业带建设本身既是对现有各区产业转型诉求的涵盖，更是五区产业转型的提升。比如石景山的 CRD 建设，全部可以涵盖在休闲产业带中；门头沟、房山绿水生态涵养区也包括在内，大兴的休闲农业、丰台的旅游生态也尽在休闲产业带中。因此，五区借永定河绿水生态走廊契机，整合五区现有资源，打造永定河休闲产业带不仅是必要的，更是可行的。

三、永定河休闲产业带发展面临的困难和对策建议

既然在永定河发展休闲产业带是可行的，我们就必须找出困难并针对这些困难和问题有效解决和克服。

（一）永定河休闲产业带发展面临的困难

经过调研，我们认为，休闲产业带建设主要存在以下问题和困难：

1. 思想认识不够，发展观念落后。一方面，对旅游与休闲产业区别不明确、定位不清晰，特别是对休闲产业发展的前景和趋势认识不够高，五区在休闲产业发展上基本停留在旅游现有资源开发上，没有最休闲产业规划。多数认为旅游和文化产业投入大、税收少、见效慢，短期内难以形成支柱产业，而没有认识到其产业关联度高、消费带动力强等特性；缺乏“大旅游”的观念。另一方面，满足现状、小富即安、盲目乐观等思想还依然存在，五区虽然经过了三次政协合作论坛，签署了旅游合作框架协议，但由于过多地看重部门利益和眼前利益，开放意识不强、自我封闭等问题还很突出。

2. 资源整合难度大，管理运营机制不顺。五区整体旅游资源很丰富，但资源整合度不高，“小、散、弱”问题突出，市场竞争力不强。从管理权属上看，各类资源分属于不同体制和多种单位进行管理或经营，管理职能分割，利益关系错综复杂，没有一个权威部门进行统一运营。

3. 旅游各自为战，同质化竞争，没有形成合力。到目前为止，五区没有在旅游、休闲上进行实质合作，还是各自为战状态，相应的，在品牌战略、营销活动、主题宣传等各方面没有把西南品牌推出，从长远看，这对于我们做大做强休闲产业十分不利。

4. 基础建设亟待完善，投资主体比较单一。当前五区大交通环境已初步形成，但部分景区景点周边仍然交通不便，配套设施不足，此外，相关行业的服务体系发育不够成熟，宾馆酒店数量少、等级低、容量小，高端文化娱乐场所和旅游购物中心尚未形成。旅游人才队伍作为产业发展的重要基础，还需要进一步加强，对旅游管理人才、市场营销人才、专业导游等各类人才的培养引进力度还需加大。导致产业基础建设滞后的主要原因还是投入不足，虽然这些年投入力度不断加大，但因历史上基础条件过于薄弱，需要投入的资金量仍然很大。从投资主体的结构看，目前也显得单一，基本上是由政府（包括争取市里资金）和区属国企来投资建设，在引导社会资本参与、实现投资多元化方面还需深入探索。

（二）促进永定河休闲产业带发展的对策建议

在区域经济一体化的趋势下，五区合作是做大做强休闲产业带的关键，为此，我们提出以下建议：

1. 充分利用五区在第二届西南五区经济发展论坛上签署的“成立旅游发展联盟的协议”成果，并力争取得实质性成效。以永定河绿色生态走廊建设为重要切入点，以推动京西旅游联盟为突破口，创新合作理念和方式，实现区域休闲资源的统一规划、统一开发、统一宣传、统一服务标准，加快完善区域内部交通等旅游基础设施并实现跨区对接，设计旅游精品线路，联手对外推广，打造共同品牌，形成规模效应，实现优势互补、互利共赢。

2. 五区联动呼吁成立“永定河现代经济服务区”。上述问题中最核心的一个问题是体制机制问题，在目前的体制框架下，要打造170公里长、横跨五区的休闲产业带，没有一个权威的部门是不行的。成立“永定河现代经济服务区”，以这一权威部门统领永定河休闲产业带开发和建设，能较好地整合资源、合理规划。因为休闲产业要大发展，确立大旅游观念是前提，政府主导是关键，社会联动是支撑，政策是杠杆，市场是手段，项目是载体。其中政府必须发挥关键作用。

3. 永定河休闲产业带建设可以分两步走：首先，在没有建立“永定河现代经济服务区”前（这很可能需要相当长时间才能成立），五区在编制“十二五”规划中应把永定河休闲产业带作为重要内容规划进去，且在规划时五区联动进行一体化规划，不能再各自为战；其次，在永定河改造中水岸经济建设和景观设计要和规划中的休闲产业带衔接，要把休闲产业带中各产业要素容纳进去，不能再规划是规划、行动是行动了。

4. 强化市场营销，打造五区整体休闲产业带形象和品牌。永定河休闲产业带能否做强做大，营销推广非常重要，五区在营销推广时一定要一体化营销，整合各区媒体、广告牌示和旅游咨询服务中心等资源，营造一体化联合营销宣传体系，同时拓宽信息渠道，实现旅游信息交流与共享，要建立固定的信息沟通机制，通过网站、电视台、广播、报纸、文件等渠道，及时将五区休闲产业带建设和进展的相关信息提供给政府、旅游企业及相关社会组织，实现信息共享，实现跨区的信息互动与合作。

执笔人：赵继新　民盟北京市委常委，北京市政协委员，石景山区政协常委，北方工业大学教授

张　慧　民盟北京市委专职干部，民盟石景山区工委秘书长

对永定河绿色生态发展带规划实施中几点问题的探讨

赵 涛

城市河流治理的目标是什么？究竟到什么程度才算治理好一条河流？

一、维系河流健康是关键

自然的水系是一个生命的有机体，维系河流健康生命的关键是水，如果没有水，或者水非常少，就可能引发河流的生命危机。水利专家还提出“维持河流生命基本水量”的概念，认为应有常年流量的20%均匀流过，使河流在流量、泥沙输移、宽深比等方面达到动态平衡。

（一）水源要清，水量要足

北京市水利规划设计研究院在2009年提交的《永定河生态问题及对策研究》提出永定河水源的补水方案是——“多水联调、合理配置”，并进一步阐述为：“立足本地水源，充分利用再生水和雨洪水，丰水多蓄，形成湖泊，水少多绿，形成湿地，湖泊与湿地交替”。这一设想出发点是好的，问题是永定河平原段在治理后水量需求总量近1.3亿立方米，考虑到蒸发与渗漏的因素，清河再生水厂的出水能力是否满足永定河的水源需求，报告中并未提到。

其次，从“以人为本”的角度出发，再生水的水质只是接近Ⅳ类标准，经过湿地生物净化后的水质是否满足人可以接触的园林景观用水标准要经过科学的论证，这方面工作还没有看到。

其实在这方面，国内其他城市也有许多这方面的经验教训：

几年前，扬州市对念泗河、蒿草河、四望亭河、杨庄河和新城河等城区河道实施了整治，经过清淤、驳岸、桥梁、绿化和亮化，沿河的生态环境得到大大改善，但河水仍时常发生黑臭现象。扬州市有关部门经实地勘测后发现，主要问题在于一些内河无正常水源补给，如新城河的水源主要依靠沿山河，而沿山河的主要水源靠雨天蓄水，水量缺乏保证。为此，由扬州市建设局牵头，会同规划、水利等部门拟定了城区水系沟通的规划方案，使沿山河、卜桥河、四望亭河、念泗河及八卦塘等河的水系与瘦西湖水系沟通，增建小型水闸、泵站调水、换水，从而解决了市区河流换水的水源问题。

（二）截污清污，点面结合

我国城市兴起大规模的河流整治行动，与工业化、城市化的飞速发展息息相关。越来越多的工业、生活污水排入河道，造成河水严重污染，水质恶化，城市河流变得不堪重负。据全国2222个监测站的统计，在138个城市河段中，符合Ⅱ、Ⅲ类水质标准的仅占23%，超过Ⅴ类水质的占到38%。

另一方面，作为“建设宜居城市，实现可持续发展”的切入点，各城市纷纷投入整治河流的热潮之中，治污工程计划则是重中之重，采取的措施往往是处置沿河污染型企业，改造临河公共厕所，沿河敷设截污干管，实施雨污分流，修建污水处理厂等。然而事与愿违的是，整治之后的河道水质并未根本改善，其根源在于污水截流不彻底，污染源仍未得到有效控制。

水利专家指出，以前城市河流的污染源被认为是工业污染，实际上工业污染为“点源”，容易得到控制，而往往忽视了“面源”，即一部分为城市的雨水，尽管实行了雨污分流，但雨水冲刷城市建筑和道路、汇集于地表之后几乎跟生活污水一样，排入河流会造成大面积的污染。另一部分就是农村的面源污染，农村的人畜粪便、化肥农药等同雨水、灌溉水一道排入河流，也带来一定程度的污染。

这方面的成功案例是从2004年9月起，由成都市水务局、成都城市河流研究会共同发起的“府南河上游可持续发展示范村项目”，通过推广生态农业种植、食用菌、养殖、沼气、生态卫生厕所、有机固废及污水生物处理等，把人畜粪便作无害化处理后成为有机肥，减少农药、化肥投入；把种植业产生的秸秆和养殖业产生的牛粪资源化利用，减少污染。经实地监测，这一“零污染”项目对控制府南河的“面源污染”具有明显作用。

二、城市功能演绎“因水而变”

（一）传承城市河流文脉

河流是有生命的，每一条城市河流都流淌着自己独特而有魅力的故事，这些故事往往已经融入到城市的个性当中。所以，一个城市的河流治理规划应结合当地的地理特点、文化传统、历史背景等，并通过相应的设计方法予以呈现。

永定河是北京的母亲河，她不仅为北京城市提供了基础性的地理空间，同时也是北京文化生成和发展的哺育母体。永定河文化是伴随着城市发展而不断演替丰富的，对永定河历史文脉的挖掘整理应该是深层次的，不是随随便便恢复“几景”那么简单。

这方面成功的案例也不少：

成都市的水文化源远流长。公元前256年，蜀郡太守李冰为治理岷江水患而修建都江堰，“无坝引水自流灌溉工程”，河渠纵横、沃野千里的天府之国逐渐形成。然而，成都市在治理府南河之初，文化工程只是作为“点缀”而已。在2001年治理沙河时，成都市开始把文化工程放在同环境工程、河道治理工程、绿化工程等同等重要的位置上，重点突出生态性、亲水性、可持续性和人与自然的和谐统一，在沙河沿岸规划建设了水源保护区和城市滨水绿化景区，建设了北湖凝翠、麻石烟云、三洞古桥等“沙河八景”、四大文化带等景观工程，治理后的沙河，串起成都的水文化、桥文化、茶文化、诗词文化等。

沙河新貌

四川省历史学会会长谭继和说，成都的城市个性体现在以水为魂的文化，整治这一条拥有2000多年历史的文化厚重的沙河，充分凸现了成都的特色和个性。“城市的文化景观工程，提高了市民的文化素质，还产生了环境提升地价的经济效益。”

在恢复转河的工程中，北京进行了大胆尝试，采用驳石护岸、仿木桩

转河滨水风光

护岸等方法，稳定河床，装点环境。河底不再铺水泥，设计了多级跌水，种植水生植物，把水利工程的设计与景观设计结合起来，恢复了几处历史遗迹，建造了一些码头，并重现了历史上“长河观柳”的景观。转河治理被称为北京“治水思路的一次新突破”，把水利和园林、防洪和生态、亲水与安全、历史与现代结合起来，恢复了转河悠远宁静、自然宜人的风姿，真正实现了生态自然、人水合一。

“水是人类文明的一面镜子”。有关专家认为，在城市河流整治中，应通过展览、雕塑、喷泉、音乐等手段，将城市及河流的个性蕴涵其中，在保存历史文化的同时，创造现代文化。

（二）开发新的城市功能

既然城市的兴起往往和水有关，也正是水的功能的变化，导致了城市滨河地段的衰落，而在城市河流治理的过程中，水的功能又发生了改变，这种改变能否为滨河地段重新崛起带来新的机遇呢？

答案当然是肯定的。在交通体系高度发达的现代都市中，城市河流的功能已经不再主要表现为航道运输，而主要表现在生态休闲方面。在现代化的城市之中，“亲水”是个多么稀缺的资源。

据原上海市普陀区副区长陆月星介绍说：“原来利用‘亲水’概念的主要是房地产住宅开发，现在我们根据上海市打造现代服务业聚集带的规划目标，作出了一些调整。一是在‘亲水’区发展文化产业；二是原来在苏州河边的仓库里形成了艺术家聚集的历史，我们准备在保持特色的基础上对周边环境进行统一改造，发展创意产业；三是利用苏州河沿线目前最完整的一块土地，打造长风生态商务区。”

在《上海加速发展现代服务业实施纲要》中，长风生态商务区已经与陆家嘴、徐家汇等地区一起被列为上海首批重点推进的九大现代服务业聚集区。但与其他地区不同，长风生态商务区将凸显苏州河特色：在这片2.2平方公里的土地上，苏州河岸线就长达2.7公里，普陀区规划时要求建筑沿河岸退后80到120米，规划公共绿地50公顷，总体绿化率超过

60%，综合容积率仅1.5。

陆月星对“生态”的含义界定得更加宽泛——不仅是自然生态，还有人文生态和经济生态。“因为有了苏州河，长风生态商务区将实现历史与现代、建筑与文化、功能与品位交相辉映，文化特色鲜明，和其他现代服务业聚集区区别开来。”他说，普陀区历史上因为苏州河成为我国民族工业的发祥地之一，现在，随着对“水”的功能的重新定位，这一地区将从工业聚集区向现代服务业聚集区转变。

长风生态商务区规划构想

河流治理为改变“水”的功能提供了可能，而这种改变又为调整城市经济结构提供了可能，这是一笔大的“经济账”，这是城市河流治理应该秉承的一个理念，希望永定河绿色生态发展带的建设在这方面多下下工夫。

（三）坚持以人为本的开发思路

“这几年普陀区城市面貌的变化，主要体现在苏州河沿岸。”在老上海人的眼中，普陀区是“又破又大”，这里的旧厂房、旧仓库最密集，上海最有名的棚户区谭子湾和潘家湾就在这里。不过，这几年普陀区快速推进苏州河沿岸开发，城市面貌发生了巨大的变化。

在中远两湾城的示范之下，苏州河沿岸的房地产开发也是一路飘红。“上海花城”、华阳公寓、“上海知音”、“水岸名地”、“水岸豪庭”、“半岛花园”……苏州河沿岸新盘频开。但是，人们很快就发现这种快速推进带来了新的问题：一是苏州河边走不通了，许多地段的河滨通道成了那些亲水小区的“私家花园”；二是坐船行驶在苏州河上，沿岸高楼鳞次栉比，仿佛行驶在险峻的峡谷之中。

和上海一样，许多城市随着河流水质得到改善，河沿岸的房地产项目借着“亲水住宅”的概念迅速升温。水景活了一方宝地，使城市面貌焕然一新；但城市河流却被星罗棋布的楼盘所包围，从“城市的河流”变成了“小区的河流”，人们感觉河流离自己反而远了。

这正是许多城市在河流治理开发中遇到的普遍性问题：由于河道治理之初的破败景象与快速发展的城市面貌极不相符，许多地方急于改变环境，过度追求河流开发的速度，而忽视了建设与河流的和谐发展。

以上这些经验教训对永定河两岸的开发建设也是具有极好的借鉴意义的。

三、河流治理要打好“统筹牌”

水是流动的，从涓涓溪流汇聚成江河，河流的生命在不同的城市与地区之间延续。在河流治理中，如果没有上中下游的协同配合，河流的生命将是割裂的。

水是循环的，从雨水、地表水到地下水，城市里的水是一个复杂而又完整的系统。在河流治理中，如果没有各个环节的统筹规划，城市里的水将是孤立的。

只有从统筹治理、协调推进的角度出发，我们在审视城市河流时，才会有一个更广阔的视野；我们在城市河流治理的实践与探索中，才能找到高效、科学的理念与思路。

（一）部门与部门：需统筹得法

城市水系的多功能和系统性，注定要求强化部门管理的协同性，必须全面地统筹城市中供水、排水、污水、节水以及与之相关的道路建设、园林景观建设等环节，统一规划，统一落实责任，分部门实施与管理。

令人欣慰的是，越来越多的城市开始打治理河流的“统筹牌”：

2004 年 9 月，西安市灞河综合治理开发建设管理委员会成立。“从整治河流入手进行城市新区建设”这样一个崭新的思路呈现在人们面前。灞新区把各区以前所做工作中的断头、空白衔接在一起，完成了 6000 多亩土地的整理，邀请经济社会学家对新区作出高水准的发展战略规划，对这个区域进行定位，分析优势劣势，设计适当的发展模式。

2005 年 4 月，北京市流域综合治理工程正式启动。为保障工程顺利实施，北京市农委、发改委、财政局、国土局、水务局、林业局、农业局等部门联合制定了实施流域综合治理的意见，建立起多部门参加的流域综合治理联席工作机制。该工程将按照山、水、林、田、路、村统一规划，拦、蓄、灌、排、节、治（污）综合治理的方式开展，最终目标是通过工程的实施，使流域的生态、生产和生活功能得到充分发挥，促进经济、社会和生态环境的协调发展。

（二）政府与市场：发挥各自作用

其实，在西安市灞河综合治理开发建设管理委员会成立几年以前，灞河流经的灞桥、未央、雁塔三区就开始依托这两条河流做起了水文章。灞桥区吸引上亿元社会资金，河道清淤、人工筑坝、天然蓄水，到2003年底灞河已蓄水近万亩水面。雁塔区在少陵塬东侧的□河河道修成了雁鸣湖，也号称万亩都市水乡。以水为媒，引进开发商进行建设成为三区共同的筹资方式。然而，两条天然的河流被分割为三段，每一段又被精挑细选出最精华的地方进行蓄水、造景，以便开发，河流的治理仅仅是开发的手段和其中的附带结果。过强的商业色彩制约着真正的河流治理和生态保护，没有人去了解灞河的生态现状，筑坝蓄出的一些水面已经出现了再度污染的迹象。

一个问题随之而来：在城市河流治理中，究竟能不能利用市场手段?

经过充分的调研，西安市最后选择了前期完全由政府操作河流治理，再由市场进一步开发的模式，从根本上解决了治理与开发联姻的弊端。目前，国家开发银行的15亿元贷款已经到位。这些资金将全部用于河流的治理和自然人文景观的梳理。

成都市的河流治理则采取了另一种思路。府南河的治理从一开始就运用了滚动开发筹集建设资金的模式，同时也实现了城市环境综合整治。

为解决城区段整治工程27亿元的投入问题，市政府与各方投资者建立伙伴关系，包括社会团体、社区协会、学校、房地产开发商和建筑公司等。以房地产开发为主体的社会资金在地块开发和滚动发展中投入25亿元。府南河中心段工程竣工，效益初步发挥，整治工程开始向上下游延伸。

成都的做法为什么能够发挥出高效率呢？关键还是“统筹规划”。政府作为项目的组织者，积极运用行政、经济和法律手段配置社会资源。除制定相关优惠政策外，还建立了专门机构和工作制度。

比如，成都市市长亲自任工程领导小组组长，抽调各部门人员组成工程指挥部，负责全部实施。各区政府、各相关部门主要领导被明确为第一责任人，负责工程衔接与协调。指挥部在工程实施中引入市场运作机制，按照国际惯例，实行公平竞争招投标，发挥广大民众参与监督的积极性，保证工程的进展和质量。

水是一种特殊的资源，水在被开发之后可以成为商品，水的自然属性与城市河流综合治理的需求决定了可以借助市场机制来优化河流治理的生产效率。

有关专家同时也提醒，供水、排水、污水处理、再生利用，以及园林绿化、拆迁安置、土地开发等可以充分利用市场手段，但河流治理同样不能失去政府的监管和统筹规划。各级政府部门需要综合运用法律、经济、行政、技术的手段，加强对河流治理的监管职权，尤其是强化规划体系中“绿、蓝、黄”等管制线的运用，强制性地保护城市水系生态和防污治污设施用地。

“不谋全局者，不足以谋一隅”。

城市河流的全流域治理是落实科学发展观的根本举措和有效途径。在“十二五”规划的框架下制订永定河全流域综合治理的专项规划和行动计划，以此来开展流域综合治理工作，我们期待这一天早日到来。

作者：民建北京市东城区科技二支部会员，北京北林地景园林规划设计院有限责任公司副院长兼总工程师

如何吸引社会资金参与永定河绿色生态发展带建设

王海平

摘　要：2009年，北京市规划委员会制定了《永定河绿色生态发展带综合规划》，根据规划，需要投入大量资金进行环境整治和基础设施建设。但是永定河绿色生态发展带建设存在资金匮乏、维修不足和经营效益不佳等一系列问题，仅仅通过政府投资难以解决这些问题，需要吸引社会资金参与建设。本文通过研究引进竞争机制和商业机制等方法，提出了解决永定河绿色生态发展带建设资金不足问题的出路，旨在永定河绿色生态发展带建设中同时实现良好的经济效益和社会效益。

关键词：社会资金　永定河绿色生态发展带　利益补偿

一、永定河绿色生态发展带基本情况与投资估算

（一）基本情况

2009年7月，北京市规划委员会根据市领导指示，以北京市水务局会同相关单位编制的《永定河绿色生态走廊建设规划》为基础，协调相关委办局组织开展了《永定河绿色生态发展带综合规划》的编制工作，提出建成“一条生态走廊、三段功能分区、六处重点水面、十大主题公园”的空间景观布局，为“两岸五区”创造优美的生态水环境。

永定河绿色生态发展带的定位是西部发展带的重要组成部分，是西南部地区的绿色生态走廊、文化休闲发展轴和低碳产业基地。发展目标是以绿色生态走廊建设为基础，加强生态环境修复与建设，保护和利用历史与现代文化资源；实施低碳经济发展战略，促进企业技术改造与产业转型升级；积极改善交通条件和市政设施配套，完善公共服务体系；加强城乡统

筹，推进城乡经济社会一体化发展，将永定河绿色生态发展带建设成为生态文明、山清水秀、设施完善、经济繁荣、社会稳定的宜居、宜业、宜游之区。

（二）投资估算

根据规划，从沿河环境整治、沿河道路建设、市政基础设施建设等三个方面对永定河绿色生态发展带进行投资估算，初步估算，总投资估算约220亿。其中沿河环境整治与拆迁共计150亿（拆迁约125亿，公园建设约25亿），道路建设投资约50亿（不含拆迁），市政基础设施建设投资约20亿。永定河的整治和地区改造体现在社会效应、生态效应、经济效应三个方面。其中经济效应主要体现在周边区域土地价值的提升，整体提升目标为1—2个级别。两岸机遇区总用地面积约11247公顷，建筑规模约11421万平方米。按土地级别提升1—2级计算，则沿线直接的土地价值提升1000亿以上。

220亿的总投资中，除了部分资金依靠政府投资和银行贷款以外，大部分资金需要通过收取发展带内土地使用权转让、转让所得收益获得。如何有效吸引社会资金参与综合开发、投资重点工程、基础设施与商工贸、住宅等建设，并形成合理的利益补偿机制将是永定河绿色生态发展带建设中的关键问题。

二、建设思路

（一）加快完善基础设施建设

立足永定河绿色生态发展带建设和区域功能定位的要求，重点围绕交通、能源、水、生态、信息等基础领域，切实实施一批重大工程，为区域经济社会可持续发展提供足够的承载空间。重点做好交通基础设施建设，从区域对外、区域整体和区域功能区内部三个层次，逐步完善区域现代综合基础设施体系，充分发挥基础设施对永定河绿色生态发展带建设的先导性、基础性和支撑性作用。逐步完善跨区路网建设，实现与中心城、大兴的联通，为区域一体化发展奠定基础条件。同时，按照“七横五纵”的主干路网格局，逐步形成区域网状联通交通体系，提升区域交通体系的经济效率。

（二）统筹土地开发与综合利用

统筹做好土地资源开发与综合利用工作，西南五区作为永定河绿色生态走廊建设工程的最大投入者和受益者，在工程建设、运行管理和土地资源开发与利用中应发挥主要作用。五区政府要联合制定一个既能保证河道各项功能正常发挥，又能保障五区利益，充分调动五区积极性，切实可行的土地资源开发与利用模式，以保证永定河绿色生态走廊建设与运行实现有序、良性和可持续的发展状态。科学制定土地利用规划，合理设置土地利用格局，推动房地产与其他产业的融合发展，防止房地产的过度开发；创新统筹土地利用、项目准入、项目经营、利益分配等各项机制，促进经济发展与生态改善的持续有序互动。

（三）构筑高端产业发展空间平台

以科学发展观为指导，以城南行动计划和永定河绿色生态发展带建设为契机，立足首都建设世界城市的战略需求与西南五区跨越发展的现实需求，深入贯彻“人文北京、科技北京、绿色北京”的具体要求，积极落实产业发展道路，围绕提升区域可持续发展能力的核心目标，着眼于未来培育发展战略新兴产业的新一轮空间布局，以水岸生态承载能力为支撑，建设产业功能与城市功能相融合的城市发展新区，努力建设成为“世界城市的绿色水岸硅谷”。通过产业培育使永定河西岸成为房山融入首都经济社会发展大格局的前沿阵地，成为北京乃至全国滨水型环境友好产业发展和首都建设世界城市的先行示范区，成为首都新兴的中央休闲购物中心，成为国内外及中关村创新资源辐射与高端商务创业栖息地，成为有利于高端要素聚集、引领绿色经济发展的新兴增长极。

（四）统筹集成区域公共资源

以提升区域公共资源利用效率为目标，整合和统筹区域资金、土地、政策诸要素，重点支持重大项目建设，实现流域发展外部性的最大化。整合各部门、各区的相关投入资金，系统规划区域发展投资重点和计划；盘查区域土地资源，统筹规划，合理划分为优化开发、重点开发、限制开发和禁止开发 4 类主体功能区，对不同功能区制定不同的产业布局、资源利用、环境保护和城镇化措施，分期分批开发利用，避免过度开发建设；系统梳理国家及市级关于基础设施建设、产业优化升级、生态环境建设等方面相关政策，加快政策集成创新，形成支持合力。

坚持区域协同、错位发展的原则。以推动永定河绿色生态发展带整体建设为宗旨，做好房山段与石景山段、丰台段、大兴段的对接，统筹区域建设规划，实现区域整体融合发展，促进生产要素的合理流动和优化组合，同时依据各区域基础和特色，着力培育具有差异性产业，形成互利互补的集群式发展格局，推动区域整体经济社会良性发展。加强区域科学规划力度，保证产业规划、生态规划、交通规划、功能区规划等与总体发展建设规划、土地利用总体规划的紧密衔接，加快提升区域集聚高端要素的能力、核心竞争力、综合承载力和可持续发展能力；从区域整体发展角度出发，打破行政区分格局，有效衔接各区之间的规划，统筹协调跨区域功能定位、空间布局和产业发展，形成发展合力。

三、吸引社会资金参与建设

（一）创新思路，拓宽渠道

永定河绿色生态发展带建设离不开资本运作和社会资金支持。要以生态环境改善和设施建设为依托进行资本运作，大胆尝试和探索区域经营管理的新途径，加快建立政府主导、市场推进、多方投入的多元化投融资体系。加大政府投资力度，配套制定区政府资金支持房山段永定河绿色生态发展带项目建设的政策；积极拓宽融资渠道，充分利用社会力量与资源，推动各重点工程和项目以股权融资等方式筹措资金，逐步形成多元化、多渠道的投资融资机制；鼓励搬迁居民征地补偿款及依法批准的建设用地土地使用权等入股，投入区域绿色产业发展、生态环境改善和基础设施建设中，通过入股分红实现居民收入增长，在满足区域发展资金需求的同时缓解搬迁居民的就业压力。

加大工程的市场化运行力度，通过 BT（社会投资—建设—移交方式）、BOO（建设—拥有—经营方式）、BOT（建造—运营—移交方式）等更加灵活多样的运作模式，积极鼓励区外社会资本参与有条件的工程项目建设，如永定河生态环境治理和区域自来水供给、污水处理、垃圾处理、公共交通等基础设施建设与营运，实现环境与经济的良性循环发展，谋求多方共赢。要高度重视、广泛吸引社会资金参与建设，创新思路，放宽政策，拓宽渠道。同时应尽早尽快为永定河发展带营造强势舆论氛围，加大宣传力度，营造良好投资气氛，充分调动广大企业和人民群众投入永定河绿色生态发展带建设的积极性。形成公平竞争、公开有序的投资环境，真正实现社会引资的公平公正、公开透明。

（二）政府重视，打好基础

政府要把加快永定河绿色生态发展带的建设放在重要位置，强化沿河环境治理、市政基础设施建设、道路建设，作为拉动沿河五区经济发展的主要动力和新的经济增长点，号召各级各部门顾全大局，积极支持市政建设。积极组织专家参观考察重点工程建设，为绿色生态发展带的建设献计献策。

规划内基础设施应作为商品，逐步从公益性转为经营开放性，提高自我积累、自我发展的能力。基础设施包括市政工程和公用设施两部分，桥梁、道路、防灾、污水排放等市政工程不属于国家垄断行业，国家鼓励吸引社会资金企业投资主体参与，而供气、供水、供热、供电等公用设施属国家垄断行业，政府应有所控制。所以，政府首先要高度重视，投资建设永定河绿色生态发展带内供气、供水、供电、供热等基础设施，从而使土地升值，然后才能根据地段的需求状况，广泛吸引社会资金参与建设。

（三）放宽政策，拓展思路

首先，加大综合开发力度，推行“谁建设、谁投资、谁开发、谁配套、谁受益”的政策。把公用设施的建设任务同房地产开发有机结合起来，由仅依靠政府投入、由政府组织建设的单一模式转换为开发商结合地段开发集中建设。政府通过规划管理、招投标、质量监督等行政管理手段帮助、指导、监督开发商完成市政基础设施建设任务。其次，打破行业和部门垄断，进一步放开开发建设市场。鼓励有条件的企业和个人集资、合资入股等多种形式进入发展带建设综合开发。第三，采取租地方式，缓解建设资金不足。采用向社会出让土地或与企业合作开发等形式，较大限度获得土地收益。同时，也可以以黄金地段土地作抵押资产，发行债券，筹集社会资金。出让土地可以吸引大批商客，也带动永定河五区的建设。城市建设部门要强化政府对城市土地出让、转让的管理，切实保证土地出让、转让收益用于基础设施建设。第四，扩大招商引资渠道，加快工程进度。除了吸引国内的社会资金参与永定河绿色生态发展带的建设之外，也可研究从国外引资，争取国外政府贷款和国外直接投资。

（四）注重产业特性，利用价格杠杆

在政府建设资金短缺的情况下，必须按照市场经济的规律，通过市场经济的价格杠杆作用，广泛调动社会资金投入永定河绿色生态发展带建设。对于基础设施相关产业来说，未来价格水平的预期对吸引投资进入起到了很大的影响力。研究确定符合永定河实际情况、科学、合理的基础设施产业价格水平，推出基础设施产业价格管理的中长期规划，提高价格形成的透明度，就能有效地发挥价格政策在吸引资金进入基础设施产业的引导性作用，达到政府把握投融资方向和力度的目的。

基础设施产业提供的服务一般为公共产品，其价格由政府管制是符合市场经济内在要求的。但是，政府对这些行业的价格管理要根据各个产业的特性，区别实施不同的价格管理办法，改变长期以来价格实行全行业控制的做法，对不具备自然垄断性环节的价格完全可以引入市场竞争。因此，要在基础设施产业中，找出可实行市场调节的经营环节，放松其价格管制，可以交给市场的坚决交给市场，由市场给予调节。而只对其中具有自然垄断性的环节，制定科学合理、有吸引投资能力的价格水平。

（五）投资回报，利益补偿

社会资金用于永定河绿色生态发展带基础建设的直接经济效益是难以体现出来的，因此，要吸引社会资金投入基础设施，要让企业或个人从中得到利益补偿，把企业投资基础设施同经营利润项目结合起来。同时，建立必要的补偿机制，通过政府支持保证有投资回报的价格水平的实现。简单地向企业摊派或向社会集资来筹集建设资金，企业或个人从中得不到利益补偿，这不符合市场经济原则，也不利于更好吸引社会资金。

作者：农工党北京市委教育工作委员会副主任，农工党房山区总支副主委，房山区发展和改革委员会主任助理

关于永定河流域治理及开发建设的调研报告

北京市政协城建环保委员会

《北京城市总体规划（2004 年——2020 年）》，将永定河定位为“京西绿色生态走廊与城市西南屏障”。为了推进永定河流域治理及开发建设工作，为北京市科学编制“十二五”规划建言献策，我们于 2010 年 4 月对相关情况进行了专题调研。先后听取了市水务局的专题汇报，视察了永定河绿色生态发展带建设情况，召集流域内五区政协了解了各段工程建设现状并听取了意见，多次组织专家、委员和流域五区进行了讨论，形成报告如下：

一、永定河流域治理及开发建设现状

近年来，在永定河流域五区政协联合发起的连续三届“首都西南区域经济发展论坛”的大力推动下，在五区党委、政府的共同努力下，市委市政府高度重视，市水务局大力支持，流域各区先后对永定河部分河段进行了河道平整、堤坝加固、护坡改造、道路绿化、污水处理等综合治理工作并取得明显成效。2009 年，市委市政府决定将永定河绿色生态发展带建设列入北京市 2010 重点建设项目，成立相应的市级协调机构，责成市规划委、市水务局编制《永定河绿色生态发展带综合规划》、《永定河绿色生态走廊建设规划》，“北京市永定河绿色生态发展带建设开工仪式”也已于 2010 年 2 月 28 日在石景山和丰台两区成功举办。

目前，在市级协调机构的统一领导下，各区顺利完成了各项前期准备工作，如基本完成了开工项目的规划设计、环评报告、水保方案等，开展水岸经济发展带相关规划研究；基本完成了项目施工临时管理用房、用水、用电保障等基础性工作；部分项目完成了河道清理、叠坝拦水、堤路治理、土方储备等工作。上述工作均为永定河流域治理及开发建设奠定了一定的基础。

二、永定河流域治理及开发建设存在的主要问题

我们认为，以下五方面是影响和制约永定河流域治理及开发建设的主要问题，应当引起市委市政府高度重视。

（一）认识不足，重视不够

目前，市、区两个层面和相关部门对于永定河流域治理及开发建设的认识普遍缺乏足够的高度、宽度和深度，重视不够。永定河流域治理及开发建设，对于北京市贯彻落实科学发展观，建设“人文北京、绿色北京、科技北京”，对于实现建设世界城市的宏伟目标乃至首都的长治久安究竟有什么意义，或者很少论及，或者只是“蜻蜓点水”；对永定河流域治理及开发建设，不是局限在北京段就是陷入部门和区域范围，未能从全流域治理以至国家层面和借鉴国内外成功经验等更宽广的角度思考和谋划；将该工程仅仅定位为全市的年度重点工程，而永定河流域治理及开发建设究竟需要多长时间、涉及哪些深层次的问题、这些问题又该如何解决等，都没有足够的认识和周密的部署。

（二）论证不充分，规划不配套

目前，涉及永定河流域治理及开发建设的总体目标与任务，各利益相关方的职责分工与沟通协调，水源水质问题的解决，相关地质构造及其潜在灾害与防治等诸多重大问题都未经深入论证。相关规划之间也缺乏必要的统筹，没有形成严密的体系，缺乏一个能够统筹永定河流域治理及开发建设的总体规划。对与永定河流域治理及开发建设密切相关的首钢主厂区开发建设、园博会建设、相关道路与桥梁建设等也缺乏通盘考虑，相互之间难以配套。上述问题导致不仅未能充分发挥规划的统筹引领作用，反而致使在操作层面一定程度上出现了“打乱仗”的现象。

（三）领导力度弱，工作机制不完善

目前，在市、区两级层面，仅从完成“北京市 2010 年重点工程”的角度出发，建立了相应的领导机构，但该机构只是为了完成年度重点工程而设，更具临时性，而缺乏长期性和相对稳定性。市级领导小组的办公室设在市水务局，不足以对市级各有关部门和流域五区政府进行总体协调和

调度，难以承担对永定河流域治理及开发建设进行全面领导的重任。而且，市级相关部门和流域五区政府之间虽然也建立了诸如会商、信息沟通与反馈等具体工作机制，但由于各自职责、任务的不明确，各项工作机制还不健全，运行还不通畅，效率还不高。

（四）投融资渠道不明，资金缺乏保障

市水务局的《永定河绿色生态走廊建设规划》提出“初步估算，永定河绿色生态走廊建设总投资169亿元”，但永定河流域治理及开发建设的总体投资，“十二五”时期的阶段性投资和专项投资分别应是多少？投资额究竟如何经过科学论证和详细预算？如何筹措且各投资主体的具体分担比例是多少？通过什么体制机制和举措确保投融资渠道畅通和资金安全？如何充分吸纳民间投资，采用市场化运作方式参与永定河流域治理及开发建设等，都还悬而未决。

（五）审批滞后与超前开工并存

审批滞后与超前开工并存的“怪象”，是目前在永定河流域治理及开发建设操作层面存在的突出问题。一方面，《永定河绿色生态发展带建设规划》正在编制中，已经出台的《永定河绿色生态走廊建设规划》也只停留在规划层面，远未在市发改委正式立项，因此各项前期手续无法办结，工期逐月顺延，已经“开工”两个多月的全市年度重点工程事实上处于待工、停工的状态。另一方面，问题的关键并不是审批滞后，而是超前开工。与永定河流域治理及开发建设密切相关的一系列现实问题，如丰沙线的改道、相应地块的控规调整、桥河湖之间的关系处理、山区小流域治理、城市段相关基础设施配套、统筹各段利益增加部分区段供水等，均未经过深入研究，更谈不上有效解决。

三、“十二五”时期永定河流域治理及开发建设对策

针对上述问题，经反复研讨，现就“十二五”时期永定河流域治理及开发建设，向市委市政府提出如下对策建议：

（一）提高认识，加强领导

永定河是北京的母亲河，在全市河道总长170公里，流经门头沟、石景山、丰台、房山和大兴等五个区。永定河流域治理及开发建设，既有利

于我市西南五区的经济社会发展，有利于全市各区域的协调发展，还有利于整个永定河流域内相关各省区市的发展，乃至整个国家在“十二五”时期的区域协调发展；既对于拓宽首都经济发展的新空间、打造首都经济新的增长极，还对于“人文北京、绿色北京、科技北京”建设，对于实现建设世界城市的宏伟目标，对于保护北京的“上风上水”乃至首都的长治久安等都具有重大而深远的意义。不仅具有迫切的经济价值，而且具有很高的政治价值；不仅具有很强的现实意义，而且具有深远的历史意义。为此，一要统一思想，提高认识。进一步统一市委市政府领导层、各相关部门以及流域各区的思想，提高全市上下对于永定河流域治理及开发建设的重视程度，切实突破现有的思维局限、部门局限和区域局限，为永定河流域治理及开发建设奠定坚实的思想基础，做好充分的舆论准备。二要加强领导，完善体制机制。成立由市委、市政府主要领导挂帅的永定河流域治理及开发建设领导小组，领导小组办公室也应改设在更具综合性和权威性的部门，从而对“十二五”时期永定河流域治理及开发建设工作更好地实行统一领导、全面负责。根据永定河流域治理及开发建设的具体目标及任务下设若干工作机构，按照“条”与“块”分别明确有关各方的职责、任务，流域各区也应配套组建相关机构。市、区领导小组及工作机构应尽量保持相对稳定。只有形成强有力的组织领导体制，才能为永定河流域治理及开发建设提供坚实的组织保障。同时，根据工作需要，逐步建立健全相应的工作机制，用于开展会商、进行信息沟通与反馈、统筹协调各方关系、应急事件处置、畅通项目审批通道等，为永定河流域治理及开发建设提供坚实的体制机制保障。

（二）科学论证，统筹规划

一方面，要充分借鉴伦敦、巴黎等世界城市治河的成功经验和有效做法，对永定河流域治理及开发建设的总体目标与任务，各利益相关方的职责分工与沟通协调，水源水质问题的解决，地质构造及其潜在灾害与防治，相关景观布局与产业定位，与治理、建设、管理、维护密切相关的法律法规，丰沙线改道、地铁14号线建设、京石二高速建设等基础设施配套建设，南大荒湿地与燕山水泥厂等相关地块的控规调整，妥善处理桥河湖之间的关系、规避重复投资和浪费，山区小流域治理以及发展沟域经济等一系列重大而现实的问题逐一进行科学论证。此外，还要对永定河流域治理及开发建设总体投资以及各专项和年度投资进行科学论证，并确定合理的投融资主体及分担比例，提出确保资金来源渠道以及安全、有效使用的具体方案和举措，制定吸纳民间投资的相关政策，为永定河流域治理及开发建设提供坚实的资金保障。另一方面，要在科学论证的基础上统筹规划。一要按照“三个融为一体”的原则规划永定河流域治理及开发建设。将永定河流域治理及开发建设与“十二五”时期的“三个北京”、“世界城市建设”，同即将腾退出来的约8平方公里的首钢主厂区开发建设，同筹办举办第九届中国国际园林博览会等融为一体。为此，不仅要制定永定河流域治理及开发建设的总体规划、专项规划以及年度行动计划，而且要妥善处理好各规划之间的关系。二要从建设世界城市的高度来规划永定河流域治理及开发建设，突出“四个永定河”的建设目标，即，建设永定河绿色生态走廊，恢复“生态永定河”；按照“高端、高效、高标准”的原则打造永定河水岸经济带，开发“经济永定河”；充分保护、发掘和利用永定河历史文化资源，打造“文化永定河”；提升流域内各区基础设施建设水平和城市基本公共服务能力，缩短与中心城区的距离，建设“宜居永定河”。三要力争将永定河流域治理及开发建设上升为“十二五”时期国家的区域发展战略。永定河流域治理及开发建设的关键是水源问题，我们不主张通过高成本、高难度、高风险地建设污水处理厂、调用再生水的途径予以解决，而应在国家战略层面协调有关方面，从官厅水库上游的万家寨、册田水库调水。永定河所属的海河流域也具备凝结为区域经济板块进而上升为国家的区域发展战略的良好基础和明显优势。争取将整个海河流域的开发建设确定为国家的“十二五”区域发展战略，既能使永定河流域治理及开发建设成为这一国家战略的重要组成部分，也使我市“十二五”时期的发展同时融入“环渤海经济圈”和“海河经济圈”（或称“首都经济圈”）这两大国家战略之中。

（三）基础先行，初见成效

永定河流域治理及开发建设应当积极稳妥地分步实施，切勿全面开花、急于求成。鉴于永定河绿色生态发展带建设已经作为年度重点工程举行了开工仪式，必须本着“基础先行、初见成效”的原则，做一些少投入、见效快的基础性工作。一要把相关前期手续审批全部纳入市重大工程手续办理“绿色通道”，全面缩短各项手续的审批时间。二要在做好论证与规划的前提下，先行搞好有关配套基础设施建设。三要坚持生态优先，通过环评、地质勘察与论证以及规划中的景观建设等途径，逐步恢复永定河应有的生态功能。四要明确永定河绿色生态发展带建设所需市级专项投资和流域各区的配套资金比例，尽快保障前期资金投入到位，争取在汛期来临之前尽早开工，在明年“两会”之前初见成效。

总之，永定河流域治理及开发建设，不仅功在当代，而且利在千秋，是一项至少横跨两个五年规划期的艰巨而复杂的系统工程。尽管这些年来，我们市政协和流域各区政协在这方面做了一些调研和努力，但离我们预期目标的实现还有一定的距离，还有大量工作要做。我们深信，有市委市政府的坚强领导，有相关部门的大力支持，有流域各区的共同努力，永定河流域治理及开发建设在“十二五”时期一定会取得突破性进展和阶段性成功。

永定河与北京城市建设和发展的关系

蔡向民　吕金波　梁亚南　姜龙群　刘　鸿

摘　要：永定河塑造了北京平原，是北京的母亲河。永定河形成的冲洪积扇对北京的城市规划和建设有重要的影响。永定河形成于距今3.33～3.58百万年前的上新世，全新世永定河经历了由北向南的摆动过程，先后形成了古清河、古金沟河、古漯河、浑河、无定河和永定河。永定河冲洪积扇的三维地质结构清晰地展示了地下地质体的特征，它控制着平原地下水资源的赋存状态、工程地质条件和表层土壤的地球化学环境。永定河两岸的开发建设要考虑河道的地下水补给问题、地下水与地表水规划联调等问题。

关键词：永定河　冲洪积扇　古河道　三维地质结构　地质环境

永定河是北京的母亲河，没有永定河就没有北京城。永定河的形成及演化，深深地影响着北京城市的建设和发展，将永定河称为母亲河不仅仅是文学上的赞美，事实上永定河影响着每一个北京市民的生活。永定河塑造了北京平原，为我们提供了富饶的土地和丰富的地下水资源。在享受永定河给我们带来恩赐的同时，更要关注永定河冲洪积扇范围内发生的地面沉降、砂土液化等地质灾害。正确的认识、深入的了解这条河流，对我们今后的开发建设活动是十分必要的。

一、永定河的形成

永定河全长约548km，上游的延庆盆地汇集了桑干河、洋河和妫水河等河流。在门头沟区，永定河切穿北京西山，先后流经幽州背斜、沿河城断裂带，沿着永定河断裂进入北京平原。永定河携带的大量冲洪积物塑造了北京平原。

永定河冲洪积扇影响的范围主要涉及中心城区以及朝阳、海淀、石景山、丰台、房山和大兴区。通过对永定河冲洪积物的研究发现，永定河形成前后的沉积环境明显不同。钻孔资料表明：永定河形成前，沉积环境为湖泊相，沉积物为泥岩和粉砂。永定河形成后，沉积环境为冲洪积相，沉积物为沙砾石、砂和黏土互层。地质专家利用钻探技术采集永定河地下深部沉积物样品，经过古地磁样品的测试分析，认为永定河形成时间为距今3.33～3.58百万年前的上新世[1]（有学者认为可能更早）。受构造运动的影响，全新世永定河经历了由北向南的摆动过程。

二、永定河的迁移和演化

永定河出山后，形成了冲洪积扇，受平原活动断裂的控制，经过了多次改道。逐渐由北向南迁移，先后形成了古清河、古金沟河、古漯河、浑河、无定河[2][3]，康熙年间修建了永定河大堤，永定河由此得名。每次永定河改道形成的巨大冲洪积扇相互叠压，最终塑造成如今北京平原的面貌[4]（图1、图2）。

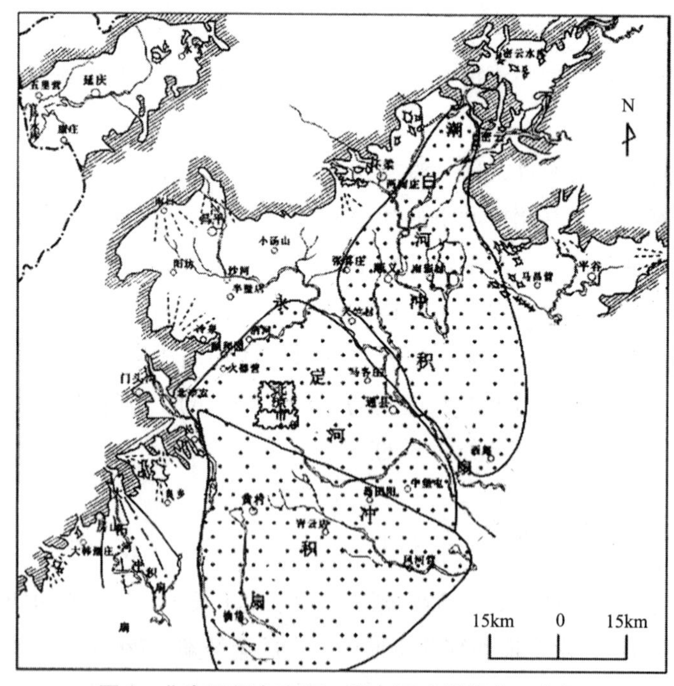

图1　北京平原永定河、潮白河冲洪积扇示意图

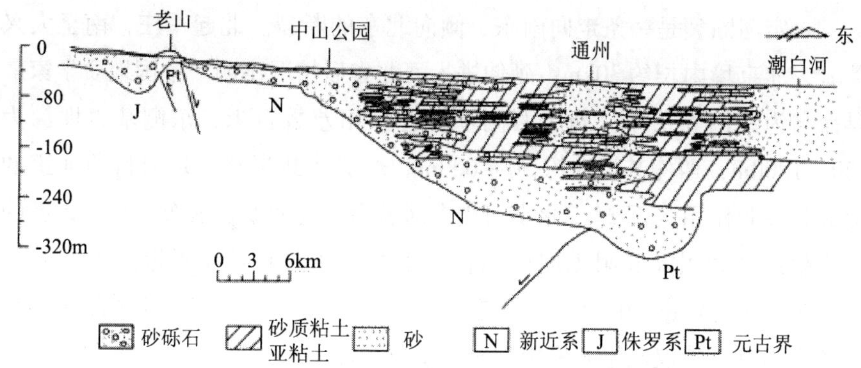

图2　永定河冲洪积扇东西向地质剖面示意图

三、对永定河断裂的认识

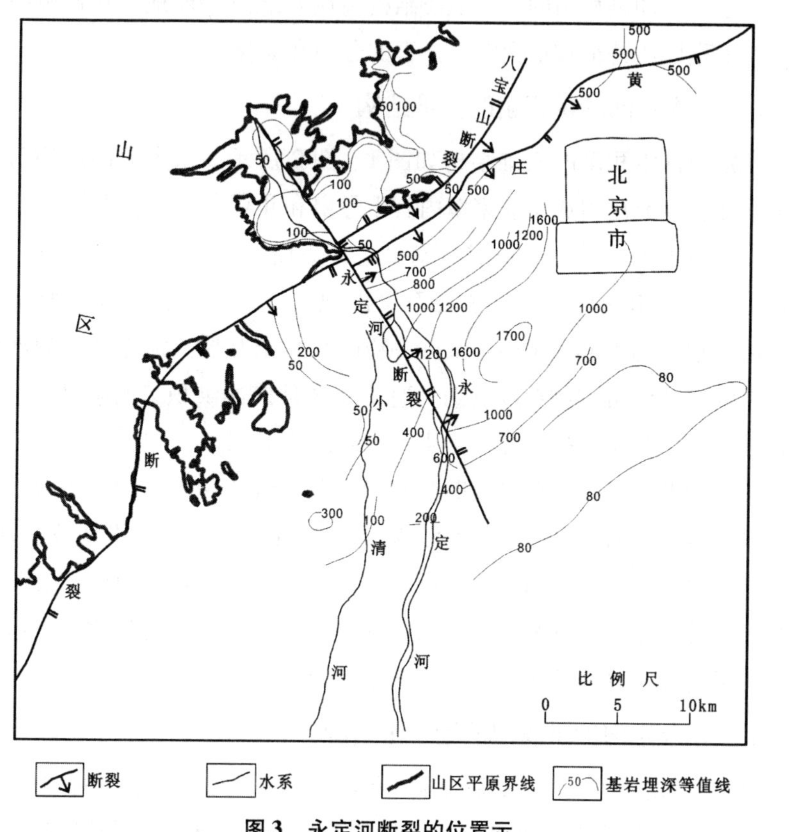

图3　永定河断裂的位置示

永定河断裂是一条走向南东、倾向北东的断裂。北起军庄，南至大兴芦城，北京境内长约30km，延伸进入河北省后情况不明。中国地质学家最早命名为浑河断层[4]。断裂两侧基岩埋深相差数百米，东侧基岩埋深为500～1200m，西侧基岩埋深50～600m。永定河断裂对永定河目前河道的形成起控制作用（图3）。永定河当今河道沿永定河断裂展布，在大兴区的芦城附近受大兴隆起阻挡向西偏转。在大兴区西麻各庄附近进入固安凹陷，脱离永定河断裂的控制，向东南方向流入海河。目前对这条断裂的研究还很不够，建议制定开发规划时应予以关注。

四、永定河与地质环境的关系

北京平原由永定河冲洪积物堆积塑造而成，卫星像片显示，北京平原存在数个巨大的冲洪积扇，相互交错、叠压关系复杂。北京城市就建在冲洪积扇之上。冲洪积扇的三维地质结构控制着北京平原地下水资源的赋存状态、工程地质特征和地面沉降灾害的分布和演化。

（一）永定河冲洪积扇的三维结构

永定河冲洪积扇的三维结构如图1、图2所示。永定河冲洪积扇群由多个扇体相互叠压组成。北京境内有Ⅰ号扇和Ⅱ号扇两个扇体[5]。

永定河Ⅰ号冲洪积扇形成时间最老，规模最大。其轴线为东西方向，大致沿长安街由西向东。扇顶在石景山地区，沙砾石出露地表厚度数十米。冲洪积扇的中部为中砂—细砂—粉砂与黏土互层。河道部位为沙砾石和砂。河道两侧沉积物粒度变细。通州地区是该冲洪积扇的扇缘，沉积物颗粒较细，以黏土、砂质黏土为主，见湖沼相沉积。

永定河Ⅱ号冲洪积扇形成时间较晚，其轴线为南东方向与古漯水、浑河走向一致。Ⅱ号扇的规模较大，扇缘分布在北京市与河北省交界附近。扇顶在石景山，沿古河道走向沙砾石层向东南方向凸出。电测深资料可清晰显示其分布范围和埋藏深度。扇体的北东侧叠置在Ⅰ号扇之上，有侵蚀Ⅰ号扇的现象。图4展示了永定河两岸横切剖面的特征。

（二）永定河冲洪积扇的地下水资源

北京平原的地下水主要采自永定河冲洪积扇松散沉积物中，开采量占全市地下水开采量的90%以上。因此平原第四系三维地质结构决定了平原

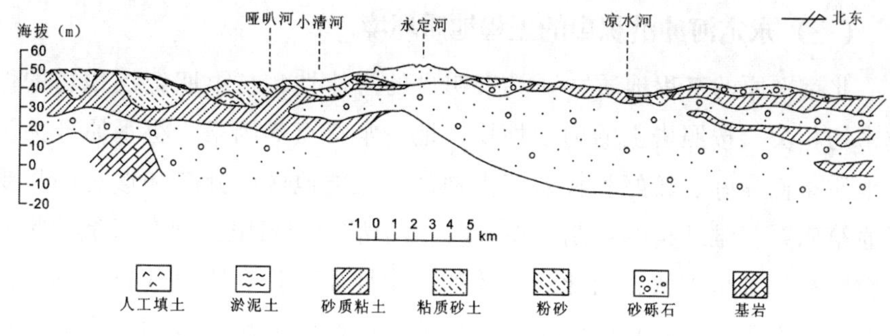

图4　永定河Ⅱ号扇西南—北东向剖面

地下水系统的主要特征。由图5可以看出，北京平原的第四系孔隙水富水性严格受第四系三维结构控制，富水性分区的形态和规模与永定河冲洪积扇非常吻合。沉积物颗粒粗富水性就好，沉积物颗粒细富水性则差。随着由冲洪积扇顶到扇缘，沉积物颗粒的逐渐变细，富水性也逐渐变差。在垂向上，这些规律仍然存在。黏土为隔水层，沙砾石、砂为储水层。因此，第四系三维地质结构控制着永定河冲洪积扇的地下水系统[6][7]。

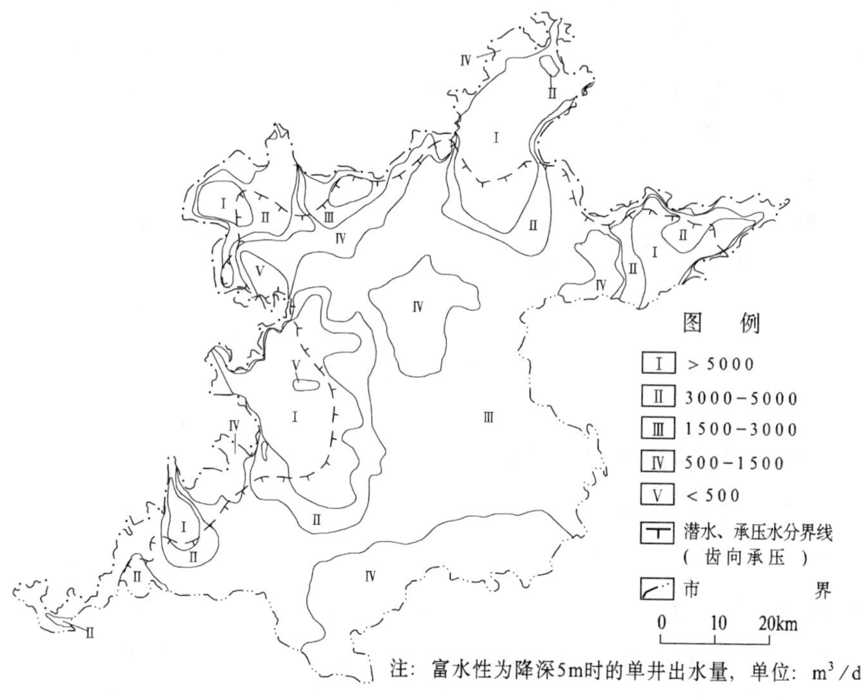

图5　北京平原第四系孔隙水富水性分区

（三）永定河冲洪积扇的工程地质环境

北京平原的工程地质特征具有明显的规律性，与第四纪沉积物的性质密切相关。按照岩土的力学性质、地下水特点等因素，将平原分为工程地质条件良好、较好和较差三类地区。三类地区的分布和形态明显受平原第四系三维结构的控制（图6）。由于沿冲积扇扇顶到扇缘沉积物的颗粒由粗到细呈带状，因此岩土体的力学性质也具有明显的分带性。由图6可以看出，北京平原的工程地质分区受冲洪积扇三维结构控制。按照工程地质条件分区，永定河沿岸属工程地质条件较差区，沉积物密实度较低，上部为黏土，下部为沙砾石，力学性质较差，在制定沿岸发展规划时应予关注。

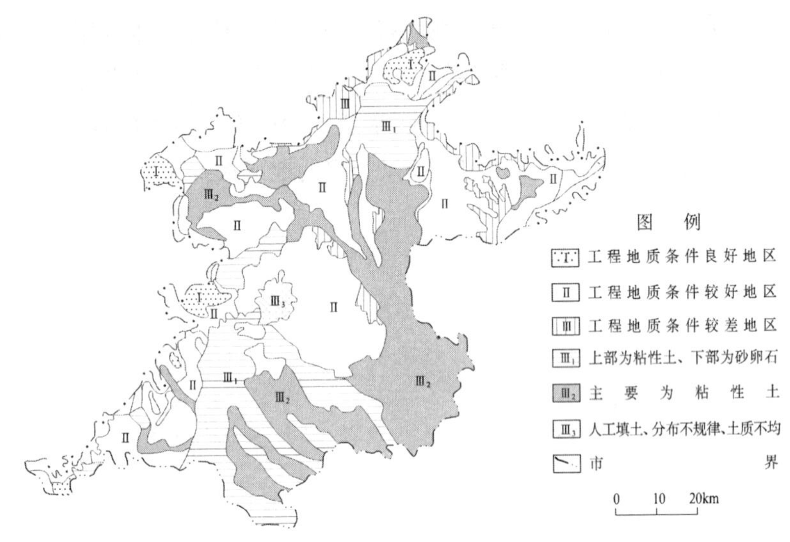

图6　北京平原工程地质简图

（四）永定河冲洪积扇表层土壤的地球化学环境

土壤的地球化学环境是表示土壤质量的重要指标之一，也是人类宜居环境的重要评价因素。2008年北京市地质部门对平原地区进行了土壤地球化学环境调查，对土壤中52种化学元素的含量进行了取样分析，调查结果填补了北京市这一领域的空白，首次全面揭示了平原区土壤的地球化学状况。调查结果显示，永定河两岸土壤洁净，总体没有受到污染。因此在永定河沿岸开发过程中应珍惜这片洁净的土地，严禁可能造成污染的项目或设施进入，保护环境不被破坏。

五、永定河两岸开发建设应注意的地质环境问题

永定河两岸开发建设应注意开发区的地质环境问题，关注与地下水资源的可持续利用、工程地质条件等问题的协调，做到人与自然的和谐。

（一）永定河河道开发建设应注意地下水补给区的地质环境问题

永定河历史上不断迁移，河道不断摆动。造成河流沉积物分布广泛。主要是沙砾石、砂和黏土。永定河两岸沉积物大致分成两层，上层0～30m以砂和黏土组成，下部为沙砾石。下部的沙砾石层分布广泛，从现河道向东分布至城南大兴一带，沙砾石厚度可达40余米，从永定河河床向东，沙砾石层中砾石含量逐渐减少（图4）。

永定河沉积物有两个特点应给予关注。首先是沙砾石的孔隙较多，渗水能力强，所以永定河河道内水体不易保存。如想在没有水源补给的情况下保持水体，需采取防渗措施。其二，目前永定河河道地势较高，下部广泛分布厚度很大的沙砾石层，因此永定河河道又是北京平原地下水的重要补给通道。虽然近些年上游干旱来水较少，三家店以下多年干枯，但是仍要考虑保留丰水年河道对地下水的补给作用。同时要高度关注人工水体的水质，防止平原地下水的污染。

（二）永定河沿岸的开发活动应关注与地下水规划的协调

北京是个缺水的城市，水资源短缺是影响城市发展的重要因素。多年来为了满足供水需求，只能长期超采地下水，由此形成了大范围的地下水超采区和地下水漏斗。南水北调工程竣工后，北京的缺水形势将会改善，长期超负荷开采的地下水资源得以休养生息。北京市有关部门对地下水资源涵养、地表水地下水联合调蓄以及地下水库建设等问题做了大量研究工作。永定河河道恰恰是地下水涵养及地下水联合调蓄工作的重要节点。因此，永定河沿岸的开发活动应关注与上述规划的协调。

（三）应关注永定河两岸工程地质条件

永定河沿岸属工程地质条件较差区，沉积物密实度较低，上部为黏土，下部为沙砾石，力学性质较差，在制定沿岸发展规划时应予关注。在

平原区多处地段其河床高出两岸平地成为一条“悬河”，因此应特别关注堤岸的安全问题。

（四）应研究适合沿岸绿化的技术和树种

永定河两岸很大范围内都是厚度很大的砾石和砂等粗碎屑沉积物，保水性差，植被难以成活，应研究适合当地环境的植物品种和栽培技术，以满足绿化的需要。

六、结束语

永定河形成已经300多万年了。有关它的历史，它的演化以及它将来的变化我们了解或研究的还很不够。人类在享受它带来的恩赐的同时也曾遭受过巨大的灾难。在这条大河面前，人类显得很渺小。我们现代人走过的历史与这条历史长河相比仅仅是短暂的一瞬。因此在研究或制定永定河沿岸开发建设规划时，我们的时间尺度应尽可能的放长远一些，应尽可能做到人与自然的和谐。我们相信，只要敬重自然、尊重自然规律，永定河一定会继续造福两岸人民。永定河与北京城市建设的关系是一个重大问题，本文只是将问题提出来，一些重要问题还不曾提及，望关心此问题的学者一同探讨。

作者：蔡向民　北京市地质调查研究院院长，教授级高级工程师
吕金波　北京市地质调查研究院副总工程师，教授级高级工程师
梁亚南　北京市地质调查研究院工程师
姜龙群　北京市地质调查研究院副主任，工程师
刘　鸿　北京市地质调查研究院助理工程师

参考文献

［1］蔡向民等，永定河形成时代研究［J］．第四纪研究 2010，3（1），167－174。

［2］孙秀萍，北京市城区以南永定河古河道变迁［A］．北京市地震地质会战专题成果 1982，158－164。

［3］吕金波，北京西山新生代古地理环境的演变［J］．河北地质学院学报．1994，17（3）：228－235。

［4］计荣森等，北京西山三家店图幅地质说明［R］．1932. 8. 30。

［5］蔡向民等，北京平原第四系的三维结构［J］．中国地质，2009，36（5）：1021－1029。

［6］蔡向民等，北京平原的地质系统，《城市地质》第4卷第3期，2009年。

［7］北京地下水（北京城市地质丛书二分册），中国大地出版社，2008年9月。

关于发展永定河水岸经济的战略思考

焦守田

水是万物生长的重要基础，逐水而居是人类为生存所做出的必然选择。利用水岸发展特色经济，已经成为世界现象。北京城可以说是永定河的恩赐，它就是在永定河的冲积扇上建立起来的。同时，由于它历次改道，为北京留下丰富的水资源。今天城里留下仅有的河湖，都是永定河的功劳。尽管它也经常造成水灾，但仍可以说，北京城的发展就是靠永定河，所以人们把永定河称为北京的“母亲河”。今天，市委、市政府决定建设永定河绿色生态走廊，发展永定河水岸经济带，将使永定河这条古老荒废的河流焕发新的生机。这项工程不仅为西南五区经济社会发展培育新的生长点，也是北京市贯彻中央统筹城乡发展方针的重要举措，更是“三个北京建设”和建设世界城市的迫切需要。对这样的大手笔从战略高度研究对策，对指导实际工作是非常必要的。我也谈一下自己的认识，和大家讨论。

一、对水岸经济的理解

（一）概念

目前，理论界还没有“水岸经济”的一致概念，但实践的归纳就是：水岸经济是利用安全宜居、生态良好的水岸、水景建设独具特色的经济形式，带动旅游业、休闲产业以及地产业的发展。

（二）内涵

水岸经济虽然是借助水景发展经济，但实际上也是占用水资源的经济，是水资源价值的综合体现。必须是在水资源相当丰富的地区，在具有风景优美的水岸，发展水岸经济，比如美国的“渔人码头”，澳大利亚的

“昆士兰黄金海岸”。它的实质是发挥资源优势，发展特色经济。

（三）关系

发展水岸经济需要处理好的几个关系：

1. 占用水资源与涵养水资源的关系。这对关系就像人是劳动力资源，是生产者，但首先是消费者一样。水岸经济必须是以水资源为基础的。西南五区，房山、门头沟定位生态涵养发展区，永定河流域生态功能的恢复，是发展水岸经济的前提，必须通过涵养水资源实现发展目标。

2. 全流域上下游在水资源涵养和分配利用上的相互关系。上下游水资源的分配是流域内的大事，尤其是跨国、跨省的大江大河。2007 年国务院（国函〔2007〕135 号）对永定河流域的水资源分配方案进行批复。根据该方案：正常年份（保证率 50%），山西省出境水量达到 1.2 亿立方米，河北省出境水量达到 3.0 亿立方米；一般枯水年份（保证率 75%），山西省出境水量达到 0.65 亿立方米，河北省出境水量达到 1.5 亿立方米；特殊枯水年份（保证率 95%），山西省出境水量达到 0.3 亿立方米，河北省出境水量达到 0.6 亿立方米。

北京地处永定河流域的下游，上游源于山西省宁武县的桑乾河，源自内蒙古高原的洋河水资源的质和量是影响永定河水岸经济的根本。虽然我们近期可以利用市内生活污水处理后的中水营造一些水景，但从长远看、从根本看应该治源治本，重点放在上游的水源涵养、产业结构调整和生产生活污水治理，恢复流域生态上。

3. 发展经济与建设生态文明的关系。不论是建设永定河绿色生态走廊的目标，还是发展永定河水岸经济，都是与永定河的地理位置和功能分不开的。北京要建设世界城市，作为北京的母亲河，不治理，不改善生态环境，是不行的。过去，北京曾经下大力治理永定河，重点是防汛。历史的事实告诉我们，明清以来，永定河上游植被的破坏，是下游水患成灾的重要原因。官厅水库修建以后，水灾基本消除，但河道干涸，垃圾遍地，生态环境十分恶劣。发展水岸经济的基础和前提是建设和恢复永定河绿色生态走廊。

4. 北京西南五区经济发展与全市经济健康发展的关系。水岸经济具有突出的地域特征。西南五区是永定河绿色生态走廊的建设者，也是发展水岸经济的受益者。但它也是全市经济新的生长点，特别是对促进全市经济平衡、协调发展有着十分重要的意义。因此，在重大决策和协调与上、下游关系等方面，要从全市经济发展的角度总体考虑。市委、市政府甚至要请国家水利部出面协调解决。

二、面临的矛盾和挑战

发展经济，尤其是以水资源为依托的水岸经济，不是提出个目标就顺利实现的，必然要受制于水资源大背景的影响。北京历史上是水资源丰富的地区，但现在已经是被列为水资源危机的地区。这个严酷的现实使我们发展水岸经济面临着严峻的挑战。

（一）资源、人口、环境的压力和存在的问题

资源是经济社会发展的基础条件，俗话说巧妇难为无米之炊，米就是炊的资源。我们说发展水岸经济，水资源是我们首先需要分析的对象。

1. 不光是永定河缺水，全北京市水资源都极度缺乏。北京本来不缺水，但现在已经“变成世界上缺水最严重的城市之一”（2009 年 11 月 21 日《南方网》）。据《二十一世纪初期首都水资源可持续利用规划总报告》预测，2010 年北京市需水量将达到 53.95 亿立方米，缺水 12.62 亿立方米。2010 年的最新数据显示，北京自产水资源量仅 37 亿立方米，水资源的年人均占有量仅 210 立方米，是中国人均的 1/10，世界人均的 1/40。按照国际公认的标准，人均水资源占有不足 1000 立方米属于重度缺水地区。

造成缺水的主要原因只有两个：一是供水流域来水逐年减少。以永定河为例，永定河入官厅水库的水量逐年减少。50 年代，官厅水库年平均入库水量 20.2 亿立方米，60 年代 13.4 亿立方米，70 年代 8.4 亿立方米，80 年代 4.6 亿立方米，1990 - 1997 年平均入库径流仅有 3.9 亿立方米。地表径流减少趋势明显。照此下去，北京的这一水源有枯竭的可能（中国水利网《永定河、潮白河上游水资源状况调查报告》）。2008 年仅来水 0.8 亿立方米（《2008 年北京市水资源公报》）。二是用水量逐年增加。北京市人口急剧增加。人是消耗资源、影响环境的主要因素。北京虽然有 3000 多年的建城史，800 多年的建都史，但人口的增长却是近年的事。清朝末年，北京城才 110 多万人口。1949 年北京人口就达到 220 万。而现在一个海淀区的人口就达 293 万。

生活方式的改变，使人均耗水增加。北京市人均生活用水量已从1949年的每人每日7升，增加到2000年的259.6升，50年间日人均生活用水量增加了37倍（《北京的水》研究奠基报告总报告—水与北京可持续发展之三）。到2006年这一数据已经变为372升。北京市生活用水总量2008年达到14.7亿立方米，比2002年增加了4.7亿立方米，增加近1/3。

2. 环境污染的状况极度加剧。水质是评价水资源的重要指标。北京市人大常委会副主任刘晓晨曾经指出，首都属于水资源严重短缺的城市，加之连续干旱少雨，河湖普遍缺少新水补充，水体自净能力下降，大部分河道几乎没有环境容量和纳污能力。水污染物排放总量远大于水环境容量，河湖水质尚未得到根本好转。城市河湖主要依靠污水处理厂的退水或者再生水补充，而目前城镇污水处理厂执行的排放标准与地表水环境质量标准差距较大，污水处理厂的出水虽然达标排放，但仍无法满足地表水体功能的要求。

据《2008年北京市水资源公报》数据，2008年监测水质总河长2545.6km，其中有水河长2304.9km。符合Ⅱ类水质标准河长981.5km；符合Ⅲ类水质标准河长195.7km；符合Ⅳ类水质标准河长67.5km；符合Ⅴ类水质标准河长25.3km；劣于Ⅴ类水质标准河长1034.9km。达标河长1197.6km。大中型水库除官厅水库水质为Ⅳ类外，其他均符合Ⅱ～Ⅲ类水质标准。Ⅳ类主要适用于一般工业用水区及人体非直接接触的娱乐用水区。

（二）体制、流域和地方利益的矛盾

1. 流域水资源的整体性与不同行政区划分别行动的矛盾。朱熹的《观书有感》中的两句诗：“问渠哪得清如许，为有源头活水来。”作为一个流域生态环境是整体的，水资源的利用也是应该上下统筹。前几年黄河流域断流，永定河断流，都是上游过度开发，破坏植被造成的。以永定河为例，流域涉及山西、内蒙古、河北、北京、天津五个省、市、自治区的43个县市，都有自己的经济社会发展的目标，如何在保护流域生态上统一行动，不同的行政区域协调是很难的。

2. 生态环境建设的迫切性与生态利益外溢性的矛盾。生态环境这类公共产品具有显著的效益外溢性，其受益范围往往是跨行政区间的，提供生态环境而产生的利益会溢出到那些不为此分担成本的其他地区。山西、河

北进行生态保护，涵养水源，受益最大的可能是下游地区。在没有投资补偿的情况下，会影响他们的积极性。

目前，对生态林的建设，出现了碳汇交易，对促进生态林建设会有很大作用，但对水资源涵养尚无好办法。

三、对策建议

（一）体制上：采取区域合作方式

由水利部、山西、内蒙古、河北、北京、天津建立永定河流域经济发展区，统一制定政策，协调、组织永定河流域的水资源管理、分配，规划区域产业布局，实施生态涵养工程。

（二）政策上：

1. 由中央和流域地区共同出资，对全流域，尤其是官厅水库上游地区涵养水源、调整产业结构、实施生态林建设实行转移支付补偿。

2. 以行政手段和经济手段落实国务院批复的《永定河流域水资源分配方案》。加强对出境水量、水质的监测，责成水利部对全年落实结果进行决算，引入市场经济手段，多输出达标水的给予货币补偿。

3. 进一步节约用水。北京市近年来在节约用水上下了很大工夫，也收到了可喜的成效。2009 年，北京全市节约新水 1.1 亿立方米，按可比价格计算，万元 GDP 水耗由上年的 35.7 立方米下降到 33.1 立方米，同比下降 7.4%。与 2005 年相比，万元 GDP 水耗下降 33.13%，提前超额完成“十一五”期间万元 GDP 下降 20% 的预定目标。去年全市再生水利用量 6.5 亿立方米，比上年增加 5000 万立方米，再生水使用量已占全市总用水量的 18%，成为北京稳定可靠的新水源。居民家庭节水器具普及率达到了 91.4%。今后要继续坚持“向观念要水，向科技要水，向机制要水”的工作方针，实行最严格的水资源管理制度，完善节水管理“四大体系”，实施“十大行动”，实现节水型社会建设确定的目标。实现节水型社会建设目标我们还有很大潜力。在全国北京是仅次于上海的第二生活用水高消费地区。北京地区城镇人均生活用水 372L/人日，比上海低 2L，但是比天津的 185L 高一倍。城市化水平比较高、水资源比较丰富的欧洲人均只有 200L（中国人均水资源为 2200 立方米，是欧洲的 1/3）。

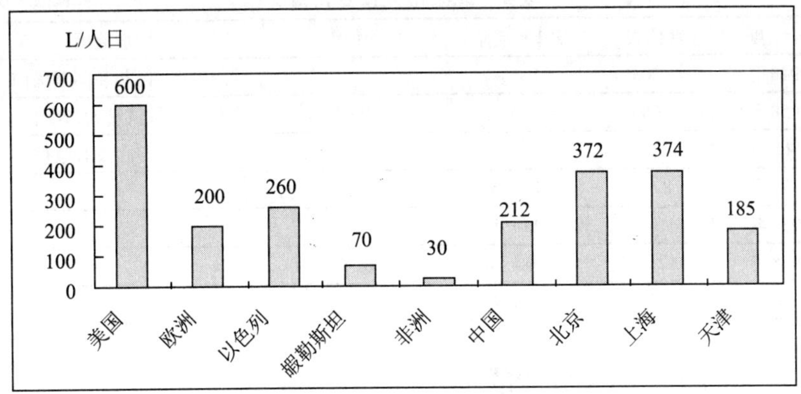

图1　世界各地城镇人均生活用水对比

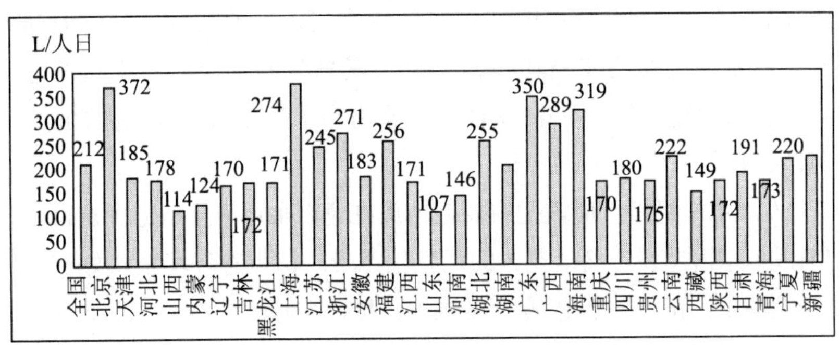

图2　全国城镇人均用水量比较

（2006 年搜狐网资料）

4. 坚决控制北京人口规模。中共中央书记处曾经提出“北京人口任何时候都不要超过1000万人”的要求。据资料介绍：1983 年 7 月 14 日，中央对北京总体规划方案的批复，明确提出了控制人口规模。批复要求北京：“采取强有力的行政、经济和立法的措施，严格控制城市人口规模。坚决把北京市2000年的人口规模控制在1000万左右。”实际上2000年北京的常住人口就已经达到1381.9万。现在不仅没有控制住，而且增长速度还大幅度增加。现在这些年，北京市对控制人口仅停留在户口管理上，对那些常住人口中的无北京户口的人没有限制办法。办法可采取：一是把北京的人口控制问题提高到中央层面决策；二是鼓励、引导国家级单位搬迁到外埠；三是与外省合作建立休养城，把北京的离退休人员分散到气候宜人，山清水秀的休养地；四是加快中小城镇的建设，分散北京的人口压力。

表1 北京市人口变化情况 单位：万人

年 度	常住人口	比10年前+	平均每年+	增加原因
1948年	203			中华人民共和国建国前
1958年	660	457	45.7	含行政区域调整人口变化因素
1968年				文革期间没有数据
1978年	871.5	211.5	10.5（20年平均）	
1988年	1061	189.5	19	
1998年	1245.6	184.6	18.5	
2008年	1695	449.4	44.9	

（三）战略上：反弹琵琶

发展水岸经济的前提是要有水岸，建设水岸也不是把一亿方中水灌进去就形成美景的。这样或许能“恢复”永定河表面的波澜壮阔，但却无法“恢复”永定河内在的波澜壮阔，人工“恢复”的永定河，依然不是一条自然的河流，依然不是一条与动物、植物、水生物和谐共生的河流。因此，必须做到：

1. 发展水岸经济，应该把主要精力放在建设永定河生态走廊建设上。使永定河成为水清岸绿、鸟语花香的绿色生态带。待生态环境根本好转了，再适度开发利用，正如一句老话“谋事不求财，事成财自来”。西南五区有一个共同的任务，就是生态涵养发展，建设永定河绿色生态走廊应该作为重点任务。2009年11月17日刘淇在永定河流域实地调研规划建设情况时要求：要以绿色生态走廊建设为基础，加强生态环境修复与建设，保护利用历史和现代文化资源，积极改善基础设施，完善公共服务体系，推进城乡经济社会一体化发展。要通过水环境的发展引导城市发展，对走廊两岸的生态建设和经济发展同步规划，将永定河绿色生态发展带建设成生态文明、山清水秀、设施完善、经济繁荣、社会稳定的宜居、宜业、宜游之区。

2. 发展水岸经济重点在下游，但工夫和投资应该放在中、上游，保护水源，保证水质。这样可事半功倍，经济上也更合算。

3. 立足丰水期，旱年防大汛。永定河流域当前正处枯水年，几十年防汛不见汛，但不能够存在丝毫侥幸心理。有资料表明：中国河流普遍具有丰、枯水段交替循环的现象，但各条河流的循环期长短不一，大体可分为两种类型：一种为循环期较短者，可以长江为代表，汉口站自1865～1969年的100多年中，大致可分为5个丰枯循环期，一个循环期最长的是26年，最短的为

16 年，无固定周期。循环期中的丰水段为 8 ~ 18 年，枯水段为 9 ~ 16 年，长短不一。另一种为循环期较长者，可以永定河为代表，官厅站近 40 多年的年径流变化基本上可视为一个循环期。1926 ~ 1948 年为枯水段，1949 ~ 1970 年为丰水段，丰、枯水段径流量的增减，一般北方河流都较南方河流幅度为大。按此规律，今后永定河将进入丰水段。要吸取今年南方垮坝、水淹的教训。研究历史水文变化规律，所有设施设计都应该做好防汛措施。

作者：北京市第十三届人民代表大会农村委员会委员，北京市农村经济研究中心原主任，高级经济师

永定河绿色生态发展带规划中的西南区域政府协作模式研究

李水金

凡是经济发展比较好的区域，都是将区域作为一个整体来看待，例如“长三角”、“珠三角”、“环渤海”等。区域经济的发展首先得益于政府的协作，这是区域经济发展的一条基本经验。首都西南区域主要包括门头沟、房山、大兴、石景山和丰台五个区，这五个区同处首都西南部，由永定河串接在一起，总面积达4881平方公里，人口达300万，形成“大西南区域”，因此，研究西南五区政府的协作模式，对于促进西南五区的经济发展，具有重要的现实意义。

一、永定河绿色生态发展带规划对西南区域政府提出的挑战及机遇

（一）西南五区政府面临着共同的主题，就是如何实现生态兴区、服务兴区

北京作为中国的政治中心，同时作为国家首都、国际城市、文化名城、宜居城市，表明北京城市的发展特性与文化特性，西南五区作为北京中心城的辐射区域，其功能定位应该紧紧围绕着北京中心城的发展定位。因此，西南五区政府面临着共同的主题，即如何在北京中心城的定位下实现生态兴区、服务兴区。生态兴区即是在永定河绿色生态带的规划下，加强西南五区的生态规划，涵养水源与自然资源，实现经济、社会与资源的可持续发展、协调发展，从而为北京作为宜居城市打下基础；服务兴区即是要将西南五区建成北京中心城的综合服务中心，大力发展低污染、低排放的低碳产业，为北京中心城的发展提供一流的服务，满足北京中心城辐射发展的需求。

（二）西南五区政府面临着共同的目标，就是如何在世界城市背景下谋划经济社会又好又快地发展

继北京提出“人文北京、科技北京、绿色北京”之后，2010 年初北京提出了建设“世界城市”的目标。世界城市的建设需要一系列的配套措施相适应，世界城市的提出对西南五区提出了较高的要求，西南五区的发展必须以世界城市的要求为准则，高标准、高规格设计其发展规划，在世界城市的背景下，紧紧围绕“三个北京”的要求，做好区域社会经济的总体布局，使区域发展与北京整个城市的发展方向密切结合，从而实现经济社会的又好又快发展。

（三）西南五区政府面临着共同的责任，就是如何建立区域合作的长效机制，实现资源共享、优势互补

永定河绿色生态带的建设为五区政府的合作奠定了基础，五区政府要实现资源共享、优势互补，就必须建立区域合作的长效机制，取长补短，互通有无，合作共建。这种责任单靠哪一个区政府是很难承担起来的，必须由五区政府共同承担，这样既可以集约使用资源，节省成本；又可发挥各自的优势，实现跨越式发展。

（四）西南五区政府面临着共同的使命，就是如何在整体布局下突出本区的发展特色

永定河绿色生态带要进行整体规划，通过两至三个“五年规划”，把西南五区建设成为设施完备、服务完善、文化浓厚、特色凸显、首都一流的经济发展区域，联合打造首都西南五区的休闲、旅游与宜居盛地。同时，在统一规划下，各区政府又必须突出自己的特色，综合自己的优势与劣势，加强对自身资源优势的挖掘与整合，通过若干年打造出符合本区区情的有特色的文化品牌、服务品牌与产业品牌，形成各区独具特色的亮丽风景线。

二、首都西南区域政府合作的优势分析

（一）有助于实现区域内资源的有效配置

首都西南五区政府的合作，将打破政府间的壁垒以及市场封锁，减少不必要的重复建设及低水平建设，从而使区域内的资源能够得到统一规

划、整合使用，真正实现区域内人才资源、物力资源、财力资源的有效使用，在交通、基础设施、公用事业等方面实现资源共享，从而促进整个区域内资源的有效配置。

（二）有助于提高首都西南区域的整体发展水平

西南五区政府的合作，将把西南五区作为一个整体来规划和发展，打破地区间的恶性竞争及市场封锁，建立互惠互利机制，充分挖掘区域内的潜力，互通有无、优势互补，从而实现区域一体化、公共服务一体系，将首都西南五区打造成一个与“长三角”、“珠三角”相类似的“首都大西南经济圈”，从而提高整个区域的经济发展水平。

（三）有助于实现“人文北京、科技北京、绿色北京”的目标

首都西南五区蕴藏着丰富的历史资源、自然资源以及人文资源，永定河将西南五区连接成一个整体，从而可以充分挖掘区域内的资源潜力，突出区域特色。以门头沟为例，绿色生态城的建设以及现代都市农业、休闲旅游业将为绿色北京提供一个范例；丰富的历史资源、文化资源的开发将为建设人文北京提供经验支持；经济开发区及科技园的建设将成为科技北京的一个创新基地。石景山、房山、大兴、丰台等区都具有丰富的历史传统与发展特色，将为首都“三个北京”的发展贡献自己的一分光、一分热。

（四）有助于整体布局，突出重点

2010 年 3 月，永定河绿色生态发展带建设项目正式启动。按照市政府统一部署，西南五区将各选择和确定一个重点项目或者重点工作，并在较短时间内取得阶段性成果。这就是一个有力的优势互补型、突出重点的发展思路。由于各区资源有限，面面俱到不可能，西南五区政府的合作，将在统一布局下制定阶段性目标，并在资源整合的基础上实现本区的发展重点与发展特色，从而实现整体与局部、区域内与区域外、区域内各经济实体的有效整合，打造出区域品牌与区域特色。

三、首都西南区域政府合作的现状及障碍

尽管首都西南五区政府已经进行了各种各样的协作与合作，例如对口帮扶、干部交流、论坛、学习考察、项目洽谈等，但从现状看，这种合作还不是很满意，仅局限于一些局部的合作，还没有将五区政府作为一个整

体来看待和合作，合作还存在不少问题，表现为以下几个方面：

（一）区域发展差异将阻碍合作

首都西南五区虽然同处于北京市西南区域，但是发展是不平衡的，存在差异，这种差异表现在人口、资源、地理、产业、经济发展水平等方面，这种发展的差异将阻碍西南五区的进一步合作，因为占有优势资源的地区可能没有动力去支援发展比较薄弱的地区，其合作的意愿也会受到影响。

（二）利益分割将阻碍合作

合作将是一个资源重新分配的过程，会影响到一些既有的利益群体。因此，除非有强制性的制度安排或利益分配的好处，现有既得利益状况的打破将是一个较难的过程，地区为了自身的利益，可能会存在市场封锁、重复建设、恶性竞争等行为，这将阻碍政府之间的进一步合作。

（三）缺乏达到共识的制度保障

共识的达到需要制度的保障，西南五区缺乏传统的合作制度，在发展的很多方面还存在差异，达成合作的共识将是一个较长的过程，特别是在缺乏制度安排的情况下更是如此。因此，要使五区政府能够通力合作，首先要从五区政府存在的共识领域开始，减少进一步的阻力。

（四）习惯力量也使得合作成为一种困难

由于合作后利益受到重新分配，人们通常会阻碍新的制度安排，因此，除非看到眼前的利益，否则习惯的力量将促使人们保持现状。不过，东城区、崇文区、西城区、宣武区合并为新东城区、新西城区后，为北京西南五区政府的合作提供了良好的示范效应，相信不久的将来，西南五区同样能够克服重重困难，走上合作的道路。

四、首都西南区域政府合作的有效途径

（一）首都西南五区政府首先要从大局出发，树立先进的理念

一是树立“首都大西南”的理念，在首都建设“世界城市”的背景下，西南五区要从整体性的视角来看待经济社会发展，打破政府间的壁垒与经济条块分割，加强区域协作与区际互动，将“首都大西南”作为一个整体做出品牌效应；二是树立“共赢、共生、共存、共享”的理念，树立

起这些理念有助于区域内各项事务的顺利协调，实现资源共享与优势互补；三是树立“生态与服务”的理念，要紧紧抓住“生态涵养”与“综合服务中心”的战略定位，将低碳理念贯穿到经济社会发展过程的始终，同时为经济社会的发展提供一流的服务，吸引各类资源向区域汇集；四是要树立“经营城市”的理念，城市需要经营，要像经营企业品牌一样来经营城市，从整体性的视角来经营西南五区政府，做出品牌、做出特色；五是人才强区理念，经济社会的发展首先是人才的发展，北京聚集了大量科技人才、文化人才、金融人才、管理人才等各种类型的专业人才，这是北京作为首都独一无二的优势。西南五区政府要抓住机会，利用多种形式如人才引进、挂职锻炼、建立智库、双向合作等汇聚人才，形成人才的群体性创新能力，为西南五区政府的发展创造良好的氛围。

（二）在组织机制上，要尽快建立跨区域的协调机制和组织机制

为了统筹区域经济社会的健康发展、有序发展，建立行之有效的跨区域协调机制和组织机制变得尤为重要。例如“长三角”、“珠三角”已经建立了多样化的协调机制，不仅对区域的重大事项进行协商讨论，而且还对区域内的资源进行有效配置以提高区域的整体效率。西南五区作为一个整体，也应以开放的心态建立起区域发展的综合协调机制与组织机制，就整个区域的发展战略、产业规划、经济布局、资源配置等重要事项进行协调讨论，同时商讨和解决区域一体化过程中的制度壁垒，取消地方歧视性政策，破除阻碍区域合作的体制性障碍，减少不必要的交易成本，保证区域内资源与要素的跨区域流动和有效配置。

（三）在制度设计上，要建立经常性、多样化的合作平台与共享体系

一是建立区域公约制度，对区域内的共性问题进行协商与规范，打破条块分割与地方封锁，就共同关心的问题采取统一行动，避免不必要的浪费和协调成本；二是建立重大事项协商制度，就区域内的重大事项进行对话与磋商，维护共同的利益，避免因小失大、顾此失彼；三是建立统一的信息互动平台，准确的信息是正确决策的基础，也是创新的源泉，建立统一的信息共享平台，能够为区域内各成员、各部门提供准确、高效的共享信息，避免因信息封闭而导致的重复建设和决策失误；四是建立起统一高效的服务支持体系，利用“首都西南服务中心”的定位，为区域内的生

产、消费提供高效的服务支持，例如提供跨区域的金融支持、科技支持、公共交通运输支持、人力资本支持等；五是建立经常性的沟通制度，例如可利用论坛、项目洽谈、帮扶、学习参观、部门联动等方式进行经常性的沟通与交流，使区域间的资源能够真正得到优势互补。

（四）在合作方式上，要从各自为政过渡到区域公共管理

在信息化社会，网络化的发展使得复杂事务不断出现，单一的管理主体难以适应这种复杂形势的需要，因此，传统上那种各自为政、市场封锁、闭关自守的合作模式已不适应时代的需要，区域公共管理范式得到社会的认可。所谓区域公共管理，即是以区域政府组织和区域非政府组织为主的多元化公共管理部门，本着共同利益的原则，运用协商和调解的手段和方式，对特定区域内的政治、经济、文化、社会等方面的公共问题进行的管理。区域公共管理打破了传统的政府之间以及部门之间的藩篱，依据政府组织、私域组织和第三部门对特定区域的公共问题进行协作式管理，既可有效动员整个社会资源进行合作式治理，又可以提高区域公共管理的效率，从而有效促进经济社会的发展。首都西南五区政府要从各自为政转变为区域公共管理，运用合作、协调、谈判、伙伴关系等方式解决共同利益，从而有效调动整个区域公共的、私人的资源来提供服务，提高整个区域的管理水平和效率。

（五）在操作模式上，要统一规划、突出特色

西南五区政府作为一个整体，必须统一规划，确定发展的基本原则和大方向，有规划才能使发展保持正确的方向。同时，各区又蕴藏着丰富的自然资源和社会资源，在经济、社会、文化方面各具特色。因此，发展又必须突出特色，要根据各区自己的特点和优势确定发展的方向，争取在发展重点上有所突破，这样才能形成各具特色的区域整体发展战略。例如门头沟区突出生态城、休闲旅游城、宜居城的特色；石景山、房山、大兴、丰台等区都可在统一规划的前提下，突出自己的特色，加大投入，做出品牌，做出特色。总之，要利用永定河串联五区的优势，将西南五区打造成一颗颗闪烁在永定河畔的珍珠。

作者：北京市门头沟区工商联副主席，首都师范大学管理学院公共管理系教师，公共管理博士

永定河旅游
——北京旅游新名片

王兴斌

一、北京母亲河：历史沧桑与时代新生

永定河以她的生命之水孕育和滋养了北京千年都城。侯仁之院士曾指出，北京城市发展的雏形，起源于古代卢沟桥附近永定河的渡口，历史上曾是南北交通的枢纽。她孕育、催生、抚养了北京，当之无愧为“北京的母亲河”，河流沿岸汇聚着无比丰厚、深邃的自然与人文资源。

从自然地理的视角看，永定河从北向南流经京冀多地，串联起山川峰林、冰川遗迹、峡谷瀑布、溶岩洞穴、平原滩地等多种形态的地质地貌，尤其是汇聚了中国北方最大的岩溶洞穴群落，构成了一个“天然地质博物苑”，被列为“世界地质公园”。

从人类发育的视角看，北京人、新洞人、山顶洞人及田园洞人古人遗址、上游的许家窑人遗址、中游的东胡林人遗址等，周口店北京人遗址被列为“世界文化遗产”。万千年间先祖们在这片土地上生息繁衍，构成了一幅人类发祥的历史画卷。

从城市发展的视角看，三千余年前的西周燕都遗址，近千年胡燕京金陵陵园，沿河城、举人村、爨底下、三家店、琉璃渠、京西古道、团河行宫，延绵不断的古城、古都、古道、古村落直到今天的北京新城区，展示了北京从东方古都迈向世界都市的历史足迹。

从现代历史发展的视角看，长辛店“二七”纪念碑、卢沟桥——宛平城抗日纪念馆、门头沟冀热察挺进司令部旧地、京西地下交通线……构成了一幅中华民族捍独立、争民主、求解放的百年壮丽画卷。

从产业经济嬗变的视角看，从远古的农耕文明到现代的都市农业，从

门头沟的近代煤窑到石景山现代钢城，再到现今的文化产业基地，展现了社会产业文明不断更新的历史印迹。

从文化思想演进的视角看，潭柘寺与戒台寺的宝殿、云居寺的石经、蟠桃宫的道观、十字寺的景教遗存、法海寺的壁画、灵光寺的释迦牟尼真身舍利，宗教文化的传播反映了源远流长的中外文化的交流与融合。

从水利文化发展的视角看，从“浑河”、“无定河”到永定河，从奔腾咆哮、洪卷百里到河水断流、河道干枯，史书中记载的古渡口、戾陵堰、车箱渠、卢沟桥古码头及元代漕运兴废，到目前正在启动的生态修复工程，永定河的百年沧桑留下多少关于人与自然的思考与启迪。

长期以来，永定河承担北京城市用水、灌溉与航运功能。上世纪80年代以后，北京一直水资源紧缺，为了满足城市用水，三家店以上永定河水几乎全部引入市区，使三家店以下70多公里的河道长年断流，河道土地沙化、河床裸露。由于无水补给，加上严重超采地下水，北京西部地区第四纪地下水已经全部枯干，河水流域的生态系统受到严重破坏，“母亲河”日渐枯竭。

市政府关于“建设永定河生态走廊与水岸经济带”的决策，永定河绿色生态发展带建设的启动，给濒临衰竭的“母亲河”带来了复兴的生机。正在编制中的《永定河绿色生态走廊建设规划》、《永定河绿色生态发展带综合规划》，描绘了一幅永定河生态修复的蓝图，也为开发永定河文化休闲旅游带奠定了自然生态基础。

二、绿色·文化·休闲：永定河旅游的功能定位

近年来，京西南五区对永定河文化的保护与利用做了许多工作，如“京西幡乐”进入中国民族民间文化保护工程名录，爨底下村列为中国历史文化名村，京西太平鼓列为2008北京奥运会开幕式表演的备选项目；初步开发了一批观光休闲旅游项目，如永定河峡谷漂流，古香道、古商道及古栈道登山比赛，爨底下古村落观光，卢沟桥庙会与中秋节等，修建了永定河生态园林，举办了三届中国·北京永定河文化节等。但是，总体上看，永定河文化旅游开发还没有得到整体开发，“永定河旅游”还没有成为北京旅游品牌。

永定河旅游应以建设世界都市为背景，以永定河生态修复为基础、永

定河文化为主线、休闲为主导功能，绿色·文化·休闲三位一体，成为京西南产业转型、经济发展、文化振兴、生态修复的先导产业与形象窗口，建成北京和华北地区的著名绿色文化休闲旅游带，使这条历史名河、文化名河、绿色名河成为北京国际大都市的一张新名片。

根据《永定河绿色生态走廊建设规划》，“山峡段”将建设6处湿地景观，成为自然景观河道；“城市段”将形成由溪流连通的6处湖泊和湿地，沿河建设10大主题公园；“郊野段”将在河道及两侧建成乔、灌、草相结合的绿化保护带，形成10公里溪流。

永定河旅游开发的总体布局在“绿色生态走廊建设规划”的基础上，京西南五区优势互补、因地制宜，重点开发以绿色休闲与文化休闲为主体的多种旅游景区、景点、线路和产品。

第一段：山野峡谷生态旅游带（山峡段——三家店水库上游区段，总长度约92公里）。门头沟区加快旅游集散基地、特色小城镇和生态田园村庄建设，重点开发山林峡谷绿色休闲与历史名寺名村旅游产品，精细包装潭柘寺、戒台东、爨底下与琉璃渠历史文化名村，建设好麻峪湿地公园，全面提升山谷休闲乡村旅游。

第二段：新城区文化休闲旅游带（城市段——三家店水库至南六环路区段，总长度约40公里）。石景山区、房山区和丰台区结合产业转型、新城区建设、发展文化产业和人工湖建设，重点开永定河文化旅游与滨水休闲产品。重点项目有首钢工业遗址公园（文化创业园）、长辛店-宛本城历史文化旅游区、良乡与大兴现代文化产业园区，高标准建设好门城湿地公园、永定河文化公园和“园博园”（2013年中国国际园林花卉博览会），开发利用好莲石湖、宛平湖、晓月湖、大宁湖、稻田湖滨水休闲基地和长阳生态休闲岛。

第三段：城郊休闲农业带（郊野段——南六环路至大兴榆垡区段，总长度约38公里）。结合小城镇和新农村建设，按“一村一品”原则开发都市休闲农业，重点项目有榆垡全国农产品加工业示范基地、梨院休闲梨园、乡村体育基地、国家新媒体产业基地和自驾车营地、汽车电影基地等。

在南北蜿蜒的永定河沿线，应把丰富多彩的永定河历史文化与民俗风情有机地融入各个观光游览景点，在住宿餐饮、文化娱乐、康体健身、旅游商品及交通设施与服务之中融入永定河文化的元素，并在沿线节点上以博物馆、主题园、浮雕、碑廊、雕塑、壁画等多种形式，将延绵747公里的永定河历史文化画龙点睛式地展观出来，形成一幅展示永定河文化的历史长卷，让游客在游览休闲的全过程中思索、体察、领悟北京“母亲河”的过去、现在和未来。

三、“君子和而不同”：京西南五区各显特色

“君子和而不同”。京西南五区在共同打造“永定河旅游”品牌的同时，要各显特色、凸显个性，争奇斗艳、竞合发展，形成永定河旅游带上的五颗明珠。

门头沟区的宗教文化厚重、淳朴，与山水融为一体。“先有潭柘寺，后有北京城”，这句谚语反映了它在北京历史上的地位。谭拓寺、戒台寺的晨钟暮鼓与灵山、妙峰山、百花山的浓绿幽静，构成京郊清新的、纯净的、自在的“山水家园、心灵驿站”。

石景山区的“首钢”遗址是北京工业文明时代的典型，在“首钢”遗址上新建文化创业园是后工业文明的载体。石景山区要打造的不是古典、而是时尚，不是野趣而是繁华，是与时俱进的都市产业文化与时尚休闲娱乐的结合，成为京城欢乐的、动感的、前卫的“欢乐驿站、时尚家园”。

房山区山、水、洞、绿齐全，人（“北京人”）、文、寺、经传承，应该抓住正在进行中的周口店遗址第三次保护性挖掘的机会，超前谋划“北京人世界文化遗产公园”，展示“从北京人文曙光到东方文明复兴”的史诗般主题，建成吸引全球眼光的文化精品。世界地质公园囊括了房山的山、水、溶洞奇观，既有观光价值，更具科普价值。房山区应该成为京都神圣的、神秘的、神奇的“东方祖园、地质奇苑”。

丰台区从600年花乡到世界花卉博览园，浓缩了北京从农业向现代跨越的深邃历程。卢沟桥、宛平城是中国人民心中永恒的疼痛与记忆。总部基地是改革、开放、世界经济全球化的平台、“地球村”的缩影。丰台区应成为新北京艳丽的、大气的、全球的“花卉家园、地球新村”。

大兴区在都市农业的基地上谱写了一篇以休闲农业为主导的锦绣篇章。休闲农业源于传统农业又高于农业，从一产衍生出二产、三产，农民务旅不离农，亦农亦旅，造就了一代新农民。大兴区可建成北京甜美的、

温馨的、城乡一体的“绿海甜园、都市庭院”。

策划旅游目的地总体形象没有固定的套路，也没有一成不变的格式，一切因地而宜、因时而异。旅游总体形象必须以旅游品牌产品为支撑，各区要在近期培育两、三品牌景区，中远期培育三、五品牌景区，使旅游形象具象化、实体化、体验化，让游客看得见、听得到，尝得着、买得到，玩得好、感受到。

四、区域合作、产业融合：永定河旅游发展之道

作为体现区域特色的优势产业、现代服务业的先导产业、资源节约型和环境友好型社会的绿色产业、推动社会进步和提高人民生活质量的民生产业、开展对外交流和提升地区形象的窗口产业，目前京西南五区都已确定了各自的旅游发展目标、战略与规划，旅游业正在快速、持续发展。同时，京西南地区的城铁、高速公路建设正在大步推进，快速便捷的京西南交通格局即将形成，为五区旅游合作提供了新基础。

在北京市政府启动永定河绿色生态走廊建设工程的历史机遇下，依托全市之势、汇聚五区之力，共同铸就永定河旅游新品牌，应成为京西南旅游合作的突破口与新纽带。为此，建议京西南五区：

——联手调查、挖掘、梳理永定河流域物质与非物质文化遗产，共建设京西南文化走廊，为开发永定河文化旅游摸清家底、夯实基础。

——在北京市旅游局指导下，联合编制《永定河文化旅游总体规划(北京段)》。在《总体规划》的指导下，五区统一筹划、分段、分期实施，逐步建成一条完整的纵贯京西南的生态与文化融合的休闲旅游带。

——在北京市文化局、旅游局指导与支持下，联手举办“中国·北京永定河文化节”，文化节主会场由五区轮流承担，其余四区同时举办分会场，造声势、扩规模、展内涵，成为京西南五区的共同河文化与旅游盛事。

——共同设计“永定河旅游”的宣传口号与形象标志，建立永定河文化旅游宣传基金，联手编印宣传材料、开展联合营销，以“永定河文化旅游”为旗帜参加国内外旅游交易会。

——根据京西南新的交通格局、游客流向和景点分布，统一布局、筹建永定河游客服务中心、旅游交通枢纽、自驾车标识系统与服务基地，为

京津冀游客提供方便、周到的旅游公共服务系统。

——筹建“永定河旅游网站”，向国内外公众提供详尽、准确、及时、实用的五区旅游服务信息，实现五区的旅游网站自动对接。

——五区的旅游集散中心、游客服务中心增设“永定河旅游”信息专柜、专栏，共同推介京西南旅游产品。

——在平等互利、自愿协作、市场运行的基础上，京西南五区、特别是邻近地区的旅游景点和旅游企业互相推介产品，开通跨区之间的旅游巴士，实行旅游消费联合优惠，促进旅游企业跨区域经营，共同做大“蛋糕”。

——五区旅游局建立“永定河旅游联盟”机构，定期磋商合作事宜，共同举办旅游节事活动。该机构实行召集单位轮流制、活动经费由五区旅游局共同分担。五区旅游景区景点与旅游企业在自愿参加的原则下，建立跨区旅游行业协会（联谊会），推进区域合作常态化、市场化运行。

——永定河地跨北京、河北两省市，永定河水源来自官厅水库，京西南的不少旅游景区与河北省一水之隔或一山相连。旅游区域合作要突破行政区划，扩大到两省市。永定河西岸的旅游开发已纳入河北环京津休闲经济产业带范围。以后永定河旅游协作活动应邀请河北省的相关市县和旅游景区共同参与、共同发起，使永定河旅游成为促进京冀旅游合作的纽带。

旅游产业的综合性与永定河旅游产品的多样性要求在市政府的领导和五区政府的主持下，实行部门合作、推进产业融合，使“永定河旅游”成为相关部门与产业的共生共荣、互动发展的纽带。

水利部门：水利建设是永定河旅游的根基与命脉。在河道整治与生态修复工程中，把旅游开发作为重要内容纳入其中，开发永定河水利文化旅游产品系列。

文化部门：文化是永定河旅游的主线与灵魂。永定河旅游能否成为北京旅游的新名片，取决于永定河文化挖掘、利用的广度、深度与力度，文化部门、文化企业、文化产业基地要精心开发设计永定河文化旅游产品。

宗教部门：宗教文化是永定河旅游的特种文化产品。潭柘寺、戒台寺、云居寺、法海寺等既是陶冶心灵的殿堂，也是追溯历史、鉴赏艺术、体验文化的课堂，努力开展文明的宗教朝拜旅游与深邃的宗教文化旅游。

农业部门：观光休闲农业是永定河旅游的基础性产品。永定河孕育了传统农耕文明，如今都市农业成为首都经济的新亮点。结合都市农业与新农村建设，以“一乡一品、一村一特色”为方向，提升正在蓬勃发展的乡村旅游。

林业部门：森林旅游是永定河绿色旅游的主体产品。峡谷的山野森林与平原的人工森林是城市的绿肺、城市居民休闲养生的绿园。结合林地改革、森林公园建设，开发建设森林旅游基地。

国土部门：永定河流域的溶岩洞穴是我国北方地区罕有的地质现象，地质奇观是永定河旅游的一大瑰宝。地质旅游是观光、欣赏、探险与科普的结合。国土部门在指导、推进地质旅游的同时，“适当增加旅游业发展用地，积极支持利用荒地、荒坡、荒滩、垃圾场、废弃矿山等开发旅游项目”（国发［2009］41号文件）。

上述部门是直接主管主要旅游资源、开发主要旅游产品的部门，发改委、城乡建设、交通、信息、媒体、商业、金融、环保、卫生、教育、体育、公安等，是为开展旅游制定政策、提供支撑、营造社会环境的部门。旅游的发展与运行离不开各个部门、各行各业的支持与合作。政府旅游部门的职责是主动做好统筹谋划、协调配合和规范服务。“穿针引线”是旅游局的天职，“越俎代庖”是不利旅游发展的大忌。

各地区、各部门目前正在筹划“十二五”发展规划的编制，京西南五区要力争把开发永定河旅游列入北京市“十二五”发展规划的重点项目，并纳入京西南五区的“十二五”国民经济与社会发展规划，上下左右达成共识、聚成合力、化为共同行动。

可以预期，永定河文化旅游，经过三、五年的扎实工作必将成为京西南五区的主打旅游产品、北京市的品牌旅游产品；五至八年的不懈努力，可望成为京津冀与环渤海地区的品牌旅游产品。

京西南五区一衣带水，千百年来共同守望着“母亲河”的身影，共同经历了“母亲河”兴衰的历史过程，必将共同完成振兴“母亲河”的时代责任。

作者：北京第二外国语学院原旅游科学研究所教授

永定河北京段治理与开发热中的冷思考

孙翠兰

摘　要：在市、区两级政府和各界的高度重视下，西南五区正掀起一股永定河北京段治理与开发的热潮。这对于尽早发挥流域经济的作用，无疑是件大好事。但同时，无论从流域治理与开发的一般规律和国内外经验教训讲，还是从目前对永定河治理与开发的实际状况看，都需要在热中进行冷思考。本文从水资源、全局性、阶段性和层级性规划、相关法规建设、管理与监督机构设置、区际之间层级协调及协调组织、新型投融资体制建设、空间布局的优化、信息交流平台的建设、学术和群团组织参与、城乡居民的参与十个方面提出需进行冷思考的问题，以期从另一个角度促成永定河北京段治理与开发工作的有序、有度和有效进行。

关键词：永定河　治理与开发热　冷思考

近年来，永定河北京段的治理与开发被提到市、区两级政府的议事日程。2009 年 3 月，根据市委、市政府提出的“建设京西南生态屏障，服务水岸经济的思路”，今年以来，治理与开发的前期工作和各个区段的基础性工程已进入实施阶段，从而自上到下，在整个京西南五区内已掀起一股永定河流域治理与开发的热潮。

毫无疑问，这一热潮对落实《北京城市总体规划》中对京西南五区的功能定位，对京西南五区经济、社会事业的快速发展，对落实北京建设生态城市、宜居城市、世界城市的目标和整体竞争能力的提高都是十分重要的，其间也体现了市、区领导和各界对京西南这一北京相对落后地区的关怀、决心和流经区域地方政府及各界改变家乡面貌实现腾飞的意愿。这些都是难能可贵并应予以充分肯定的。

然而，在区域经济发展中，流域是一类以水系为纽带的特殊自然区域，以一定地理区位为依托、以一定地域范围为活动和辐射场所的区域中的特殊区域。它有其独特的运动规律，并且水资源这一纽带链接的不仅仅是单纯的水流，也不仅仅是上、中、下游之间的密不可分的关联性，而是还连接和关系到除了水、水资源以外两岸经济、社会事业发展的问题。永定河北京段作为海河流域大系统中的子系统，同样也具有这些特性和运动规律。因此，对永定河北京段的治理与开发，是一项涉及面既广且深的复杂系统工程。

不仅如此，无论从国际上发达国家的美国到欠发达国家的南非，还是从我国的淮河、海河到辽河的治理与开发的正反两方面经验与教训，都向我们提出了这样的警示：流域的治理与开发必须缜密筹划、瞻前顾后、目光长远。否则势必会前功尽弃、劳民而伤财。

有鉴于此，笔者在随同丰台区政协调研组对沿永定河北京段相关区段进行实地调研的过程中初步地研究了一些问题，并进而对永定河北京段的治理与开发引发如下需冷思考的十个问题。

冷思考之一：水资源问题

不言而喻的，永定河治理与开发的首要问题是水的问题。但是对流域运行上万年后的当今世界来讲，流域形成主要内容的水，绝非历史上对水的狭隘理解，也不是我们常讲的只是向永定河河道注水的单纯问题，而是涉及水体、水源、水流、水质，乃至于注水、管水、用水、水能开发、水生物培养、防洪、泄洪、水监测、水保护等水资源问题。

所有这些涉水工作，都应在着手治理与开发之前予以考虑和规划，而不能在着手实施时或实施之后在遇到这些问题时再去考虑。

冷思考之二：全局性、阶段性和层级性规划问题

各国流域治理与开发的经验告诉我们，规划是流域治理与开发的主旨，是灵魂。在实际操作中应坚持的最基本原则是规划在先，行动在后，而且规划应体现全面性、阶段性和层级性的特点。由于流域的治理与开发不仅是流域本身的问题，而且涉及流域两岸，乃至数十公里几十公里的辐射范围；也不单纯的仅是水资源的问题，而是涉及经济和社会事业发展的方方面面及其相对应的职能。因此，所谓全局性，即是从流域治理与开发的背景、目标和所涉及的方方面面为出发点，进行具全局、前瞻性规划；

所谓阶段性，即是指规划应具有长远性和近期性，立足于当前，着眼于长远。具体而言，应有短、中、长期规划；由于流域所经地区的跨度及不同地区的差异性，规划要根据其所流经地区的地理区位、气候、地貌、历史发展、人文风土、社会经济发展程度和特定目标，进行因地制宜地策划，这即所谓规划的层级性。

而目前对永定河流域治理与开发的规划是不缜密、不完善和欠科学的。

冷思考之三：相关法规建设问题

流域的治理与开发事关重大。永定河流域的治理与开发既是城市经济、社会发展的重要内容，也有其独特的规律，必须有相应的法规作保证。在国家层面，自上世纪 90 年代起，已先后颁布了《水土保持法》、《水资源防治法》、《防洪法》、《水法》等全局性的有关流域治理与开发方面的法律。对永定河流域的治理与开发可套用这些法律。但毕竟，永定河与我国境内的其他河流不同，对永定河流域的治理与开发也不能完全以具普遍性意义的法律作保障，而应根据永定河流域的特殊性，制定有针对性的法律和规定。比如《永定河流域综合治理与开发法》、《永定河流域排污法》、《永定河流域管理机构设置及权责法》、《永定河流域治理与开发规划法》、《永定河流域投融资法》、《治永定河流域地方政府权责法》等等。与法律相衔接，还应建立健全一些相应的规章制度。

而所有这些，在目前的实际运作中尚没有见到。

冷思考之四：管理与监督机构设置问题

流域的治理与开发是一类特殊的经济和社会问题，必须有专门的、强有力的管理与监督机构。如前所述，由于流域的特殊存在形式和运动的特殊规律，管理与监督组织应当是纵向的和多层次的。即既应设置总的管理与监督机构，又要在其下面依各流经地区的特点，设置各层次的管理与监督机构。同时，由于流域的治理与开发不仅涉及水资源本身，还涉及两岸数十公里内的地域，其项目众多，领域广泛，管理与监督机构不仅要由各级政府中的主要行政长官组成，而且也应有所涉及的具体职能部门的主要领导参加。

但目前，永定河北京段的治理与开发的确缺少这样本应有的管理与监督机构。

冷思考之五：区际之间层级协调及协调组织问题

从流域的共性来讲，它是以水资源为主体的，并以水资源将上、中、下游及左右两岸连接成为一个整体的自然区域。流域的这一共性体现了其整体的一致性和分段的自主性。而整体的一致性和分段的自主性这两点，又是流域这个矛盾统一体的相互独立、相互约束、相互促进的不可分离的两个方面。整体一致性体现为分段自主性，分段自主性又寓于整体一致性之中，是与整体一致不能分割的。

作为海河水系的永定河，流域总面积4.7万平方公里，全长747公里，源于山西省武县管涔山，流经内蒙古、河北，经北京转入河北，在天津汇于海河，在塘沽注入渤海。其在北京境内的流域面积3200公里，占总流域面积的6.7%，长170公里，流经门头沟、石景山、丰台、房山和大兴五区。这里我们暂且不谈永定河经山西、内蒙古、河北和天津地段，仅就北京段，就分为官厅山峡段、平原城市段和平原郊野段。各段位于不同的行政区，而且各行政区不仅在历史传承、人文素质、地形地貌、经济和社会事业的发展、民俗习性等方面存有较大的差异，而且流经地段中各省区、北京“总规”对各地区的功能定位、发展阶段都大不相同。

因此，目前正着手进行的永定河北京段的治理与开发，不能单纯地去考虑北京段，同理，流域各流经地区也不能单纯地去考虑本流域段的治理与开发，而均应以流域本身的整体一致性为立足点和基本出发点，在这个基点上各分段结合本段的实际情况安排治理与开发工作。这就要求：①永定河流经各省、市政府之间进行区际协调；②各省、市内部流经段的地方政府之间也要相互协调。协调要有载体，协调组织机构的建立是十分必要的。

这一点在目前永定河的治理与开发工作中是较欠缺的。

冷思考之六：新型投融资体制建设问题

新型投融资体制是对传统投融资体制的改革，是以市场经济机制为基本原则，政府、银行、民间、个体等为投融资主体的多元化体制。永定河流域北京段的治理与开发涉及水道、堤坝、两岸生态走廊、经济发展带等较大地域范围内的诸多工程项目。按属类划分，这些项目有经营性的，准经营性的和公益性的，初步匡算资金数千亿元。但在目前永定河流域的治理与开发中，这数千亿元的资金来源仍主要是按传统的以政府财政和银行贷款方式筹措。而且政府在永定河绿色生态走廊建设项目方面已提出要投169亿。169个亿对永定河北京段的治理与开发所涉及的工程来讲，只能是杯水车薪。数千亿元的资金缺口，政府和银行方面能解决吗？依市、区两级财政状况看，尤其是京西南五区的财政状况看，是不可能的。即便我们退一万步讲，以政府财政资金和银行贷款完全可以解决这一资金缺口的话，也绝对不能再依这种模式进行操作，其原因在于：①我国改革开放的最终目标是建立社会主义市场经济体制，市场经济体制必须向属于城市建设领域的流域治理与开发项目渗透；②政府投融资的传统模式，存在效率低、易滋生腐败和财政不堪重负等弊端；③改革开放30余年，民间、个体已积累了大量的剩余资金，对这项剩余资金宜疏不宜堵，宜引导不宜打压；④国内外在多元化投融资方面已经积累了大量的较为成熟的经验。因此，永定河流域的治理与开发应以多元化投融资体制为主要手段。为了建立多元化的投融资体制，首先，在政府方面应解放思想、破除传统理念；其次，建立相应的运营机构和运行机制；第三，将永定河治理与开发的所有项目分门别类；第四，多元化投融资方式与相关项目对接；第五，建立有力度、有效率的管理与监察机构；第六，建立专业化人才队伍。

目前在全国范围内，北京城市建设方面引入多元化投融资机制尚不多，不妨以永定河北京段的治理与开发为先导，逐步实施城市建设事业多元化投融资模式。

冷思考之七：空间布局的优化问题

空间布局的优化表现在四个方面：①地域范围内的布局既达到各布局项目的集聚效应，又要考虑到日后的空间扩散效益；②布局的整体效应是靠分段特色支撑和显现的，同时，分段特色应以整体效益最佳为原则；③分段特色的构造取决于永定河各流经行政区立足于本区的实际情况，不能照搬、照抄；④相邻城区的开发建设目标、项目要与永定河流域治理与开发的空间布局相互衔接。

冷思考之八：信息交流平台的建设问题

二十一世纪是信息化时代，信息的获取、筛选、加工、整理、开发、交流、互补、互助对任何工作都是不可或缺的。永定河北京段的治理与开发，不论以组织领导、监督评价、群策群力参与，还是从各区段相互协调，和按流域本身运行的客观规律方面来讲，建立信息化系统、搭建信息交流平台都事关重大。

而目前在永定河北京段的治理与开发中，市级政府与区级政府的信息交流主要还是采取发文件、召集会议等传统形式，而且，不要说整个永定河流域流经省、市无信息沟通，即便是京内五区各段也较少有相互间的信息共享与沟通。其他方面的信息化建设基本上处于空白状态。这种状态，不仅不利于永定河治理与开发工作的有序和协调，而且会造成不可避免的混乱和无序。

冷思考之九：学术和群团组织参与问题

永定河流域的治理与开发涉及发改委、经信委、财政、金融、城建、水利、渔业、林业、国土资源、电力、公安、保险、工商、监察等多个部门，相应地也涉及与之相关的各类学科，这就有必要请各学科的专家以个人或以各学术团体的身份参加，或临时邀请或组成包括各领域专家参加的常设研究机构，使各学科的专家进行专题调研，或建言献策；同时，各类群团组织如共青团、妇联、老年人组织，分别代表不同的阶层、性别和年龄段群体的不同意愿，有其各自的不同于学术团体的优势，动员各类群团组织参与其中的一些事宜也是十分必要的。

专家、学术团体的参与应在事先、事中和事后，尤以事先论证为重中之重；各类群团组织的参与应贯穿始终，尤以事中参与为主。而在目前永定河的治理与开发工作中，只有少数专家应有关职能部门之邀参与了部分工作，学术团体和群团组织尚没有动作。

冷思考之十：城乡居民的参与问题

永定河北京段治理与开发的最终目的是提高城乡居民的福祉，这是其一；其二是，人民群众中蕴含着无限的能量和智慧；其三是，落实科学发展观集中地体现为以人为本，如何以人为本，城乡广大居民最清楚；其四是，群策群力，官民齐动，才能做好永定河北京段的治理与开发。因此，政府和各界应积极创造条件，广泛宣传，让更多的城乡居民参与到这一工作中来。而目前，永定河北京段流域的治理与开发，只表现为政府方面的热，广大城乡居民既没有参与也较少知道，即便想参与也没有适合的渠道，没有形成群策群力、上下一致、和谐共建的局面。

总之，对永定河北京段的治理与开发，必须认真地思考以上十个问题。只有这样，才能尽可能地减少和降低不必要的损失；只有这样，才能使这项工作有条不紊、科学有效地进行；只有这样，才能使这项工作真正地达到利国益民的最终目的。

作者：京西南区域创新与可持续发展研究团队队长，教授

关于永定河文化与永定河流域生态治理的思考

刘德泉

提 要： 北京市正在进行永定河绿色生态发展带建设，为生态治理植入文化之魂，必将提高永定河绿色生态发展带的建设品位。

关键词： 北京 永定河 生态 文化

目前北京市正进行永定河绿色生态发展带建设，这项生态工程历时五年，投资 169 亿，在永定河流域北京段建设面积约 1500 平方公里的生态走廊。构筑北京西南生态屏障，提高永定河生态服务价值。

如果这项宏伟的生态治理工程能够充分体现源远流长的永定河文化，为生态建设植入文化之魂，体现文化特色，对北京建设世界城市具有重大意义。

一、从永定河文化说起

永定河是北京的母亲河，永定河文化既是北京的母体文化，又是北京文化的重要组成部分，也是中华文化的重要篇章。二十多年来，永定河文化研究已经取得一批成果，产生了较为广泛的社会影响。北京市社科院、北京学研究基地、北京市水务局等单位积极开展了永定河文化研究。河北省、山西省和北京市沿河各区县也在进行相应的永定河文化研究。2005 年门头沟成立了北京永定河文化研究会，汇聚了市区一批专家学者和文化工作者从事永定河文化挖掘整理、宣传推介工作。现在永定河文化研究主要集中在水文化、名山文化、地质文化、古人类文化、古都古城古村落文化、军事文化、交通文化、产业文化、宗教文化、民俗民间文化、革命军事文化等十几个领域。出版了一批专著和文集，延伸了古都北京的文化渊源，丰富了北京文化的内涵，为地方经济社会发展提供了文化支撑。

永定河文化的精髓主要体现在如下几个方面：

（一）永定河流域是中国古人类的发祥地之一

近二三十年来永定河流域古人类考古工作取得了重大进展，先后发现了100多处古人类遗址。全国25处100万年以上的古人类遗址，21处在永定河上游的泥河湾①，那里的古人类遗址，几乎涵盖了旧石器时代各个历史时期。其中马圈沟遗址距今约190万年，是迄今为止我国发现最早的古人类遗址。门头沟的东胡林人距今约一万年，属于新石器时代早期的原始人类。此外，在西山和永定河出山口一带发现了多处新石器时代遗址。这些考古发现说明，永定河流域200万年以来一直是古人类的家园。据贾兰坡等古人类学家研究，永定河官厅山峡在远古时代是动物与古人类的迁徙通道②，古人类不断沿着永定河河谷上下迁徙，北京地区的古人类与永定河上游古人类一脉相承。

（二）永定河流域是中华民族的肇始之地

中华儿女称自己为炎黄子孙，中华民族的形成源于黄帝、炎帝、蚩尤三大部落联盟的统一。约五千年前，炎帝族、黄帝族、蚩尤族三大部落联盟汇集到永定河上游涿鹿一带。黄帝族同炎帝族进行了阪泉之战，炎帝族战败，黄帝受到各部族的拥戴，共同尊黄帝为天子。蚩尤部族不服，黄帝与蚩尤部族进行了涿鹿之战，擒杀了蚩尤，而后“合符釜山”③，实现了初步统一，标志着中华民族前身华夏族诞生，奠定了中华民族的基础。至今河北省涿鹿县还有黄帝城、黄帝泉、炎帝营、蚩尤寨、蚩尤塚、釜山祭坛等遗址。在中华民族形成的漫长过程中，最关键的一段，最重要的事件，发生在永定河上游，中华民族的第一步从永定河迈出。

（三）永定河是北京的母亲河

北京社科院资深研究员尹钧科是最早系统研究永定河文化的学者之一。他认为“永定河文化最要害、最本质、最可贵的一点，就是永定河是

---

① 泥河湾是河北省阳原县东部的一个小村庄，位于桑干河上游的阳原盆地，以它命名的泥河湾盆地、泥河湾地层、泥河湾遗址群，成为蜚声中外的古地质、古生物和古人类的研究圣地。

② 贾兰坡、黄慰文《周口店挖掘记》

③ 《史记》“五帝本纪”。釜山在河北涿鹿县宝岱村西。

北京的母亲河，没有永定河就没有北京城”。[①] 北京城坐落在永定河洪积、冲积扇上，永定河为北京城提供了存在的空间，三千多年来是永定河水滋养着北京城[②]。

永定河文化与中国古人类起源，中华民族起源，古都北京起源三大本源文化密切相关，在中华民族文化中占有重要地位，在北京文化中璀璨夺目。除此以外，永定河文化在不少领域丰富了北京文化。

1. 京西永定河流域是民俗宝库。明清和民国年间，永定河流域的妙峰山庙会是华北最有影响的庙会。《燕京岁时记》记载：妙峰山娘娘庙“每届四月自初一日开庙半月，香火极盛……人烟辐辏，车马喧阗。夜间灯火之繁，灿若列宿。……香火之盛，实可甲于天下”。

1925 年，北京大学顾颉刚等五位学者对妙峰山庙会进行了为期三天的田野调查，调查报告发表引起北京学术界的轰动。这次妙峰山民俗调查标志着民俗学在中国落地生根，妙峰山不仅是民俗名山，还是中国民俗学田野调查的发祥地。

2. 京西永定河流域是宗教文化圣地。京西门头沟有北京文献记载最早的寺庙之一：斋堂灵水村汉代灵泉禅寺。有北京现存历史最早的寺庙：建于晋代的潭柘寺（民谚：先有潭柘寺，后有北京城）。还有全国最大的戒坛：戒台寺戒坛。门头沟还有一大批建于唐代、辽金时期的寺庙。历代帝王经常到潭柘寺、戒台寺进香游览，两寺是著名的皇家寺院。此外燕家台金末的道教通仙观，斋堂镇桑峪村元代的天主教堂，在北京的宗教史上亦占有重要地位。西山不仅是北京宗教最早的传播之地，也是北京寺观最为集中的地区。

3. 京西永定河流域是北京的能源基地。北京西山盛产煤炭，辽金时期已经用于瓷器烧造业。元代京城大量使用煤炭烧饭取暖。从元代开始，朝廷在门头沟设立了管理采煤业的机构，京城阜成门被称为“煤门”，京城百万之家炊爨之用，仰赖西山之煤。永定河流域还是北京城木炭、木柴的主要供应地。北京有 850 多年的建都史，与燃料供应得到保证有直接关系。

4. 京西永定河流域是北京的建材基地。永定河流域是北京建筑材料主

---

① 尹钧科《永定河——北京的母亲河》“永定河文化概说”。

② 上个世纪五十年代密云水库建成以后，潮白河水才进入北京。

要供应地之一。元初经元世祖批准，郭守敬开凿了永定河到京城的运河，运送兴建大都的建材。为了加强对琉璃烧造和烧灰业的管理，元朝在今门头沟境内分别设立了管理机构。西山的木料、石料、石灰、琉璃通过漕运大量进京，促进了大都建设。

永定河上游的大批木料结排成筏，顺流而下，在永定河出山口到卢沟桥一带打捞上岸。首都博物馆珍藏的古画《卢沟运筏图》生动地记录了当时的情景。不断的砍伐使植被遭到毁灭性破坏，留下了“西山兀，大都出”的民谚。

5. 京西永定河流域是中国地质学家的摇篮。《西山地质志》是我国第一部区域地质志，是当时最完善的一份区域地质调查报告。这是中国培养的第一批地质专业人才野外工作的总结报告，由叶良辅执笔完成，1930 年出版。

北京西山是我国最早开展地质工作的地区之一，被称为地质博物馆和地质学家的摇篮。近代到中国考察的国外地质学家和我国地质学前辈几乎都在北京西山从事过考察研究工作。西山永定河谷有不少典型的地质剖面，是地质院校学生的野外实习基地。

6. 永定河谷是北京通往大西北的交通走廊。黄帝在永定河上游涿鹿统一三大部落联盟以后，披山通道，向中原进行征伐，西山是涿鹿的对外通道之一。唐末修建了幽州通往大鞍山的玉河大道，明代又修建了西山大道。莽莽西山古道纵横，其中有京城通往河北、山西和内蒙古的古道。

穿越永定河谷的 109 国道通往拉萨，是我国最长的国道之一。铁路丰沙线承担着京包线 90% 的运力。无论古今永定河谷都是北京通往大西北的交通走廊。

7. 京西有北京唯一的古村落群。北京三个国家级历史文化名村都在门头沟。门头沟有古村落 50 余个，保留着许多精美的古民居和大量传统文化信息，是首都北京的一笔宝贵财富。

8. 西山是北京的军事屏障。莽莽西山和永定河的深山峡谷自古以来是古都北京的军事屏障，被称为神京右臂。门头沟的大寒岭又叫大汉岭，曾经是抵御匈奴的边关。王平镇河北村东魏武定三年（545 年）刻石，记载在当地筑城的历史。大村有北齐的长城。明朝在门头沟修筑了次边长城，构筑了 17 座敌台碉楼，修筑了沿河城、斋堂城两座戍城。

9. 门头沟斋堂是平西敌后抗日根据地的中心。抗日战争时期，晋察冀边区在永定河上游。门头沟斋堂是平西敌后抗日根据地的中心，萧克、杨成武、邓华、宋时轮等60多位共和国将军曾经在京西战斗过。

10. 永定河哺育了北京城。始建于嘉平二年（250年）的戾陵堰、车箱渠是北京最早的大型水利工程。三国时期魏国征北将军建城乡侯刘靖从灅水（永定河）引水，沟通北京周边的水系，渠道绵延四五百里，最大灌溉面积达到一百多万亩。从三国至辽代有多次修复利用这项水利工程的记载。金、元在永定河开凿运河的同时，继续发展灌溉。在近千年的时间里，利用永定河水发展灌溉农业，繁荣了北京周边经济，为在北京建都准备了必要的物质条件。

二、关于永定河生态治理的思考与建议

（一）西南五区在北京总体规划中的地位

2003年北京市制定了新的城市发展规划，确定了两轴、两带、多中心的发展格局。“两轴”是指在传统中轴线和长安街沿线十字轴的基础上，构筑起北京传统文化和现代文化两条轴线。“两带”包括京城东部的“新城发展带”和西部的“绿色生态带”。在北京新的城市总体布局中，永定河和西南五区处在“西部生态带”与东西轴线的交会点一带。其功能是创建北京宜居城市的生态屏障，保障首都文化职能的发挥。

实现西南五区在北京总体规划中的目标，永定河的生态治理是关键。

（二）永定河生态治理规划概况

根据北京市的总体规划，市水务局制定了北京市永定河段的生态治理计划。其大意是：以科学发展观为指导，按照“安全是主线、节水是理念、生态是效果”的新思路，构筑水资源保护体系、水资源配置保障体系、防洪减灾体系，建成城市西部绿色生态发展带，打造沿河经济发展区，为建设“三个北京”提供支撑。

规划范围：永定河北京境内170公里干流河道和八条主要支流，约1500平方公里。

目标：建成生态清洁小流域500平方公里，新增水面1000公顷、溪流60公里，建成湿地9处200公顷，绿化面积9000公顷，主题公园10个。

彻底消除扬沙扬尘，每年回补地下水约1.5亿方。山峡段维护生态环境和生物多样性，发展旅游经济。平原城市段建成良好的城市生态水景观；平原郊野段打造田园生态景观。

永定河绿色生态发展带对调节小气候，抑制扬沙，补给地下水，净化水质，保护生物多样性具有重大作用。将极大地提升永定河生态服务价值，提高北京西南五区的城市品位，改善投资环境，带动经济发展。

（三）文化是生态治理的魂

永定河生态治理是一项宏伟工程。作为世界大都市的生态治理，必将引起国内外广泛关注，搞好这项生态治理工程意义重大。目前的规划从工程角度看是一项很好的生态治理规划。作为永定河文化的研究者，我认为规划在结合永定河文化方面尚有文章可做。

文化是山水的魂。有文化为背景，山水就有了灵气。将永定河文化融入永定河的生态治理，可以大大提升这项工程的品位和效益。同西方发达国家相比，悠久的历史，深厚的文化是我国的优势。发挥我国的长处，吸收发达国家技术优点，永定河生态治理的前景会更加美好。建议将永定河文化融入永定河绿色生态发展带建设。

（四）五个文化节点

这次永定河生态治理的重点河段，正处在永定河出山口一带，是永定河文化荟萃之地。有五个文化节点，希望加以注意。

1. 永定河出山口景色优美遗存丰富：三家店水闸位于永定河出山口，周边是古村落汇聚之地，有中国历史文化名村琉璃渠，北京历史保护街区三家店，北京市地下文物埋藏区龙泉务，古代兵家必争之地军庄。这里还是交通咽喉，号称桥梁博物馆。周边还有岩画、溶洞、古堡、古道和庙宇等文物古迹。

2. 石景山历史悠久古迹众多：石景山号称北京第一仙山，山上有古庙、石窟和大量碑刻、摩崖石刻、摩崖造像。戾陵堰、车厢渠取水口，金元三次开凿运河的金口都在石景山附近。南侧还有清代供奉河神的北惠济庙、镇水铁牛、十八蹬古堤等文物古迹。

3. 卢沟桥蜚声中外：卢沟桥是金代建的连拱石桥，距今已经有8百余年的历史，坚固精美，是世界桥梁史上的奇迹。宛平县城是明末修建的城池。1937年"七·七"卢沟桥事变发生在这里，标志中国全面抗战开始，是有重大意义的革命纪念地。周边有中国人民抗日纪念馆、大王庙、分洪闸等文化景观和水利设施。

4. 金门闸是清代水工精品：金门闸位于房山与河北固安交界处，是清代修建的著名水利工程，兼有排淤和分洪双重功能，建筑精美牢固，保存基本完好。旁边还有管理衙门遗址、古堤、治水碑刻等文物古迹。

5. 赵村抗洪遗址与文物：赵村是大兴永定河管理所所在地，濒临永定河大堤。这里有河神祠遗址，存有乾隆河神祠碑。附近还有求贤灰坝等清代的防洪设施和永定河最后一次堵决口的遗址遗迹。防洪库房保存着许多半个世纪以前抗洪抢险用品，是珍贵的水文物。

这五个文化节点应该成为永定河文化的重点展示区。

（五）关于十大主题公园的建议

这次永定河生态治理要在城市段建设十大主题公园，为广大市民开辟亲水休闲娱乐场所，其创意体现了以人为本的精神。建议公园建设融入永定河文化因素。可以在园区建一些博物馆、雕塑和专题文化园区体现永定河文化，使十大主题公园更具文化氛围。建议择地建设永定河文化博物馆和永定河古人类文化园。充分展现永定河与北京深厚的文化底蕴，使市民感悟永定河是北京母亲河的文化内涵。

（六）全面考虑永定河生态治理

建议北京市关注永定河上游的生态治理。与上游河北、山西、内蒙古的有关地区合作，共同治理永定河。笔者曾经多次到永定河上游考察，看到永定河上游具备大面积绿化的有利条件。上游在科学用水节水方面也有很大潜力。改善永定河上游的生态环境，是永定河生态治理的治本之策。

结束语

永定河的生态治理，是落实北京市整体规划的重大举措。对于西南五区来说是千载难逢的发展机遇。门头沟三家店至房山金门闸河段，过去土地利用效率低下，环境脏乱。永定河生态治理将把这一带不毛之地变成为寸土寸金之壤。我们西南五区应该抓住机遇，搞好这一地区的整体开发。让永定河文化为永定河的生态治理增加神采。为实现"人文北京、科技北京、绿色北京，”把北京建成世界城市做出贡献。

作者：北京永定河文化研究会名誉会长，原门头沟区教工委书记，历史高级教师

主要参考文献：

[1] 北京市政府《北京城市总体规划》。

[2] 北京市水务局《永定河绿色生态走廊建设规划》。

[3] 尹钧科、吴文涛著《历史上的永定河与北京》北京燕山出版社。

[4] 门头沟区委宣传部《永定河——北京的母亲河》文化艺术出版社。

[5] 司马迁《史记》古籍出版社。

以永定河生态治理为契机
制定永定河区域休闲旅游产业发展规划

林　宋

综观全球的世界城市，绝大多数傍水而起。泰晤士河与伦敦、塞纳河与巴黎、哈德逊河与纽约，皆是如此。永定河在北京三千余年建城和八百五十年建都的历史形成和发展中，起到了关键的资源和环境载体作用。然而，自上世纪五、六十年代建成官厅水库和三家店闸将水引入城区后，永定河已断流四十多年，宽阔的河道覆盖着厚厚的沙土，裸露的河床上荒草连绵，干涸的河床成为盗采砂石、藏污纳垢的垃圾场。

进入现代社会，城市河流在美化城市环境、拓展城市发展空间等方面显示出不可替代的作用。今年，北京正式启动了总工程预计170亿元，历时5年的建设永定河（北京段）绿色生态走廊计划，使得让流长170公里，流域面积1368.3平方公里的母亲河全线恢复水域生态。届时干涸多年的永定河将利用再生水重现碧波荡漾，营造出溪流湖泊相连、两岸绿树成荫的生态走廊景观。此举对于加快北京建设世界城市，打造宜居城市和落实“人文北京、科技北京、绿色北京”的战略思想具有重要的作用。

西南五区应结合西南五区产业结构调整和城市功能定位，结合“十二五”规划的制定，抓住北京市全面加快现代服务业和旅游产业发展升级的战略机遇，切实做好永定河区域的生态河、文化河、经济河的大文章。以永定河生态治理为契机，以永定河文化为内涵，以创新的理念打造永定河畔休闲旅游产业。

一、永定河的生态蓝图宏伟

良好的河流景观与滨水环境是现代化城市的重要内容。而营造城市景观环境离不开大自然中与城市关系最密切的河流和水面。当代国际大都市环境建设的价值观念趋向表明，都市人与大自然的关系已由疏离、隔绝变为亲近和融合。开阔的水面和流动的水体所形成的自然风貌，无疑能给城市增添许多魅力。

作为北京生态涵养发展区的门头沟，城市功能拓展区的丰台、石景山和城市发展新区的房山、大兴，在北京城市总体规划中定位为“西部发展带”，其产业定位是旅游娱乐、文化创意、商业物流、现代制造和教育科研。永定河在北京城市总体规划中定位为“京西绿色生态走廊与城市西南生态屏障”。

永定河北京段分为自然景观河道（官厅山峡段）、城市景观河道（平原城市段）和田园景观河道（平原郊野段）。从北京市有关部门计划得知：从幽州入境至三家店拦河闸的官厅山峡段为永定河自然景观河道，它有京西小“三峡”之称。此段山峡两岸峭壁陡峻，高山连亘，水流弯曲，计划以自然、野生环境的修复为主，还原河道的自然景观；而从三家店至卢沟桥的城市景观河道（平原城市段），此段建设恢复河道景观水面，综合治理周边区域各类生态环境问题，河流治理应与城市景观融为一体。为市民提供休闲娱乐场所。重点发展以观光、休闲、游憩为主的休闲产业，打造北京永定河“生态休闲带”；从南六环路至梁各庄的田园景观河道（平原郊野段）以改善生态环境，恢复滩地、郊野公园和湿地景观为主。改善河道和周边区域的生态环境，彻底消除防洪安全隐患，打造田园生态景观，在永定河房山和大兴段建设滩地、湿地景观和郊野公园。

今年启动的“四湖一线”工程，建成以水串景、水绿相间的绿色生态走廊，2010 年底，先期在门城湖、莲石湖、宛平湖形成水面 150 公顷，绿化 120 公顷。彻底消除扬沙扬尘，建成良好的生态水环境，示范带动永定河全线生态治理，为发展永定河水岸经济创造条件。永定河城市段规划中的六处重点水面包括门城湖、莲石湖、宛平湖、晓月湖、大宁湖、马厂湖六大水面，总水面 680 公顷。相当于北京市中心区颐和园、玉渊潭等湖泊面积的总和。在未来五年，北京市将着力把永定河建成一条“有水的河、生态的河、安全的河”，使它成为北京西南部的绿色生态走廊和生态屏障。

二、永定河的文化内涵深厚

当前，城市对于河流如灌溉、运输的功用要求日益减弱，而对水的精神诉求、文化向往则越来越强烈。文化是旅游的灵魂。永定河文化源远流长，是华夏文明的源头，永定河是北京的母亲河，孕育了北京深厚的文化底蕴和独特的人文资源。永定河休闲旅游产业的发展，要认真研究永定河文化，从而更深地了解华夏文明，挖掘永定河文化的丰富内涵，精心打造西南五区的休闲旅游产业和产品。

永定河文化主要包括古人类遗址，永定河流域的古都、古城、古村落文化，名山文化、地质文化、交通文化，水利文化、宗教文化，民俗文化、革命斗争文化等。

北京城市发展的雏形，起源于古代卢沟桥附近的永定河的渡口。历史上的永定河孕育和滋养了北京城，永定河出山以后，由北往南历经迁移，在古河道上留下众多湖泊和洼地，成为京都古园囿的自然基础，为海淀、圆明园等著名风景区的形成提供了自然地理条件。什刹三海、积水潭、金鱼池、龙潭湖均为古永定河河道的余脉，紫竹院、北海、中南海、金鱼池、龙潭湖等是历史上永定河支流古煎河、古莲花河故道形成的园林。

人称“神京右臂”的北京西山，有很多著名的山，如玉泉山、金山、香山、石景山、妙峰山、百花山等。每一座大山小山，都有令人陶醉的自然景致；每一座大山小山，也都有引人入胜的人文风情。其中位于永定河的东岸、被誉为“燕都之第一仙山”的石景山（历史上又被称为石井山、石径山、石经山、湿经山）。明清两代有正德、万历、康熙、雍正四帝登临石景山，眺望永定河，并留下众多诗篇。石景山的八大处以“三山、八刹、十二景”而著称，其中二处灵光寺的释迦牟尼佛佛牙舍利更是旷世珍宝。

永定河流域的宗教文化以各种寺庙数量多、名气大而著称。如建于晋代的千年古刹潭柘寺，向有“先有潭柘寺，后有幽州城”之说；法源寺创建于唐贞观年间，是唐幽州城的重要标志之一。其他如戒台寺、卧佛寺、碧云寺、大钟寺、万寿寺、白塔寺、广济寺、智化寺、护国寺、隆福寺、白云观、东岳庙、雍和宫、妙峰山娘娘庙、都城隍庙，以及山西浑源县悬空寺、大同市华严寺等等，都是赫赫有名的寺院庙堂。

石景山区模式口古街上有一条约1500米长的龙形古道穿村而过，这是几百年来贯通京城与塞外的京西古道的磨石口村段。古街上景点众多，有堪与欧洲复兴时期的壁画相媲美的国家重点文物保护单位法海寺。还有非常多、且艺术价值很高的石雕、石刻的中国宦官文化博物馆田义墓等。

永定河流域以爨底下、灵水、三家店为代表的古村落文化引起人们莫大的兴趣和重视，成为旅游热点。卢沟晓月更是著名的“燕京八景”之一。

在中国革命斗争史上，永定河流域人民为中国革命做出重要贡献。1937 年 7 月 7 日“卢沟桥事变”标志着中国人民的抗日战争全面爆发。解放战争时期，平津战役战场就在永定河上下游流域。永定河流域有许多革命纪念地和烈士陵园。如石景山的八宝山革命公墓，卢沟桥头宛平城的中国人民抗日战争纪念馆，门头沟区的邓华、宋时轮支队会师地旧址，八路军第四纵队司令部西斋堂旧址等。

三、休闲旅游产业发展方兴未艾

旅游产业是一个现代化朝阳产业，它在现代服务业中所占的比重越来越高。同时旅游业兼具消费性服务业和生产性服务业的双重属性，成为现代服务业中最为活跃的产业。据估计到 2015 年，中国将成为世界上第一大旅游接待国、第四大旅游客源国和世界上最大的国内旅游市场。专家预测北京今年将接待海外游客 530 万人次，国内游客（不含北京市民在京游）1. 11 亿人次。即除北京市民之外，北京市各大旅游景区每天还将接待海内外游客共计 32 万人次。

2009 年 12 月 1 日，国务院发布《国务院关于加快发展旅游业的意见》，开章明义第一句是“旅游业是战略性产业”，在总体要求中又更进一步明确新时期对中国旅游业的发展的战略定位是“把旅游业培育成为国民经济的战略性支柱产业和人民群众更加满意的现代服务业”。北京市政府在关于全面推进北京市旅游产业发展的意见也提出，发展北京旅游产业是深入贯彻落实科学发展观、建设“人文北京、科技北京、绿色北京”的具体体现，对推进首都产业结构优化升级、转变发展方式、落实首都城市功能定位和建设国际化大都市具有重要意义。

我国经济改革开放三十多年来，人们生活水平大幅提高，旅游产业有了很快发展，但我国旅游业目前尚以观光旅游为主，缺乏休闲旅游产品，这既不适应当今国际旅游市场需求的变化，也跟不上国内旅游发展的新要求。随着个人可支配收入的增加及带薪假日的延长，人们已不满足于在各个旅游点之间长途跋涉、疲于奔命的旅游方式，旅游目的也从传统的开阔眼界，增长见识，向通过旅游使身心得到休息放松、陶冶生活情趣等转变。因此，以休闲为主要目的的旅游成为旅游业中的热点和支柱。2009 年我国人均 GDP 已超过 3300 美元，而北京人均 GDP 更是突破 10000 美元。历史表明：当一个国家或地区人均 GDP 达到 1000 美元时，就会进入休闲消费的急剧扩张期。

据世界旅游组织在全球范围内的调查显示："今后 15 年全球参加社会工作的人们每年将有 50% 以上的时间用于休闲，休闲经济将在旅游产业体系中占据首位，休闲旅游产业将是第三产业中第一重要的产业"。休闲将成为人类社会的重要组成部分，休闲、娱乐活动和休闲旅游业将成为下一个经济大潮。

如上所述，永定河流域拥有丰富的旅游资源，涵括自然旅游资源、人文旅游资源和产业旅游资源。如何把资源优势转变为经济优势，使得西南五区经济社会又好又快发展，成为我们面临的一个急待解决的重要议题。我认为：如果说在传统旅游模式发展过程中，西南五区产业发展滞后于其他区县，那么当前正面临着旅游模式转型的战略机遇期，以休闲产品为主导的新兴旅游业发展各地都处在同一起跑线上，我们应抓住机遇，"后来居上"地赶超目标。

四、建议

（一）提高认识

要促进永定河休闲旅游产业的发展，必须进一步解放思想，提高旅游产业对区域经济和社会发展贡献的战略地位认识。认真落实"把旅游业培育成为国民经济的战略性支柱产业和人民群众更加满意的现代服务业"的方法和措施。结合西南五区的产业结构转型，真正把休闲旅游产业当做一项重大支柱产业来抓。

（二）整体规划

要本着四个结合，即：制定永定河旅游发展规划要与永定河绿色生态治理相结合；与市、区的"十二五"规划制定相结合；与永定河水岸经济带建设相结合；与以首钢搬迁后旧厂区钢铁文化遗址园区打造相结合。由市里出面组织协调各区整体开发，统一完成永定河区域休闲旅游产业发展规划。

以城市休闲产业理念，对永定河流域旅游空间布局进行规划，明确功能定位，把握发展方向，建立项目支撑体系，整体形成永定河流域的五条轴线、六个板块的休闲旅游空间格局（五条轴线，即：休闲生态轴线、自然风光轴线、佛教文化轴线、都市娱乐轴线、红色教育轴线。六个板块，即：餐饮休闲板块、娱乐休闲板块、购物休闲板块、生态休闲板块、湖滨游憩板块和休闲旅游板块）。有关部门着手研究构建永定河流域休闲旅游产业集群可行性，积极探讨切实可行的合作方式和载体；合理配制旅游要素，把五区的几个核心景区拿出来整合及重点建设，设计主题旅游产品或最佳路线，区域内实行景点吃住行旅购娱的一条龙服务，形成五区的产业链。

（三）加强宣传

1. 利用有影响的报刊、杂志、电台、网络以及旅游宣介会，宣传永定河，让世人了解永定河，认识永定河，吸引他们来西南五区休闲旅游。

2. 以政协为平台，组织文史人员成立永定河文化研究会，认真研究开发“永定河文化”内涵，定期召开永定河流域经过的山西、内蒙古、河北，北京和天津地区的政协联会，共同商议永定河流域的治理、开发和建设。

3. 在永定河畔依山傍水的地方，聘请著名导演张艺谋打造集参与性与观赏性于一体的实景演出《印象永定河》，在永定河治理阶段就策划该项目，做适当的道具的预埋，达到事半功倍的效果。做好未来永定河畔旅游景点“夜间演出”的大文章。

4. 打造品牌。围绕前述的“五条轴线”、“六个板块”，集中打造永定河休闲旅游品牌，如西山的红叶节，永定河文化节、石景山佛牙节、重阳登高节、卢沟桥庙会、三家店湿地景观、卢沟晓月景观等。还可借鉴后海等地经验开发永定河两岸，恢复历史景观，如在卢沟桥沿河恢复古代酒肆、商务驿站等。

5. 建立永定河标志性地标——永定长安桥。长安街将西延 6.4 公里，建设永定河跨河大桥，并即将全球招标。图中给出一个上下双层、双向，在永定河套可采用大跨度单孔拱桥或双塔双索式吊桥的设计设想，大桥自

永定长安桥

首钢厂东门起，跨越首钢厂区和永定河河道。其中首层桥下可作为钢铁工业发展史展馆、钢铁博物馆、会所、商业休闲娱乐等场所。大桥上层预留城市轨道交通或者观光旅游城市轻轨电车，大桥下层为公共交通。设观光旅游专用通道和纵向横向桥中桥，设观光旅游游览区。大桥首钢厂区（旱桥部分）可采用新型厂房建筑结构形式。把首钢旧厂区的厂房部分结构用于大桥的部分构件，把首钢弃用的大型工业天车安装在大桥柱顶贯通东西，既可用作大桥常规维护、道路救援，又可用作观光旅游的工业项目。

作者：北京市石景山区政协副主席，九三学社石景山区工委主任

永定河文化的特征及开发利用

史长义　王德恒

一、远古人类的通道和人种的融合，开发的设想及价值

永定河谷是一条远古人类交流的通道。从旅游的角度看，这段“石器之路”的起点似乎不应该从周口店出发。但从文化的角度看，作为主题旅游，从周口店出发是最好的选择。

即便是从周口店出发，重走“石器之路”，也一定要进入永定河谷这条路径。

我们黄色皮肤的人种怎样形成的？专家们给予了明确的答案，就是在这条古人类来来往往的通道中，通过基因的碰撞，杂交，人种的融合，造成了早期的黄色人种，又称为“蒙古利亚”人种，比较确切的说法应该是“东北亚人种”。

中国最早的古人类可以追溯到200万年前。

1996年中国、法国和加拿大科学家利用热电离质谱（TIMS）铀系测年法对周口店遗址堆积的第一、第二两层进行测年，北京猿人的年龄大约在80万年，而第十三层的石器文化就达到了100万年。2005年，利用地质力学方法，通过对猿人洞各层压力的鉴定和计算，也得出周口店13层达到了100万年的数据。

到了这个世纪的2004年，中、美两国科学家合作，确认了11层的北京人年龄是在77——85万年之间。第13文化层接近或者超过了100万年。这篇由中、美两国三位科学家署名的论文发表在世界著名的也是最权威的《自然》杂志上，时间是2009年3月份。这个结果支持了裴文忠、贾兰坡等地质科学家认为北京猿人是从泥河湾迁徙过来的论证。泥河湾和周口店直立人之间的融合交往就是通过永定河谷的通道，舍此没有其他。

后来，还是由这条通道，在大约15—20万年前，周口店直立人又走回了泥河湾一带，变成了许家窑人，许家窑人和门头沟发现的“前桑峪人”的体质特征相差无几，就是说，在永定河畔完成了直立人向智人的转化。

正是永定河的河谷造就了东亚地区古人类的基因碰撞、人种的变异，促进了人科文化的诞生和发展。同样是这条河谷，在地质历史上的最后一个冰川时代——第四纪冰川（又称“玉木冰川”）时代，成为“石器之路”的始发点和重要组成部分。

1996年，在北京王府井发现了“王府井人”，其时代大约底层在2.4万年左右，上层1.2—1.4万年．这和2003年在周口店发现的田园洞人的年代是一致的。令人感兴趣的是，田园洞人是穿鞋的人，是善于走路的人。

有一种理论值得重视，就是认为在周口店的山顶洞人，通过永定河谷到了泥河湾（主要的地点是虎头梁），开创了旧石器晚期智人时代，他们的细石器中，有一种楔形石器，有着很大的相同性，代表性的人类标本是山顶洞人。因为山顶洞出土了代表八个个体人类的遗骨化石，而且有三个完整的头盖骨。这在中国旧石器晚期智人遗址中是出土最多的一次人类身体化石。

1933年，山顶洞人出土，那个在山顶洞底层隆重埋葬的男性老人是蒙古利亚人种，也有接近日本北海道的阿伊努人（虾夷人）的特征。而中年女人类似爱斯基摩人，2号头骨的青年女人是美拉尼西亚人。也就是说，除了泥河湾和周口店通过永定河谷交流碰撞，来自遥远的南方的美拉尼西亚人（现在大洋洲一带）也在这条通道上现身了。

田园洞和山顶洞人在不断追逐猎物的迁徙和遗传中，其中向东北方向的一支，从山顶洞下来，第一站就是到了现在的北京市王府井东方广场。然后到了河北玉田的孟家泉，留下了人类遗骇，然后是虎头梁人、迁安的爪村人，进入辽宁的有建平人、小孤山人，吉林的榆树人，黑龙江顾乡屯人，一直到中国最北部扎莱诺尔人。这一路上，蒙古利亚人的特征越来越明显。这就是说，在永定河谷交流的古人类，走出这条河谷后，在向东北方向迁徙，一直走到了白令海峡，进入美洲的成为印第安的祖先，没有过白令海峡的成为了爱斯基摩人。而这一切的缘起则在永定河谷。

这些看似学术上的研究，有着巨大的文化意义和旅游价值。比如说，至少有两个创意值得重视：

其一，创作一台大型的大约在18000年左右人类形象的歌舞剧，美拉尼西亚人（特征是身材颀长、额头上有人为的凹痕，源自非洲）、虾夷人（人本北海道古代人种，身材柔弱婀娜）和东北亚人（黄色人种，体型接近女真人即后来满族人。）树叶、兽皮、石器、骨质权杖、奔跑的鸵鸟、印度象、猛犸象等等，在最后的冰期的冰天雪地中，忽逢冰川开化，太阳的角度的变化——这一切在科学的基础上，都能获得唯美的效果，使用高科技手段加强画面的直观性和冲击力度，相信会吸引各色人等的观看。同时，这个舞剧也是完全可以从纵横两方面展现永定河谷，横的方面可以全程展示当今的永定河，如果使用3D手段制作，就有了身临其境的感觉了。纵的方面自然是将各个历史时期人种的变化、融合能够展示出来。

其二，通过永定河谷来推进提倡“微观美术”，就是以基因的组成形态、DNA序列、细胞、干细胞在电子显微镜下显现出来的图形为基础，制作成美术作品，一定是洋洋大观。

将古人类的基因、各个民族的基因图谱进行美术处理后，展览，加上现代化的说明注解，不但收到旅游的效益，对于科普乃至科研都有着重要的意义和推广价值。

二、传说时代到燕蓟时代的动人历史，是永定河流域得天独厚的文化资源

黄帝、炎帝和蚩尤在永定河畔的遗迹和故事，文化价值很大，甚至对传说时代的历史要重新改写。

最新的考古成果和研究成果表明，黄帝这个族群是红山文化的产物。黄帝族群的代表性图腾龙、凤、熊、罴、云都在红山文化里找到了实物。这个诞生在辽河以畜牧为主的族群成长到付息氏族时期，开始西进，和东进的以玫瑰花为代表的炎帝族群相遇，通过在永定河不远的进行的阪泉大战，最终合为一个大的族群。

黄帝氏族的都城就设立在永定河畔的涿鹿。和炎黄同时期的著名部族还有蚩尤族。这个部族是个很发达的部族，最早炼制了铜器，甚至会制作铠甲。他对炎黄两族造成了威胁，于是两族合作击败了他。他的一部分南下，成为现在南方少数民族的始祖，一部分留下来，成为华夏民族的

共祖。

这段传说时代最有代表性的传说，往往和地下出土文物能够相互印证，是有文章可作的。

对于永定河文化中民族融合的最重大的事情之一，就是燕蓟合一，使得北京开始进入信史时代。在永定河两岸，包括大石河、拒马河和京城北部，有一个古老的燕地土著文化，形成了一个以燕子（玄鸟）为图腾的酋邦制国家。大约在商朝中期，他们臣服于了商朝，派本族一个聪明能干主事的女子“嫁给”商王。同时跟从的还有一个贞人和一百个工匠。这个嫁给商王的女子，称为“妇燕”。他们在商都有自己的独立的宫殿，商王每当有重大事情的时候，“妇燕”和其他各个“妇元”、“妇好”许许多多“妇”们共同商议，这些“妇”们实际上就是各个邦国的代表，起着贵族议会议员的作用。议长就是商王，特别是征伐、祭祀等大事，都是由议会决定的。

周武王克殷反商，妇燕、燕贞人、一百工匠均没有屈服，被周武王全部杀死。这也是著名的燕文化最初形成的标志。后来燕地被分封给周朝第二号大臣周召公，周召公带着自己的儿子和部分军队，还有商朝的部分降人来到燕地接受燕地的政权，这样，在燕都就有了三种民族三种文化，一个是燕地土著文化，一个是西来的周朝文化，还有就是殷商文化。在发展过程中，周召公代表中央朝廷，周的文化越来越兴旺，三种文化不断呈现出以周文化为主逐步融合的趋势。

就在召公前往就国的时候，蓟城被周武王封给了这里的土著“黄帝之后”。

燕国发展的越来越强大，同时，大石河经常泛滥，对燕都不断造成威胁，燕国就东向发展，进入永定河流域，跨过永定河，吞并了蓟国，建立了新的都城“燕上都”。这就是“蓟微燕盛”的真实的历史，是大石河文化和永定河文化的合流。也是起码四个不同民族（部族）的融合过程。从此开始，以蓟城为中心的燕文化开始形成，成为中国境内重要的地域文化，其影响一直到现在。

研究永定河两岸的不同文化，以此为突破口，展示远古民族风情，和石器时代接续起来，是一个可以考虑的文物展示和旅游开发的途径。

这里重点是将学术问题普及化，娱乐化，进行艺术升华。使大众喜闻乐见。这是一个艰苦的劳动，因此，要从政策上给予支持。如果，能将黄帝开始到“燕并蓟”的历史栩栩如生地表达出来，吸引大众，在引起阅读兴趣的基础上，能给旅游景区带来人流，如此，便完成了知识转化为生产力的过程。

为此，可以拟出几个乃至十几个题目或者创作范围，有组织的进行创作，以通行的“公共历史读物”和通俗小说的方式先写作出来，然后，以招标的形式确定写手。利用如今发达的网络传播，边写作，边评判，边修改，最后确定出版数量，奖励标准，再进一步研究向其他艺术形式的转化，戏剧、影视、动画都可以考虑。也考虑利用高科技手段复原展示历史场景，使游人可以参与性旅游。都是可以在实际操作过程中考虑的。

三、唐代“城傍”验证了永定河流域是民族融合的熔炉

战国以降，永定河地区一直为燕国封号，在民族融合方面同样的没有间断。匈奴对汉高祖在永定河畔进行的“白登之围”，应该是后来汉匈和亲的起因。汉代在永定河地区的燕王、广阳王之封都是为了对付匈奴。截止东汉末期，永定河一带匈奴、乌桓、鲜卑等民族已经进入了。出生在永定河畔广阳城的闫柔就是联络乌桓鲜卑的重要使者和统领者。对于击败残暴的军阀公孙瓒、曹操扫平袁绍北上平定乌桓做出了重要贡献。

东晋永和五年（349 年），后赵主石虎死，后赵大乱，诸子争位，互相残杀。借着中原大乱之际，鲜卑慕容氏建立的前燕的第二代皇帝慕容儁发兵 20 万攻入蓟城（今北京城西南），进入了永定河流域，两年后在此即皇帝位，以蓟城为国都。这是以皇帝身份定都北京的开始。这是北京第一次称为“帝都”，以前蓟城虽然也是燕国的都城，但那是“王都”。

此时，永定河流域的民族融合进程应该是很快的，我们从慕容垂的军队构成中可以看出，鲜卑等少数民族和汉族几乎完全在一起行军打仗，而且有儿女通婚的记载。对于这种情况，号称大魏皇帝的冉闵想夺取蓟城占领永定河地区但没有成功。但颁他发了“杀胡令”，几乎将永定河流域的羯羌和匈奴这两个民族杀光。但是，他还是被前燕骑兵擒获。送至龙城，斩于遏陉山。

应该说，冉闵丧国身死是和他排斥杀戮其他民族有着直接关系的。关于此时在永定河地区究竟怎样进行的民族杀戮和融合，由于史料缺乏，今

天已经很难弄清楚了。所以，关于永定河地区的古代的民族融合到了唐代，才成为有组织有计划地进行。

唐初开始出现的“城傍”制度

“城傍”是一种兵牧合一的制度。从唐高祖时开始，这种制度开始衍生，一直到“安史之乱”结束，一直是当时重要的边防和民族融合的制度。

这种制度萌发于柳城（今辽宁朝阳），大炽于幽州，使得当时以永定河地区为中心的地区，成为了民族融合的熔炉。

所谓“城傍”，就是唐朝廷将边境的少数民族迁到内地（“内徙蕃族”）置于军镇城旁，保持其部落组织，“轻税之，战时发其自备鞍马从行。”

城傍不但是大唐帝国赫赫武功的重要创造者，而且对唐后期历史及军事均有很大影响。

永定河畔的幽州是当时最重要的军镇，所以城傍的设置也最多。安禄山虽然担任了三镇节度使，他统领的部队主要是“城傍”。

广阳城城傍的形成

永定河上下680公里，分布着许多军镇，也有着众多的城傍。根据专家研究和考古成果，位于永定河畔的广阳城及其周围地区是唐代城傍的集中区，也是民族融合众多熔炉中非常重要的一个。检诸《两唐书》可知，唐政府曾先后在广阳城设立归义州：

其一是在高宗总章（668—670年）年间设立，用于安置新罗降户。《旧唐书》卷三十九《地理二》：“归义州，总章中置，处海外新罗，隶幽州都督。旧领县一，归义，在良乡县之古广阳城，州所治也。”

这里明确指出，新罗降户组成的归义州的州所就在良乡古广阳城。

《新唐书》卷四十三《地理七》“奚州九府一”条：“归义州归德郡总章中以新罗户置，侨治良乡之广阳城。县一：归义。后废。开元中，信安王祎降契丹（当为“奚”）李诗部落五千帐，以其众复置。”

这里说的是，安置新罗的侨乡归义州后来废掉了，李诗率领的5000帐奚人和契丹人来到了这里，重新又设立了归义州。

《北京房山县考古调查简报》（见《考古》1963年第3期），上个世纪60年代对广阳城进行调查，广阳城还残存着数百米的城墙，城墙附近和墙体内发现了东周至汉代的陶片，虽然未见唐代遗物，但是城墙本身经历了有3000年左右。

这充分说明，历史上影响重大的广阳城就是如今位于房山长阳的广阳村。

广阳成为重要的城傍的原因

西汉时期，燕王刘旦谋反事泄自杀后，其子刘建被贬为庶人，在刚阳耕种，后来刘建被封为广阳王，在战国遗存的基础上建筑了新的广阳城。从此这里作为广阳城始终存在。隋炀帝大举伐辽，一次出兵50万，队列从范阳（今涿州）跨越永定河，一直排到幽州城内。如此大的军事行动一定要有后勤保障基地，这个基地就设置在了广阳城。唐太宗征高丽，利用了广阳这个地方和兵器库，建立了一支骑射部队。

贞观十九年元月开始，为了征伐高丽，唐太宗整整在广阳住了五个月。

显庆四年（公元659年），薛仁贵领高宗旨意，与梁建方、契苾何力一道，先到广阳训练卒马，接受了张世贵的神武骑弩军，开拔至辽西，与高丽军队激战于横山（今辽宁辽阳附近华表山）。

显庆五年（公元660年），新罗向大唐乞援，它在高句丽和百济的夹攻之下，已经岌岌可危。这时左武卫大将军苏定方正好平定了西北的西突厥，返回朝廷。

公元657年，苏定方成为高丽道行军总管，此时的广阳神努军为1500人。

唐高宗任命苏定方为熊津道大总管，总共调配了水陆大军十万余人，自己从广阳率领骑兵直扑百济。并且灭亡了它，将它分成六个州，并入了大唐的版图。

高宗嘉奖苏定方的功绩，赏赐珍宝无数，因为几次胜利，都是从广阳开始的，高宗下诏赠苏定方为“幽州都督”，死后谥号为“庄”。

此后，老将刘仁轨接替了苏定方，他领导了迎击倭寇的战斗。

大唐削平了新罗的两大宿敌，占领了朝鲜半岛四分之三的土地。

新罗由此感到了唐朝的强盛和仁义，他们派出了各种人士组成了留学生团队，同时派出工匠到中国效力。第一批五百余人先定居在良乡县广阳城。经唐高宗批准，将广阳城升格为州治，安排这些新罗人，称为“新罗州”。

这些新罗工匠带来了煤矿开采的新技术，新工具——十字尖镐。广阳成为制造这种工具的基地。新罗人侨居广阳，广阳升格为州治，是外国人群体侨居中国的开始。在世界历史上也占有十分重要的地位。经过将近三十年，新罗人几乎都在当地结婚生子，基本同化了。

这是永定河畔广阳在唐代早期的一次重要的民族融合。

北京历史上影响最大的一次民族融合

唐玄宗开元二十年（732 年）信安王李祎率军讨伐号称“两蕃”的奚和契丹。他们的居住地主要在希拉木伦河和老哈河之间，唐朝在这里设立了饶乐都督府，并封奚人首领和契丹首领为王。但是，他们依违在唐朝和突厥之间，经常进入内地骚扰，给唐朝的边境造成了极大的威胁。由于唐军的打击和怀柔政策并行，奚族的最高首领李诗愿意接受中央朝廷条件，内附归唐。

玄宗下令，封李诗为归义王，继续担任饶乐府都督，将 5000 帐奚人和契丹人都安顿在广阳城，编为城傍。

《新唐书》卷六十六《方镇三》：天宝元年（742 年）“更幽州节度使为范阳节度使”，因此，《李宝臣列传》中的范阳和范阳城应指的就是幽州。

李诗获得了少数民族当时的最高地位，和他同时归附的首领琐高拜为鸿胪寺卿，城傍总管，略低李诗一等。但此人长于交际，李诗年龄已大，因此他成为活跃人物。他首先范阳节度使张守珪为义父，先他的安禄山也拜了张守珪为义父，两人遂成手足。

琐高从此称为张琐高。张琐高的养子 14 岁，名字为张忠志，此人深得安禄山喜欢。李诗的大儿子李延宠留守在原来的希拉木伦河一带。二儿子李献诚也被封官赐爵。对这个人，安禄山更加喜欢，并将自己的女儿嫁给了他。李诗有王爵，有开府的都督衔，并且城傍需要土地放牧耕田，所以将原来归义州的边境扩大到了今天的涿州一带，将饶乐都督府设立在了大房山，就是今天的房山镇饶乐府村。不但府邸设立在房山，家族墓地也在房山。

1993 年，在房山区第一医院发掘了一座唐代砖室墓。该墓早年被盗，男主人墓志仅存志盖，上书“李府君墓志”，据考，李府君就是李诗，可惜墓志遗失。女主人墓志则被完整地保存了下来。由此墓志我们知道，作过饶乐都督的李诗是奚族阿会部人；《两唐书·王武俊列传》王武俊是怒皆部人，其父路俱跟随李诗“南河袭冠带，有诏褒美”，琐高是上述两个部落之外的某个部落的首领。

《新唐书》卷二百一十九《契丹传》：“李诗死，子延宠嗣，与契丹又叛，为幽州张守珪所困。延宠降，复拜饶乐都督、怀信王，以宗室出女杨为宜芳公主妻之。延宠杀公主复叛，诏立它酋婆固为昭信王、饶乐都督”。“复拜饶乐都督”表明李延宠先已代其父成为奚族领地内的首脑，降后唐政府只是对其饶乐都督的合法性予以确认。根据有些史料的记载，李延宠娶宗师宜芳公主，就是在广阳城举行的大礼。

李献诚表示效忠唐王朝，继承了父亲的爵位和职务，其中有代表性的是后来名为李宝臣的人，他先跟从养父张忠志，后来拜安禄山为义父，改名安忠志。被安禄山推荐到京都长安，充任唐玄宗的侍卫，被赐名李宝臣。安禄山叛乱时，他秘密从京师逃回，成为叛军的四大先锋之一，攻取并扼守井陉。他娶了大约十几位夫人，大多是汉族人，在广阳城形成了一个很大的家族，后来这个家族迁到石家庄一带，是个典型的民族融合而形成的家族。

至于李献诚是将家安排在饶乐府所在地房山的，他娶了安禄山的女儿，也有很多姬妾。估计后代也不会少了。安禄山在预谋叛乱的时候，不但重视汉人，而且特别主张和胡汉通婚，“安史之乱”的组成人员并不像有些人说的那样主要是胡人组成的军队，大多数还是汉人。

在史书中被称为安禄山、史思明“腹心”、“宾佐”和“心手”的最核心人物都是汉人。当时，通婚是民族融合的主要途径，这些通婚安家大多是在范阳即今天的北京南城一带进行的，换句话说，就是在永定河畔进行的。

按照当时的历史情况，尽管永定河畔一带是城傍之地，但是，农业人口还是占主导地位的。如果不能安抚这部分汉人，安禄山后院不稳，他是不敢起兵造反的。安禄山起兵后，令贾循留守范阳。贾循是地道的汉人，委派在广阳城的将领也是汉人。除了在广阳城一带，以汉化为特征的民族融合一直在加速进行。这种汉化并不是安禄山等胡人推动的，朝廷多次颁旨，城傍二代就入军籍，成为朝廷直接管理的军队，并且互相调防。表面上的军事行为，本质上的民族融合。后来决定安史之乱成败的恰是汉人。

因此，永定河畔的民族融合是以汉化为主进行的，安史之乱也不是少数民族的动乱。究其原因，恰是因为唐玄宗时朝廷政治腐败，造成汉人文士的不满，利用了安禄山，实现了推翻玄宗的目的。当安禄山不能按照他们的意思进行帝国改革的时候，他们又毫不手软地杀掉了他。“安史之乱”的结果没有像西晋的“八王之乱”后，导致南北对峙的“胡汉矛盾”，民族矛盾，而是演化成为藩镇割据，这证明了以永定河流域为主的民族融合是成功的。

四、辽金元在永定河流域建立了以民族融合为特征的全国性都城

辽南京的建立和永定河有着密切的关系，永定河是辽南京主要的水系之一。经过唐代的藩镇割据、五代时期的拼杀，已经是混血民族的永定河畔的居民形成了许多大姓，都以汉文化的继承人自居。其中尤以韩姓为著。

韩姓家族多有娶契丹耶律氏和萧氏族女子为妻的。因为契丹只有耶律和萧两大姓，耶律皇族和后族萧氏中的女子和韩姓通婚，是民族融合的唯一途径。所以，在契丹历史上，韩姓就称为了第三大姓。

金代辽，北京段永定河畔发生的变化无疑是最显著的。可以写出许多研究性质或者公共历史读物乃至小说来。但仅就民族融合来说，也是值得一书的。完颜亮迁都北京，几乎同时就向永定河畔迁来了许多猛安谋克，而且下令他们和当地汉人通婚，将女真这一曾经以畜牧为主的民族改造成为了农业民族。女真金国和辽国不同，辽国为了国内平静，采取了南北分治、南北面官的制度。女真则完全实行汉化，走的是唐宋的老路，所以，很短时间内就完成了汉化过程。到了第五代金世宗时期，会女真语言的人已经很少了，更谈不上女真风俗。女真和汉人通婚加快了这一进程。

研读这一段历史，最有价值莫过于金朝完颜亮迁都北京，其中有的故事和永定河紧密联系在一起，是造成迁都的重要原因。迁都和移民导致的民族融合，使永定河畔的人口状况发生了重要变化，正是为此，才使北京成为名副其实的全国都城。

1140 年，18 岁的完颜亮赶赴河南前线参加作战，被授予行军万户、龙虎卫上将军（等于现在的师长）。并从关于此次的战事描写和跟从完颜亮的人物来看，此时的完颜亮应该是在郾城。而且有战胜岳飞的记录。

例如，《金史》卷六六《宗秀传》："宗弼复取河南，宗秀与海陵俱赴军前任使。宋将岳飞军于亳、宿之间，宗秀率步骑三千扼其冲要，遂与诸军逆击败之。"按当时，宗秀是受完颜亮指挥约束的，所谓"诸军"应该是完颜亮统领的部队，由于宗秀扼守了要冲，完颜亮率领诸军迎头打败了岳飞的军队（逆击败之）。

推测完颜亮见过岳家军，甚至见过岳飞本人。有些专家认为，岳飞、韩世忠也曾经在北宋伐北辽时到过永定河。据考，完颜亮那首著名的题壁诗《题壁抒怀》就应该是这次他从河南战场回到北京时的产物。

蛟龙潜匿隐沧波，且与虾蟆作混合。等待一朝头角就，撼摇霹雳震山河。

年仅 19 岁的完颜亮此时就有如此抱负，展现出如此的才华，是令人钦佩的。

这个时期里，主掌燕京地区的先后有完颜宗望、完颜宗翰（粘罕）、完颜宗弼（金兀术），都悉心的经营了永定河。时隔九年后，完颜亮带领几个亲信摸进上京宫廷，杀了当时的皇帝金熙宗完颜亶，自己当上了皇帝，改变了完颜亶的弊政，颁布了七条改革措施，金朝国力大盛，这时他下决心将都城从上京前往燕京。

1151 年，完颜亮派丞相张浩主持燕京城的修建，1153 年，将都城迁到了燕京。1155 年，将祖先的陵墓迁到了燕京西郊大房山下，就是现在金陵。1124 年，金军攻破燕京的时候，曾经将燕京的大部居民迁往上京，今天的哈尔滨阿城。1127 年，金军收复燕京，永定河畔还是处于地阔人稀的状态。完颜亮迁都之后不久，便把大量的女真"猛安谋克"迁到了永定河一带，将燕京城遭的土地分给了他们，他们大多不事耕种，而是将土地租给汉人，可观造成了女真人和汉人的杂居，为民族融合创造了条件。完颜亮做得更加彻底，鼓励汉人和女真人通婚，凡通婚者奖赏土地、农具、甚至耕牛，所以，民族融合的步伐迅速加快。这个政策在金世宗时期依然得到延续。

所以，女真和汉人的民族融合在此时的永定河就是一场划时代事件。这个过程中留下了许多历史故事，有的具有相当的传奇性。因此，对于这段民族融合的历史，应该加以研究、发掘，并付之于文学创作，将丰富的内容表达出来，使之和旅游开发结合起来，变成现实生产力。

五、永定河文化研究利用的几条具体建议

世界上对水文化的研究，“水畔人家”占主导地位。而我国受前苏联的影响，更多的是注重水利文化。

在水的变动和治理中，寻求人对水的影响，具有很强的功利色彩。能否在二者之间寻求结合部，是最近几年探求者的课题。《河殇》是水畔人家思维的产物，《话说长江》、《话说黄河》等则有功利思维的特征，《话说辽河》则是两者结合的成功案例。

对永定河的研究，就应该遵循将水文化和水畔人家结合起来的思路，阐述一条河流的种种可能。无疑，这条河流承载的民族融合是其中最重要的内容。因此，正在酝酿的永定河博物馆是否考虑开放式、长廊式结构，突破以往所有长廊的长度，不是做成一段，而是做成无数段，沿着永定河岸分段展开。“苏式彩画”虽然不能放弃，但将各种高科技手段利用起来，将参与性的旅游项目和博物馆内容结合起来。水岸经济和水岸文化相辅相成，造成实在的文化经济的格局。

目前，永定河两岸的游乐项目只有高尔夫球场，单调沉闷，享受的是少数人。如果将永定河两岸每隔一段就是一个文化长廊，充分展示永定河流淌的“历史长河”，使北京市市民到这里休闲度假、采摘饮食，选择各个具有民族特色的环境，在度假的同时增长知识，感受不同时期的文化和风俗，按照四季的特点设计，一定会收到很好的文化和经济效益。

在这次调研中，了解到有的作者正在撰写和永定河相关的各类作品。一类是利用畅销书的手法进行写作的“公共历史读物”，代表性作品是《明朝那些事》，在读者中很受欢迎，势头正硬。一类是文学作品。以永定河为背景进行创作，展现历史，塑造人物，可以成为名篇力作，甚至可以改编成影视剧。作为政府组织，对以上的作品应该给予支持。而且从和有的作者接触来看，既不需要资金，也不需要机构，只需要政府宣传文化部门、文教卫部门、工青妇部门发动网上跟踪阅读，点击留言，引发热议。这是吸引外界了解永定河，投资文化经济，促进地区发展很好的支点。

作者：史长义　北京市房山区政协委员，房山区文联主席

王德恒　房山区作协副主席

永定河综合治理与开发利用初探

政协河北省固安县委员会

固安县地处华北平原北部，京津保腹地，隔永定河与北京相望，是距离北京零距离县之一。106 国道、大广高速、京九铁路纵穿南北，廊涿高速横贯东西，县域内地热温泉、矿泉水、花木、林果资源丰富，区位、交通条件得天独厚。

孕育了京畿文化的永定河位于固安县北部，县境内河道全长 22 公里。作为四大险河之一，自 20 世纪 70 年代以来，我们一直强调其防洪、泄洪功能，而忽视了其生态涵养和城市景观的作用，使永定河及沿岸的生态环境逐步恶化，堤防老化的树木、干涸河道、滩地裸露等随处可见。年初，北京市提出了《促进城市南部地区加快发展计划》，明确提出恢复永定河生态系统，建设永定河水岸经济带。固安县紧紧抓住这个机遇，本着对接北京，服务首都，发展本地产业，在充分利用和改造现有资源，谋划建设永定河生态走廊，改善地区水环境，着力打造京南“卫星城”工作中进行了有益的探索。

一、永定河固安段的现状

固安县辖永定河右堤 22 公里，其中险工 13.35 公里，占堤防长度的 60.9%。建国以来，在党和政府的关怀领导及主管部门的支持帮助下，对永定河进行了一系列的治理。特别是 1991 年至今，依据 2500 立方米/秒的行洪标准，国家投巨资对永定河右堤固安段实施全面的大规模综合治理，通过修建浆砌石护坡、实施大面积植树造林等工程，保护了堤防，提高堤防抗御洪水的能力，但整个防洪工程体系仍不完善。

在永定河的绿化改造上，近十年来，国家未有资金投入，缺乏有效管理，导致永定河固安段河道生态环境恶化，堤防、河道植被覆盖率极低，城区段河床土壤沙化、盗挖河沙现象严重。由于长期无水，国家缺少防洪工程建设的资金投入，加之永定河南、北的经济差异，造成两岸的基础设施、堤防管理、生物防护等相差悬殊，右堤存在着先天不足、后天失调、老化失修的严重问题。

二、永定河综合治理与开发利用的必要性

永定河虽然是北京的“母亲河”，但是多年来无水干涸、河底大部分裸露，两岸沙丘缓坡、二坡地、低平地、槽形洼地、沙漫滩等地貌交错分布。受春冬季风影响，风沙肆虐，是华北沙尘天气的成因之一。恶劣的生态环境在一定程度上制约了永定河沿岸经济发展，成为建设“人文北京、科技北京、绿色北京”和经济、社会、生态全面协调可持续发展的世界城市及固安建设宜居宜业的京南“卫星城”的不利因素，有悖于科学发展观的要求，永定河综合治理与开发利用势在必行。

首都经济的快速发展，也带动了周边区、市、县的发展，作为首都“南大门”的固安，京南“卫星城”的发展定位愈加明显。随着北京市民消费层次和消费需求的不断提高，休闲、娱乐、健身、体验等形式的消费越来越受首都市民所青睐。永定河下游属于冲积平原，沙荒地和林果资源丰富，具备了提供北京市民消费需求的条件，也是永定河综合治理与开发利用的有利因素。以固安为例，冲积平原地貌特征明显，所辖永定河右堤段，涉及固安开发区、宫村镇、知子营乡上万亩沙荒地和近千亩的果园，开发利用价值凸显，发展前景可观。固安借助得天独厚的地理、资源、人文的优势，可建设乡村酒店、观光采摘园、高尔夫球场等河岸经济区，打造永定河休闲经济生态走廊，使永定河在开发利用中得到有效的治理，从而促进区域经济的科学发展。

三、治理与开发利用统筹兼顾，实现水岸经济科学发展

科学发展观基本要求是全面协调可持续，根本方法是统筹兼顾。因此，在永定河的开发利用上，要做到统筹治理与开发利用“两手抓”，把治理与开发有机地统一起来。通过发挥政府的主导作用，积极创造条件，运用市场机制，促进永定河水岸经济的科学发展。

（一）加强永定河固安段的综合治理

永定河有史以来多决口、多改道、多泥沙，右堤固安段是沙堤“悬河”，河底高出固安县城6米左右。“悬河”以下泛区380平方公里，涉及固安县、永清县、安次区9个乡镇、189个村、13万人。如今，永定河已建防洪工程虽然对提高防洪救援能力起到了重要作用，但与实际要求还相差很远。由于四十多年没来水，这些工程还未经受大的洪水考验。因此两岸要进一步做好永定河基础设施建设，防患于未然。固安将争取上级专项资金，积极配合北岸绿色生态带建设，努力发挥北京“卫星城”作用，与北京协调配合，共同构筑防洪水建家园、建走廊促发展的坚固防线。

（二）科学地开发与利用

在永定河的开发利用上，固安县将按照京南“卫星城”的发展定位，依托发展现代休闲、娱乐、旅游、体验产业为核心的现代服务项目，建设首都市民休闲娱乐、健身康体的“后花园”。一是依托县域内丰富的温泉资源，建设高标准的休闲、养生、观光、旅游产业。二是结合北京新机场即将选址建设，超前谋划发展临空经济区，打造现代空港服务产业聚集区。三是把绿色经济带建设与沿岸村庄的社会主义新农村建设相结合，发展乡村酒店、观光采摘园等农业特色经济，构建乡村体验旅游区。四是以固安工业区为平台，聚集发展电子信息产业和新能源产业，全力建设永定河电子信息产业带，做强县域经济发展的增长极。

四、加强两岸合作，统一治理与开发规划，实现发展共赢

永定河是北京地区最大河流，海河五大支流之一。永定河流域多暴雨、洪水，春旱严重。上游黄土高原森林覆盖率低，水土流失严重，生态环境极为脆弱。因此，永定河的治理与开发不能单纯地进行区域治理，或按所辖段进行规划开发。单方面或区域性开发，对于永定河流域生态环境的影响不容乐观。

（一）统一规划，统筹推进

永定河流经山西、内蒙古、河北、北京、天津五省市，在北京河段流经房山、门头沟、石景山、丰台、大兴五区。永定河科学的治理与开发利用是一个系统工程，不是一个市县区单独能完成的，不能单打独斗，需要

流域各市县区共同制定统一规划，统筹推进永定河的治理和开发建设，实现相关产业的错位发展。正是基于此，固安县积极参与到首都西南五区经济发展论坛，成为其中一员，目的是打破行政区域的划分，在永定河的治理与开发利用上谋求统一规划，制定统一的永定河治理标准，评价标准，治理开发的目标与任务等，共同推进永定河的治理和开发利用，促进永定河经济绿色经济带的健康发展。

（二）加大政府投入力度

永定河沿岸各市县区政府部门应将永定河经济绿色经济带建设纳入政府重点工作，组织精干力量，加大投入力度，积极与北京沟通。固安将进一步谋划对接北京芦求路和北京南中轴线的两条进京通道，以畅通工程带动永定河绿色经济产业带建设，把首都的护城河，打造成为京冀合作，共赢发展的新亮点。

（三）广泛吸收社会资金

永定河治理和开发利用是一项庞大的系统工程，资金投入大，政府在积极争取国家投资的基础上，要充分发挥主导作用，发挥市场引导治理开发资源的作用，利用竞争机制和激励机制，吸引企业参与，从而推进永定河沿岸经济的治理开发。

（四）以水养绿，促两岸经济共同发展

永定河生态环境退化的根本原因是缺乏生态用水。要建设永定河绿色生态走廊，需以水养绿。波光粼粼、碧水映天的优美景色，不仅可以提升城市的整体形象，而且可以减少两岸绿化的后期管理费用。建议：两岸共同投资在永定河河道中央修建“河内河”，作为蓄水区，并进行减渗处理和绿化，对于“内河”河堤与原有永定河河堤之间的河道作为涵养区，吸收自然降水，补充地下水。“内河”水源，一方面由永定河上游放水；另一方面，沿河建设多家污水处理厂，对工业和生活污水进行无公害、净化处理后，排入永定河“内河”。通过补水、绿化，来有效改善永定河水系的生态环境，促进两岸经济的科学可持续发展。

首都西南区域经济发展方式转变与产业结构调整篇

北京城市郊区绿色生态旅游产业发展问题研究
——发展都市生态观光和休闲旅游农业与沟域经济建设的调研与建议

赵阿兴

关键词： 挖掘区位优势　转变发展方式　注重风险防范　立足科学发展　发挥政府主导　促进农民增收　带动周边产业　壮大区域经济

一、都市生态观光和休闲旅游农业的发展态势与症结

（一）都市生态观光和休闲旅游农业的现状与态势调研

发展都市生态观光和休闲旅游农业是发展现代农业、建设社会主义新农村、培养新型农民的一种有效的探索。2007 年中共中央一号文件对发展都市生态观光和休闲旅游农业在促进现代农业建设所应有的地位和作用给予了充分的肯定，指出："农业不仅具有食品保障功能，而且具有原料供给、就业增收、生态保护、观光休闲、文化传承等功能。建设现代农业，必须注重开发农业的多种功能，向农业的广度和深度进军，促进农业结构不断优化升级。"

都市生态观光和休闲旅游农业是指在城郊和农村范围内，利用农业和农村自然的生态环境、田园景观、农业生产与经营、农业设施、农耕文化、农家生活等旅游资源，通过科学规划和开发设计，为游客提供观光、休闲、度假、体验、娱乐、健身等多项需求的旅游经营活动。

都市生态观光和休闲旅游农业具有生产和观光的双重属性。其将农事活动、自然风光、科技示范、休闲娱乐、环境保护等融为一体，实现了生态、生产、生活三项功能的有机结合，以及第一产业与第三产业的优势互补。在提升第一产业的层次与效益的同时，丰富了第三产业的内涵与外

延，实现了生态效益、经济效益、社会效益的三统一。

都市生态观光和休闲旅游农业的雏形起源于上世纪 30 年代农业观光园。西方国家一些富裕有闲阶层人士因为厌倦了城里喧闹的都市生活，周末开始到城市郊区的农村进行一些生产和生活的活动。20 世纪 70 年代在日本、美国、新加坡和我国台湾等经济较为发达国家和地区形成产业规模。

都市生态观光和休闲旅游农业自 20 世纪 80 年代开始在我国应运而生。北京郊区生态观光和休闲旅游农业的发展历经了萌芽自发、政府引导和规范管理三个时期。20 世纪 80 年代后期，在昌平县十三陵旅游区出现了向游人开放的观光桃园，游客购票入园后可自行采摘、品尝鲜桃，在游览结束时，桃园会赠送游客一袋自己采摘的桃子，这种观光形式深受游客欢迎。1988 年，大兴县举办了第一届“西瓜节”，开展了“瓜乡一日游”，通过选瓜、品瓜、评瓜活动，为游客提供了参与性活动，在吸引游客的同时，瓜农也因此获得了可观的经济收入。由于利益驱动，其他类型的果园也相继对外开放，观光果品涉及梨、苹果、李子、杏、红果、板栗、樱桃等多个品种。2004 年初成立了全国首家“北京观光休闲农业行业协会”，制定了市级观光农业示范园的标准，建立了“北京乡村旅游网”。截止到 2009 年底，全市农业观光园达到 1332 个，其中市级观光农业示范园 95 个；市级民俗旅游村 167 个；市级民俗旅游接待户 9089 户；年接待游客超过 2000 万人次。

发展都市生态观光和休闲旅游农业已成为一种世界性的潮流，在一些发达国家，观光农业主要有两种形式：一种称作市民农园，农家将部分土地出租给城市居民业余耕作，市民可以自己动手，种菜、施肥、浇水，进行农田管理，还可拿自己收获的农产品参加各种展评活动；另一种称作农业公园，市民只要买一张门票，就可以自由自在地在公园里观光，看看碧绿的蔬菜，闻闻芳香的鲜花，采摘鲜嫩的水果，临走时，还可以得到一袋自己采摘的新鲜农产品。目前北京城市周边地区的都市生态观光和休闲旅游农业多仿造后一种模式，多以各种各样的“采摘园”、“农家乐”、“民俗游”命名。

实践证明，都市生态观光和休闲旅游农业不仅在引领现代农业发展、拓展农业功能、转变农业增长方式、增加农民收入以及促进新农村建设等方面发挥了越来越重要的作用；而且其以休闲观光为主要形式的生活功能和保护都市环境为重要目标的生态功能等多功能性越来越得到充分的体现。发展都市生态观光和休闲旅游农业不仅有利于农业和非农产业系统整合，促进工农协调和城乡经济社会均衡发展；而且对于提升和继承传统文化、提高和普及公众素质，促进人与自然和谐发展，构建和谐社会都具有重大意义。

（二）都市生态观光和休闲旅游农业的问题与症结分析

随着经济的发展、人们生活水平的快速提高，消费者对农业、农产品的需求发生了变化。消费需求多样化、个性化，为发展现代都市生态观光和休闲旅游农业提供广阔的市场前景。各式各样的“采摘节”所反映出的农业价值在满足人们“胃”的需求的同时，满足人们“心”、“肺”、“眼”、“脑”、“身”的需求。曾几何时，以品尝农家饭、入住农家院等为主要活动内容的农家乐；以蔬菜和果品的品尝和采摘为主要活动内容的观光采摘园；以垂钓和烹饪为主要活动内容的休闲垂钓园，甚至由地区政府组织开发的特色文化民俗村，成为许多现代城市郊区发展特色农业生产，转变经济发展方式的一个重要方向。尤其是在由各地政府组织的名目繁多的“采摘节”期间，甚至曾经出现过事先需要排队预约，届时如赶集般摩肩接踵、络绎不绝的壮观景况。

北京的都市生态观光和休闲旅游农业发展位于全国前列。有调查显示，北京城区数百万城市人口中，每年有三分之二的人要到郊区观光旅游、放松心身。也正是这个数字预示了北京发展都市生态观光和休闲旅游农业的巨大潜力。

都市生态观光和休闲旅游农业的快速发展也出现了一些急需改变的状况和需要应对的问题。通过对北京周边地区的调查研究总结，笔者认为存在以下的问题：

1. 投资差异巨大。近10年来，北京的都市生态观光和休闲旅游农业发展迅速，相关企业数量增长很快，但企业投资规模差异也很大。连吃带住包玩的观光园目前在北京并不占多数，更多的是那类在门口挂个“欢迎采摘”的牌子就以“观光园”名义对外营业的果园、采摘棚。总的来说，观光园投资规模要大于民俗村，累计投资额达千万以上的大多是观光园。观光园的项目建设不仅仅在用地审批、建设周期等诸多方面受到制约，还不得不考虑有效经营期间的市场竞争因素，过大的投资规模注定了投资回报期的延长。

2. 季节特征突出。都市生态观光和休闲旅游农业有明显的季节性特征。5 月到 11 月这六个月是旅游观光和休闲采摘的旺季。不同类型的旅游观光和休闲采摘受季节性影响的程度也不同。譬如：观光采摘园的经营季节性特征更为突出一些，因此需要提前预约的比例较大。多数民俗村的民俗户间会实行客源共享，在旺季，当客源过多时彼此间临时调配，因此需要提前预约的比例非常小。

3. 产品简单同质。北京休闲观光农业的基础产品和服务还不够充分和完善。已开发的参与性活动存在内容单一、产品同质和性价比低的不足和缺憾。大部分休闲观光提供的主要就是农产品采摘和一些普通的文化体育项目。参与性强、受到旅游者广泛欢迎的户外项目和体验式的农事活动还不够普及，尤其是能够吸引游客长期参与的项目还有很大的发展空间。

不少游客反映：现在去郊区休闲观光，大家联想到的无非就是蔬菜和果品的采摘、品尝农家饭、住农家院等活动，第一次新鲜，第二次乏味，第三次就厌烦了。这说明都市生态观光和休闲旅游农业给旅游者提供的农家体验产品太单调了，缺乏吸引回头客的产品和服务。

4. 服务价格混乱。就农业观光采摘而言，绝大部分农户采取“打劫式”的采摘定价和“掠夺式”的争抢游客，使得都市生态观光和休闲旅游农业的产品与服务在对价机制上过于无序，伤害了游客的“回头率”和都市观光农业的“口碑”。

调研结果显示，几乎所有的农产品采摘价格都要比同期农贸市场的产品价格高出许多，甚至数倍。观光园的食宿和服务价格，甚至可以与北京市城区的五星级酒店价格相媲美。产品服务价格混乱成为制约都市生态观光和休闲旅游农业发展的瓶颈。

5. 基础设施薄弱。在都市生态观光和休闲旅游农业的“采摘节”中，光顾人群的过分集中和基础设施薄弱的矛盾十分突出。除开餐饮、住宿、如厕等设施的卫生条件需要进一步改善和提高之外，针对“自驾车”出行参与休闲观光农业活动的项目，还有很大的发展空间。

6. 资源配置困难。都市生态观光和休闲旅游农业经营的季节性给旅游资源的有效配置带来了困难。调查发现，一方面旅游旺季时期超负荷接待和资源大量闲置同时存在；另一方面，旅游淡季时期资源利用普遍不足。在旅游旺季时期，超过10%的旅游点接待量超过了自己的接待能力，甚至是大大超过；而同时，约有40%的旅游点接待游客量不足一半，也就是说有超过一半的接待能力闲置。在旅游淡季时期，近80%的旅游点接待量占接待能力的比重在20%以下。

7. 营销手段单调。对于营销方式的有效性，企业经营管理者的认知与游客的认知之间并不完全一致，前者认为传统媒体是最重要的，口碑宣传和网络营销次之；但市场调查结果却表明市民认为口碑宣传（亲友介绍）和网络营销要比传统媒体重要。

8. 经营状态堪忧。2009年度春季的“农家乐”统计数据显示，远远超出市场同期产品价格的“打劫式”的采摘定价仍旧是目前观光园经营者的主要盈利来源。受国际金融危机的影响，外部需求持续萎缩，游客下降幅度明显，农产品价格回落，导致农业稳定生产、农民持续增收难度加大。北京市北部山区开展较早的一些老牌的生态观光和休闲旅游农业基地，已经出现了关停并转的苗头。

（三）都市生态观光和休闲旅游农业的发展与对策建议

1. 加快转变经济发展方式的必要性

上世纪80年代初和90年代中期，国家提高农产品收购价格对这一时期农民收入的增长发挥了重要作用。尽管农产品价格上升较快，但城市居民的收入增长仍明显快于农民。2007年国家统计局发布的公报显示，城乡收入差距呈继续扩大之势，达到3.33：1，是改革开放以来，城乡居民收入差距最大的一年。

目前我国部分大宗农产品价格已接近或超过国际市场，在加入WTO和农产品贸易自由化的大趋势下，继续大幅度提高价格的市场机遇不多。这表明农民从农产品价格上升中获得的好处有限。与此同时，随着乡镇企业改制和资本有机构成的提高，其吸纳农村劳动力的能力减弱，乡镇企业对农民增收的效应在减弱。对农民收入的贡献率也出现了下滑的势头。农民收入在低水平上出现增长的“瓶颈”难度加大，正成为困扰各级党委、政府的一道难题。

“国家首都、世界城市、文化名城、宜居城市”是北京的城市总体定位。北京市委市政府积极倡导和大力发展生态农业，因地制宜利用现代科学技术，并与传统农业精华相结合，充分发挥区域资源优势，构建生态观光农业，摸索生态观光和休闲旅游在都市近郊农业发展的模式。发展生态观光和休闲旅游农业，促进城乡融合互动，拓宽农民就业增收渠道；其带来的直接影响是，农业价值不仅体现在经济层面，而且体现在社会层面，其生态服务、生活参与和休闲旅游的隐性价值也开始显现。

“加快转变经济发展方式”作为贯穿2010年中国经济、社会和文化发展的重头戏和第一要务。都市生态观光和休闲旅游农业的生产，也十分有必要“与时俱进”的转变经济增长方式。这不仅仅农民和农户需要更新观念，精心呵护已有的生态观光和休闲旅游农业的品牌和产品，还需要由政府引导，按照可持续发展的战略规划，制定实施标本兼治、远近结合的一揽子计划，促进都市生态观光和休闲旅游农业的平稳运行和可持续发展。

2. 加快转变经济发展方式的可能性

转型是世界经济发展的客观规律。都市现代农业的出路不仅仅在于结构调整，向市民提供多样化、优质、安全、绿色的农产品；更需要在经济发展方式上把握市场竞争的主动权，充分发挥优势、回避劣势，从可持续发展的角度开发租赁经济和体验农业，满足市民在观光、采摘、旅游等方面不同需求的同时，提供从事农事劳作活动的归属感和成就感，满足市民的心理需求。

生态功能和生态环境成为都市生态观光和休闲旅游农业的主要生产资本。城市居民对郊区旅游的需求和对农村田园风光的向往成为生态观光和休闲旅游农业的市场对象，成为都市郊区农民的生产和服务目标。这种新的市场需求是三十年前所前没有的，而今这个市场的潜在需求还在不断快速扩大。

都市生态观光和休闲旅游农业是利用农村设备与空间、农业经营活动以及农村人文等资源为主要的生产资料和资本，发挥农业与农村休闲旅游功能，增进市民对农村与农业的体验，促进农村发展的一种新型产业形态，是农业劳动力就业和农民致富的重要途径之一。这种产业形态离不开农村、农民和土地。生产性质从农产品的物质生产转变为对人的服务，农民无需进城打工挣钱，农副产品收入成为生态观光和休闲旅游农业的配角：同样是樱桃，农民摘下来是产品，市民采摘就变成了商品；同样是养鱼，捕捞是一产，垂钓就变成了三产；同样是土地，农家的一分田变成市民的一分田，土地效益呈几何级数翻番。

城市人口对农业生产的眷恋和田园生活的向往给发展都市生态观光和休闲旅游农业带来良好契机。土地流转、发展农民专业合作组织和提高农民组织化程度的法律法规为发展都市生态观光和休闲旅游农业提供了制度保障。政府要引导农村基层组织从多元化、高档化、个性化的角度，深入研究市民消费心理，不断创新运营形式，不断推出新的卖点。

3. 对策与建议

如何解决都市生态观光和休闲旅游农业的“冷热不均”现象？①重视生态环境保护。生态环境成为吸引城市人到郊区游玩的主要因素。现代人观光和休闲的重要内容这一就是要看青山绿水，要呼吸新鲜空气，要爬山健身，要吃口清谈简朴的农家饭，图清净，回归大自然。因此，保护生态环境成为发展都市生态观光和休闲旅游农业的第一要务，绝不可以竭泽而渔，以破坏生态环境获取暂时的经济发展。②遵循市场可比价格。在现代市场经济条件下，企业经营的核心是能否获得效益；获得效益的成败在能否得到市场认可；市场认可的根本在于客户的接受程度；客户接受程度的高低在于价格杠杆对供需关系的调节。都市生态观光和休闲旅游农业竟然是农产品和服务价格的新型业态，就需要在产品质量和服务水平方面尊重市场的规律，在经营思路方面遵循经济规律和自然规律，坚决摒弃“打劫式”的采摘定价和“掠夺式”的争抢游客行为。③诚信经营树立品牌。打造优势产业要靠品牌化经营来实现。如何实现在满足人们“胃”的需求的同时，满足人们“心”、“肺”、“眼”、“脑”、“身”的需求，需要各级政府引导农民和农户更新观念，精心呵护生态观光和休闲旅游农业的品牌和产品，他们是推动都市生态观光和休闲旅游农业发展的长远之策。

如何解决都市生态观光和休闲旅游农业的“可持续发展”？①提升素质和质量。休闲不仅仅是首先要有钱有闲。国人更加重视的是国民综合素质和生活质量的提高，是为了通过休闲活动让国人拥有更加完整、健康、丰富的现代生活。中国传统文化较多强调务实，崇尚勤奋，生活中摒弃功利色彩、追求身心愉悦的活动也一向被中国人认为是通向健康、完整的人格和社会的重要途径。摆脱了物质贫困的中国人要学会休闲，政府不能只寄希望于一份文件的短期动员能量，观念和文化的成长需要时间，更需要扎实的社会基础；②健全机制与引导。休闲需要环境，需要心情，需要社会机制的健全和引导。在社会主义新农村建设过程中，政府部门需要树立更加先进的观念，通过各种激励机制，为休闲活动中的佼佼者提供更多展现自我、赢得社会尊重的机会，激发都市郊区的农民投身以生态观光和休闲旅游为主要内容的新农村建设积极性；③强化文化和体验。农业的生产过程和生产环境、新的生产技术和品种、农业的历史文化资源等，都可能成为服务的手段和条件，转化成为一种经济资源。在打造特色产品的过程中，要丰富乡土文化内涵，对乡土文化、乡村民俗等文化内涵进行深度挖掘，共享资源，使之根植于生态观光和休闲旅游活动之中，建成爱国主义教育、农业文明和科学知识教育的基地。譬如，可以引导城市中的中小学生参与到生态观光和休闲旅游农业的教学实习和实践活动，在丰富城市中小学生的社会实践活动的同时，促进都市生态观光和休闲旅游农业的平稳运行和可持续发展；④多种经营与创新。生产力决定生产关系，生产关系促进生产力发展。深化改革，创新组织、创新制度，是推动都市生态观光和休闲旅游农业发展的重要内容。譬如，政府可以引导农民和农户采取农作物的租赁、认养、代管、合作等多种方式，吸引城市居民利用周末的时间前来从事耕作、播种、灌溉、打药、采摘等全过程农事生产活动，到农户参加“体验式”的农业生态观光和休闲旅游的生产全过程，这样既可以做到避免在果实采摘期的过度集中，也可以在很大程度上形成可持续发展的良性循环；⑤拓宽投资和渠道。发展都市生态观光和休闲旅游农业，改变农村经济增长方式，落实产业形态的可持续发展，实施农村基础设施建设工程，都需要一定数量的资金支持。建议广泛发动社会上各种投资者参与兴办观光农业项目，进一步拓宽投资和渠道。

如何使相对贫困地区农民的产业化经营水平明显提高？①强化职能部门职责。帮助相对贫困地区的农民尽快地改变现状，共享改革开放成果，是各级政府职能部门和工作人员的责任。需要对这些职能部门的工作人员强化职责和进行量化考核；②加大政策扶持力度。因地制宜地加大对相对贫困地区农民的政策扶持。提供可接受、易操作、见效快的产品和服务；③推广典型示范作用。利用典型示范效应带动相对贫困地区农民转变观念和经济发展方式，尽快提高学习能力，实现脱贫致富；④建立专业合作组织。走合作发展，共同致富的道路，以抵御因灾返贫现象的大面积发生。

二、沟域经济发展规划中需要注意的问题探讨

（一）沟域经济的概念、目标和规划

“沟域经济”是北京市在多年探索和实践的基础上，于2008年召开的第二次山区工作会上正式提出来的一个区域经济发展概念。所谓“沟域经济”就是集生态治理、新农村建设、种植养殖业、民俗旅游业、观光农业发展为一体的山区区域经济发展新模式。目标是使山区农民逐步从单纯的农业生产中解脱出来，从事农产品深加工、旅游产品的开发制作和民俗旅游接待等工作，促使农民的工资性收入大大增加，生活方式发生重大改变，生活观念也更趋于城市化、更加文明。

改革开放以来，随着社会经济发展和生态环境的修复，山区生态环境明显改善为沟域经济发展奠定了良好的环境基础。大力发展绿色循环产业和山区农民增收致富的强烈愿望构成了沟域经济发展的内在动力，城市居民亲近自然的消费需求成为沟域经济发展的外部推力。

据了解，北京市沟域经济发展规划征集工作已经正式启动，面向国内外高水平的规划设计队伍公开征集发展规划。努力建设“山会招手、水会唱歌、树会说话”的生态优美新山区。目前，全市拥有1公里以上的沟2300多条、3公里以上的沟220余条，未来5年将选择60多条沟域进行重点规划和发展。

（二）北京市及其周边地区的沟域状况

太行山脉和燕山山脉分别自西、北、东三面呈扇状环抱北京，外围线从房山区十渡镇到平谷区金海湖全长710km。北部、东北部山地是燕山山脉的西段支脉，西部山地为太行山脉的东北山脉，独特的中山、低山、丘陵、台岗地、山前洪积扇形地及山间盆地交叉而行，形成了1公里以上的沟2300多条、3公里以上的沟220余条。西部沟域多是石灰岩，土层较薄；北部沟域多是花岗岩，风化层较深，有利于果林粮种植。各条沟域内海拔高差变化大，垂直带谱明显，形成了多层次生物圈，动植物资源种类繁多，生物多样性丰富。

北京山区沟域属于潮白河、拒马河、大石河、永定河、温榆河、妫水河五大流域，年降水650－700毫米，但降水时间分布不均，年际变化大，

降水变率达25%以上，多雨年可达1400毫米以上，少雨年则仅240毫米，相差5倍以上，形成多雨与少雨年交替出现和连旱、连涝的特征。

沟域经济属于区域经济范畴，是指以山区自然沟域为单元，充分发掘沟域范围内的自然景观、历史文化遗迹和产业资源基础，打破行政区域界限，对山、水、林、田、路、村和产业发展进行整体科学规划，统一打造，集成生态涵养、旅游观光、民俗欣赏、高新技术、文化创意、科普教育等产业内容，建成绿色生态、产业融合、高端高效、特色鲜明的沟域产业经济带，以达到服务首都和致富农民目标的一种经济形态。

实践证明，“沟域经济”这个模式全面提升了山区的发展水平：山区农民收入快速增加，2009年人均年收入首次突破万元大关，达到10518元；山区生态环境质量明显改善，2009年末山区95%以上的宜林荒山实现了绿化，林木覆盖率达到了71%，1153万亩生态林年增碳汇967万吨，山区77%的水土流失面积得到治理；城市居民的幸福指数日益提高，丰富多彩的沟域成为市民放松身心的理想场所，2009年山区民俗旅游村共接待游客2160万人次，占10个远郊区县旅游人数的88%。

目前已经初步形成了5种适合不同地区条件的发展模式：如以密云县汤河沟域“紫海香堤”为代表的文化创意先导模式；以怀柔区“雁栖不夜谷”为代表的特色产业主导模式；以房山区“十渡山水文化休闲走廊”为代表的龙头景区带动模式；以延庆县“百里山水画廊”为代表的自然风光旅游模式；以门头沟区“明清古建筑群”为代表的民俗文化展示模式等。

（三）沟域经济发展规划中需要注意的问题探讨

从风险防范的角度，北京市沟域经济发展规划中需要注意以下问题：

1. 不得不考虑沟域的自然地理条件与自然景观。按照“逢沟必断”的构造地质学观点，沟是构造断裂形成的地表沟壑在地貌上的反映，其特征是生态脆弱和比较容易发生地质灾害，有的沟域甚至不适于进行大规模的开发和人居。因此缘起于荒山秃岭与交通不便的自然地貌，才在历史上形成和保持了沟域人迹罕至的神秘面纱。

2. 进一步深入沟域人文景观和历史典故的发掘。山区优美的自然生态环境、丰富的人文历史遗迹、多彩的民俗文化，使得沟域在人文景观和历史典故方面具有一定的文化价值，在制定沟域经济发展规划中需要进一步发掘。很多位于沟域曾经是历史上的老少边穷地区，他们与革命历史事件和文化遗存之间具有紧密的联系，譬如，古村落、革命历史遗迹等等。

3. 经济发展现状与前景的考量。目前山区经济社会发展水平仍然比较低，农民增收特别是低收入农民增收难度仍然很大，山区基础设施与社会事业相对滞后，林木覆盖率和水土流失面积治理率还需要进一步提高，生态建设与环境保护的任务仍然繁重。关闭资源开采型产业后，替代产业发展存在着基础薄弱、投入能力不强、缺少技术支撑、人才缺乏等问题，产业结构调整困难。

4. 土地与生态承载能力的测算。沟域经济开发必须要遵循土地与生态承载力控制原则，在沟域生态系统所能承受的强度内进行产业开发，根据生态系统的承载能力，控制产业发展规模、控制游客数量和密度，按照土地承载能力规划各产业结构与布局。通过考虑某地区的区位条件，把仍然居住在泥石流易发区和缺水无电无路等生活条件极其恶劣地区的农户纳入搬迁工程范围。

（四）沟域经济发展的目标排序

把开发沟域经济是作为破解山区发展、山区农民增收、山区生态建设保护这三大难题的有效途径，首当其冲就是尊重自然规律和注重特色农业发展。

“沟域经济”要以生态建设为主题，以农民增收为核心，以生态友好产业发展为手段，以基础设施和公共服务建设为支撑的发展目标做以下排序：

1. 鉴于沟域的生态脆弱性与经济开发的兴师动众之间的矛盾，自然环境的保护和可持续发展的目标应位于沟域经济发展为首位。沟域经济发展既要轰轰烈烈，又要耐得住寂寞。要始终坚持生态立足的发展理念和“建设生态、保护生态、适度经营生态”的工作方针，努力营造良好的生态环境，夯实产业发展的基础。

2. 以“山更绿、水更清、天更蓝、民更富”为目标，把沼气建设与农村环境综合整治相结合，通过推广“养殖—沼气—果蔬”的模式，落实绿色环保和循环经济的产业特色做为发展方向，促进和推动新农村文明建设。

3. 创新和改变经济发展方式，探索引入租赁经济和林下经济的可能，鼓励农民以产权入股形式参与新型的农产品高技术企业。加大扶贫开发的政策力度，给予为开发沟域经济带来可持续发展的涉农企业更加优惠的政治和经济待遇，提高这些企业在保护沟域生态前提下的投资热情。

4. 政策扶持，让利于民，形成示范，促进和带动周边地区的发展，实现带动周边产业、壮大区域经济的目标。

三、结论与对策建议

（一）都市生态观光和休闲旅游农业具有生产和观光的双重属性，实现了生态、生产、生活三项功能的有机结合，以及第一产业与第三产业的优势互补。在提升第一产业的层次与效益的同时，丰富了第三产业的内涵与外延，实现了生态效益、经济效益、社会效益的三统一。在满足人们“胃”的需求的同时，满足人们“心”、“肺”、“眼”、“脑”、“身”的需求。

（二）可持续发展战略是维护都市生态观光和休闲旅游农业的根本。要与时俱进，结合土地流转和农民专业合作社的政策优势，改变经济发展方式，引入租赁经济的概念，提供“体验式”的农业生产全过程，加快构建集生态、观光、休闲、餐饮、文化、租赁、体验和联谊“八位一体”的现代都市生态观光和休闲旅游农业的新体系。

（三）北京市沟域经济发展规划中需要因地制宜，尊重自然规律，遵循土地与生态承载力控制原则，注意防范次生灾害的风险，落实绿色环保和循环经济的产业特色，让利于民，促使农民的工资性收入大大增加，形成示范，促进和带动周边地区的发展。

作者：国际资深风险防范和危机管理专家，政府顾问，中国重大自然灾害联合办公室协调员

推进信息化农业发展 实现首都西南五区农村经济转型

李伟克

深入推进首都西南五区农村信息化发展，是北京建设世界城市战略的需要，它对于促进北京郊区农村经济发展方式转变，提升农业和农村现代化水平至关重要。“十一五”期间，在北京市“221 行动计划”的带动下，西南五区的农业电子政务和农村信息化建设从无到有，通过政务信息化带动社会信息化，在政府监管、公共信息服务、农业资源管理决策系统和农村数字家园建设等方面成绩斐然，逐步缩短了与北京先进区县之间的差距。然而，北京西南五区的信息化对农村基层发展的支持作用还需要更进一步提高。

一、以世界级城市都市农业发展的需求定位西南五区农业信息化

当前，随着 3G、云计算、物联网信息技术等的发展，信息技术革命性的应用将爆发，作为世界级城市的北京将成为信息产业创新促进经济转型的引领城市，确定了新的城市建设目标为：“城乡一体化的数字城市、资讯获取便利的信息城市、移动互联的网络城市、信息新技术新业务的先行城市、信息安全水平一流的可信城市”。作为世界级城市的北京，信息化将成为城市企业技术创新、运营效率提升的重要手段；将成为城乡一体化覆盖与移动互联的网络城市，基于网络的工作方式将成为城市潮流，数字化的基本公共服务覆盖城乡居民；北京将成为数字化生活与资讯服务发达的信息城市，将成为智能化设施管理与高效政务的先行城市；广泛应用物联网，基本实现城市智能运行和精细管理，以信息加工和知识运用为核心的新兴产业不断涌现，北京也将成为全国重要的电子商务企业集聚中心。

推进北京世界城市信息化建设，必然增强城镇对农业信息化的辐射带

动作用。首都西南五区须将自身的农村信息化发展需求与城市和国家的战略规划紧密结合起来，主动从城市和国家战略高度来规划郊区农村的信息化建设，以产后经济联系为基础，由中心城区向腹地内外经济实力较为雄厚的周边城镇和农村扩展，融合形成一种独特的、新的城市和农村信息资源传播的互动形式。应充分利用北京农业门户网站和信息资源服务中心的影响力，以建设市场为中心的世界城市为策略指导，将首都西南五区建成农产品电子商务和农业产业的招商引资的试点示范地区。借助北京建设世界城市，把西南五区城市的历史传统、文化底蕴、农村风范、生态环境、城市标志、农业景观等要素塑造成可供直接感受的形象，形成个性化的城市郊区竞争力，将着力构筑体现首都特色、友好型的世界城市级休闲农业，作为西南五区农业信息化实现经济效益的重要模式和核心工作。

基于北京世界级城市和城乡一体化都市农业信息服务体系建设的背景，首都西南五区要用“新模式、新思维、新格局”对农业信息化的定位和模式进行重新思考。如何使农业信息化应用站在新的起点和基础条件之上，推进西南五区农业和农村又好又快发展，笔者认为，有必要将“农业信息化”与时俱进地用一个较新的概念—“信息化农业”来演变和表述信息化的实践。这个概念与农业信息化的概念没有根本性的区别，它是与农业信息化良好衔接的，符合城乡一体化建设要求的，可与世界城市建设目标和当代信息技术的应用发展趋势相配套，明示出北京市未来农业信息化发展的新阶段。信息化农业的内涵和特征是：信息化作为农村社会经济变革和农业生产的核心力量，深刻推动农业向着充分利用信息（包括由信息而产生的知识）的方向变化。在农业生产目标在定位和模式上，信息技术应用将更深入地融入并变革农业生产和产后的工作业态，农业产业领域拓展更依赖于信息化的实践。信息化引领农村经济发展，全面支撑都市型农业所有产业发展的总趋势，农业信息化与城市的关系更为紧密，农业信息服务的特征更明显，服务内容和形式更为充分。在“十二五”规划即将扬帆起航的时候，推进农业信息化建设向信息化农业建设的转型，凸显着世界城市与新农村建设协调发展的必要性和必然性。

北京西南五区应通过新的信息技术应用，实现农业工作信息化到信息化农业工作的历史性突破。以信息化为带动农业基础工作的重要手段，构建起纵向贯通，横向集成，互联互通，高度共享的综合性信息资源共享平台，使信息化成为稳定三农的强大武器。

要以“强政”为核心，加快“221信息平台”建设，实施信息资源共享、信息流程共享、信息服务共享的整合计划。221平台要成为开放的、友好的、公民高度参与的城乡农业门户；完善政府信息采集、信息服务与社会团体的互动渠道，建立市、区、乡镇、村四级信息采集和服务体系，尽快将政府信息采集和服务延伸到基层，真正形成“一切信息资产的可获，无处不在的农业监管”的信息化应用格局。

要以“兴业”为重点，建设智能的全要素农村生产与经营信息系统，建立覆盖各类经济、社会等农村要素的数字化农村生产与经营信息系统，运用无线通讯信息技术和智能相关地理位置服务等技术（LBS）集成农村经济、农业基础设施、水资源监控、生态环境监控等现代都市农业管理功能，实现动态监控，解决大都市农业面临的发展难题。

要以“惠民”为宗旨，以“数字家园”和“数字合作社”为中心，以“软件加服务”的服务模式（SAAS系统）建设都市农业和农村社区数字服务社区，建立覆盖城乡、惠及全民的便捷农产品和农资产品电子商务及质量安全的信息服务系统，运用“三网融合”等信息技术集成农业科技远程教育、农产品电子商务、农产品质量安全追溯、休闲农业、农民合作组织信息管理，加快实现基本公共服务的均等化，促进城乡一体化发展。

二、把农民专业组织作为信息化农业的主导组织之一，发展都市农业新型的信息化服务模式

农业信息化与农业产业化的发展有着紧密的衔接，信息化发展离不开组织化。农业服务组织对信息化支持，具有“无所不在、无时不在、无处不在”，全面覆盖的特点，要使农民获得“找得到、看得懂、用得上”的信息服务，信息化建设必须进行创新，要以农民专业组织作为信息化农业的主导组织之一，以此支持大都市信息化农业的新的服务模式。尽管农民专业合作组织在信息化应用中的比重不高，但它们在农民群体中信息传播的份额却很大，因此注重和关心农民合作组织的信息化服务，打通“最后一公里”通讯、网络与信息资源间的互联互通，发展农民群体间的信息资源共享、信息流程共享、信息服务共享，提升专业协会和农民专业合作组织产前、产中、产后自我服务的能力，这是首都西南五区建设都市农业服

务体系工作成败的关键。

农村专业协会和农民专业合作组织迅速发展，它们负责会员生产技术、开展经营活动的责任，服务内容、服务范围覆盖到社员的产前、产中和产后，又可直接将收集所经营的农产品信息反馈给政府，增加信息服务的资源。政府信息部门应当支持农民合作组织提升信息化自我服务能力，特别是一些拥有众多的会员，跨省份、同业结盟、下辖基层工作站的农民专业组织，具有更强大的信息化可持续发展能力。比如，大兴区庞各庄的30多户农民组成了《北京精农蔬菜种植专业合作社》，农民合作社在网上接受超市的订单，利用电子商务平台开展鲜活农产品进社区超市连锁店销售的工作。目前电子商务试点单位初步建成了农副产品电子商务订货和零售系统，在大兴区黄村镇的13个社区建设了20多个农产品社区电子商务体验店，营业额实现15%左右的稳步增长；北京大兴九牧养猪专业合作社安装了一台农信机，合作社负责每天为成员发送最新的生猪市场价格信息，帮助社员及时掌握市场行情，避免了小商贩降低价格收购；北京乐平西甜瓜专业合作社安装农信机，与农户和客商之间的联系由电话转向短信，合作社通过短信提供田间管理技术、灾害性天气预报以及西瓜的收购销售信息等。

农民合作社为信息化农业主导组织之一，可与政府部门联合推广“221信息服务平台”，通过合作社将农户、合作社以同业结盟、或异业结合的方式，由点到面，把农村地区一家一户的经营，形成一个“221信息平台”的用户群体。通过集体学习方式，促进成员对信息科技的亲身体验，强化合作社业主将信息技术融入其团体经营的意愿，延长农村信息服务平台的生命力。“221信息平台”作为对社会正式的窗口，实现城乡信息的互动交流，在传统产业、休闲农业、农产品营销等方面提供网上网下的信息与业务融合服务，凭借信息网络集成的优势，吸引农产品和休闲农业消费者的目光，带动整体营销。为此，西南五区的农业部门有必要结合实施“北京市农民专业合作社示范社建设行动计划”，择优培育扶持一批经营规模大，服务能力强、产品质量优、民主管理好的市级农民专业合作社示范社，设立农民专业合作组织信息化体验示范，鼓励开展形式多样的产前、产中、产后自我服务。按照北京市农民专业合作社示范社建设行动计划给予扶持，充分发挥示范带动作用。

三、探索信息化农业的建设策略，破解信息服务运营难点，引领政府和企业双向进入农业信息公共服务

我国农村信息化起步较晚，如何打造新型的农业信息技术支持与运营体系的问题逐渐成为焦点。目前，农业基础设施和综合信息平台建设、应用和运行由各级农业信息技术部门负责推进，各电信运营商承担为农业信息传输和交换的服务业务，还有众多的软硬件开发商在承担构建信息系统的任务，分别由几个层面的不同部门提供农业信息化运营支撑和保障服务，农业信息服务呈现了多元化、多层次、多形式的特点。然而，建立了信息高速公路后，由谁来开车和运货，承担信息服务和管理运营工作呢？农业信息系统建设运行体现在一个个的农业服务部门，一条条的业务数据采集，一件件的电子文档处理上，它们有着极强的时效性、准确性、安全性要求，需要建立起一套严密又开放的信息化运营和管理体系。政府作为农村公共信息服务的供给主体，反映着服务机构的外部服务效果，然而由于运营资源不足，农业信息中心、农技推广、动植物疫病、农产品质量安全等机构，承担公共信息服务的热情度不高，内外协同作用也有待于进一步发挥；同时农民专业合作组织的信息化指数和信息服务能力还不够强，运营信息服务作用有待于充分体现；农业企业与农民利益联结机制不够完善、带动力还不强，其信息化“辐射”作用有待于进一步整合，农村村级组织信息化运营面临着可持续发展力明显不足等等。为了构建具有可持续发展的京郊都市型现代农业信息化服务体系，从政府实施角度，需要建立一套信息化农业的框架和策略，其思路应包括：

（一）形成政府拨款、运营商投资、企业多方筹资，政府和企业双向进入农村公共信息服务的机制

公共和私营共同筹资支持公共信息服务范围，应包含：1. 农村公共信息服务体系建设过程中信息的采集、整理，加工和发布；2. 授权单位为实施农村公共信息服务而进行的信息系统、网站等相关信息传播体的建设、运营及维护；3. 农村公共信息收集及推广的能力建设。

（二）要创新农业信息化运营机制的组织模式，着手建立农业信息服务的第三方运营体系

政府全权运营的信息服务，在许多实践中由于体制机制问题，所提供

的单一的、标准化的农村公共品，不能满足信息产品多样化需求，容易造成供给的低效率，所以必须与时俱进地进行创新。可以借鉴国外世界城市信息化的经验，采取以“市场孵化服务”的方针，筛选一部分有效益的信息化项目和支持领域，政府建立公共信息服务标准和准入门槛等管理机制，探索由第三方运营服务提供产业链上下游的信息化服务，比如，建设、运营、拥有（BOO、BOT）等方式实施基础设施的建设，并运营农产品物流、休闲农业等信息服务业务。

（三）政府农业信息中心是运营信息化体系的设计、监督、管理部门，要将传统的信息系统运维工作以“服务外包”方式部分或全部交由第三方来运营，本身则负责业务的组织和监督，使农业信息服务运维切入和构建在真实的业务需求基础上，达到服务能力最大化，可持续发展

政府要推进信息化农业的顶层设计规划。按照“统一规划、统一标准、统一实施”的原则，为社会力量进入信息化提出一个准入指南，各级地方农业部门负责制定个性化的实施方案，在政府统一组织推动下，各级农业信息中心和第三方运营实体，明确任务目标和职责分工，齐心合力，各司其职。

党的“十六大”以来，中央提出要破解城乡二元经济结构，加快推进城乡信息公共服务一体化的建设，实现城乡基本公共产品和公共服务均等化。目前北京市的信息化公共服务产品多数集中在城市，城乡之间存在巨大的信息化差别。北京西南五区各级农业部门和相关部门应积极调整农业信息化建设和运营资源格局，促使政府和社会资源投向农村信息化，有效地满足农民日益丰富多样的信息需求，推进信息化农业发展，确保首都西南五区农村经济发展方式实现转变。

作者：农业部信息中心副主任，研究员

首都西南区域经济的跨越式发展路径选择

——打造国家战略性新兴能源产业基地

张菀洺

含丰台、石景山、门头沟、房山、大兴的首都西南五区，拥有北京市近1/3的土地和1/4的人口，拥有丰富的自然资源和文化资源，曾为北京经济社会发展做出突出贡献。但由于自然环境变迁等因素，近年首都西南地区较其他城区差距显著，五区GDP总和仅占全市的1/8，区域经济发展明显滞后，致使首都二元经济愈发明显。近年，首都致力于世界城市的规划与建设，然而，占据土地资源丰富的西南区域如果不能发挥其区域优势，无论从西南地区自身发展的角度，还是站在北京总体发展的高度，都将制约世界城市的总体建设。因此，深入研究西南区域经济发展特征，探寻城市经济滞后地区的发展转型，对于实现北京世界城市的建设具有重大的理论与现实意义。

一、首都西南区域经济发展现实特征与制约因素分析

首都西南地区由于拥有较为丰富的土地资源、矿产资源以及水资源（永定河在上世纪80年代是北京城市用水的主要来源），因此与北京其他城区相比，西南区域的自身特征决定了其对市场的需求弹性较小，经济发展存在强烈的路径依赖，也由此形成了该区域经济可持续发展的一系列制约因素。

首先，地域经济发展惯性导致其发展新兴产业缺位，阻滞了西南区域经济快速发展。由于西南地区的大片土地和矿山资源丰富，因此该地区农业生产、矿产开采占据了其经济收入的较大比例。同时由于受其地理位置以及城市行政机构、工商企业、高等院所等政治资源、经济资源、人力资源所限，西南地区无力吸引支撑现代城市经济的主要产业落户区内，从而

导致现代城市发展的支撑产业缺位，使得西南地区无法实现新兴产业对城市经济的几何级的贡献。

这集中表现在区域经济规模与发展速度明显落后于其他地区，并呈现逐步扩大的趋势。2009 年首都西南五区 GDP 之和只占北京的 1/8。从同类功能区比较来看，2006 年石景山人均 GDP 不到海淀区的 70%；丰台区的人均 GDP 仅约为朝阳区和海淀区的一半；从区域财政实力来看，2007 年五区合计财政收入为 91. 7 亿元，较 2003 年增长了近 1. 2 倍，但人均财政收入仅为北京市的 22. 93%，2006 年房山和大兴的人均财政收入不及同为城市发展新区顺义区的 50%。由于区域整体经济发展水平低，经济规模有限，对区域外的新兴项目投资的吸引力不强，新兴产业培育乏力，区域产业结构调整缓慢，北京市“十一五”时期确立的六大高端产业功能区均没有一个落户西南区域。

其次，区域内国有企业发展独大，与地方中小企业相互脱节，从而形成产业发展二元性与产业断层。虽然西南五区不乏大型国有高科技企业，比如航天部的三院、七院、首钢集团等，但这些企业主要是跟国家工业体系连在一起的，而跟地方的中小企业和乡镇企业都没有什么关系。一方面国有企业的技术先进，人员素质高，另一方面当地的中小企业规模技术则相去甚远，这就形成一个产业发展断层。这种“二元性”，使西南地区自身的经济调整弹性很小，自我选择和自我发展能力较低。在经济形势不断变化的情况下，其应变性、适应性及可调控性均较差，相反却具有较大的发展惯性和超稳态性，难以实现产业转型发展与产业升级。

同时，大型企业的封闭运行系统还排挤了该地区的城市功能发展。在相当长的时间里，国有企业自身形成了庞大的封闭服务体系，导致区域内的其他经济体难以进入第二、第三产业，区域城市服务功能发展受阻。近年来，西南区域在交通、供水、垃圾处理、教育和医疗卫生等领域投入了大量资金，社会综合服务能力得到了有效提升。但由于欠账太多，区域内基础设施建设仍然滞后于经济社会发展需求。2008 年数据显示，首都西南区域基本建设支出合计只占全市的 13. 42%，不足 1/7。当然，区域财政能力不足是其主要原因，但如果地方政府不能有效改善区域公共服务水平，完善城市基础设施建设，必将进一步弱化了区域竞争力，从而导致区域经济发展与财政能力的恶性循环。

最后，资源产权国有，价格体系扭曲，使西南区域资源价值转移缺乏补偿机制。我国资源配置长期推行的自然资源国有产权地位决定了资源不能交易与流通，完全由政府供给、分配、经营和管理，以减少运行上的“初始成本”，这种制度安排在建国初期起到了节约配置资源成本的作用，但也由此埋下了资源无价、资源产品低价的制度根源。最为典型的例子就是流经西南五区的永定河水资源问题。永定河以北京母亲河著称，曾是北京城市用水的主要来源之一。上世纪 80 年代以来，为了满足北京城市用水，三家店以上永定河水几乎全部引入市区，并导致三家店以下 70 多公里的河道长年断流。然而，西南五区水资源的调出转移并没有得到相应的价值补偿，从而出现了西南地区“资源丰富、经济贫困”的与市场经济相悖的状况。

更为严重的是，区域生态环境脆弱，其生态承载力已经无法满足区域经济社会发展需要的现实，又进一步影响了首都生态环境建设。由于永定河常年断流，使其河床裸露，河道两边土地完全沙化，并成为京城沙尘暴的根源。由于无水补给永定河，加上严重超采地下水，北京西部地区第四纪地下水已经全部枯干，永定河的生态系统已经受到严重破坏，部分山区出现饮水困难的情况。这种脆弱的生态环境一方面使当地居民生活受到影响，另一方面，它还进一步恶化了该区域经济的发展与投资环境。

这一切都成为西南区域经济转型发展的制约因素。同时由于没能在城市经济发展的变迁过程中形成新兴产业优势，塑造新的区域优势，致使西南地区的竞争能力和可持续发展能力大大降低。要从总体上改变西南区域的经济社会发展状况，则需要从区域经济学的角度，提升该地区的产业定位层级，依据国家宏观经济形势及产业发展趋势，选择适宜的区域经济与社会发展战略，以实现首都西南区域的经济跨越式发展。

二、国家产业发展趋势与区域经济优势塑造

中国加入世界贸易组织以后，开始进入新一轮的高速增长周期，工业化和城市化进程大大加快，能源消费弹性系数不断提高，能源消费结构不合理等问题越来越凸显出来。同时全球性资源环境约束日趋严峻，能源匮乏将成为我国未来经济发展的重要制约因素。

我国“十二五”期间将“转变经济发展方式”作为国家及各地区规划

的主要内容，与当前国内外能源发展环境紧密相关。胡锦涛在2010年两院院士会议上就指出，世界范围内经济发展方式正从资源依赖型、投资驱动型向创新驱动型为主转变。要建设创新型国家，加快转变经济发展方式，赢得发展先机和主动权，最根本的是要靠科技的力量，最关键的是要大幅度提高自主创新能力。世界各国都在积极追求绿色、智能、可持续的发展。

采取有效措施加大节能力度，提高传统能源清洁利用水平，加大天然气等清洁能源的利用规模，加快推进水电和核电的开发建设，积极做好风能、太阳能、生物质能等可再生能源的转化利用，大力推进能源结构优化调整，统筹规划重点能源基地和跨区能源输送通道建设，促进能源资源优化配置，将成为“十二五”期间国家重要产业发展趋势。

资本市场的预言家们预言，新能源将是未来市场酝酿经济新星的摇篮之一。因此，发展清洁能源和高效能源技术将会占领未来产业发展的制高点，也是保障小到区域城市经济发展，大至国家能源安全的重要产业与战略选择。

确立区域产业发展方向的同时，还必须创造区域经济发展条件，塑造区域经济优势。区域经济是经济地理学和区域经济学的共同研究领域，它是中国改革开放和社会主义市场经济机制完善的必然结果，未来20年区域经济将为我国经济社会全面发展提高新的动力。其主要内容包括：经济地带和经济区划分；形成区域经济的最重要因素——劳动资料；区域可扩大利用自然资源的可能性；生产力合理布局的客观规律；区域经济发展过程；新区经济开发战略；区域国民经济综合体和地域生产综合体组织；科技进步对生产布局和劳动地域分工体系的影响等。

区域经济的崛起表明，我国经济社会正在发生一个质的变化，也就是工业化、城市化从小板块向大板块集聚。市场发展产生了统一的需要，产业发展产生了规模集聚的需要，资源组合产生了配置效益的需要。城市化标志的人口集中、工业化标志的产业集中将使经济发展产生从“点”向“面”的飞跃与提升。

城市区域经济的研究对象主要是城市内不同区域的经济发展战略研究及相应的制度安排。由于城市不同区域所承载的城市功能不同，或者区域产业不同，发展路径不同，同一城市不同区域之间自然会形成不同的区域特征，并最终确立其区域经济优势。所谓区域经济优势是指在进行区际比较的基础上，本区所拥有的发展某些特定生产的优势条件，即在自然、经济、社会等方面的比较优势。通常由自然资源优势、人力资源优势、技术优势、资本优势和产品优势构成。由于现代化城市的规模不断扩大，城市内部在经济发展过程中也会出现区域特征分化。一般来说，具有区域经济优势的地区其经济社会发展速度与规模都明显超过缺乏区域经济优势的城区，所以，发展区域经济条件，塑造区域经济优势尤为重要。

区域经济发展所需要的条件主要包括：区域经济发展的政治社会环境；区域经济发展的经济因素；区域的科学技术环境以及区域经济发展的自然环境与自然资源条件。区域经济优势的塑造则主要取决于三方面要素。首先，区域经济优势应当建立在比较利益原则的基础上；其次，区域经济优势的确定必须符合城市宏观布局与经济发展战略目标的要求；最后，区域经济优势只有在对本地区经济发展的全部有利条件与不利条件做出综合分析评价之后才有可能确定。

首都西南区域目前产业结构调整刚刚起步，并处于探索阶段。在新一轮产业结构调整中，如果能够抓住国家新兴能源产业发展，建立新兴能源产业基地建设，形成产业规模，西南五区就能够实现经济转型与产业升级，形成区域经济特征；就能够通过塑造区域经济发展优势，突破现有的经济发展模式，实现区域经济的跨越式发展。

三、首都西南区域经济发展的城市公共制度安排与地区战略选择

首都西南区域经济发展需要从市政制度与地方政府两个层面着手进行。第一个层面，北京市需要研究建立西南地区转型发展的制度安排。第二层次，西南五区政府需要因地制宜选择具有区域特色的发展战略。

由于西南五区对北京市的经济社会发展曾经做出巨大贡献，因此，其区域经济转型发展一定程度上需要市政府建立有效扶持制度安排。经济学表明，资源配置无效必然导致经济发展的低效甚至紊乱。为此，北京市政府应针对永定河领域及西南区域矿山开发情况，建立资源开发补偿机制与新兴产业援助机制。所谓资源开发补偿机制，其实质是对该区域内自然资源使用过程中所付出的资源代价和环境代价以及基础设施历史欠账进行补偿，以受益主体——北京市政府为实施主体，其主要政策框架应包括建立

健全涉及资源开发补偿的法律法规、建立资源开发历史补偿制度、建立资源开发补偿基金、制定土地资源补偿办法、实施生态环境治理工程补偿等。所谓新兴援助机制，其实质是从区域经济协调发展的角度，对资源调出区域的新兴产业建设予以政策及经济援助。其主要政策框架应包括制订综合规划以及建立城市生产力布局向资源调出区域倾斜、辟建特别工业园区、实行财税金融优惠政策等。

从表面看，“两个机制”过于依赖北京市政府，有悖于社会主义市场经济原则，而实际上，这是对长期计划经济市场失灵的纠偏。资源开发的补偿，应该由资源受益者和地方政府共同承担。但是，由于西南五区的资源属于无偿调拨，资源受益地区是通过不等价交换使用的资源，并没有形成对资源开发地区的补偿责任，从而形成历史欠账。而目前西南五区生态环境破坏严重，经济发展滞后，其他地区也无法实施有效的补偿，所以这种补偿需要通过北京市政府的制度安排来完成。今年，北京启动了投资170亿元建设永定河绿色生态走廊计划，就是市政府对该地区生态环境的修复补偿。

从西南五区的经济发展维度来考察，其既是区域经济转型发展的客体又是转型的主体，如何进行区域转型发展的战略选择将决定其未来的经济发展路径。首先，应确立区域定位，再造区位竞争优势。区域竞争优势是由其区域内的企业或行业在一定领域创造和保持竞争优势的能力体现。西南五区曾依托其资源禀赋的比较优势，对北京的经济社会发展做出贡献。但伴随着水资源的彻底消耗，以及矿产等资源的减少，已经丧失了区域竞争优势，而要实现区域内产业转型，发展替代产业，意味着区域竞争优势的再造。

其次，紧紧围绕贯穿五区的永定河生态走廊建设计划，着力打造区域绿色生态经济，尤其是新兴能源产业建设，力争建成类似海淀中关村科技园区、西城金融中心的西南新兴能源产业科技园区。比如，开发循环经济技术。该技术的原理是使用完全可以再制造其他产品的原料或可以完全以生物降解的原料来生产生活及生产物质，小到一块地毯，大到一件家具。通过循环技术使用，这些物质还可以作为原料被再次利用。目前该技术在日本北九州已经运用于产业生产，该地区从其技术推广中已经获得了可观的经济效益。

最后，建立高效的投资环境，积极引进外来资金以推动区域经济转型。西南区域应积极创造平等竞争的市场环境，大力发展非公有制经济，形成一批有市场竞争力的民营企业，以带动区域经济转型。总之，西南区域经济发展应遵循国家产业发展规划，前瞻性地选择有利于形成区域竞争优势的转型模式与发展路径，以实现区域经济的跨越式发展。

作者：中国社会科学院研究生院副教授

京西南旅游经济集群构想和旅游安全分析

王宏玉

一、京西南五区旅游经济集群构想形成的可行性

上世纪90年代后期，首都旅游业进入全新发展时期，全面驶上快车轨道。旅游业现已成为首都现代服务业中的龙头产业，北京市“十五”和“十一五”发展规划更是将旅游业作为首都经济的支柱产业——第三产业予以重点培育和发展。随着旅游产品的创新与升级速度加快，旅游产业的品牌化意识的增强、产业生存与发展环境亟待改善。另外，随着人们旅游文化品位的提高，旅游区域化和跨区域化趋势凸显，行政区划和职能部门协调不一已然成为旅游供给与需求之间的矛盾滋生体。

从世界旅游业发展全球一体化的趋势来看，更具有市场细分化、区域无障碍化的特点。从国内蓬勃发展的旅游业来看，首都西南地区的经济结构由于社会、政治、历史、自然等多种因素，第三产业没有得到迅速发展，尤其是文化旅游资源和自然旅游资源相对丰富的房山区、丰台区和门头沟区，旅游经济还不足以起到其在国民经济应有的支撑作用。市委、市政府“十一五”规划明确了加快优化西南老工业基地和开发南城的步划，京西南经济结构、产业结构已经进行了重大调整，这在某种程度上为京西南地区旅游经济的发展奠定了良好的社会环境基础。同时，我国加入WTO后，整个旅游业逐步引入全新的旅游理念，国内旅游市场已经整合出新的竞争格局和发展态势，这使得京西南旅游经济崛起面临着难得的市场机会，京西南旅游经济形成集群化模式也有了可行性。

（一）人们消费观念的改变——休闲旅游成为大众消费的主要支出

我国的综合国力和国际竞争能力的提高，表现在我国已经拥有了世界

上最大的购买力市场，其中巨大的国内旅游市场将成为我国经济持续发展的助推力量之一。一方面，国际入境旅游的发展带动了我国居民消费观念的变化，旅游消费正成为引导消费潮流的一种新型模式；另一方面，在特定的政策环境下的特殊机遇而“先富起来”的消费群体，在住房、汽车消费需求满足之后，他们已成为或正在成为国内外旅游客源市场的重要组成分子，而我国中和中低收入家庭消费支出除衣食住行外，也开始讲究生活质量的提升，旅游、休闲、娱乐占有支出的不少份额。这种消费市场的巨大潜力为国内旅游市场的发展提供了丰厚的客源基础，商旅的有机结合的假日旅游已成为普通中国人度假方式的首选。目前北京市政府对南城、西南地区加大了投资力度，到目前在旅游基础设施上的投资比上个五年计划几近翻番，西南五大快速通道的贯通和城铁房山线和大兴线的即将运营为旅游经济的腾飞提供了交通保障。西南五区财政对旅游景点配套公共服务设施也做了导向性的重点投入，主要用于旅游交通连接线、旅游景点生态环境和人文景观保护以及旅游景点的其他辅助设施。作为首都旅游资源密集的京西南地区迎来了旅游经济崛起的绝佳机遇：密集的旅游资源、密集的客源和密集的交通网络当然为这个地区旅游集群式发展提供了客观条件。

（二）西南旅游经济在首都区域经济中的贡献突出

地土相连，旅游资源分布紧凑；农业人口比重相对较大，开发资金短缺；产业结构调整后下岗转型人员多，劳动力富裕；旅游经济作为支柱产业正处在培育发展期，都有通过旅游经济创新实现和带动整体经济的快速平稳增长的愿望，这都是京西南五区达成的共识。旅游经济的发展不仅提供了庞大的就业机会，扩大了就业需求，而且旅游业还具有高于其他行业的“乘数效应”。据测算，每有一个旅游直接从业人员，社会就能增加五个就业就会；旅游业每收入 1 元，相关行业的收入就增加 4. 3 元，旅游者每消费 1 元，入境游可以带动社会消费 7 元，国内游大约带动 5 元。强化旅游景区、景点配套的服务设施的建设，如在旅游景区、景点开设或增设不同档次的宾馆、饭店、银行、旅游纪念品商店以及卫生院、旅客服务中心投诉站和公共洗手间等相应设施，随着景区延伸的交通服务和游客集散网点建设，可以就近安置大量的闲散劳动力，减轻社会就业压力，减少社会不安定因素。如果能形成跨区域的集中、有序的旅游服务网络体系，对旅游从业人员的专业技能培训和教育统一部署，更有利于区域内旅游文化的普及，弱化就业成分歧视。整体有序地提高区域内普通家庭的人均收入水平。

（三）首都国际化大都市的定位加速了京西南城市化功能的进程

北京作为首都，自然和文化旅游资源丰富，分布区域庞大，除城区景点外，主要分布在西北、北部山区和西南地区，建立多个旅游功能全面的集散中心是必要的。一方面，北京城区作为旅游业的核心空间，辐射作用已经向城郊结合区、远郊区县和周边地区扩展，首都旅游产业的快速发展几乎带动了城市各个产业和城市功能完善的步伐。另一方面，首都国际化大都市的定位在很大程度上加速了各区城市化及城市现代化的进程，旅游业自身的内生优化作用表现得淋漓尽致。值得注意的是，北京市“十一五”规划的编制第一次打破行政区划编制区域经济规划，将北京市 18 个区县划分为 4 个类型区，西南各区赋予了新的功能。这为京西南旅游经济一体化——集群式规划发展提供了先例，实现除旅游资源外的相关产业、基础设施、资金与技术、人才和管理及客源等资源的共享。

二、京西南旅游经济集群式发展的客观条件

京西南旅游经济的发展，要实现由主导产业到支柱产业的转变，要在带动和与其他相关行业互动中实现良性循环，就必须由过去的“高流量、低消费”的数量型增长向文化含量较高的质量效益型增长转变。这是西南地区旅游经济可持续发展的必然选择，也是增强其旅游市场国内、国际竞争力的现实需要。

（一）京西南文脉相同，地土相连——旅游经济的文化内涵一致

现代旅游的实质是一种高层次的文化享受，那些被赋予较深文化韵味的景区、景点往往是最具市场生命力和发展潜力。尤其是位于首都北京，除了庞大的国内客源还要面向国际旅游客源市场，这更需要我们打造高目标、高起点、高品位、高质量的旅游产品。北京的“母亲河”永定河横穿西南使这五个行政区成了一个不可分割的整体。京西南旅游的核心和精髓是发掘西南地区特有的古文化和地域文化品牌。周口店北京人遗址、商周燕都遗址、老山汉墓、潭柘寺、宛平古城、团河行宫等人文景观文物，世界石花洞地质公园、十渡山水、西山八景、妙峰山、百花山、半壁店森林

公园等自然景观，及不少非物质文化遗产，新型的现代休闲旅游产品，这一切都为京西南地区旅游经济联动，科学规划，统一推介，集群发展打下了良好的物质基础和绝好的环境基础。挖掘传统旅游产品的同时，注重那些具有现代主题、文化内涵深、参与程度高的旅游项目或产品，把全新的文化观念、文化创意融入到旅游经济中，创造一批集经济效益、社会效益、生态效益于一体的高附加值旅游产品。这势必形成特定的消费者群体，使重复性消费变成可能。

（二）可持续性是京西南旅游经济发展的根基

实现旅游经济的可持续发展，就是要将发展作为旅游经济的根本目标。位居首都北京，京西南地区旅游资源的开发、利用，既要限制在北京旅游地生态系统的承载力之内，为以后发展留有空间和机会，避免对自然环境破坏性开发，又要满足现实的旅游市场需求，尽可能解决剩余劳动力，增加旅游区人们的经济收入，实现社会效益的最大化。坚持自有地域特色的基础上，五区联动科学合理地设计、开发整体的旅游产品品牌；坚持在旅游景区、景点的开发改造上争取以较小的投入和人为改观，换取较大的经济、社会、文化和生态效益；坚持旅游经济各要素之间的协调，使旅游供需双方，即消费者与旅游资源、环境、旅游地居民之间，以及旅游业自身的食、住、行、游、购、娱等六大要素之间协调、适应、配套，使整个旅游系统的整体功能达到最优化；坚持旅游资源开发保护并举的原则，因为旅游资源中自然资源属于非再生性资源，人文资源是人类历史文化遗产，亦具有非再生性。强调京西南旅游产业集群式发展，统一协调部署的意义在于：整个地区的生态旅游以注重社会、经济、文化、环境协调为特征，最大限度地符合旅游可持续发展的要求，引导可持续发展的更高层次的现代文明旅游方式。

（三）文化创意产业和休闲观光农业——京西南旅游经济的增长点

文化创意产业是指依靠创意人的智慧、技能和天赋，借助于高科技对文化资源进行创造与提升，通过知识产权的开发和运用，产生出高附加值产品，具有创造财富和就业潜力的产业。联合国教科文组织认为文化创意产业包含文化产品、文化服务与智能产权三项内容。它是发达国家经济转型过程中的重要产物，由于附加值高、发展可持续，这一新兴产业越来越为各国所青睐，其增长速度远快于整体国民经济增速，是一个国家软实力的象征。在北京当故宫、天坛、长城、十三陵这些老名片逐渐为中外游客所熟知，随着人们休闲生活品质的提高，彰显个性消费的旅游新元素、新标识，自然成为北京旅游经济新的关注点。中外专家一致看好文化创意产业，坚称是北京极具发展潜力的新兴产业。大兴国家媒体产业基地、大红门服装服饰创意产业集聚区、石景山数字娱乐产业基地、房山长沟文化创意产业基地、北京（房山）历史文化旅游集聚区等众多文化创意园的建设，十多所高校在南部和西南新校选址及良乡大学城的落成为京西南的文化创意产业开了先局。相信在五区政府的共同努力下，还会有更多的文化创意项目落户西南，缩小南北和东西这一新兴产业上的差距。

如果用如火如荼来形容北京远郊区县休闲观光农业的发展势头一点都不为过。休闲观光农业的兴起和发展是人类遭受城市环境恶化和生态环境破坏的双重压力下返璞归真的渴望，是一种以农业和农村为载体，包括广泛利用农业生产，农业资源，乡村民俗风情及乡村文化等条件的以农业生产为主的，以休闲观光为重点的具有乡村特色和现代农业特色的，把休闲观光活动与农业生产活动结合起来的新型产业形态。北京的休闲观光农业基本分布在景区边缘地带、远郊山区交通发达地带及城郊结合部的都市生态农业带。依托自然优美的乡野风景，舒适怡人的清新气候，环境生态的绿色空间，让游客回归自然，尽享自然生态的韵味，农家乐的风情，以绿色、生态、自然的农业产业带为载体，为游客提供观光赏景，采摘游玩等项目，或者凭借富有特色的地域特色和独特的资源优势，为人们提供垂钓、捕捞、加工等休闲项目，让游客品尝原汁原味的农家菜，体验淳厚的农家风情。在京西南地区，特别是门头沟和石景山两区，游客体会到的是原汁原味的老北京民俗风情。这种比较松散和灵活的旅游形式在有关部门的正确引导和管理下，具有为本地居民带来创收功能的同时，还可以发挥其教育功能、示范辐射功能和文化传承功能。让传统农耕文明文化和现代休闲娱乐思想的胶乳，让我国德民俗习惯和文化的得以延续，让我国传统的民间娱乐活动以文化的形式得以展示。文化是旅游的灵魂，旅游是文化的依托，旅游产品的竞争力最终体现为文化的竞争力。

三、旅游安全——建设京西南旅游经济集群式发展的保障

旅游经济安全是一个全新的概念，但不是一个全新的问题。“只要有旅游业存在，旅游业就有一个安全问题”。旅游经济安全不是旅游安全，却又大于并高于旅游安全。它贯穿于旅游活动的六大环节，可相应分为饮食安全、住宿安全、交通安全、游览安全、购物安全、娱乐安全六大类。从旅游学角度看，可分为旅游主体安全即旅游者安全、旅游媒体即交通安全和旅游从业者安全，旅游客体安全即旅游资源的安全，涉及资源的保护、环境容量与可持续发展。所以说，旅游经济安全问题也就是京西南旅游经济可持续发展的问题。

（一）五区政府联动行为保障

旅游经济的壮大程度能看出政府对旅游的重视程度。北京市政府的每个五年计划中，旅游经济业和会展业规划是重要组成部分，这凸显了旅游业在首都经济的地位和作用。在旅游业发展过程中，有一系列重要的工作只能由政府或主要应由政府承担，例如，旅游合作协定的签订，各区、县旅游发展规划的制定、本区域内整体旅游形象的塑造和促销，旅游基础设施的建设；对旅游业的政策、资金、人才、资源开发以及市场开发等各个方面的扶持。其次，从政府与相邻地区旅游合作方式的灵活程度上，完全反映出了这个区旅游内部环境的优化程度。京西南五区地土相连，旅游资源分布密集而共享决定了旅游经济发展过程中必然发生这样或那样的关系。为了携手推进京西南地区旅游产业发展，五区旅游局于 2008 年 10 月 30 日签署的合作协议就充分说明这种联动的可行性。

（二）强大的投资力度——经济保障

京西南自然旅游资源丰富，人文旅游资源根基深厚，曾经辉煌的一、二产业为首都经济发展做出过不可磨灭的贡献。改革开放后由于种种原因，南城落后了，西南衰落了，以至于旅游市场形成了“重北部和西北，轻南部和西南”的格局——一个地区经济发展的步伐决定着旅游市场的发育程度。“旅游业是一种休闲产业，只有国家经济发展到一定阶段，人们有了进行旅游的愿望和需要、时间和资金的保障能力，旅游才能提到人们的日程”。近年来，产业结构的调整，市政府加大南城投资力度，基础设

施的完善，持续、稳定、快速发展的首都经济为京西南旅游业的发展提供了强大的原动力，地处首都北京又突出了其独一无二的地域优势：名片效应快、交通网络发达、可进入性强、旅游吸引物多、客源市场广阔。

（三）京西南五区的社会保障

一个国家或地区只有在社会安全的情况下，才有可能集中精力去发展经济，也只有经济发展才能为旅游经济安全提供相应的物质基础。社会的安全程度决定着旅游经济发展的保障程度。各区政府应该把旅游安全纳入到安全生产工作的监管体系中来，也是政府间联动协调的一项主要内容，保障旅游人群的生命和财产安全是做好这项工作的最终目标。首先要加大旅游安全宣传力度，拓宽教育渠道，积极发挥媒体普及、高效的特点；其次，培养从业人员的旅游安全意识，将警务、联防、治保点尽可能延伸到旅游触及的每一个角落，杜绝人的不安全行为给旅游经济带来的负面影响；为旅游者提供人身、财产、心理、精神、物质、名誉上的安全，这是旅游业健康、快速、持续发展的基石。再次，做好卫生防疫工作，为旅游者提供食宿安全保障，建立相应的应急机制，为旅游者在开展旅游活动时，提供景点、交通、餐宿等旅游载体和环境的卫生安全保障；最后，相互建立通报和联防制度，做好预防突发性自然灾害事件的应急工作，比如山洪、泥石流、火灾等应对举措。其实，一切保障措施的落实归根到底离不开人的因素——民众和从业人员的素质程度，旅游经济安全是要靠他们的努力去实现的，也考验着旅游经济发展的引力程度。民众对旅游者的亲和程度、包容程度，旅游部门领导、管理、技术、服务人员的谋略、理念导向、综合接待、全面服务的程度，都直接关系到旅游业的兴衰。

（四）树立京西南旅游资源的战略安全意识

发展旅游经济，必须有相关的发展战略。五区政府部门应该根据京西南实情，认真贯彻市政府旅游经济规划精神，结合国情和国际形势的发展变化，及时制定具有前瞻性的、正确的旅游经济发展战略，使旅游经济有一个正确的发展方向，否则会造成旅游经济发展的停滞不前、倒退或蒙受无可估量的损失。京西南有独特的自然和人文景观，浓重的北京民俗和风情、众多需要保护的历史和文化遗产更有不少珍稀动植物资源，旅游战略安全尤其重要，直接关系到旅游业的可持续发展。旅游销售的重要卖点就是环境，毁坏环境就是毁灭了旅游业。必须避免对旅游资源进行掠夺性开发；杜绝对旅游环境进行消耗性经营，根治大量生活垃圾散落形成的环境污染；严防借开发都市休闲业、观光农业园或其他创意旅游项目的名义破坏现有的旅游资源。力争通过五区各职能部门的共同努力，形成一个本区域旅游规划、开发、管理、经营、消费为一体的可持续发展体系并融入到大北京旅游区可持续发展体系中去。

北京传统旅游经济长期以来形成的“轻南部和西南，重北部和西北”格局随着“十五”和“十一五”时期北京旅游业发展规划的实施被逐步打破，并形成了“稳定北部和西北，着力南部和西南”的新格局。发展旅游产业、构建国际一流旅游城市是北京建设国际化大都市迈出的重要一步。北京将实现“一、十、百、千、亿”发展目标，即：创建国际一流旅游城市，旅游收入增加值占全市 GDP 的 10% 以上，年入境旅游收入超过 100 亿美元，入境游接待量超过 1000 万人次，国内游客达到 2 亿人次。享尽首都近 35% 的自然和人文旅游资源份额的京西南五区的旅游经济对北京市 GDP 的贡献率是否也能达到相应的比例，旅游集群合作或者说协作的成功与否就是关键。

京津冀经济一体化的进程势头强劲，建设大北京旅游区也不再是一个新话题了，而且“长三角”和“珠三角”旅游集群的形成已经是成功的范例。作为一种尝试“泛京西南旅游经济合作”，即将毗邻京西南的河北省的旅游资源纳入到京西南旅游集群中来也有其可行之处，同时也会为大北京旅游经济圈的形成提供宝贵的经验。当然，整个大北京旅游经济创新应采取何种模式、方略我们期待着北京市“十二五”旅游业发展规划的政策出台。

作者：京西南区域创新与可持续发展研究团队

参考文献

［1］张辉　魏翔，北京市旅游经济运行特点和发展趋势，北京旅游发展研究报告［M］，同心出版社，2005。

［2］魏国富　金薇，中国旅游经济未来三大发展趋势，新华网，2009 年 9 月 30 日。

［3］刘筱秋，抓住机遇　整合产业建设大北京旅游经济区，新华网，2006 年 4 月 21 日。

［4］李明德　弓宝宏　沈涵，旅游产业在北京城市经济与社会发展中的作用，中国社会科学院旅游研究中心。

［5］北京市“十一五”时期旅游业及会展业发展规划。

门头沟区　房山区区域旅游一体化发展构想

张莹莹　张义丰　祝采朋

一、门头沟区、房山区区域旅游一体化的背景

（一）区域旅游一体化符合世界城市建设的方向

现代旅游业竞争已从景点景区竞争，发展到线路竞争、城市竞争，直至目前的区域竞争。在经济全球化和区域一体化浪潮下，以城市旅游资源为纽带发展区域旅游，已成为国际流行趋势。地处北京西南的门头沟区、房山区区域旅游一体化明显符合世界城市建设发展的方向。

（二）区域旅游一体化符合生态涵养区的发展需求

借助门头沟区、房山区两区的名气和周围良好的生态环境，打造符合城市发展要求的生态涵养区是具有一定生态理念的。从生态学的角度讲，生态环境是指影响人类生存与发展的水资源、土地资源、生物资源以及气候资源数量与质量的总称，是关系到社会和经济持续发展的复合生态系统。而生态是指生物之间和生物与周围环境之间的相互联系、相互作用。由于两区生态环境的类似和相关性决定了发展该区域旅游一体化的可能性，也是现代社会保护生态系统的一种必然选择。

（三）区域旅游一体化符合北京山区旅游发展的实际

通过旅游产业集群优势效应，大量旅游企业在地理空间上的柔性集聚，有利于降低群内企业产品成本、信息成本和外部经济成本，实现规模效应；有利于发挥资源共享效应树立区域旅游品牌，形成区域营销优势。门头沟区、房山区区域产业集群是区域旅游业竞争力提升的有效模式，更是解决北京山区旅游发展的有效途径。

二、区域旅游一体化的理论研究

（一）区域旅游一体化的解释

区域旅游一体化从静态的角度来看是指区域内各国或各地区的旅游业的各种要素，包括旅游者、旅游产品、旅游资金、旅游技术、旅游人力资源，能在区域内得到的合理分配和充分流通，并形成相互依赖、分工发达、优势互补、资源共享的一种状态；从动态的角度来看是指区域内不同国家或地区彼此间为发展区域旅游遵循区域旅游经济发展规律就旅游领域的联合而达成旅游联盟（联合）的渐进过程。

（二）国内外的发展现状

自20世纪90年代以来，区域旅游一体化已成为世界旅业发展的必然趋势。随着我国旅游的纵深发展，区域旅游一体化在我国尤其东部地区蓬勃开展。如长江三角洲地区，2003年《长江三角洲城市旅游合作（杭州）宣言》的签署为长江三角洲城市旅游一体化发展提供了基础平台。《以承办“世博会”为契机，加快长江三角洲城市联动发展的意见》又使各城市充分享受到旅游一体化发展带来的机遇。除此之外，我国其他各省也都分别开展相关的活动，如“中国丝绸之路旅游联谊会”、“南京旅游联合体”、“珠三角旅游推广机构”等。这些联合都极大地推动了区域旅游业的发展。但总体来说，中国的区域旅游一体化尚处于初级阶段，在逐渐呈现活跃的发展态势。

三、门头沟区、房山区区域旅游一体化的基础条件

（一）相似性的客源市场

两地均处于北京的郊区，其旅游形式一般是满足于就近城市居民旅游需求，所以核心市场应为北京，中程市场为北京周边津、冀等城市。下表为两区十一五旅游业发展规划中提到的旅游业市场细分。

表1　国内旅游客源市场细分

客源市场	“十一五”时期（2006－2010）
一级市场（核心市场）	北京及天津、河北
二级市场（基本市场）	长江三角洲、珠江三角洲各城市
三级市场（机会市场）	全国其他地区
细分市场	观光旅游、商务旅游、会议旅游、宗教旅游、购物娱乐旅游、休闲度假旅游、奖励旅游、探亲访友旅游、保健养生旅游、生态旅游

基于以上对两区整体旅游市场的定位和细分，我们发现，作为北京周边最重要的观光休闲地，两区的主要客源市场均为北京，因与天津、河北同属于首都经济圈，因此核心市场可以辐射到天津、河北。游客旅游目的明确，主要有观光、休闲、度假、避暑、采摘、探险、野营、科普等，客流量大，出游率高，消费档次高，客源稳定，开发潜力较大；其他地区游客，数量少，消费档次一般，停留时间短，多为半日游或一日游。两地景区作为京西山水文化休闲走廊中的核心景区，完全具备形成互补性的市场合作的条件。

（二）互补性的旅游资源

1. 自然资源类

主类	亚类	主要景观	
		房山区	门头沟区
地文景观	沉积与构造	普渡山庄景区、白草畔风景区	妙峰山
	地质地貌过程形迹	云水洞、上方山国家森林公园、孔水洞、石花洞、银狐洞、仙栖洞	龙门涧、十八潭、灵山自然风景区、黄草梁风景区、滴水岩景区
水域风光	河段	拒马河	永定河
	天然湖泊与池沼	西湖港、龙乡湖、清江九龙潭、青龙湖	珍珠湖、斋堂水库
	瀑潭	天池山风景区、南方大峡谷瀑布群、孤山寨、十渡水帘瀑	双龙峡百潭瀑布、十八潭
	泉水	圣洁女儿泉	灵山泉
生物景观	野生动物栖息地	大杨山自然风景区、将军坨、十渡	百花山、玫瑰谷

2. 历史人文类

主类	亚类	主要景观	
		房山区	门头沟区
遗址遗迹	社会经济文化活动遗址遗迹	张坊古战道、穆柯寨、周口店北京人遗址、西周燕都遗址、唐古城遗址、新洞人遗址	冀热察挺进军司令部旧址、大寒岭关城、琉璃窑遗址、东胡林人遗址
建筑与设施	综合人文旅游地	石经山、探祖寻根、圣米石堂、灵鹫禅寺、云居寺、大峪沟摩崖造像、白水寺、瑞云寺、玉虚宫、吕祖庙	门头沟博物馆、东魏武定三年刻石、灵岳寺、灵严寺、西峰寺、潭柘寺、戒台寺、崇化寺
	单体活动场馆	碧溪垂钓园、蒲洼天龙狩猎场、北京惠翔园度假村、碧莹水上游乐场、京辉高尔夫球场、云居滑雪场、葡萄山庄、百菇园	龙门森林公园、小龙门森林公园、西山国家森林公园、龙凤山滑雪场、庄士敦别墅
	景观建筑与附属型建筑	庄公院、昊天多宝佛塔、铁瓦寺、姚广孝墓塔、天开塔、万佛堂、豆各庄塔、莲花山古刹、房山古塔、良乡塔、效劳台、照塔、金仙公主塔、于庄塔、周吉祥塔、弘恩寺、蟠桃宫	圈门过街楼、爨（cuan）底下村、双林寺
	归葬地	明十三陵、庄亲王墓、乐毅墓、金代帝王陵遗址、平西抗日烈士陵园、	周自齐墓、宛平县抗日革命烈士纪念碑
人文活动	民俗节庆	云居寺浴佛节、高台蹦极大赛、石雕艺术节、山水节、张坊金秋采摘节	妙峰山进香庙会、灵山藏族风情节、高山玫瑰节

门头沟、房山两区区域旅游资源地域集聚度高、特色明显、组合优良。两区均属中纬度大陆性季风气候，优越的自然条件造就了以岩溶地貌、动植物资源以及河湖资源等为主的丰富多彩的自然旅游资源。其中，主要山脉均系太行山分支，地形骨架呈现出独特的地质特征，流经的三大水系彼此相通，使得山水景观有序的衔接。

两区悠久的历史，形成了丰厚的历史文化和人文文化，孕育了两地区独具特色的人文旅游资源。这些年，两区都尝试打造文化牌，推出“山水文化”、“京西文化走廊”、“和美山水、文化庄园”等旅游产品，初步显现出两地文化脉络的承接。此外，该区的旅游资源结构合理，地域组合优良，两地旅游资源存在着互补性和优势叠加性。

3. 支柱产业类

①乡村旅游农业。北京已形成庞大的乡村旅游市场。根据2007年的调查，95%的北京市民希望到郊区旅游、度假，近1/3的市民愿意在双休日

到郊区旅游，其中25%的市民有在外住宿的意愿。到2008年末，北京市常住人口1581万人，按照调查中愿意出游和实际出游的人数比例，郊区的休闲度假市场已经是一个相当有规模的旅游市场。对于地处北京山区的门头沟、房山两区的乡村游发展更是如火如荼，都已凸现规模。两地的乡村旅游类型大体有以下三种：一是依托景区发展型。如门头沟区灵山景区的江水河村、妙峰山景区的涧沟村、樱桃沟村、门头沟古民居爨底下、石板房等村。这些村地处景区腹地或周边，地域位置优越，客源市场稳定，所以他们是发展民俗旅游最快的群体。二是依托特色林果业发展型。两区都有着丰富的林果资源，可采摘的品种很多，如京白梨、苹果、红果、红杏、樱桃、草莓、香椿、核桃等干鲜果品应有尽有。通过开发各种果园，吸引游客到园内参观、采摘，还可餐饮住宿。这样，不仅有了旅游接待的收入，而且还增加了农产品的经济附加值。如门头沟的农梦园、妙峰山樱桃园、采摘梨园，房山北石门村、水峪古村落等都属这种类型。还有一种是依托养殖业发展型。利用珍禽养殖建成集餐饮、住宿、娱乐、观赏、垂钓、品尝为一体的休闲旅游场所，从而发展休闲旅游。这样，既扩大了农民就业的机会，同时也达到了农民增收致富的目的。如门头沟潭柘寺镇鲁家滩村的仙潭珍禽园、清水镇张家庄村的清水鹿鸣园、黑龙潭的泉水河谷文化休闲长廊等都属这种类型；②生态环保工业。生态产业也呈现一定的互补性。历史上，门头沟区煤炭资源丰富，自元代以来一直是北京城的重要能源基地、军事重地和工业基地，房山区更是被称为“煤炭之乡”。所以两区的碳汇工程建设很好，这对发展生态修复和科普教育旅游都起到很大的作用，是提高人们的环保意识、休闲旅游的极好场所。

四、门头沟区、房山区区域旅游一体化的战略研究

（一）整体发展战略

为了城市山区的长远发展，对于门头沟区、房山区的区域旅游一体化建设，应本着生态保护的原则，将其最终打造成北京西部的生态屏障，使得“京西文化休闲、千年古村之旅”名副其实。

（二）旅游服务企业和旅游产品一体化战略

1. 旅游服务企业一体化

①景观专线一体化。对于两大区天然形成的自然景观，可以以山水画廊的形式设计一条旅游景观专线，这样可以让两区属于太行山山脉的山峰和河流构成一条景观长廊，使两地的自然资源形成一个整体，让游客在到达景点的路上尽情欣赏大自然的鬼斧神工。首先是爨底下村——柏峪——黄草梁——龙门峡这样的旅游大环线设计，这样可以将门头沟和房山两区的景点作为一个整体穿梭起来；其次是每个区的主干游览路线设计，房山区为石花洞——圣莲山——十渡——泉水河谷文化休闲长廊——蟠桃宫——白草畔风景区——云居寺，门头沟区则为爨底下村——灵山——妙峰山——龙潭瀑布——潭柘寺——百花山——千亩果桑林——桑峪村；最后是区域间旅游通道的建设。加强这些通道建设的合作，依托区域的公路、铁路等所构成的区域立体交通网络，建立和形成集旅游生产要素和游客流动及服务系统为一体的旅游通道体系。利用这些交通通道最大可能地串联区域内各大景区景点，使这些交通通道成为名副其实的旅游通道。尤其要注意把 108、109 国道等重要的区域性交通要道发展成为黄金旅游通道；②加大配套设施建设一体化，提高旅游服务品质。首先是快速畅通工程建设，实现旅游交通设施体系化。就整体而言，两地专业化的旅游交通公司数量少、规模小、管理水平低下，且交通工具落后，舒适程度不够。因此，加快畅通工程建设，构筑铁路、高速公路以及城市道路有机结合的多层次的立体交通体系是两区区域旅游一体化的重要保障。其次要整体规划好酒店、旅行社布局。两区政府部门要实现资源整合、品牌塑造，引导旅游酒店和旅行社加强行业内部协作、酒店与旅行社的协作，使各企业能针对市场的各种需求进行明确的产品定位，达到旅行社、酒店合理的功能结构，最终实现资源的合理开发与利用。

2. 旅游产品一体化

①旅游产品连接紧密化。由于两地的旅游产品具有很高的相关度，所以可将产品类型归为以下三类：一是“养生＋度假＋休闲”——生态产品一体化。主要将其自然景观形成的山水画廊进行整合；二是“乡土＋绿色＋健康”——乡旅产品一体化。主要是将各个村的特色农业园区进行综合管理，如各种果林文化、民俗文化等，使活动接连不断、延长游玩和停留时间；三是“宗教＋民族＋历史”——文化产品一体化。该区佛教文化盛行，有潭柘寺、云居寺等。古迹文化更是络绎不绝，如古村、古道、古地

道、古街巷、古民居、古树等，形成一道历史长廊，演绎着我国古老的文化；②塑造精品旅游品牌。对两区域内的各旅游景区进行比较分析、排序和布局，最后选出区域旅游业发展的优先旅游区。尤其是针对目前已具有一定知名度的旅游景区旅游项目的配套建设要进行重点开发，重点建设一批融山水文化及乡村休闲为一体的旅游区，尽快形成具有相当产业规模的综合接待能力，增强对国外、国内游客的吸引力；③旅游产品形态多元化。旅游一体化可能带来的不良后果是可能抹杀了各区域内的自身文化的本质特征，使得旅游产品单一化、雷同化和标准化，使区域旅游丧失旅游竞争力。为此，在塑造和培育区域性统一的旅游形象品牌的同时，应重视区域旅游一体化背景下地方特色的保存，旅游产品应具备明显的民族和地方特色，以使区域旅游产品形态多元化。

目前，该区域旅游产品形态的多元化宜应以观光旅游为基础，大力开展多种形式的专项旅游。如会议旅游、节事旅游、商务旅游，以吸引更多的游客来访；此外，对于乡村旅游这一主线，尽量让游客体验到两个区域各式各样的异域乡村风情，生态游也体现了各自的风格，使得一体化中又带有个性化。

（三）联合促销，打造区域独立的知名旅游品牌

1. 树立区域旅游形象

结合两地的旅游资源特点，统一推出“京西文化休闲，千年古村之旅”的旅游形象口号，使其逐渐成为该区旅游的总体形象，最终实现该区域旅游一体化的总体目标。

2. 形成区域旅游营销机制

区域旅游的促销是跨区域的，这种联合促销，可以是旅行社之间，也可以是旅游局旅游协会之间。要形成以政府为主导，旅行商（买家和卖家）、旅游经营者、旅游行会、民间旅游组织、旅游业相关部门及新闻媒体等多主体参与，市场化运作的旅游营销机制。政府可以组织各方定期召开旅游开发协调会，共同研究区域宣传和促销策略，研究互补产品的组合搭配，按共同商定的原则和产品线路报价，合作组织客源，开展日常营销活动。

3. 加强旅游信息化建设

旅游业是信息依赖型产业，它对信息技术具有高度的敏感性和超前性。区域旅游一体化也将使得信息需求潜力与流动规模加大，要求建立新型的交互式的旅游信息体系。旅游信息体系，包括旅馆预订系统、旅游管理系统、旅游咨询系统、旅游线路动态信息网等。纵向上要求建立咨询、预订、服务、管理、救援等一条龙的旅游信息体系；横向上信息的流动要打破地域限制，要求区域内各地进行协作，形成区域一体化的旅游信息网，实现信息的动态化和及时更新，尽最大努力进行面对公众的促销，树立良好的整体形象。

五、门头沟区、房山区区域旅游一体化的未来展望

（一）旅游资源得到优化配置

区域旅游一体化不但丰富了旅游资源的种类和数量，可避免单个景区存在的资源单调薄弱、产品结构单一的致命缺陷，并且将各个景区的优势资源联合开发，可以提高旅游产品的质量；利用资源种类与数量的优势，可以开展多种形式的旅游活动，丰富旅游活动内容，扩大旅游活动的时间容量，满足旅游者对旅游的组合性需求，获取更佳的经济效益。另一方面，有利于在旅游交通、饭店等设施建设、景观开发建设、旅游产品开发、宣传促销、管理机构设置、工作岗位设置等方面进行统一规划、合理布局和资源优化配置，有利于资源共享，降低成本，提高效益，促进旅游供给的优化重组。

（二）区域旅游网络形成带来更多益处

区域旅游网络形成是区域旅游一体化重要特征。旅游一体化带来的区域旅游网络化使得各离散的旅游景点和景区连接成较复杂的要素综合体，景区之间时空距离相对缩短，游客可以从核心景区合理、便捷、舒适地向周边景区移动实现旅游资源的共享，扩展主景区波及面，牵引大片旅游资源的开发。同时，旅游资源因网络化而获得重组，彼此共扼互补以吸引更多不同类型、不同层次的旅游者，旅游活动不必局限于旅游热点和旅游旺季，可以利用冷点资源和弥补资源的节律性更替，实现时序互补。

作者：张莹莹　北京第二外国语学院研究生
张义丰　中国科学院地理科学与资源研究所研究员
祝采朋　中国科学院地理科学与资源研究所研究员

参考文献

[1] 罗明义：《旅游经济学扮，天津南开大学出版社，1998 年。

[2] 许春晓：旅游业省际网络建设的理论与案例研究。

[3]《北京第二外国语学院学报》，2001 年第 3 期。

关于首都西南五区经济发展的思考

王 洁

一、首都西南五区发展条件及现状分析

（一）自然条件分析

首都西南五区包括丰台、石景山、大兴、房山和门头沟，土地面积4866.68平方公里，占北京市总面积的29.66%；2007年末五区常住人口总计437.4万人，占全市26.79%；户籍人口295.3万人，占全市24.34%；区域常住人口密度898.76人/km^2，低于北京全市平均值（995人/km^2），相当于全市平均值的90.33%。西南五区共处于“北京西部生态建设带”和永定河流域文化带上，在北京市的文明起源和历史发展过程中占据着非常重要的位置，著名的周口店北京人遗址就在五区之一的房山区。西南五区一直是北京市重工业建设的主要区域，上世纪对北京市经济起支撑作用的一些大型重工业产业都集中在这五区，例如石景山的首都钢铁、房山的燕山石化与水泥制造、门头沟的煤矿等。与此同时，西南五区也是北京市生态最脆弱、自然灾害发生较频繁、环境污染最重的地区，也是经济欠发达的地区。按照2007年的数据显示，首都西南五区占北京市近1/3的土地和1/4的人口，但是五区GDP总量和财政收入仅占北京市的1/8和1/6。这一数据显示，西南五区的经济发展水平距离北京市同类区域还是有很大差距的。现就西南五区自然生态条件对其经济发展的影响做些探讨。

北京第一大河永定河横贯西南五区，在五区境内，永定河长约170公里。根据史料记载，永定河流域遗址水患频繁，从上世纪60年代以来，永定河流域兴修水利，在两岸开展了大规模植树造林运动，对治理永定河水患和风沙起到了非常大的作用，但随之而来的是下游河道常年干枯的生态

问题。

首都西南五区多山，矿产资源丰富，2000 年北京市各类矿山共计 1749 个，而房山、门头沟两区就占 62%，这为西南五区的重工业发展创造了条件，但也在一定程度上限制了西南五区地域的辐射能力。首都西南五区曾经凭借其先天的自然优势，无论是能源、原材料，还是农副产品都为北京的经济发展做出过积极的贡献，但随着北京市产业结构的调整，西南五区的自然优势不再明显，这也就导致了近年来西南五区经济发展相对缓慢的局面。长期以来，西南五区以资源型为主，所以在之前几十年的发展过程中，生态环境不断遭到破坏。以永定河河道内开采砂石为例，河床内沙坑遍布，严重破坏了河道原有形态，沙化现象日益严重，河道生态日趋恶化。

另一方面，西南五区有着极为丰富的自然景观、民俗文化、历史遗迹等旅游资源，是北京市重要的旅游区。近年来，西南五区的旅游产业也在不断地丰富和发展，对区域经济的贡献逐步提高。

（二）各区现状分析

表 1　北京市西南五区基本现状表（2007 年）

项　　目	常往人口（万人）	面积（平方千米）
丰台区	169. 3	305. 8
石景山区	54. 6	84. 32
大兴区	97. 8	1036. 32
房山区	88. 7	1989. 54
门头沟区	27. 0	1450. 7
西南五区	437. 4	4866. 68
全市	1633	16410. 54
西南五区占全市%	26. 79	29. 66

首都西南五区分属于北京市城市功能拓展区、城市发展新区、生态涵养发展区三类新的城市功能区，其经济发展状况无论是在区域内部还是和同类城市功能区之间都有着比较大的差距。

从区域内部看，五区中，丰台区的经济总量最大，占北京市的 4. 95%，是西南五区的 40%之多；门头沟的经济总量最小，仅占北京市的 0. 6%，而且门头沟区与其他四区的差异也十分明显；每个区的第二、第三产业比重的差距也比较大，其中只有丰台区的第三产业相较于第二产业有明显优势，其他几区都是以第二产业为主导；从人均收入来看，石景山区最高，丰台区次之，二者之间差距也比较明显，大兴区最低。但若把北京市经济技术开发区算在大兴区的话，则大兴区的人均收入最高。

表2 北京市西南五区经济发展现状表（2007年）

地区	GDP（万元）	第二产业比重%	第三产业比重%	人均GDP（元/人）	财政收入（万元）
丰台	4632301	26.36	73.45	27361.5	303305
石景山	2263986	67.34	32.66	41465	137627
大兴	1942984	45.19	47.11	19866.9	277557
房山	2107823	51.83	42.28	23763.5	232226
门头沟	565670	51.95	46.55	20950.7	75974
北京经济技术开发区	4826114	67.0	33		
西南五区	16338878	42.98	47.76	37354.6	1026689
全市	93533200	26.83	72.00	57276.9	18820403（7036259）
西南五区占全市%	17.47	28	11.57	65.22	5.45（14.59）

数字显示，西南五区的经济发展水平远远低于全市平均水平，无论是GDP总量还是人均水平。即使是人均收入最高的石景山区，也仅相当于全市平均水平的72.4%，与北京市同一功能区的东部或东北部区县相比，差距也比较大。总之，经济相对薄弱，第三产业发展比较落后，城市化水平偏低是西南五区的基本特点。

二、西南五区经济发展的特色定位及建议

（一）西南五区经济发展的定位

首都西南五区中，丰台区和石景山区属于城市功能拓展区，大兴区和房山区属于城市发展新区，门头沟区属于生态涵养发展区。笔者认为各区的发展应紧紧围绕其功能分区的特点，结合实际，循序渐进地发展。

对于丰台区而言，在五区中的经济发展优势较为明显，主要依托于一个中心（首都西南物流中心）、五个区域（北京丽泽商务区、大红门特色商业区、河西生态休闲旅游区、特色文化旅游区、中关村科技园区丰台园

及总部基地）发展五大产业，即高新技术产业、现代服务业、物流业、房地产业和旅游业。如前面所分析的，丰台是西南五区中，唯一一个第三产业有相对优势的区，这是丰台区比其他四区的经济发展水平高的主要原因。所以，笔者认为在其发展中需要进一步强化第三产业的优势及质量。

石景山区的发展战略可概括成“一区三中心”。所谓“一区”即指“城市功能拓展区”；三中心则指“城市职能中心、综合服务中心、文化娱乐中心”，逐步提升城市服务的职能。

作为城市发展新区的大兴和房山与上述两区有明显的不同。大兴区的生物工程与医药产业基地、物流配送产业基地、文化创意产业基地、南北中轴线、北京经济技术开发区、未来首都第二国际机场以及依托团河行宫遗址而建的南中轴万亩森林公园等构成了大兴区的产业支撑，以高新科技产业为主，伴随着公交系统的不断完善，其优势将会越发显著。房山区则仍然维持以第二产业为主，发挥自身的资源优势，以北京石化新材料产业、新型建材产业、现代装备制造业三大基地打造房山新城，仍立足于工业强区。

相比于其他几区，门头沟区作为生态涵养发展区，其特色更加鲜明，主要关注点应是旅游业的发展。应充分利用区内的自然资源，在做到生态涵养的同时，利用自然资源发展旅游业。但要时刻注意在旅游业发展过程中对生态可能造成的破坏。门头沟的发展可简单概括为生态旅游、环境建设、基础设施建设、沟域经济及水景观与湿地生态走廊带，在此过程中，要注意永定河文化品牌与自然资源的有机结合。

在简单介绍完西南五区的经济发展定位后，我们不难发现旅游业对西南经济发展的重要性。事实上，在第三届首都西南区域经济发展论坛上就已达成了一个共识，即西南区域今后产业发展的一个重要方向，首当其冲的应是旅游产业。有数据显示，西南五区的旅游业近年来不断发展，对区域的经济贡献逐步提高。2005～2008 年的统计数据显示，西南区域旅游休闲产业营业收入由 2005 年的 41.72 亿元增长到 2008 年的 67.4 亿元，增长了 61.6%；旅游休闲产业营业收入占 GDP 的比重由 2005 年的 4.26% 增长到 2008 年的 5.51%。在旅游业的发展上，笔者认为需要进一步遵循第三次论坛上提出的战略构想，即重点发展五大领域，构建“一带、一区、三板块”五大空间载体，着力推进三大体系建设，充分挖掘区域生态与文化资源，以生态涵养和产业发展相协调为目标，努力将西南五区打造成设施完备、服务完善、文化浓厚、特色凸显的首都一流的旅游休闲度假区。

（二）建议及思考

针对西南五区经济发展状况，笔者认为交通的协调应是发展中的重中之重，市政轨道交通等基础设施的建设必将推动首都西南五区的经济发展。北京奥运后，轨道交通建设成为北京市新的重点工程和经济增长点。2009 年地铁 4 号线开通运营，2010 年年底，北京市地铁大兴线、亦庄支线建成通车，9 号线分段通车，10 号线二期 2011 年分段通车，2012 年全线通车。它们将极大地改善北京南城的交通和区位条件。北京地铁 4 号线与重点高校联系较为便利，有利于人才的流通，同时也连接了中关村科技园和大兴的新兴产业园区，方便了二者之间的交流。按北京市规划，2015 年北京地下交通网络将四通八达，使得整个城市的东西南北合为一体。但是与此同时，这也对西南五区提出了新的要求，如何使得地面交通和地下交通的合作无间，如何紧紧抓住北京南站以及北京第二国际机场建设的良好机遇就成了西南五区的当务之急。

其次就是公共服务的基础设施建设。就当前的情况看，西南五区对教育等配套基础设施的重视程度显然是不够的。但是随着五区内部高新技术产业的发展，以及城市化进程的加快，中小学的数量和质量都会有所提高，而且优秀的中小学及医院等配套基础设施也会成为吸引资金、人才的重要因素。除此之外，道路的拓宽延伸，街道的整治与管理等等，都是不可忽视的潜在因素。

作者：北京大学城市与环境学院

首都西南区域转变经济发展方式问题研究

邹正方　王国庆

摘　要：本文分析了首都西南区域在转变经济发展方式方面存在的问题，深入探讨了这些问题产生的原因，如政府规划、区域定位、企业体制及经济转型等，并从优化转变环境、加强创新激励和节能减排约束、明确区域定位并发展第三产业等方面，提出了加快首都西南区域经济发展方式转变的对策。

关键词：首都西南区域　转变经济发展方式　问题　对策

党的十七大提出了加快转变经济发展方式的战略任务，国际金融危机使我国转变经济发展方式问题更加突显出来，转变经济发展方式已刻不容缓。改革开放以来，首都西南区（丰台、大兴、石景山、房山和门头沟）经济发展已取得显著成绩，但同时也面临着加快转变经济发展方式的问题。从首都西南区的实际出发，按照科学发展观的要求，研究转变经济发展方式存在的问题，分析问题出现的原因，探讨加快转变经济发展方式的途径，对于促进本区域经济又好又快发展具有十分重要的现实意义。

一、首都西南区域经济发展方式存在的问题

近年来首都西南区域加快了经济转型和经济发展方式转变的步伐，不断淘汰“三高一低”产业，高技术产业、都市农业、文化创意和生产服务业等符合北京产业发展要求和首都西南区域经济转型要求的产业实现较快发展，经济发展方式的转变已取得一定成绩，但是与北京市整体水平相比还存在较大差距，经济发展方式的转变尚还存在一些亟待解决的问题。

（一）经济发展水平低，经济发展方式转变环境差

目前，首都西南五区经济社会发展水平明显落后于北京市整体水平，

23.6%，明显高于北京市平均水平；丰台区达到6.2%，略高于北京市平均水平；其余各区该比重则处于较低水平，反映了该区域部分区工业利润率处于较低水平，工业经济效益不佳（见图3：2008年首都西南五区与北京市规模以上工业实现利润占销售收入比重情况）。

（三）产业结构亟待优化升级

1. 第三产业比重相对偏低。随着经济的发展，第一产业在社会生产总值中的比重逐步下降，第二产业的比重也将逐步降低，第三产业的比重继续逐渐上升。第三产业占社会生产总值的比重是地区经济发达程度的重要体现。

2008年，丰台区第三产业比重与北京市平均水平大体相同，但其余四区的第三产业比重明显低于北京市平均水平。与此同时，各区第二产业的比重则明显高于北京市平均水平。第三产业比重低而第二产业比重较高说明首都西南区域各区的产业结构还处于相对较低层次（见图4：2008年首都西南五区与北京市三大产业增加值占GDP比重情况）。

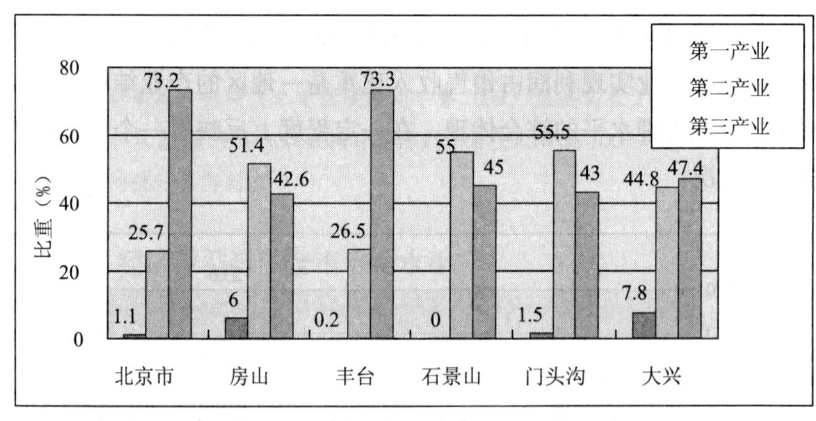

图4

资料来源：根据《北京区域统计年鉴2009》区县篇表2－12地区生产总值数据及表2－12－1、2－12－2三大产业产值数据计算得到。

2. 工业能耗高。经济发展方式转变的一项重要内容是实现经济增长由高能耗向低能耗的转变。万元GDP能耗指标可以反映地区经济能耗状况。

2008年，首都西南各区的万元GDP能耗均高于北京市平均水平，其中石景山区和大兴区是北京市平均水平的近两倍。首都西南区域各区的万元GDP能耗相对较高说明该区域工业能耗较高，高能耗工业占地区经济比重较高（见图5：2008年首都西南五区与北京市万元GDP能耗情况）。

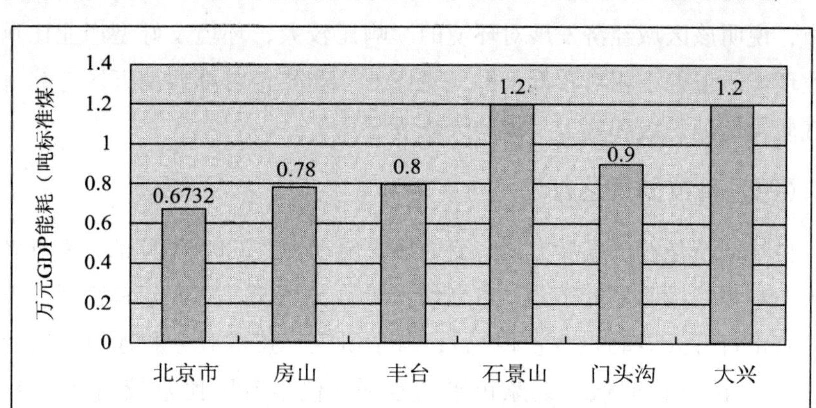

图5

资料来源：根据《北京区域统计年鉴2009》区县篇表2－18万元GDP能耗数据得到。

3. 环境相对较差。随着经济的快速发展，我国面临的环境问题越来越突出，经济发展和环境保护相结合，发展环境友好型产业，建立环境友好型社会，是实现经济发展方式转变的重要内容。空气质量达到二级和好于二级的天数是对区域环境质量状况的一种反映。

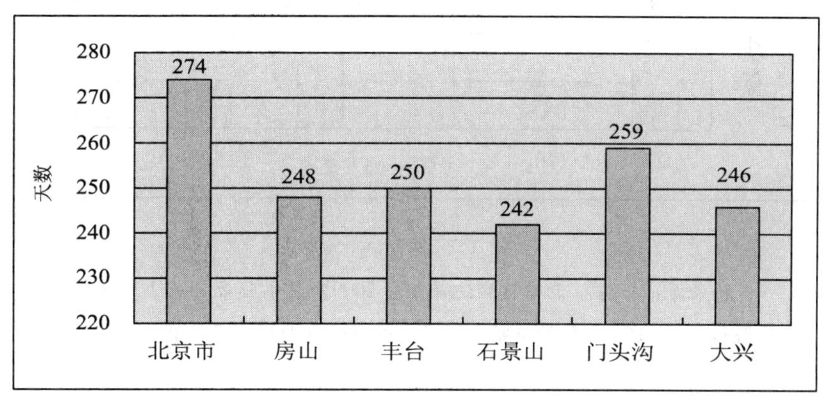

图6

资料来源：根据北京市知识产权局网站区县专利申请对比数据及《北京区域统计年鉴2009》区县篇表2－8常住人口数据计算得到，常住人口按2007年和2008年常住人口平均值计算得到。

2008年，首都西南五区空气质量达到二级和好于二级的天数均少于北京市，说明该区域经济发展对环境的影响比较大，环境友好型产业比重小导致环境质量处于相对较低水平（见图6：2008年首都西南五区与北京市空气质量达到二级和好于二级的天数情况）。

（四）科技创新乏力

科技创新是经济发展方式转变的最重要动力，2008年首都西南五区每万人专利授权量明显低于北京市平均水平（见图7：2008年首都西南五区与北京市每万人专利授权量情况）；科学研究、技术服务和地质勘察业产出占GDP比重普遍低于北京市平均水平，仅丰台区比重较高（见图8：2008年首都西南五区与北京市科学研究、技术服务和地质勘察业产出占GDP比重情况）。这说明科研技术对经济的推动作用不足，首都西南区域的科技创新乏力，使经济发展方式的难以实现根本转变。

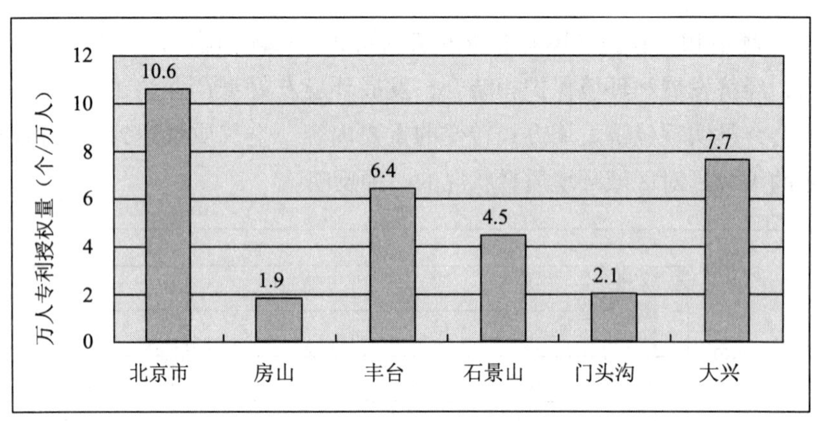

图7

资料来源：根据《北京区域统计年鉴2009》区县篇表2－12地区生产总值数据和表2－16－2科学研究、技术服务和地质勘察业产值数据计算得到。

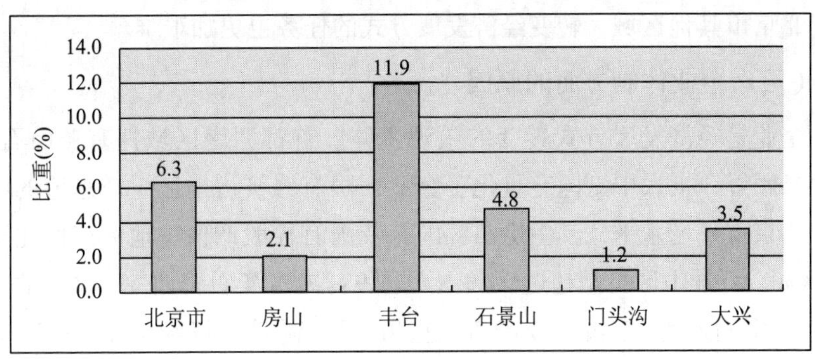

图8

资料来源：根据《北京区域统计年鉴2009》区县篇表2－59环境基本情况数据得到。

二、首都西南区域转变经济发展方式存在问题的原因分析

首都西南区域转变经济发展方式过程中上述问题的出现，其原因主要在以下几方面：

（一）北京市整体规划方面的原因

长期以来，根据其整体规划，北京市在资金投入、重点项目安排、基础设施建设、公共服务配套等方面都重点支持城市中心、京东、京北地区，对西南区域的发展缺乏强有力的支持，造成该区域在基础设施、公共卫生服务、新兴产业发展等方面处于落后位置，缺少大项目、大工程，使得该区域经济发展环境差，对人才、资金及高端产业的吸引力不足，最终导致区域经济发展难以步入良性循环，经济发展方式粗放，经济转型困难。

（二）区域历史定位方面的原因

首都西南区域过去是以传统专业和自然禀赋为主的区域定位，拥有首钢集团、京煤集团、燕山水泥厂、燕山石化等一大批大中型重化工企业及涉及水泥、煤炭、砖土矿、非煤矿山等诸多领域的“五小企业”。随着经济的持续发展，这类资源消耗、环境污染型产业的发展遇到资源环境瓶颈而难以为继，落后小企业被关停并转，传统产业亟待优化升级，而新兴产业由于种种原因没能及时获得快速发展，使首都西南区域经济发展逐渐落

后于北京市其他区域，转变经济发展方式的任务也更加艰难。

（三）企业体制方面的原因

企业是经济发展方式转变的微观主体。首都西南区域拥有燕山石化、首钢集团等一批大中型国有重化工企业，国有经济占地区生产总值的明显高于北京市平均水平，其中房山区国有及国有控股产值占地区产值比重达到88%，石景山区更是超过90%（见图9：2008年首都西南五区与北京市国有及国有控股产值占工业产值比重情况）。随着市场经济体制的确立和完善，传统体制对国有企业发展的制约作用逐渐体现出来，由于企业经营机制不灵活，缺乏强有力的激励机制和约束机制，使得企业普遍缺乏活力，经营效益差，科技创新乏力，进而使整个区域经济效益低、资源消耗高、环境污染重，经济发展方式转变面临更大压力。

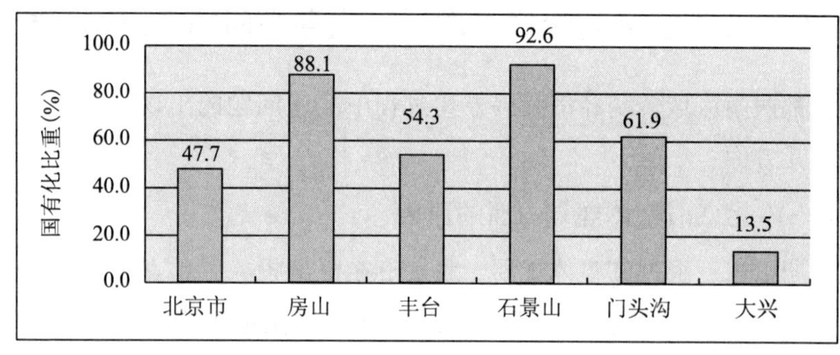

图9

资料来源：根据《北京区域统计年鉴2009》区县篇表2－29工业总产值数据和表2－29国有及国有控股产值数据计算得到。

（四）经济转型缺乏动力和条件

目前，首都西南区域正处于经济发展的战略转型期，传统产业优化升级、新兴产业培育方面面临一系列困难和问题。在一些高能耗、高污染的落后产业遭到淘汰后，首都西南区域在转变经济发展方式上取得了一定成绩，但西南五区在升级传统产业方面缺乏动力和条件，在发展高新技术、现代服务业等新兴产业方面对项目、技术、资本和人才等高端要素资源缺乏吸引力，单靠自身的力量难以强有力的推动产业结构的优化升级，实现经济发展方式的根本性转变。

三、加快首都西南区域转变经济发展方式的建议

为了加快首都西南区域的经济发展，实现经济发展方式的根本转变和产业结构的升级和转型，我们应该做好以下工作：

（一）加强基础设施建设，提升公共服务水平

为加快首都西南区域经济发展方式转变，需要全面增强该区域对优质经济要素、城市功能和人才的吸引力。良好的基础设施及公共服务水平是增强吸引力的基础。为此，首都西南各区应加大对交通、教育、医疗等基础设施和公共服务财政投入力度，积极争取市政府的专项资金安排，采用多种方式积极吸引民间资本及国外资本投资本区域基础设施和公共服务领域，不断加大交通基础设施建设力度，构建现代化交通体系，不断提高京西南地区的教育质量和水平，提升区域医疗卫生水平。同时，要加强供电、热、气等生产基础设施建设，创造良好的投资环境。

（二）明确区域产业定位，吸引优质要素资源

产业结构的优化升级是经济发展方式转变的重点。首都西南各区应立足本区实际，加强各区之间的合作，制定符合本区特色的产业发展方向，加大对产业功能区的规划建设力度，积极争取符合本区产业定位的大工程、大项目落户产业园，发挥其强大的辐射带动作用。实行涉及土地、税收、融资等方面的优惠政策和强有力的扶持措施吸引资金和技术，以京西中央商务区建设为突破口，使更多符合区域功能定位的海内外企业和投资商落户本区域。吸引高等院校和科研院所在本区域设立分支机构，加强人才培养和职业技术培训。通过积极吸引优质资源不断提升产业整体素质和核心竞争力，推进富有潜力的新兴产业发展，促进产业结构升级，加快发展方式转变。

（三）支持中小企业发展，加强科技创新激励

中小企业在实际经济生活中更具灵活性，是经济发展方式转变过程中的先锋力量，是吸纳就业的主力军。首都西南区域普遍存在国有经济比重偏高的问题，中小企业在经济生活中的作用较小。为此，首都西南各区应积极落实国家有关鼓励中小企业发展的各项政策，并结合各区实情，帮助解决中小企业融资难、负担重、政府服务差及不公平竞争等方面的难题，

重点扶持一批创新能力强、符合产业定位及与龙头企业相对接的中小企业。同时，各区政府应积极鼓励中小企业创新发展，如制定鼓励向科技型中小企业进行风险投资的政策，对中小企业进行的技术改进、新产品研发等创新活动给予一定的资金支持，每年评选中小企业科技创新奖，对获评企业在融资、税收、政府采购等方面给予支持，并将先进科技创新型企业的经验进行广泛宣传，对中小企业管理者开展培训，帮助其提升自身管理水平和经营效益。

（四）加大国有企业改革的力度，增强企业经营活力

国有企业在首都西南区经济中所占比重较高，因此，搞活本区域国有企业，发挥国有企业在转变经济发展方式中的作用具有重要意义。首都西南各区应根据本区国有企业发展状况，加快当地国有企业股份制改造，对竞争性领域里的亏损中小国企实行财产民营化或经营民营化，对于竞争性领域的大型国企和绩效好的中小国企，实行产权多元化，增加民营经济的市场主体所占股份。要继续完善国有企业经营业绩考核制度，推动企业在用人、考核、激励制度等方面进行深入改革，监督引导企业切实做好节能减排工作，推进企业在内部建立完善的激励机制和约束机制，鼓励引导企业加强自主创新和品牌建设，以不断提高企业经营的灵活性和经营效益，推进国有企业转变发展方式。

（五）强化节能减排约束，提高生态承载能力

首都西南区要实现经济发展方式的根本性转变，不仅要建立起有效的激励机制，而且要建立并坚持强有力的约束机制。首都西南各区应积极设立符合各区实际的节能减排目标，继续不断淘汰高消耗、高污染、低效益的落后产能，加强监管能力建设，加大执法处罚力度，同时在环评、安评、土地供给、节能审查及项目核准和审批等环节严格把关，严控高耗能、高排放行业盲目扩张。同时，首都西南各区要加强在生态环境建设和治理等方面的合作，共同推动永定河综合开发治理重点工程的实施，共同编制环境保护和生态建设规划，积极争取北京市在生态补偿上加大对西南区域的资金支持力度，不断推进区域生态环境修复，加大环境保护基础设施建设力度，不断提高生态环境的承载力，实现经济的可持续发展。

（六）推进第三产业发展，优化三大产业结构

首都西南区域除丰台区外第三产业比重明显低于北京市平均水平，大力发展第三产业，提高第三产业在经济中所占比重，对实现区域经济发展方式的转变具有重要意义。首都西南各区应根据本区产业功能区定位情况，明确各自发展重点，重点推进研发服务、金融等生产性服务业及数码娱乐、影视动漫等文化创意产业发展。首都西南五区具有丰富的旅游资源和生态资源，各区应加强合作，有效的整合资源，打造本区域特色旅游品牌，把旅游休闲业作为本区实现经济转型和经济发展方式转变的一大特色加以重点扶持。

（七）尽快合并石景山和门头沟两区

可以考虑利用首都涉钢产业搬迁调整后腾出的土地资源，合并石景山和门头沟两区，结合永定河流域治理，形成西部高端功能区和新的经济增长极。

作者：邹正方　中国人民大学经济学院教授

王国庆　中国人民大学经济学院

参考文献

［1］刘航，吴航．国际金融危机对我国转变经济发展方式的冲击．生产力研究，2010（03）。

［2］梅松等．北京经济发展报告（2009－2010）（2010版）（北京蓝皮书）．北京：社会科学文献出版社，2010。

［3］赵弘．深入学习实践科学发展观加快首都西南区域发展——对建设“城市副中心”加快首都西南区域发展的建议．中国城市经济，2009（01）。

［4］尚元君，殷瑞锋．对地方政府财政收入能力影响因素的实证分析．中央财经大学学报，2009（05）。

［5］黄泰岩．转变经济发展方式的内涵和实现机制．求是，2007（08）。

［6］陈征宇．工业企业经济效益评价指标及方法．技术经济与管理研究，1999（03）。

［7］彭志龙．从国际比较看我国第三产业比重．统计研究，2001（03）。

［8］郭叶东．首都西南区域经济发展差异研究．改革与开放，2009（21）。

［9］周茂非等．首都西南区域经济发展研究．北京：中国经济出版社，2008。

英国低碳经济发展模式及其对我国首都西南地区的启示[①]

张跃军

摘 要：低碳经济是经济发展方式、能源消费方式，是人类生活方式的一次新变革。英国是全球低碳经济的先驱，积累了许多可以借鉴的经验。首都西南地区人口较多，自然资源丰富，但经济发展相对落后，环境承载力脆弱，因此，抢占低碳经济发展先机、突破社会经济发展现状是当前首都西南地区值得考虑的重要战略。鉴于此，本文总结了英国低碳经济发展的模式及其主要特征，并根据首都西南地区的具体特征，为其实施低碳发展提出了若干思路。

关键词：英国 低碳经济 首都 西南地区

The low-carbon economic developing mode in the UK and its implications for Beijing's southwestern region

Yue-Jun Zhang

Abstract: The low-carbon economy is universally acknowledged to be a new revolution in terms of economic development, energy consumption and human life. The UK has acted as the forerunner for low-carbon economic development all over the world and a lot of experience can be learned and used. As for the current status in Beijing's southwestern region, we may see relatively large population and

① 基金项目：教育部人文社会科学研究项目基金（09YJC630011）

rich natural resource, but its economic situation appears relatively less developed with weaker environmental capacity. Under this circumstance, developing low-carbon economy and breaking through the backward economic situation should be the important directions for them in the near future. Therefore, this paper briefly summarizes the low-carbon economic developing mode in the UK and its main features, then some constructive solutions are put forward based on the specific conditions in Beijing's southwestern region.

Key words: UK; low-carbon economy; Beijing; southwestern region

随着资源环境与经济发展的矛盾日益突出，21 世纪人类正面临着经济发展方式的新变革，以低能耗、低物耗、低排放、低污染为特征的低碳经济是未来经济发展方式的新选择。实质上，低碳经济是经济发展方式、能源消费方式，人类生活方式的一次新变革，它将全方位地改造建立在化石燃料基础之上的现代工业文明转向生态经济和生态文明。

一、低碳经济发展模式的内涵

低碳经济作为一种新经济模式，包含三方面的内涵。[1]首先，低碳经济是相对于高碳经济而言的，是相对于基于无约束的碳密集能源生产方式和能源消费方式的高碳经济而言的。其次，低碳经济是相对于新能源而言的，是相对于基于化石能源的经济发展模式而言的。第三，低碳经济是相对于人为碳排放而言的，是一种为解决人为碳排放增加引发的地球生态圈碳失衡而实施的人类自救行为。

发展低碳经济的关键在于改变经济发展方式。低碳经济的实质是能源高效利用、清洁能源开发、追求绿色 GDP 的问题，核心是能源技术和减排技术创新、产业结构和制度创新以及人类生存发展观念的根本性转变。

所谓低碳地区，是以低碳经济为发展模式及方向、市民以低碳生活为理念和行为特征、政府公务管理层以低碳社会为建设标本和蓝图的区域。这是首都西南地区实现可持续发展的重要出路。

二、英国的低碳经济发展模式及其特点

（一）低碳经济的由来

“低碳经济”最早见诸政府文件是在2003年的英国能源白皮书《我们能源的未来：创建低碳经济》。[2]作为第一次工业革命的先驱和资源并不丰富的岛国，英国充分意识到了能源安全和气候变化的威胁。它正从自给自足的能源供应走向主要依靠进口的时代，按目前的消费模式，预计2020年英国80%的能源消费必须进口。同时，气候变化已经迫在眉睫。该白皮书从英国对进口能源高度依赖和作为《京都议定书》缔约国有义务降低温室气体排放的实际需要出发，着眼于降低对化石能源依赖和控制温室气体排放，提出了英国将实现低碳经济作为英国能源战略的首要目标。[3]随后，低碳经济的理念得到了日本、德国、美国等其他主要发达国家的普遍认可，相应的措施不断出台。

（二）英国低碳发展政策方向

目前，英国已初步形成了以市场为基础，以政府为主导，以全体企业、公共部门和居民为主体的互动体系，从低碳技术研发推广、政策引导到国民认知姿态等诸多方面，都处于世界领先位置；成功突破了发展“低碳经济”的最初瓶颈，为英国实施低碳计划奠定了扎实的基础。从某种程度上讲，英国已突破了发展低碳经济的最初瓶颈，走出了一条崭新的可持续发展之路。

按照最新的政府规划，英国到2020年可再生能源在能源供应中要占15%的份额，其中40%的电力来自绿色能源领域，这既包括对依赖煤炭的火电站进行“绿色改造”，更重要的是发展风电等绿色能源。在住房方面，英国政府拨款32亿英镑用于住房的节能改造，对那些主动在房屋中安装清洁能源设备的家庭进行补偿。在交通方面，新生产汽车的碳排放标准要在2007年基础上平均降低40%。同时，英国政府还积极支持绿色制造业，研发新的绿色技术，从政策和资金方面向低碳产业倾斜，确保英国在碳捕获、清洁煤等新技术领域处于领先地位。[4]

在政府的倡导下，英国各地区制定了具体的低碳经济发展行动。以伦敦为例，2007年2月，伦敦发表《今天行动，守候将来》（Action Today to

Protect Tomorrow）的报告，计划将碳减排目标定为在2025年降至1990年水平的60%。[5]伦敦政府认为，转用低碳技术的成本，比处理已排放的二氧化碳所需要的成本低。节能及提高能源效率等措施，不会令原有的生活品质下降。反之，加强开发应对气候变化的技术，有助于伦敦发展成为环保技术的研发中心。

就低碳城市建设而言，伦敦市有几个政策方向:①

1. 帮助商业领域提高减少碳排放的意识，并给他们提供改变措施的信息。鼓励所有商业在他们投资的时候都要向低碳一体化过度。

2. 降低地面交通运输的排放。引进碳价格制度，根据二氧化碳排放水平，向进入市中心的车辆征收费用。致力于使伦敦成为欧洲国家中电力汽车的首都。

3. 改善现有和新建建筑的能源效益。推行“绿色家居计划”，向伦敦市民提供家庭节能咨询服务；要求新发展计划优先采用可再生能源。

4. 发展低碳及分散的能源供应。在伦敦市内发展热电冷联供系统，小型可再生能源装置（风能和太阳能）等，代替部分由国家电网供应的电力，从而减低因长距离输电导致的损耗。

5. 市政府以身作则。严格执行绿色政府采购政策，采用低碳技术和服务，改善市政府建筑物的能源效益，鼓励公务员习惯节能。

6. 为了适应伦敦市未来更炎热的夏天，政府通过合理可行的方法，设计出减少水消耗的建筑。

（三）英国低碳发展模式的特征

低碳经济潜力巨大，其影响不亚于一次工业革命。低碳计划带来的经济刺激对英国走出当前经济衰退，实现可持续发展有显著作用，同时将从根本上提升英国的核心竞争力，建立英国在全球低碳经济中的前沿地位。基于坚实的政策基础、资源基础和工业技术基础，英国低碳经济发展的模式具有如下几个方面的鲜明特征。

1. 发展低碳经济有助于英国培养新的经济增长点，走出金融危机的阴影。受全球金融危机和经济危机冲击，目前英国金融服务、零售业和建筑业复苏缓慢，英国政府必须打造新的经济增长点，方能尽快走出经济低

① http：//www.china-up.com/international/message/showmessage.asp？id＝1022

谷，而以发展新能源和鼓励科技创新为重要特征的“低碳经济”不仅能解决油价高企、气候变暖等问题，还将创造巨大的内需市场，吸引大量外来投资。因此，发展低碳经济已成为未来英国经济复苏的重要突破口。

2. 英国政府的低碳经济发展计划对能源、工业、交通、住房等各领域的发展提出了详细的减排要求，将有效促进太阳能、风能等新能源产业的发展和传统产业的低碳化升级改造。在英国政府的政策刺激下，英国国内和外国的企业将进一步扩大对英国新能源产业的投资，有效地缓解英国当前严峻的就业压力，提高环保产品和服务的收益。同时，英国政府在财政预算中拨出专款支持绿色产业和绿色技术，旨在扶持关键企业应对气候变化，包括海上风力发电、水力发电、碳捕获及储存。

3. 发展低碳经济促使英国抢占低碳经济先机。英国抢先布局低碳经济战略，为其在低碳经济时代扩大低碳服务和技术产品以及低碳制造业产品抢夺了先机，为其重振昔日全球贸易大国的地位奠定了基础。

三、首都西南地区发展低碳经济的必要性

北京市西南地区包括丰台、石景山、大兴、房山、门头沟五个行政区，同处北京市的母亲河——永定河流域。目前而言，西南五区占全市30%的土地面积和27%的人口，却只创造了北京市12%的GDP和6%的地方财政收入。与其他几个区相比，西南地区的经济发展相对落后，产业结构相对传统，但矿产资源丰富，环境承载力脆弱，低碳发展需求迫切。

西南地区自然资源丰富，但环境治理压力较大。西南地区的自然资源曾为北京经济发展特别是能源供给、城市农副产品供应做出巨大贡献，被誉北京的“一盆火”、“一盆水”、“菜篮子”和“米袋子”。在矿产资源方面更是得天独厚，尤其是在房山和门头沟两区。

以房山为例，其煤、水泥、石材等为北京的发展做了很大贡献，但是，资源型区域在不规范的市场经济条件下盲目、无序、过度发展，“有水快流，乱采乱挖”的短期利益付出的环境代价的治理是长期的，支出是巨大的。而国有大型企业转制带来的人员包袱、社会负担、公共服务等一系列问题成了他们沉重的包袱，低碳发展需求迫切，但相关成本支出能力不足。

着眼于北京市未来的发展蓝图以及各地区的特点，北京市将西南五区

的定位为，丰台和石景山为城市功能拓展区，房山和大兴为城市发展新区，门头沟为生态涵养发展区。按照这种思路，丰台、石景山、房山和大兴在加快城市建设的过程中，应该重视低碳经济的发展战略，重视低碳技术创新，抢占低碳产业优势；而门头沟地区更应该按照低碳发展的思路，发挥生态功能，打造低碳社会。

四、北京市西南地区发展低碳经济的主要出路

目前，我国已在13个省市开展低碳发展试点工作，① 但是，全国还没有发展低碳经济的统筹安排。在此情况下，建议首都西南地区借鉴英国低碳经济发展模式，因地制宜，统筹考虑资源、地质、经济结构、技术水平等基础条件，大胆建立"低碳经济特区"，进行低碳经济示范，从多层面推进低碳经济发展。具体对策包括如下几个方面：

（一）政府把低碳经济的发展模式纳入发展战略视野，从前瞻、长远和全局的角度部署低碳经济发展思路

在产业结构调整、区域布局、技术进步和基础设施建设等方面，为向低碳经济转型创造条件。发展低碳经济过程中，政府应该超前认识，超前谋划，积极应对，行动适时，特别是对发展低碳经济应建立长效机制和科学的制度安排，使各区在政府层面、企业层面、社会层面和公众层面上，实现经济活动低碳化——低碳活动企业化——低碳技术创新化——低碳模式制度化——低碳参与公众化——低碳体制社会化——低碳合作国际化——低碳文明生态化。

（二）调整产业结构，发展具有低碳特征的产业，限制高碳产业的市场准入

产业结构调整是发展低碳经济的重要途径。[6] 众所周知，知识密集型和技术密集型产业属于低碳行业。又如现代服务业也是一个能耗低、污染小、就业容量大的低碳产业。此外，开发和利用好可再生能源产业是当前发展低碳经济的重要途径，[7] 也是首都西南地区大有发展潜力，并可能成为新的经济增长点的低碳产业。优化产业结构，提高高碳产业准入的市场

---

① http://www.hb.xinhuanet.com/newscenter/2010-08/07/content_20556315.htm

门槛，积极发展可再生能源产业对首都西南地区未来经济发展具有举足轻重的战略意义。

（三）考虑按照不同地区和部门的特点，确定低碳经济试点区，支持低碳绿色产业的整合和发展

建立一批低碳社会实践区、低碳产业实践区、低碳经济区、低碳城市实践区。积极争取外部支援，建设若干低碳社区、低碳商业区和低碳产业园区等低碳发展综合实践区，以促进低碳技术的应用，带动低碳经济的发展。此外，建议政府统一规划，支持低碳绿色产业的整合和发展。以旅游业为例，门头沟、房山、丰台、石景山的旅游资源丰富，而且各具特色，但目前基本上是关起门自己搞自己的，没有放大旅游资源。将来，建议整合西南地区的旅游资源，做强西南旅游品牌，共同策划特色旅游线路。比如整合门头沟的潭柘寺、戒台寺和房山云居寺的宗教文化旅游。同时，在策划旅游主题活动、建立游客咨询服务中心和旅游信息平台等方面加强合作。

（四）发展有机、生态、高效的低碳农业，降低农业对化石能源的依赖

发展低碳农业的路径包括，一是大幅度减少化肥和农药有用量，走有机生态农业之路。二是充分利用农业的剩余能量。如充分利用作物秸秆资源，防止环境污染，探索出综合利用作物秸秆资源的新途径。三是推广太阳能和沼气技术，在农村普及太阳能集热器是发展低碳农村的有效途径。在规模化畜牧业养殖中，可利用畜牧粪便开发沼气，获得生物质能。

（五）开发低碳城市居住空间，提供低碳城市公共交通系统

在建筑设计上引入低碳理念，如充分利用太阳能、选用隔热保温的建筑材料、合理设计通风和采光系统、选用节能型取暖和制冷系统。倡导居住空间的低碳装饰、选用低碳装饰材料，避免过度装修，在家庭推广使用节能灯和节能家用电器，鼓励使用高效节能厨房系统。另外，城市交通工具是温室气体主要排放者，发展低碳交通是未来的方向，为此，鼓励西南地区发展公共交通系统和快速轨道交通系统。

五、结束语

在气候变暖已经成为全人类威胁的今天，我们正在没有选择地走向

“低碳经济”。低碳经济是以低能耗、低污染、低排放为基础的经济模式，是人类社会继农业文明、工业文明之后的又一次重大进步。

首都西南地区能否在未来几十年里把握低碳发展的先机，发挥本地区的特殊优势，突破目前的发展状况，不仅实现本地区社会经济的可持续发展，也为整个首都经济的科学发展提供更大的支持，很大程度上取决于各地区应对低碳经济发展调整的能力和落实低碳经济发展模式的思路。

首都西南地区吸取英国的有关经验，走低碳经济的发展道路，既符合当前经济社会可持续发展的要求，也符合应对气候变化的要求。只有积极应对低碳经济，建立与低碳发展相适应的生产方式、消费模式和鼓励低碳发展的宏观政策、法律体系和市场机制，最终实现由高碳时代到低碳时代的跨越，才能真正实现首都西南地区经济社会、人与自然的长期和谐发展，才能沿着低碳经济的道路稳步迈进。

作者：北京理工大学管理与经济学院、能源与环境政策研究中心

School of Management and Economics，Beijing Institute of Technology，Beijing、Center for Energy and Environmental Policy Research

主要参考文献

［1］朱四海．低碳经济发展模式与中国的选择．发展研究，2009，(5)：10－14。

［2］UK. Our energy future-creating a low carbon energy［R/OL］．2003，http：//img. hexun. com/2009－11－26/121826285. pdf。

［3］陈柳钦．低碳经济：国际发展动向与中国的行动［J］．北京市经济管理干部学院学报，2010，25（1)：3－9。

［4］张庆阳．向英国低碳经济学什么［J］．中国天气网，http：//www. weather. com. cn/climate/qhbhyw/03/371268. shtml。

［5］庄贵阳，谢倩漪．低碳经济转型的国际经验与发展趋势．中国网，http：//www. china. com. cn/international/txt/2009－12/11/content_ 19050525. htm。

［6］鲍健强，苗阳，陈锋．低碳经济：人类经济发展方式的新变革［J］．中国工业经济，2008，(4)：153－160。

［7］史立山．构建低碳经济发展模式的途径［J］．中国投资，2010，(3)：84－86。

科学统筹　加强管理
做大做强西南乡村旅游产业

民进北京市委员会

乡村旅游产业是指在城市郊区，以自然景观、农业景观、农村文化和绿色农产品等资源为依托，以休闲为主要目的，以旅游设施为条件，为城市人或旅游者提供休息、娱乐、观光、度假、旅游、学习、体验、健身等多种类型的经济活动。首都西南五区生态基础良好，名胜古迹众多，具有得天独厚的自然资源、农业资源和人文资源，为发展乡村旅游产业奠定了深厚的基础。

一、西南五区乡村旅游产业发展的宏观环境

西南五区乡村旅游产业发展依托于北京市乡村旅游产业的发展，而北京市乡村旅游产业具有强劲的供给能力和社会需求能力。北京市乡村旅游产业萌芽于20世纪80年代后期，2009年，北京市乡村旅游累计接待游客2990万人次，收入21.3亿元，分别比上年增长10.6%和13%，实现了发展速度与规模效益同步增长。

（一）乡村旅游产业具有强劲的社会需求能力和供给能力

北京市民对旅游的需求非常旺盛。根据北京市旅游局调查显示，有95%的北京市民希望到京郊旅游，有2/3以上的城市家庭参加过郊区的休闲旅游，其中到郊区旅游3－5次的家庭占16.9%，人均出游率达到1.34人次。全市有15.13%的市民到郊区旅游5次，并且预测北京市民在京旅游人数将保持5%的年均增长率。

截至2008年年底，北京郊区12个区县中50多个乡镇的344个村开展了乡村旅游接待工作，其中高级民俗旅游村167个，乡村民俗旅游接待户

13708 户，其中市级乡村民俗旅游接待户 9089 户；实际运营农业观光园 1332 个，其中市级观光农业示范园 65 个；郊区目前已经形成了 4 万亩设施农业，20 万亩高标准农业节水灌溉工程，规划了 5 个都市型现代农业发展圈。

2009 年十郊区县旅游业数据一览表

区县	昌平	延庆	怀柔	房山	平谷	密云	顺义	大兴	门头沟	通州
接待人次（万人次）	1952.8	1464.1	1083.4	898.8	825.9	757.6	482.2	433.0	395.1	271.2
名次	1	2	3	4	5	6	7	8	9	10
增速（%）	32	26.4	-4.8	26.5	8.4	12.3	37.5	29.2	8.3	139.3
名次	3	6	10	5	8	7	2	4	9	1
营业收入（亿元）	38.6	16.5	14.0	11.5	6.6	10.6	15.9	8.0	4.7	5.3
名次	1	2	4	5	8	6	3	7	10	9
增速（%）	13.0	15.4	7.0	12.7	18.5	12.8	24.8	5.9	15.8	15.2
名次	6	4	9	8	2	7	1	10	3	5

近年来西南区域的乡村旅游产业发展呈现良好态势，例如房山区旅游营业收入增长十分明显。2009 年，房山区旅游景区（点）累计营业收入达到 1.1 亿元，与去年同期相比增长 19.4%；接待游客 473 万人次，较上年同期增长了 26.4%；其中，A 级旅游景区（点）累计营业收入达到 8474.9 万元，与上年同期相比增长 19.4%；门票收入 5960.7 万元，增长了 19.6%；接待 260.1 万人次，较上年同期增长了 27.3%。但从统计中可以看出，相对于昌平、延庆等区县，西南区域乡村旅游在总量上仍有许多提升的空间；相对于通州、顺义、平谷等区县，西南区域乡村旅游在增速上也需抓住时机奋起直追。

（二）乡村旅游产品内容、产业体系类型比较丰富

目前，北京市乡村旅游产品中有乡村酒店、国际驿站、采摘篱园、生态渔村、休闲农庄、山水人家、养生山吧等多种乡村旅游业态实现了产品

升级，各类产品大多建立起了区县、区域、沟域、村镇四个产品梯次，通过“旅游新型业态”塑造新产品，形成了网状产品体系结构。

（三）乡村旅游产业分布较为合理，功能定位较为清晰

北京市乡村旅游产业已经形成了一区一色，一沟一品，一村一品的发展模式。一是产业分布力求错位经营，形成了景观类产品北密南疏西强东弱、民俗旅游东北西南走向集中、观光农业园近郊中郊的产业分布形态；二是结合调整农业产业和新农村建设，从规划、产业布置及公共设施等角度打造了26条乡村旅游沟（带），实现了产业聚合，形成了规模经营；三是改变民俗村单独生产和经营状态，以“以点带面、打造精品、提升品牌”为目标，建设乡村旅游精品项目和典型示范区。

（四）基础设施建设快速发展，改善了产业环境

2006年以来，北京市对郊区投资超过全市投资的50%，2006－2008年市财政投入乡村基础设施建设资金已达54.9亿元。郊区旅游公路升级提高了乡村旅游的可进入性，基础设施建设改善了乡村旅游环境，生态屏障建设改善了乡村生态景观。

（五）投资融资渠道不断拓宽，吸引了众多资金进入产业

在政府投资之外，北京市乡村旅游产业在融资渠道，尤其是在社会资本的引入方面进行了有益的尝试。一是重视发展农民旅游合作社、村镇银行、农村资金互助社、小额贷款公司以及商业银行和农村合作银行分支机构等多种金融机构进入农村，使小额贷款成为可能；二是农民以整体租赁、闲置院落使用权转让、项目经营权转让等形式，使社会资本得以进入；三是通过技术资金联动，通过宽松的投资环境吸引具有先进经营理念的外来投资者进入；四是出台土地、税收等多种措施，吸引国内外众多投资商投资；五是政府搭台乡村旅游节庆融资。

二、西南五区乡村旅游产业发展中需要注意的问题

（一）旅游规划缺乏统筹，管理标准有待提高

目前各区县甚至许多乡镇、村庄大都完成了旅游规划设计工作，但在实际运行中，乡村旅游开发基本上仍处于乡自为战、村自为战、户自为战

的阶段，缺乏统筹规划、统一管理。诸多原因造成一些地方的乡村旅游因开发密度过高和重复建设而惨淡经营。还有一些地方只注意旅游资源本身的旅游价值，而没有考虑旅游要素的空间匹配和组织，不可避免地走向失败。

（二）管理隶属多个部门，政策整合有待加强

调查发现，在有些地方，乡村旅游受到各级政府部门的高度重视，但在某些环节却又没有部门负责，在一定程度上处于管理的真空状态，比如指示路牌的设置就由于政策的限制而无法进行。这种状况一方面与乡村旅游产业经营的分散性有关，另一方面是现行旅游管理体制造成的。在现行管理体制下，乡村旅游的管理机构涉及旅游局、农委、发改委、园林局、国土局等十几个部门，这种多部门条块分割的管理状况，使得产业要素难以整合，支持力量分散，整体功能不能有效发挥，影响和制约了产业的进一步发展。同时由于乡村旅游产业的发展历史还比较短，起点比较低，虽然许多部门研究制定了支持乡村旅游产业发展的政策，但力度仍显不足，再加上政出多门，各部门的支持政策目前合力有限，对经营者积极性的调动达不到设计要求。

就产业自身管理来说，许多经营者都是农民自己经营管理，企业内部缺乏有效的管理措施，有的即使有了一定的管理办法，也由于种种原因无法贯彻执行，这也在一定程度上限制了产业的发展。

（三）部分产业低水平建设，自身同质性较强

产业结构上，存在小、散、低的问题，部分地区产品同质性强，互补性差，特色不突出。一方面，丰富的旅游资源未得到充分的开发与利用，对其深度的挖掘不够，使活动形式过于单调。另一方面，部分经营者盲目追随其他成功经营的乡村旅游地区，不根据当地实际情况搞特色经营，没有做到“人无我有，人有我优”的竞争优势

旅游商品开发上，文化内涵不足，形式单一。虽然一些地区已经开始注重对本地区乡土文化的开发以求推出新的旅游商品，但在更多的地区，旅游商品依然局限于水果、蔬菜等农副产品，没有自己独具特色的旅游商品，从而无法延长游客的停留时间，很难得到回头客。

营销上，手段不多，力度不大。由于乡村旅游产业经营分散，规模较

识，促进乡村旅游服务的程序化、规范化和人文化。

在环保问题上，实行分级制度，根据景区内植被、生态系统的重要性，划分核心区、缓冲区、旅游区。核心区严禁游客进入，缓冲区允许部分科研人员进入，而一般旅游者只允许在旅游区内活动。核定旅游区的环境容量，在旅游旺季超过环境容量时，实行旅游者预约制度。

（四）加强政策研究，进一步优化产业环境

增强政策的导向性。建议根据目前乡村旅游产业存在的规模小、经营分散、投入不高的特点，制定重点扶持政策，包括税收、金融服务等方面的政策；积极推进联合、兼并、收购、参股等多种形式，整合乡村旅游产业组织，引导产业由小、散、低向产业化、集约化发展；同时建议对于一定规模下的民俗旅游户实行免税政策。

扩大政策的支持范围。乡村旅游产业的扶持政策不能仅停留在税收、金融服务等方面，必须深入产业的各个实际环节，发现问题要及时制定出相应政策。

执笔人：尹幼奇　北京市政协委员，民进北京市委科技医卫委员会主任北京市农业局副局长，副教授

陈　博　民进北京市委科技医卫委员会委员，北京市植物保护站常务副站长，高级农艺师

李德山　民进北京市委议政调研处干部，历史学硕士

夏　颖　民进北京市委议政调研处干部，法律硕士

利用首都西南区域转型后遗留资源发展新媒体创业园的建议

农工北京市委员会

在2009年底的北京市“两会”上，中共北京市委书记刘淇提出以建设“世界城市”为目标，把北京的各项建设推向新的高度。同时强调，要进一步深化改革，提升首都发展的内在活力和动力，进一步扩大开放，加快首都发展的国际化步伐，为推动世界城市建设而共同努力。

北京西南五区在北京市整体规划中所承担的职责主要是宜居、环保、生态涵养、为城市核心功能区提供配套服务等职能。这些定位长期以来在一定程度上限制了西南区域的经济发展。特别是在“北京申奥”期间和后奥运时代配合“世界城市”的建设，在城市功能的调整中对小煤矿、小水泥和相关工业的关停治理，给西南五区的经济发展提出了新的挑战，当然也是新的机遇。本文就如何充分利用产业调整后遗留的厂房、配套设施等工业资源，借鉴798模式打造京西新媒体创业园，树立“京城媒体第三极”做些探讨和研究。

一、新媒体的社会影响与产业前景

历史进入21世纪，随着人类社会生产力的发展，技术特别是信息技术飞速进步，人类的沟通交流方式与信息传递的模式发生了翻天覆地的变化，如同古登堡发明印刷术后，报纸才有可能成为一项新的媒体一样，新的技术如云计算、第二代互联网、苹果手机和谷歌手机移动客户端等新技术近年来呈爆炸性增长，也为新媒体的诞生和蓬勃发展提供了广阔的前景。

（一）新媒体的形式与内容

这里指的新媒体是以第二代互联网技术为技术基础，以新一代智能手机和掌上电脑（如苹果的手机、掌上电脑，以及被摩托罗拉、三星、索尼、爱立信、多普达和联想等手机厂商使用的谷歌操作系统 android 手机）为载体的信息传播媒介。在内容上，这些设备可以装载专门的客户端软件，这些软件可以粗略的归类为电子出版物，内容可以是天气预报、餐馆介绍和出行指南，也可以是某个微型博客的客户端或者是传统媒体的客户端。

（二）新媒体的优势

1. 随身便捷，鲜活互动。新媒体的特点之一就是便携，非常易于携带。智能手机、掌上电脑和 MP5 都可以把重量限制在 200 克到 120 克之间，可以随身携带。并且，可以利用 3G 网络和无线热点网络进行上网，随时随地地联络，随时随地地接收和分享信息。对于使用者而言，无论是在等车、候机、甚至是在床头，可以随时随地地阅读和参与意见交换。同时，新媒体和传统媒体不同，每个人既是读者也是作者和编辑，每个人都可以随时随地的报道新闻和突发事件，并附加视频和照片作为证据，可以没有统一的中心与作者，这极大地加大了其鲜活性和互动性，并吸引了更多的关注。

2. 系统开放且多样性。新媒体的硬件是智能手机和掌上电脑，这些设备的软件在技术层面有统一的标准，如谷歌提供了智能手机的标准之一——安智。在这种操作系统下，任何第三方都可以编写软件，而客户可以下载到手机和掌上电脑里，这种应用软件，可以是天气预报、电子地图、餐馆介绍，也可以是杂志、报纸和微型博客。里面传递的信息，可以是航班时刻也可以是对于某个公共事件的评论和意见。

3. 社会影响巨大深远。在美国，新媒体的发展引起了社会各个层面甚至是奥巴马总统的关注。“我没用过 iPhone、iPad，但是它们使信息娱乐化，这最终会影响美国的社会与民主”。美国总统奥巴马在汉普顿大学毕业典礼上发表演讲时表达了他对新媒体的关注。当天，美国多家媒体对奥巴马的言论做出评论。显然新一代电子设备和基于其上的新型媒体正在改变着传统的信息传播模式，并逐渐产生巨大的商业价值和社会影响。

二、新媒体产业对首都西南五区经济社会的提升与带动作用

北京西南的石景山、丰台、大兴、房山及门头沟五区，拥有丰富的自

然资源和历史文化资源，曾为北京经济社会发展做出积极贡献。但由于历史等原因，在北京市的宏观发展和城市功能定位中，从经济发展的角度看有些微边缘化的趋势，新媒体产业的引入对于全面提升首都西南区域经济社会整体发展有着画龙点睛的催化作用。

（一）新媒体将提供全面打造西南区域文化品牌的契机

1. 新媒体产业目前在国内还处在起步阶段，但发展迅速。国内的传统媒体不少已经开始转向新媒体。如“南方报系”的《南方都市报》和《南方周末》就率先在苹果手机发布手机版，使用者只要把客户端程序下载到苹果手机上，就可以每天收到网络版的读物，比传统媒体更方便，可以随时随地的阅读。并且，可以随时发布在线的评论和投票，信息的互动给用户带来了传统媒体无法比拟的方便和愉悦。

2. 传统媒体终将被新媒体所取代并成为社会主流。传统媒体正在经受着新媒体的冲击与洗礼。2010 年 3 月前的 6 个月，美国日报的日均发行量较上年同期又减少了 8.7%，而去年 9 月前的半年已下降了 11%。传统媒体似乎被逼上了“绝路”，却又在新媒体时代获得重生，大量传统媒体转化成新媒体。原谷歌公司总裁李开复博士曾经这样写道：我在纽约的地铁里，我左边是个犹太教拉比（相当于基督教的牧师），在苹果手机上看《纽约时报》，右边是个金发小姑娘在用苹果手机玩高尔夫游戏，而我自己正在用苹果手机看新一期《中国国家地理》杂志，在纽约的地下欣赏我从来没去过的怒江美景，这种便利性和多样性决定了新媒体前景无限。

3. 抓住新媒体产业发展的龙头，全力打造“京城媒体产业第三极”。新媒体在国内发展仍属于起步阶段，西南区域可以利用这个阶段和其产业本身的发展大势来提升自身形象。首都北京是全国媒体产业最大的中心，传统媒体，如电视、报纸和传统网络，这些媒体产业主要集中在北京核心城市功能区，发展较为成熟，西南区域对这些媒体产业的吸引力有限，而新媒体正值起步阶段，资金、资源等各方面还较为薄弱，这就为其与西南五区相结合客观上构成了有利条件。如果西南五区打造了新媒体创业园，将会吸引大量的青年创业者和风险投资的进入，很可能在 5 年内成为新的媒体中心，成为京西的中关村，从而全面提升京西的品牌形象。

（二）新媒体将赋予西南区域新的文化形象

1. 与人文北京相对应的创新精神与人文企业文化。新媒体的从业人员主要是 20 岁到 40 岁之间的青年，技术和管理人员以男性为主，而采编人员则多为女性；同时，媒体的受众也多为年轻人，年龄分布主要是 18 岁到 40 岁之间，年轻、活力、清新和创业成为新媒体文化的主题词。与此同时，新媒体产业中，对于人文的关注与关怀同样成为另一个亮点。同样的，在西南区域大力发展新媒体产业的时候，这些主题词也将和新媒体产业本身一起被赋予西南五区，从而一改过去人们对于首都西南五区的偏见。

2. 与科技北京相对应的高科技媒体形象。新媒体本身就是基于最先进的互联网技术和超微型计算机技术，本身能够吸引大批高科技人才，并且带来全球最新的科技信息与科技成果，对于西南五区树立高科技形象有巨大的促进作用。

3. 与绿色北京相对应的绿色低碳媒体形象。传统媒体在运作的过程中，必须用到纸张等高能耗产品和生态不友好产品；而新媒体主要以无线和 3G 的方式传播信息，不需要传统媒体和报业的纸张制造、出版物印刷、原料和出版物的运输等环境，高效环保低碳，对环境极度友好。同时，新媒体本身所宣扬和承载的价值观念中就有绿色、环保、低碳和乐活的内容。

（三）新媒体产业给西南区域带来的经济与社会效益

1. 新媒体产业的快速发展可以带来当地经济和税收的增长。新媒体在美国等地方兴未艾的蓬勃发展给当地经济带来的新增长点，随着其对传统媒体的替代作用日益显现，吸引了大量的投资和广告，从而从单纯的媒体带动了广告、媒体制作等多个产业链，政府亦能从其中增加税收。

2. 新媒体产业吸收大量当地就业。新媒体整个产业链的发展，在初始阶段可能是来自城市中心或者中关村的创业者，但随着产业链的延伸各种配套服务需要大量本地人员参与就业，特别是具有一定文化素质的大学生们。

3. 新媒体的特点决定了其公司的规模较小，更适应西南五区的经济发展现状。一般是 10 到 100 人之间的公司，而且会有很多这类公司从事新媒体上下游产业链的不同层次的服务，地理上集中就成为了一个必要条件。因此，能够将 100 家左右小型企业集中在一处是很难实现的事情，而首钢或者其配套企业搬迁后遗留的厂房恰恰符合条件。

三、新媒体的产业发展模式与西南五区相关的政策

（一）798 模式可作为新媒体产业在西南五区发展的借鉴

798 原本是北京的电子管厂，在北京产业升级后，剩余的厂房被一些现代艺术家自发的利用起来，给老社区和老工业区赋予了新的勃勃生机。同时，旧有的厂房给予了新的利用，从而避免的浪费，更体现了环保和低碳的新时代产业特色。同样的，如首钢搬迁后，剩下大批工厂和厂房，这其中包括首钢本身的厂房，也包括给首钢配套的厂房。这些厂房的优势是都已经具备基本的新媒体产业发展所需的要素，如已经配备了供电、供暖、交通和供水，稍加改造，就可成为具有现代后工业风格的办公场所，从而满足新媒体创业需要。

（二）应给予西南五区适当政策扶植以促进新媒体产业发展

1. 应列入区域经济发展规划，体现政府引导优势。西南五区政府应该把新媒体产业的发展列入长远规划及“十二五”规划，从整体上调整与调配新媒体产业在西南五区整体产业的定位和布局，从而实现整体最优，体现科学发展观的指导作用。

2. 政府应选定创业园以凸显政府的服务和管理作用。各区政府应做好新媒体创业园的选址工作，通过政府手段打通关节和渠道，而这是私人资本做不到的。同时，政府也可以对入园企业进行更好的管理。新媒体创业园应大于 20000 平方米，能够提供供电，方便高级宽带接入，尽量离地铁等公共交通较近和有一定规模的停车场。

3. 优惠的产业政策和税收扶植期。目前北京新媒体从业人员大多属于个体创业者，拥有资金相对较少，多以自有资本或少量风险投资为运营资金来源，地方政府应在信贷上给予一定扶植。同时，这些企业从投资和组建团队到有收入需要大约一到两年的过程，在此期间，小企业格外脆弱，需要地方政府在工商、税务等各方面予以适当的保护。这样，这些企业才能够活下来，发展下去。

执笔人：杨布懿　农工党北京市委员会宣传部干部，政工师

京西南文化创意产业发展的“手模型”设计

张京成　刘光宇

一、缘起

文化创意产业作为文化、科技和经济深度融合的产物，对北京的世界城市建设具有重要的引领作用。经过将近 5 年的发展，文化创意产业已成为北京市名副其实的支柱产业，成为各区县升级产业结构、转变经济发展方式的重要抓手。当然，在文化创意产业的发展中，每个区县的资源禀赋不尽相同，社会、经济发展水平各有差异，选择何种发展方式，不能一概而论。具体到首都西南五区的丰台、石景山、门头沟、房山、大兴，我们研究后发现其资源分布天然构成了一只独特的“手模型”。“手模型”的客观存在，决定了西南五区比较适合采用“区域协同发展”的模式，有望形成首都文化创意产业的“西南高地”，并与核心城区的“中心高地”相呼应，从而显著提升西南五区在北京市文化创意产业发展大格局中的战略地位。

顾名思义，“手模型”是由一只“手掌”和五根“手指”构成。手掌是指连结五区于一体的西南地域历史文化资源共性；五根手指则各对应一区，它们长短不同、功能各异，表现了五区的差异和特色；同时，这只手又是灵动的，通过手掌的控制、手指的运动和搭配，能够做出拳击、掌劈等千变万化的手型动作，产生各种不同的效果。

二、手掌——有机一体的文化资源共性

发展文化创意产业，必备要素是文化，加速条件是集聚。目前，北京具备如此优势的区域主要有两个，一是由东城区和西城区构成的核心城

区，以皇城文化为共同根基，地理集聚紧凑，从规划战略到产业实践，都已产生了长足进步，形成了首都文化创意产业的“中心高地”；二是由丰台、石景山、门头沟、房山、大兴构成的京西南地区，五区地缘相邻、文脉相通，具备了类似核心城区的产业高地基础。然而，两个区域的发展条件相似，发展成果却存在一定差距，在核心城区文化创意产业如火如荼之际，京西南地区却仍难以产生应有的协同效应。我们认为主要原因是缺乏恰当的规划思路。要解决这一问题，首先应重新阐释西南五区的文化平台，通过与核心城区的对比，取得认识上的突破。

众所周知，北京八百年的建都史在核心城区形成了浓厚的皇城文化，积累了极强的文化同质性和巨大的文化向心力。城区合并之后，进一步方便了文化资源的统一调配与协调开发，更有利于形成文化创意产业的核心竞争力与品牌优势。如果用“铁板一块”来形容核心城区的这种文化共性，那么西南五区的文化共性更适合用“手掌”来形容。二者的不同之处在于：铁板是一个机械的平台，侧重对布点区域的刚性统筹；而手掌是一个有机的平台，侧重对“手指”的柔性连结与协调。所以，同样是一体化战略方向、协同战术原则，较之核心城区，京西南地区发展文化创意产业的战略选择更具辩证性，战术运用更具复杂性。这是由该区域的历史文化特点和地理空间布局导致的必然现象。

首先，“文脉相通”是西南五区协同发展文化创意产业的根基，具体表现为永定河流域文化带累积的深厚历史文化底蕴。它脉络清晰、集中度高，远古、中古、近代都有丰富的文化遗存，从新石器时代、西周、战国、秦、汉、西晋、南北朝、隋、唐、辽、金、元、明、清、民国，各个历史时期均有代表性文化，而且品质精，档次高，记录了北京地区 1 万年的人类活动史，3000 年的建城史，850 年的建都史，1700 年的宗教历史。在 170 多公里流域中有这么多的高质量景点、遗迹、遗存集聚，在北京甚至全国都是首屈一指，其在北京城市文明起源和发展过程的重要意义不亚于中心城区。然而，永定河文化带串联的只是五区文化的相近性，而非文化的相同性，这就决定了五区发展文化创意产业的依托只能作为一只“手掌”对区域文化资源进行有机整合，而不能成为文化高度同质的“铁板一块”。

另一方面，“山水相连”是西南五区文化创意产业集聚的天然硬件基础，具体表现为地理相邻、发展条件相仿、合作前景广阔。相对于仅拥有90多平方公里面积的核心城区，占北京全市近30%面积的西南五区所能承载的产业集群规模高出了一个量级，能够更广泛地汇集信息流、技术流、资金流、人才流，为文化创意产业的集聚发展拓展空间，发挥规模优势，提升整个区域经济的地位和影响力。由此决定了京西南地区不能形成核心城区那样的刚性“铁板”效应，只能作为一只柔性的“手掌”，发挥连结与协调的作用，组织首都文化创意产业发展的“集团军”。

三、五指——各具特色的产业发展路径

有机一体的文化资源共性只是五区协同发展文化创意产业的基础和平台，而五区文化资源的特性和基于此的特色开发手段则是五区协同发展文化创意产业的前途和路径。客观而言，五区在文化资源上并不平衡，在发展文化创意产业的方式上也表现出了明显的地域风格，如同一只手上的五个手指，长短粗细各不相同。

（一）丰台——中指高端引领

近年来，丰台区文化创意产业呈现较好发展态势。从总体上看，文化创意产业增加值保持平稳增长，所占全区比重处于明显上升态势。2009年全区文化创意产业实现增加值60.7亿元，占全地区生产总值的10.1%，占全市文化创意产业的4.05%，较2008年同比增长16.7%，增速高于全市5.5个百分点；全区文化创意产业规模以上单位377家，占全市的4.7%；实现收入192.3亿元，占全市的3.54%，同比增长23.5%；资产总计229.8亿元，占全市的3.16%，同比增长40.7%；上缴税金10.3亿元，占全市的3.88%，同比增长13%。

从特点上看，丰台文化创意产业凸显三大亮点：一是软件网络及计算机服务、其他辅助服务和新闻出版等三个重点领域贡献明显，已成为文化创意产业实现收入和实现利润的主要来源；二是非公经济所占比重突出，区内文化创意产业规模以上单位中非公有制及混合所有制经济所占比重近五成；三是科技园区蓬勃发展，科技园区文化创意产业主要经济指标均超过50%。

目前，丰台区从建设世界城市、实施城南行动计划、实现率先崛起的

战略高度，对全区文化创意产业进行规划部署，通过三大抓手，着力推进文化创意产业发展。一是立足市场需求，优化产业发展环境，不断完善文化创意产业的规划、产业政策、基本制度和公共服务平台。二是着眼长远目标，夯实产业发展基础，抓好三个“一批”。即抓好一批重点项目；抓好一批龙头企业、骨干企业和支柱企业，同时不放松对中小企业的支持；抓好大红门、莲花池、丰台科技园区、世界公园等一批文化创意产业集聚区。三是把握企业愿望，改善产业运营服务。充分发挥区文化创意产业发展领导小组及其办公室、企业家联盟等社会中介组织的作用，充分调动区政府相关委办局和各街乡镇的积极性、创造性，做好统筹协调工作和跟踪服务工作，特别是为全区的重点文化创意企业、重点集聚区和重点项目服好务。

综合丰台区文化创意产业发展现状与未来趋势判断，丰台区已经具备了相当强的基础，并探索出了适合自身发展的方向与重点，多数产业发展指标高居西南五区前列，具有突出的代表性和标杆引领意义，能够作为“手模型”中最长的“中指”。

（二）石景山——食指指引方向

近年来，石景山区按照首都城市总体规划中城市功能拓展区的定位要求，明确发展思路，以打造首都文化娱乐休闲区（CRD）为主线，抓住首钢搬迁后地区产业升级改造契机，大力发展以数字娱乐为核心的文化创意产业，形成集聚效应，有效弥补了首钢涉钢产业搬迁调整对地区经济发展带来的产业空心化等不利影响。截止2009年底，石景山区文化创意产业企业已超过2500家，2009年实现收入120亿元，税收5亿元。目前，石景山区创意产业的发展涵盖了网络游戏、动漫画、手机游戏、3G新业务、数字音乐、数字出版、新媒体影视等多个领域，形成了网络游戏、影视动漫和数字媒体三大产业格局，分别聚集了一批龙头企业。

经过几年的实践，石景山文化创意产业的发展已探索出了两条可供西南五区共享的基本经验：一是通过科学规划引领产业项目。石景山按照“一轴、一核、一园、一带、多支点”的CRD整体布局要求，着力打造传统与时尚交汇、科技与创意相融、经济与生态和谐的文化创意产业发展示范区，几年来共启动市文化创意产业重点项目30余项，出台了一系列项目管理办法。二是通过服务对接，优化产业环境。在政策环境方面，石景山发挥了国家和地区政策叠加优势；在硬件环境方面，石景山区着眼长远，摒弃了传统的开发区建设思路，面向全球公开征集科技园区概念规划，选择服务高效商务和知识经济的发展路径。

目前，石景山已在《CRD 建设行动规划》中将文化创意产业定位为排头兵，并据此编制了《石景山区文化创意产业发展规划》，进一步确立文化创意产业在经济转型中的先导位置。可以遇见，石景山区未来两年的文化创意产业发展将步入“快车道”，以推动集聚区建设为载体，以完善服务体系为依托，通过加大招商引资，促进产业要素集聚，提升产业总体实力，为北京市文化创意产业的发展注入新的内涵。由此可见，相对于京西南的其他四区，石景山区的文化创意产业不仅取得了一定规模，而且其对文化创意产业的全力推动更具战略抉择的色彩，因而其每一步发展都投射出缜密的思维和超前的意识，更具战略指导意义，是“手模型”中指引方向的“食指”。

（三）大兴——无名指厚积薄发

“十一五”期间，大兴全面推进文化创意产业发展，建立起配套服务设施完善、原创能力强、制作手段先进、传播渠道畅通、消费群体众多的若干产业聚集区，正在成为北京市重要的文化创意产业聚集中心、创意成果展示交易中心和创意时尚生活中心。截止到 2010 年 5 月底，大兴区规模以上文化创意产业单位为 139 家，共实现收入 13.7 亿元，同比增长 27.7%；拥有资产 94.2 亿元，同比增长 49.2%；上缴税金 0.6 亿元，同比增长 20.2%。

目前，大兴文化创意产业表现出两大运行特点：一是行业发展各具特色。在文化创意产业的九大领域中，新闻出版、设计服务、其他辅助服务三大领域在单位数量、收入总额、人员规模等各方面都占据了主体地位；设计服务、广告会展和旅游、休闲服务对于拉动文化创意产业收入增长做出了较大贡献；设计服务、广告会展和艺术品交易发展速度较快，其中，设计服务发展最快，其收入的增长速度远高于文化创意产业的平均增速。二是产业集聚规模扩大，空间分布日趋集中。大兴已经形成了国家新媒体产业基地为代表的若干初具规模的文化创意产业集聚区，借助优惠政策，吸引了大量文化创意企业和艺术家入驻，集中了七成以上的规模以上文化创意企业，产业集聚规模不断扩大，集聚发展的格局基本确立。

但是，综合目前的主要数据观察，大兴区文化创意产业仍处于起步阶段，总体规模偏小，集中体现在文化创意产业的相关层和外围层，对产业发展的促进作用还没有充分发挥。企业整体营运能力、盈利水平还偏低。全区规模以上文化创意单位涉及领域狭窄，如文化艺术、新闻出版、艺术品交易等领域涉足较浅，规模企业少，总量低。另一方面，大兴文化创意产业的发展提升潜力已初具端倪，发展思路清晰，发展方向明确，各项经济指标已体现出良好的发展态势，在今后的一段时期内应能有非常大的上升空间，其角色在“手模型”中处于有潜力但声名尚未彰显的“无名指”地位，意味着文化创意产业要真正成为大兴区的支柱产业还需经过一个大力推进、高速发展的过程。

（四）房山——大拇指低位蓄势

在全市文化创意产业不断发展的大好形势下，房山区文化创意产业也呈现较快发展态势，产业规模不断扩大，这可以从逐年递增的企业数量得到印证。2008 年，全区文化创意产业企业只有 684 家，2009 年猛增至 1351 家，增长率达到 97.5%；到 2010 年 5 月，这一数字达到 1585 家，比 2009 年新增 234 家。从产业运行来看，房山区文化创意产业表现出三大特点。一是软件、网络和计算机服务、设计服务领域发展较快，业务收入逐年提高，其中以软件、网络及计算机领域在文化创意产业几大领域中增长最快；二是文化艺术、广告会展、其他辅助服务领域不断升温，呈现了良好的发展态势，其中广告会展业实现收入在全区八大文化创意领域中收入绝对值占到首位；三是吸纳就业效果显著，其中旅游、休闲娱乐业成为吸纳从业人员最多的领域。

房山区文化创意产业发展已具备了合理的规划和清晰的布局，编制了《北京（房山）历史文化旅游集聚区总体规划》和《房山区“十二五”时期文化创意产业发展规划》。集聚区规划地域涉及城关、周口店、韩村河、长沟、大石窝五个镇，包含周口店遗址、云居寺、上方山三个景区。总规划面积 70.1 平方公里，核心区面积 13.23 平方公里，确定了以周口店“古”文化为龙头、云居寺“经”文化为核心、大石窝“石”文化为支撑、上方山“山”文化及长沟“水”文化为补充，集参观、研修、度假、会展、交易功能为一体的发展格局。房山区文化创意产业由此拥有了美好的“蓝图”。

然而，从目前统计数字上分析，房山区文化创意产业占全区经济总量较低，尚未形成规模，总体上处于发展起步阶段。主要表现为两点：一是企业经营规模小，运行质量不乐观，企业数量和平均资产占三产比重均不大，绝大多数企业还处于较低的发展水平，不能实现规模效益，难以成为区域龙头或骨干；二是产业聚集效应尚未显现，发展有待时日。因此，房山区文化创意产业在位置上处于“手模型”的低端，但在实力上却具备了巨大的“当量”，一旦“蓝图”转化为现实，其作为“拇指”的实力将不亚于中间三指。

（五）门头沟——小拇指灵动待发

作为生态涵养发展区，门头沟区近年来通过大力发展文化创意产业契合区域功能定位，不断形成新的经济增长点。2009 年文化创意产业表现三大特点。一是创造增加值明显提高，区规模以上单位文化创意产业实现增加值 1.4 亿元，比 2008 年增长 25.5%。其中，新闻出版业，广播、电视、电影业、旅游、休闲娱乐业和其他辅助服务业对全区文化创意产业增加值增长贡献较大；二是文化创意产业实现收入明显增长，实现收入 10.2 亿元，比 2008 年增长 20.7%。其中，其他辅助服务类对全区文化创意产业收入增长贡献最大；三是文化创意企业已占到全区规模以上单位数的 6%。除规模以上单位中没有艺术品交易类产业，门头沟区文化创意产业包括了其他所有类别，主要集中在旅游、休闲娱乐类和其他辅助服务类。综合门头沟区文化创意产业发展现状与未来趋势判断，其文化创意产业规模明显偏小，基础还不够扎实。例如，文化艺术、软件网络及计算机服务、设计服务三个类别均只有一家，且文化艺术类单位为一家事业单位，单位数量较少，尤其是企业法人的数量较少，影响了全区文化创意产业经济总量的提高。此外，门头沟区的文化创意产业发展思路相对单一，更多拘囿在传统旅游业上。从“手模型”的力量定位上看，其位置处于力量最为薄弱的“小拇指”。

根据门头沟文化创意产业发展较弱的现状，今后有必要做好三个方面的工作。一是加大力度宣传和落实门头沟区关于文化创业产业的优惠政策，加速门头沟区着力推进的文化创意门类的发展；二是建立产业间的互动机制，提高融合程度，建立更为完善的市场服务体系，对发展中的文化创意产业适时加以正确的引导和帮助，使之得到更多的机会；三是重点提升传统旅游业的文化创意含量，完善配套设施。相关部门应从现代服务理念出发，重视引导及大力支持传统旅游业向文化创意产业升级，给予政策上的优惠，同时大力发展旅游相关产业及餐饮、住宿等配套设施的建设，完善产业发展链条，带动全区经济总量的提升。

四、结语

综上所述，发展京西南文化创意产业的“手模型”设计，是一个形象的有机产业结构，既包括具有相似发展条件的整体，又包含各有长短、各具功能的局部，对应了五区之间的差异共生关系。其愿景是从“掌心”直到每一个“指尖”，不仅要延长个体产业链，更要形成区域产业网，构筑合理的文化创意产业空间布局。既体现出各个区域不同的产业特色，又构成相互关联、互相支撑的统一体。根据“手模型”设计，西南五区要取得文化创意产业的协同发展，一要求“掌”同存“指”异，“手掌”能够整合各区特点，“五指”各区能够突破自身局限性，使五区在数量、规模、均衡性等方面确保区域结构达到最优配比；二要发挥特色，相互呼应，避免同质资源竞争，鼓励依据不同资源错位发展；三要在一体化战略方向的前提下，确保差异化战略的具体落实。因而，“手模型”设计是一个高度辩证、并需要极高实操技巧的思路，是从建设世界城市的高度重新考量西南区域文化创意产业发展定位的一次探索，是为西南五区充分发挥区域优势和特点，深度挖掘永定河文化底蕴，用现代思维开发文化资源，将资源优势变成产业优势，做大做强文化创意产业，推动区域经济又好又快发展提供的一种新的方法论。

作者：张京成　民建北京市丰台区工委会员，北京市科学技术情报研究所研究员

刘光宇　北京市科学技术情报研究所助理研究员

镇改造中对原有农村住宅的全部拆除，破坏了历史遗留下来的建筑形态。

（二）创造宜居生态条件不足

大兴区生态条件相对比较恶劣，除水资源严重缺乏、没有大河作为水源外，还有较大的风沙。我区作为“市民宜居新城”，要从环境、养生、生态等各方面大做文章。

（三）观光农业功能开发不足

目前，大兴区各种条件比较齐全的观光果园不超过 8 个，只有 15 个观光果园路面硬化，能够提供农家饭与住宿条件的极少，这在一定程度上限制了观光果园的发展。

（四）农产品科学技术含量不足

虽然部分农产品科技含量已达到绿色无污染水平，但大部分农产品质量水平还比较低，高档农产品的比例，与世界城市的要求还有明显差距，在满足世界城市对农产品品质多样化要求方面还需要长期努力。

三、建议和对策

（一）保护历史文化遗产，打造一流的农业旅游目的地

近几年，随着经济发展，城市化进程的加快，文化遗产的损毁现象也比较严重。为更好的保留大兴区原有农业历史，丰富农业文化，建议在此基础上发展文化创意园区，促进区域文化遗产的保护和区域“软实力”的提升。借鉴国外村庄旅游经验，可以“朴实的农民家庭”为旅游主题，让游客通过朴实的农民家庭生活来了解大兴悠久的历史文化。

（二）创造宜居的生态环境

只有宜居城市才能对人才有巨大的吸引力，也才能够成为世界城市。现代生态农业、田园农业等可以使我们居住的城市环境更美好。由此，各知名的世界城市中毫无例外的重视发挥农业生态服务的作用。大兴区在北京市规划中被列为“市民宜居新城”，可以借此开发建立国家级自然生态保护区，从而打造“绿色城市”。要处理好人口、资源、环境全面协调可持续发展，努力发展低碳经济，把大兴区建设成为资源节约型、环境友好型城市。

（三）进一步提升观光休闲农业

大兴区地处北京南郊，素有“京南门户”、“绿海甜园”之称。大兴区已成功举办多届北京大兴西瓜节，高质量完成以“春华秋实”系列品牌活动为龙头的系列特色节庆旅游活动。2009 年全区民俗旅游接待 262.6 万人，比 2008 年增长 28.5%；营业收入 8 亿元，比 2008 年增长 5.9%，民俗旅游收入 1.7 亿元；旅游从业人员 15216 人，比 2008 年增长 0.9%。依托本区独有的品牌，逐步加强点、园、带、生态景观的建设，提高民俗村、户的基础建设水平，发展特色采摘及住宿、餐饮服务，不断提升服务设施水平。在发展观光休闲农业过程中，要加强特色引导、宣传推动、服务提升工作。充分发挥区域、区位特色，依托资源发展休闲观光农业。要根据消费需求，创新思路，突出个性，形成特色。要注意观光休闲农业与旅游业的有机结合，重视观光休闲农业的形象策划与包装，通过宣传、举办各种节庆活动、休闲游等各种促销手段吸引更多的消费者。要加强观光休闲农业服务人员的培训工作，培养一批精通业务服务上乘的队伍，通过创造良好的“软环境”，最大限度地发挥旅游资源及农业设施的作用。

（四）提高有机种植技术，生产无污染的绿色果品，提高农产品深加工

随着经济的快速发展，居民生活消费水平日益提高，精品、品牌、应时、应季及多品种、安全、营养、保健等特点已成为人们对农产品的需求，所以提升农产品质量至关重要。例如大兴区庞各庄镇的世同瓜园，正在试验利用蔬菜残渣做肥料培育西甜瓜，这样既减少了资源的浪费又增强了西甜瓜的绿色标准，此项试验已经取得了初步的成效。

随着瓜果、蔬菜种植业的发展，瓜果蔬菜产量的迅速增长，市场将逐步呈现饱和状态。对此，瓜果蔬菜作为食品工业的主要原料之一，由于缺乏先进的转化加工技术和机械设备，不能及时进行产品规模加工，每年大约造成 10% 的粮食、25% 的瓜果、30% 的蔬菜腐烂变质，再加上包装保鲜不善造成的储运损耗，每年由此造成经济损失就更为严重。为此建议在积极发展农产品的同时，也要积极发展农产品的深加工，以不断提高农业产业增值效益和农民收入。

（五）利用自然资源，开发项目

永定河是全国四大防洪江河之一，是海河水系最大的一条河流，北京境内流域面积3168平方公里，全长187公里，流经门头沟、石景山、丰台、房山和大兴五区，其中大兴段永定河水系总流域面积568.33平方公里，占大兴区河流总流域面积的56.9%。北京市政府2010年将投资170个亿改造永定河，因此，大兴区应抓住永定河发展带的建设机遇，对永定河区域进行科学规划，从而促进农业的提升和发展。

作者：民革北京市大兴区工委，大兴区发展和改革委员会

整合资源　培育主体
努力把房山打造成为首都重点休闲娱乐区

冀显江

中共北京市委十届七次全会提出要从建设世界城市的高度发展建设首都，并进一步明确大力发展旅游产业、构建国际一流旅游城市，这是北京向世界城市迈出的第一步。房山区围绕全区经济社会发展，提出了建设“三化两区”新房山的战略思路，并明确提出，旅游既是新房山的重要内容，又是新房山的发展动力。市、区对旅游产业的高度重视，不仅为房山旅游产业创造了更为广阔的发展空间，也为推动旅游产业又好又快发展提出新的更高的要求。为此，我们在调查研究的基础上认为，房山旅游当前首要问题就是要提升传统观光旅游品位和魅力，大力发展休闲娱乐等高端产品，建设首都重点休闲娱乐区。

一、房山区打造首都重点休闲娱乐区的优势分析

房山区发展休闲娱乐产业，具有得天独厚的资源优势、品牌优势、区位优势和政策优势。

（一）资源优势

房山区总面积 2019 平方公里，山地、丘陵、平原各占三分之一。全区旅游资源丰富，共有 8 大类、28 个亚类，呈现出典型的“人文山水”特征。一是北京之源。以周口店北京人遗址、西周燕都遗址、云居寺为代表，共有 302 处文物古迹遍布房山境内，构成了不断代的历史画卷，以此为基础，创建了北京第一家以历史文化资源为重点内容的旅游集聚区。二是地学摇篮。全区有近一半的面积是岩溶地貌，是中国乃至世界温带半干旱地区典型景观代表；这里是燕山运动的命名地，诞生了中国第一部区域

地质志，被誉为中国地质工作者的摇篮。三是神奇秀地。十渡、上方山、白草畔、百花山、圣莲山，一山一文化，山山有特色；石花洞、银狐洞、仙栖洞、云水洞，一洞一艺术、洞洞有奇观，使房山成为山水秀地、溶洞王国。四是休闲家园。这里不仅有温泉产品、森林资源，也有蹦极、拓展等娱乐项目，是广大市民品位历史和乡土文化的最佳场所，是一个缓解压力、放松心情、回归自然的理想选择。

（二）品牌优势

房山区旅游品牌众多，集世界级、国家级、省市级品牌之大成，融文化遗产、风景名胜、A 级旅游、自然保护、地质公园、森林公园于一区。有世界级品牌 3 处、国家级品牌 22 处、市级品牌 22 处。其中，有 19 家国家级旅游景区，位居全市之首。特别是中国房山世界地质公园作为世界首都城市的第一家世界地质公园，得到了联合国教科文组织专家的高度评价，认为其引领了世界地质公园的发展态势，完全可以成为亚太地区世界地质公园的表率，是其他国家世界地质公园学习的榜样，使这一品牌影响力和国际知名度进一步提升，房山发展旅游产业的优势更加显著。

（三）区位优势

房山位于北京西南，近邻京津繁华国际大都市，地处京津冀都市圈之中。优越地理位置和得天独厚的旅游资源，为房山吸引来了京津地区大批游客，为房山休闲娱乐产业发展提供了充足的客源保障。同时，全区道路交通发达，京广、京原铁路穿境而过，并拥有京港澳高速路、107、108 国道等公路干线。特别是近年来，随着南线景观大道、北线 108 国道复线、六石路改扩建工程以及石花洞——银狐洞等景区联络线相继开工建设，区内旅游道路更加畅通。

（四）政策优势

旅游产业现已成为世界第一大产业，旅游业已成为全球公认的关联度高、带动力强、辐射范围广且最富有蓬勃活力与发展潜力的绿色朝阳产业。国务院《关于加快发展旅游业的意见》，明确提出要“把旅游业培育成国民经济的战略性支柱产业”；市委市政府从世界城市的高度，提出要把旅游业培育成为首都经济的重要支柱产业；房山结合“三化两区”建设的实际，明确将旅游产业培育成为全区国民经济发展的战略性支柱产业、山区经济结构调整的龙头产业、现代服务业的引领产业。随着旅游产业地位的提升，各级政府对旅游产业发展的政策支持和投入力度不断加大，并吸引了大量社会资金进入旅游产业。可以说，当前房山区大力发展休闲娱乐产业的政策优势十分明显。

二、房山建设首都重点休闲娱乐区的重要意义及作用

房山旅游作为全市旅游重要的组成部分，利用得天独厚的优势发展休闲娱乐产业、建设首都重点休闲娱乐区，不仅是房山推动“三化两区”建设的实际需要，也是北京建设世界城市、旅游之都的要求。

（一）有利于城市化进程的加快

大力发展休闲娱乐产业，需要相应地做好道路交通、供水供电等基础和服务设施建设，并改善整体环境，把城市要素吸引进来，以吸引游客来此居住、旅游消费，其实质上就是城市化建设的过程。围绕旅游产业发展，特别是近三年来，全区已累计投资 7.5 亿元，用于旅游道路、景区停车场、游客服务中心、咨询服务站等基础服务设施建设，积极推动废弃矿山生态修复、水源地保护、环境绿化美化等工程。同时，发展市级民俗旅游村 26 个，市级民俗旅游户 1293 个。可以说，旅游产业的发展，已经成为全区城市化建设的重要载体和有效途径。

（二）有利于山区产业结构调整

围绕市民休闲娱乐需求，大力培育以旅游休闲为主体的新型业态，可以有效带动当地交通、餐饮、纪念品及相关文化、出版等产业蓬勃发展，也是房山山区关闭矿山和非煤矿山带动山区经济发展的不竭动力。全区有 92% 的旅游资源、87% 的旅游品牌、90% 旅游单位分布在山区，发展旅游休闲产业基础丰厚。多年以来，房山区始终将旅游产业作为山区经济结构调整的龙头产业，坚持以政府投入带动社会投资，培育出了百花山、白草畔、圣莲山等知名景区，积极推进了周口店乡村酒店、十渡山水人家、佛子庄养生山吧及河北、蒲洼生态节能环保小屋等新型业态发展，新建河北玫瑰园、南窖采摘园等生态观光园 21 个，使山区采摘观光、农产品销售、特色餐饮业呈现出良好的发展势头。以 2009 年为例，全区山区乡镇旅游产业共实现旅游综合收入 15.7 亿元，带动第三产业实现收入 67.5 亿元，均

比2006年增长了67%。旅游业作为山区经济结构调整的龙头产业的作用日趋显现。

（三）有利于带动农民致富增收

旅游业涉及餐饮、娱乐、商业、交通等高度劳动密集型行业，因而旅游业每增加1个直接就业人数，就可增加有关联的间接就业人数5个以上，大批农村富余劳动力离土不离乡，实现了就地转移就业。如，2009年全区共有从业人员16542人，带动间接就业82710人，分别比2006年增加了3742人和15995人。其中，吸纳当地农民就业12800人，比2006年增加2300人，实现人均收入29700元，比2006年提高9700元，带动了当地农民增收致富。

三、房山区建设首都重点休闲娱乐区的几点建议

经过进一步的分析论证，我们认为，房山区大力发展旅游产业应围绕六个方面推进。

（一）进一步明确旅游产业定位

市政府已明确把旅游作为门头沟、房山、昌平区及延庆县等生态涵养区的主导产业。房山区正处于城市化建设的关键时期，要正确认识旅游产业发展和城市化建设互助互动关系，全面树立大旅游观，围绕“三化两区”新房山建设和旅游产业结构升级，推动旅游产业向高端化发展，在不断提升传统观光旅游项目的基础上，按照“造城、造市、造节”的理念，把房山建设成为首都重点休闲娱乐区、国家级科研科普基地、世界级山地度假名区、国际一流的旅游目的地，整体打造“北京记忆、休闲之都”。

（二）全面发挥龙头带动作用

一是打造区域龙头。突出抓好以长阳为重点的温泉购物城、以青龙湖为重点的休闲商务城、以琉璃河为重点的燕都文化城和以长沟为重点的国际水博城“四城”建设，成为带动全区休闲娱乐产业的龙头。二是打造产品龙头。全面推进与温德拉集团、董氏集团等大企业、大集团的合作，突出抓好云居寺文化景区、上方山国际生态度假区、周口店原始公社等龙头产品，建设中国房山世界地质公园核心产业区。三是打造景区龙头。南线以十渡景区为重点，突出抓好景区峡谷、峰林、峰丛等地表资源的景观保护，以

及以道路为重点的基础设施建设和环境整治工作，优化提升景区环境，使之成为中国房山世界地质公园的中心展示区；北线以石花洞为重点，进一步加大地质遗迹保护、矿山环境治理等项工作力度，并进一步完善景区基础设施建设，使之成为中国房山世界地质公园的精品展示区。四是打造企业龙头。以重点景区为核心，以资产重组为纽带，以市场开发为导向，促使龙头企业强强联合，并把关联度高的企业融入其中，推动旅游企业向集团化、连锁化、品牌化发展。同时，要切实抓好乡村酒店、采摘梨园、养生山吧等新业态的推广和英水沟浪漫谷、仙栖洞休闲谷、蒲洼冷凉谷、鲲鹏健身谷、水峪探幽谷等特色沟谷建设，努力形成“一镇一色”、“一沟一品”。

（三）努力拓展国内外旅游市场

要坚持“主攻京津、拓展周边、面向全国、发展海外”的促销原则，实施“稳近拓远、固老培新”的市场策略和多元化营销战略，以“走进中国房山世界地质公园”为主题，以每年一度的房山旅游文化节为重点，继续推出旅游特色活动，增强公园吸引力。精心制作房山旅游导读、科普读物等系列文化宣传品，完成公园整体科普导游词的完善提升工作，丰富文化科普内涵。要进一步强化媒体促销、载体促销、区域联销力度，通过全方位、多层次、宽领域、高密度的宣传促销，将房山旅游形象“植入”游客脑中，提升房山旅游目的地的国际知名度。

（四）进一步丰富区域合作内涵

基于“合作共赢”的思想，以“互信互惠”为前提和基础，本着资源优化整合、政策协调集成、产业统筹集聚、发展互惠共赢的总体思路，积极推动与石景山、丰台、大兴、门头沟四区旅游区域的合作。在合作过程中，要进一步创新合作理念和方式，把合作范围拓展到包括联销、客源输送、信息共享、旅游项目联合开发、旅游商品统一设计和生产，以及区域旅游品牌的联合建设、维护和管理等，营造区域旅游产业发展氛围，打造区域旅游强势品牌，带动区域旅游产业协同发展。在推动西南五区合作的基础上，以中国房山世界地质公园为载体，进一步丰富合作内涵，探讨与周边河北省有关市、县建立“5 + n”的旅游合作体制，打造更大范围的“首都西南休闲娱乐圈”。

（五）进一步优化旅游环境

一是加强基础设施建设。以快速、畅通、安全、方便为目标，加快城乡大小旅游通道建设，完善旅游配套服务设施。尤其要加大对山区的政策性资金投入，将交通、通讯等基础设施建设、生态建设、扶贫项目等专项资金的投放与旅游发展项目捆绑运作；积极推动全区停车港湾、导示体系、绿化带等项目的建设，形成连接全区的旅游通道，优化交通线路，提升旅游可进入性。二是优化旅游自然环境。旅游产业是资源环境依赖型产业，旅游业的发展离不开良好的自然环境。房山区应继续围绕建设首都西南生态屏障这一目标，以世界地质公园建设为契机，多种措施并举，扎实推进景区周边及旅游线环境整治，实现全区自然环境的不断优化和升级。三是优化旅游人文环境。旅游是体验式产品，良好的口碑是区域旅游产业发展的重要根基。房山区应以建设旅游诚信体系为重点，强化“文化是灵魂，旅游是载体”的理念，以标准化服务为根基，通过提高旅游从业人员综合素质和全区人民树立“旅游兴区、旅游富民”的观念，努力实现旅游服务个性化、品牌化、标准化、信息化，向游客传达房山博大精深的文化底蕴。

（六）营造良好的产业发展氛围

一是加大产业融合力度。进一步强化大旅游观念，通过部门间的密切配合和大胆创新，加快推进旅游产业与文化、工业、农业、商业、体育等产业的融合发展，创造性地把房山经济社会发展的文明成果成功转化为旅游资源，以“人无我有、人有我优、人优我精”为指导，进一步实现旅游资源向特色的旅游产品乃至旅游精品的转化。二是建立统筹协调的发展格局。进一步发挥旅游管委职能作用，加强旅游与交通、建设、农业、林业、国土资源、环保、文化、商贸、宣传、教育、招商等方面的对接、协同和整合，完善行业管理，实现各部门和经营主体各司其职，携手互助，共同构建房山区旅游产业的和谐发展体系。三是建立金融合作机制。继续加大政府用于旅游发展的引导性资金投入，用于基础设施、重大项目投资等方面。进一步制定有针对性的投融资优惠政策，通过银企合作开发、成立旅游投资公司等方式，以企业为平台，以资本为枢纽，吸引本区及国内外知名企业和民间资金参与房山旅游开发建设，实现资源与资本的有效结合，形成政府、民间、企业等多位一体的旅游投融资体系。

作者：北京市房山区旅游局局长

抓住城南行动计划重要契机
高标准打造 CSD 长阳核心区

李 军

为促进首都城市的快速发展和经济结构的不断的优化，北京市委市政府于2009年11月出台《促进城南加快发展行动计划》，这给长阳镇加快新型城市化进程、高标准打造CSD长阳核心区，带来了历史性机遇。按照房山区委区政府的战略部署，长阳镇整合梳理现有资源，吸引聚集高端要素，提出了打造“房山中央休闲购物区（CSD）”的发展战略，正在努力将长阳培育成为城市协调发展的新区域、首都高端产业发展的新空间、京津冀区域合作的桥头堡。

一、长阳镇基本情况

近年来，长阳镇抢抓机遇，奋勇争先，以推进城市化建设为主线，切实提升区域经济发展实力，不断完善城市基础设施和公共服务设施，不断改善社会管理和民生服务，经济社会呈现出又好又快的发展态势。

（一）城市发展步伐不断加快

2006年破除了滞洪区的资源瓶颈，创新城市建设模式，形成了城市开发与建设的新模式——长阳模式，为有效调动政府和市场两种资源、加快城市化发展开辟了道路。通过全面实施土地储备，扩展了发展空间，实现了土地储备一级开发近1万亩。随着地区城市化的推进，长阳镇中心区面积由1998年的1.2平方公里扩展到现在的5平方公里，城市人口由1998年的6290人增长到2009的10126人，城市人口占总人口分别为26%和31%，城市人口比例明显增加。

（二）区域经济实力明显提升

财政税收、农民人均纯收入分别从1998年的362万元和3516元达到2009年的5.69亿元、13452元，同比增长了57倍、2.8倍，通过招商引资，目前，全镇以拥有规模以上工业30家、商业11家，服务业26家，经济发展质量不断提升。

（三）区域基础设施公共服务设施不断完善

始终坚持基础设施先行的方针，全镇道路交通承载力进一步提高。镇内建成黄良路、良乡东路延长线、长周路等重点市政道路，轨道交通房山线、京石客运专线建设正如期进行。公共配套设施进一步完善，先后完成南部天然气管线引入、长周路北部排水工程、长周路第二道绿化隔离带、污水处理厂、镇体育公园、长阳卫生院建设，进一步完善村级公园、文化大院建设，改善了市政市容环境，城市运行能力及城市管理水平得到全面提升。

（四）社会管理和民生服务不断改善

为服务城市化建设，对转非安置工作进行了积极探索。先期在哑叭河村、长阳一村、长阳二村三个村进行了部分人员转非安置的试点工作，共涉及转非人员926人，其中超转人员198人，转工人员547人，转非人员181人，试点工作成效显著，实现了农村居民向非农产业的顺利转移。就业和社会保障工作成效显著。全面推行“市民卡”，努力实现城乡居民养老保险及农村合作医疗的参保率达100%。认真落实“九养”政策，创新形式，全面开展居家养老服务。加大各类困难群体的救助力度，严格落实城乡低保审批程序，做到“应保尽保、应退尽退”。大力实施转居就业安置工程和剩余劳动力培训工程，举办家政、物业管理、市政设施维护等专业技术培训班，每年培训富余劳动力1000余人，城镇登记失业率控制在2.1%。

二、推进CSD核心区存在的问题和面临的主要形势

（一）存在的问题

1. 城市发展水平还比较低。长阳镇地处永定河滞洪区，受滞洪区特殊

规定等因素的制约，长阳镇大量土地不能开发，直到2006年摘掉滞洪区的帽子，才破解了城市发展瓶颈，这使得长阳城市化建设起步较晚，加之首都对郊区城市化，尤其是城南地区的政策支持力度不够，许多优惠政策落实不到位，从而制约了城市化的发展。

2. 经济结构不够合理。受房地产单一产业支撑的影响，全镇过分依赖房地产对经济的拉动明显，虽然引进了奥特莱斯、中核等高端产业，但短期内尚未形成产业支撑，使得区域经济依赖性较强，抗风险能力相对不足。

3. 基础设施和公共服务设施相对不足。CSD的规划建设目标是打造长阳高端服务产业区，因此，建成后将有大量的高技术人才、高端商务服务企业等各种类型的高端功能主体入驻。然而，长阳镇及周边区域内已有的居住、交通、医院、学校等基础生活设施及会议会展、酒店、休闲娱乐等商务配套设施，无论数量还是设施水平，在一定程度上都无法满足大规模的高端配套增量需求，存在明显的城市配套功能短缺和不匹配问题。

4. 社会管理和公共服务与群众期待还有一定差距。随着城市化进程的加快，老百姓对于公共服务，对于社会管理期待越来越高，要求越来越多样化，越来越多层次。作为政府自身存在着行政效能不高、体制机制不够完善等，这就要求健全政府职能体系，完善公共服务体系，强化社会管理和公共服务，减少行政层次，降低行政成本，打造服务型政府。

（二）面临的主要形势

1. 从首都角度看。随着首都建设世界城市的提出，特别是首都城南行动计划的实施，为长阳未来的发展提供了更广阔的发展空间和前所未有的发展机遇，长阳作为全区参与京津冀区域合作的重要门户通道，其区位优势不可替代，未来几年将为CSD核心区带来更多的高端要素和优质资源，经济社会将进入一个新的历史时期。

2. 从房山角度看。随着房山煤炭等传统资源型产业的相继退出，房山加快调整产业结构和转变经济发展方式，加快新兴替代产业培育力度，提出了“两轴、三带、五园区”的区域发展格局，CSD辐射范围内的良乡高教园区依靠科技人才、先进要素的集聚能力，将成为中关村重要的科技成果产业化基地。另外，房山区正在沿永定河打造一个以承载在未来具有发展前景的新兴产业为核心，以有利于高端人才汇集的发展环境为支撑的新

2. 着力推进市政设施建设，提升区域公共服务能力。根据CSD功能定位要求，体现“高端化、多元化、现代化”的特色，加快城市文体设施建设，配建国际学校、文化馆、图书馆、体育场、影剧院、三甲医院等公共服务设施，提升区域综合配套服务水平。加强区域能源设施建设，进一步加快变电站和加油站建设步伐，适度开发区域内地热资源，加快建设稻田、篱笆房、杨庄子、葫芦垡四处热泵集中供暖中心，增加区域年供热量。加强供水能力和污水处理能力建设，全力推进长阳第三水厂项目建设，扩大新鲜水生产供应能力。增加污水处理厂，提升沿河地区的污水处理能力。

3. 加快城市生态建设，提升城市品位。首先，加强河道治理，推进永定河河道水系治理工程，加快推进永定河、小清河两条重点河流生态修复建设工程。其次，加快绿化带建设，配套推进区域内重点道路两侧绿化带建设，形成林水相依，林路相嵌的高标准景观绿化带。第三，重点推进万亩滨河森林公园和长阳稻田湖公园建设，依托这一滨水空间，规划建设生态廊道及休闲湿地，满足群众体育休闲的同时，实现生态保育。

（三）着力发展高端新型产业，构建“一港两园三城”的产业发展格局

立足首都西南区域经济转型和城镇化的实际需求，充分依托房山区旅游资源、生态环境等优势条件，重点发展高端商贸、旅游休闲、金融服务、商务会展、科技服务等五大主导产业，加快奥特莱斯、金融港等一批高端商务项目建设，努力构建“一港两园三城”的产业发展新格局，支撑房山新城和平原地区转型发展，推进新型城镇化建设进程。

“一港”即半岛国际金融港。利用镇内东北部三面环水的自然资源，沿水岸开发国际金融港，充分依托国际金融港的建设，重点发展银行、保险、证券等金融服务机构，信息备份、数据中心、外包服务等金融后台服务，探索发展金融要素交易、金融理财、衍生服务等新兴金融服务机构，不断促进金融资本与产业资本紧密结合；加强与金融街控股集团的深入合作，加快金融港大厦的规划建设，配套做好周边道路交通打造与北京金融街相辉映的首都金融后台服务中心、信息备份管理中心及金融会展中心。“两园”即智库产业园、户外运动乐园。“智库产业园”，依托北京市重点项目良乡高教园区和房山重点项目“智汇城”为背景，开辟文化创意和智库经济创业平台、知本家创业舞台和北京合伙制企业示范新区，点燃北京除高新科技概念之外的另一经济新热点。“户外运动乐园”，大力发展以高尔夫、足球、网球等户外生态体育产业为代表的绿色产业，特别是发展高尔夫产业，目前镇域内高尔夫球场从数量、品质、风景到设施都堪称北京一流，为承接国际赛事和高尔夫培训及引领CSD户外体育产业发展奠定了基础。“三城”即休闲购物城、温泉度假城和生态宜居城。“休闲购物城”。以现已启动的奥特莱斯华北旗舰店为龙头，重点发展高档购物、酒店餐饮、旅游度假、生产服务等产业。“温泉度假城”。积极借鉴日本和台湾的“民宿”经济发展经验，依托长阳镇的温泉资源，积极探索发展京郊民宿经济，规划建设一批规模不同、风格各异的民宿酒店，形成包容国际各色温泉洗浴文化的“博物馆”。加强专业服务、品牌管理和旅游衍生品创新，构建京郊旅游新亮点。“生态宜居城”。积极引入循环、环保、低碳、节能等现代新型城市建设理念，推进住宅产业化项目。采取外墙保温、屋面雨水收集、太阳能集中供热、地源热泵供暖等高新技术，把长阳建设成为与首都世界城市建设相配套的精品生态宜居新城。同时，聘请通用技术咨询顾问有限公司作为长阳的生态管家，全面指导低碳生态示范城镇建设。

（四）切实改革社会管理模式，为推动CSD提供更好的社会服务

1. 加强农村集体资产的经营管理。稳步推进集体产业制度改革，为各村（公司）集体经济进行了股份制改革搭建平台，组建由独立法人资质的股份有限公司，使得各集体经济能充分发挥地缘优势，扩大招商引资、实现多元经营，学习先进企业的管理经验，提高经营成效，尽快走上依法经营、稳步发展、绩效明显的发展轨道。结合农业和全镇实际，创新和完善农村经营体制，探索推广新型农合组织模式，促进农产品生产、销售、服务一体化，为农民增收起到了有效的推动作用。

2. 全面实施就业工程。利用经济快速发展的历史机遇，坚持把加快发展作为促进就业再就业的根本途径，大力推进“三同时”制度，即：经济建设项目可行性分析与就业需求预测同时进行；项目建设与促进城乡劳动力就业同时进行；经济建设项目运行与提供就业服务同时进行。同时根据奥特莱斯、中核等驻镇企业的用工需求和用工方向，积极针对就业需求进行专业培训，开辟劳动力就业绿色通道，形成劳动力技能培训、技能鉴定、推荐就业“三位一体”机制，实现经济发展与促进就业的良性互动。

3. 深化社会管理体制改革。创新基层组织工作，逐步推进农村管理向社区管理模式转变。政府事务服务中心和村级事务综合服务站的成立，打破过去“各自为战”的工作格局，努力实现管理资源、人力资源、服务资源的有机整合，形成“一站、三员、三服务”的基层公共服务框架，通过设立村级服务站，将政务事务和与老百姓生活密切相关的服务内容一并纳入专门的办事机构，实现了城市公共服务向农村社区的覆盖和延伸，促进了社会管理和公共服务工作的规范化、制度化运转。

（五）建立健全促进 CSD 核心区建设的长效机制

1. 进一步强化组织保障机制。为了协调解决 CSD 核心区开发、建设和管理中的各类问题，推动重点工程、重点项目稳步实施，进一步完善 CSD 长阳核心区管理体制，合理区分管委会与长阳镇的工作关系，对管委会下设的综合协调部、项目发展部、城市管理部、旅游开发部、宣传策划部、人力资源部等部门进行合理分工，明确职责，完善考核，为 CSD 长阳核心区提供强有力的组织保障。

2. 进一步加强统筹协调。积极借鉴北京 CBD、天津滨海新区的先进经验，按照分工“全覆盖、不遗漏、不交叉”的原则，加强与招商、财政、土地、社会事业等市、区有关部门的沟通协调，积极做好政策争取、项目招商、资金保障、土地拆迁、基础设施建设等各方面工作，同时坚持重点工程例会和现场办公制度，掌握建设动态，及时研究解决项目建设中出现的问题和矛盾，保障各项工程顺利推进。

3. 进一步强化招才引智工作。在推动 CSD 核心区硬件建设的同时，更要注重高层次、高素质、高技能的人才资源的引进，优先保障人才资金和各项扶持政策向 CSD 发展所需的人才倾斜。加强与人才机构的联系，大力引进培养一批 CBD 发展急需的既具有专业背景，又具有管理才能的高级复合型人才，同时，进一步健全完善人才激励机制，以市场化、职业化为导向，加快建立动态化的考评制度、针对性的奖励体系和竞争择优的选拔机制，以促进高端人才的引入、扎根和发展。

作者：北京市房山区长阳镇党委书记

首都西南区域城乡一体化发展与城镇化建设篇

借鉴国外城乡结合的经验和教训 建设现代化新北京

路　明

根据国际经验，城乡关系历经三个阶段：第一阶段——城市剥夺乡村；第二阶段——城乡平等；第三阶段——城乡一体化。

一、欧洲城乡结合的思想

欧洲的城乡关系理论，有解决大城市和工业城市问题的田园城市理论，有城市间有机结合的城市配置理论，有城乡结合地域结构优化配置的理论和消除城乡内部差距、保护农业多功能、增加农民收入的直接补贴理论。

（一）田园城市理论

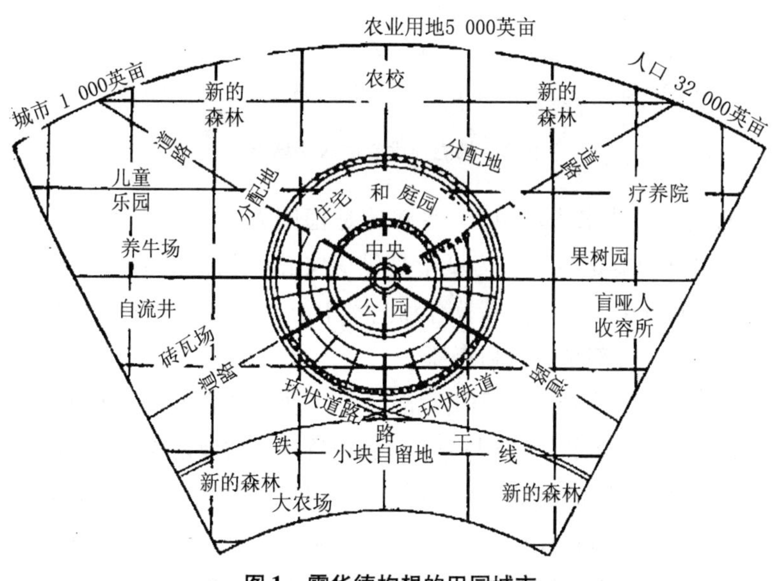

图 1　霍华德构想的田园城市

1. 霍华德的“田园城市”。18世纪末英国的产业革命带来了深刻的社会变革。资本家与工人、城市与农村被区分开来，并走向对立，从而产生了许多社会问题。以伦敦为代表，人口密集，工厂林立，人们终日被包围在煤烟里。所谓“田园城市”，是为了健康的生活和产业而设计城市，周边为农村所环绕。

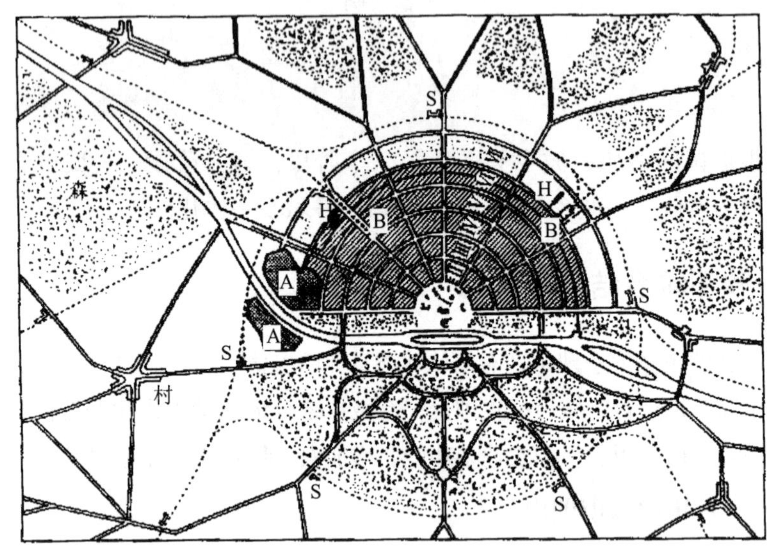

Ⅰ公共设施地区　Ⅱ纪念性建筑物　Ⅲ高级住宅区　Ⅳ住宅及商业区
Ⅴ工人住宅及小型工厂区　Ⅵ工厂及仓库区　Ⅶ园艺及市民农园区
A保护性街道　B火车站　H运河码头　S环城铁路车站

图2　佛立丘设想的未来城市

2. 佛立丘的“未来城市”。佛立丘是德国人，设计了“未来城市”。佛立丘为城市功能定位，认为城市是供应文化生活商品的生产和流通中心，是行政服务中心，是高等教育和艺术中心。他设计的城市是圆形，其中一半是公园。外部是农村和森林。

3. 施密特的“产业－生活田园城市”。工业化带来人口的集聚，形成城市。城市之间又有合作、交流与分工，施密特从区域规划的角度，提出“产业－生活田园城市”的设想。主要观点是“让人取代工厂”，人是在一天24小时有“工作、生活和游玩的基本欲望”的要求。施密特强调建设具有良好环境的住宅区，并于工业生产区区分开。重视小城镇和乡村道路建设。

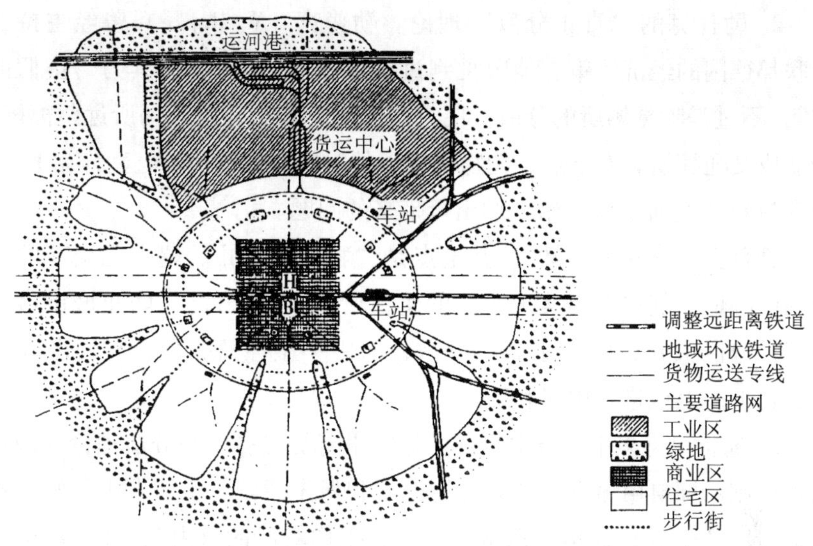

图3　施密特的“产业－生活田园城市”

（二）城市分散配置理论

1. 克里斯塔勒的中心地理理论。克里斯塔勒是德国人，在总结前人学术思想的基础上，形成了正六边形网状城市配置理论，其核心是中小城市分散配置。第二次世界大战以后，联邦德国实行区域空间总体规划时，其价值被重新认识，成为德国区域空间总体配置政策的理论基础。

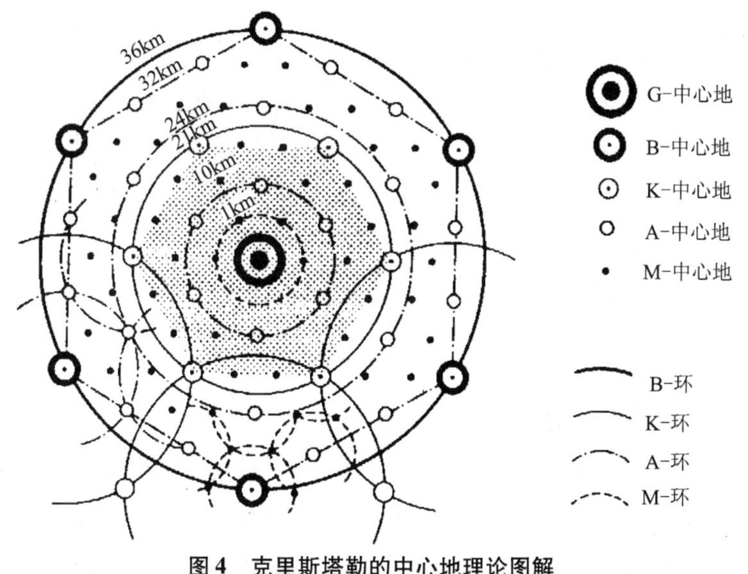

图4　克里斯塔勒的中心地理论图解

2. 勒普克的“真正分散”理论。勒普克（W. Ropke）曾经主持二战后联邦德国的经济政策。他曾批判过“飘带状分散”，称其为“虚假的分散”，不过是睡觉场所的分散。住宅与工作、购物、娱乐场所远距离配置，会造成交通拥挤，上下班、购物、娱乐的时间和金钱浪费。勒普克 1944 年就预料到“交通地狱”给人们出行带来的问题。

勒普克“真正的分散”，其论点是“牺牲大城市，建立几个新的小规模的中心地，创造人类实现自然的生活所需要的条件。”防止城市过分集中，过分巨大化，向中小城市分散，向中小型经营分散，与周围农村结合，自下而上地进行构建和统一。

3. 迪特里奇多中心分散空间。迪特里奇提出多中心分散理论，规定了三项原则：即自由原则，社会均衡原则和保全原则。所谓自由原则是指要保证居民“选择居住地、消费、职业、工作场所的自由”；社会均衡是指消除地区差距，联邦德国全体居民生活水平均衡的提高，生活环境都得到改善；保全原则是指减少经济发展不平衡带来的就业困难，减少环境污染，保障人民身体健康。

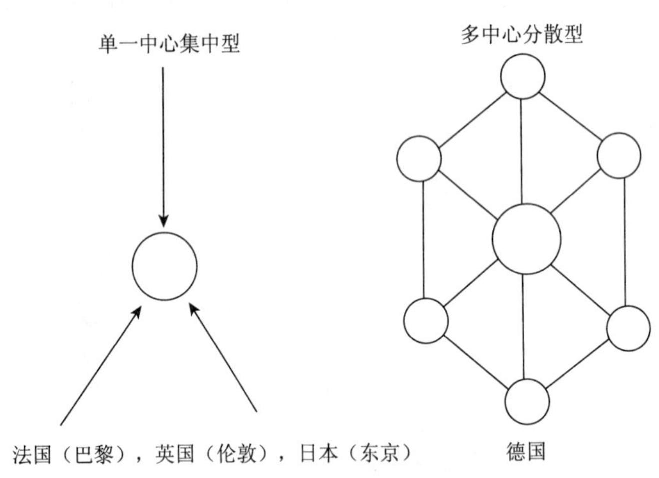

图 5 国土空间类型

（三）城乡结合地域结构优化配置理论

1. 农业产业政策与地域配置政策相结合。经济结构与布局决定了城乡结构与布局。德国的地域政策核心内容是：反对人口和产业向大城市过分集中，实行地方工业化。大城市不办工业，工业都向中小城市分散。为了缩小城乡差距，德国于1955年制定了《农业法》，包括整理耕地、扩大经营规模、推进农业机械化，保障农业生产资料低价供给、加强农业教育等。农民可以就近在中小城市从事非农产业，“离土不离乡”。

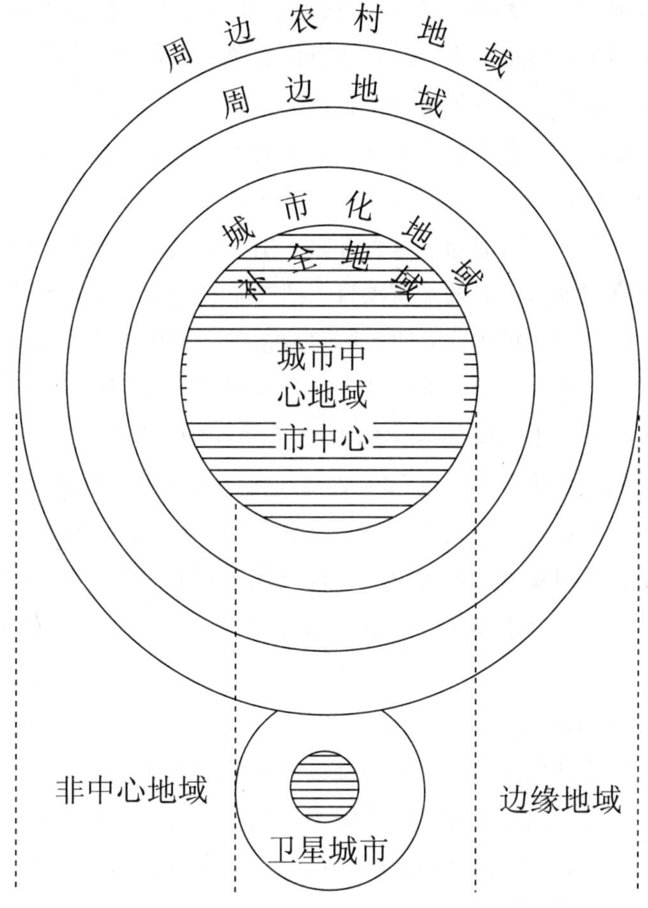

图6　城市地域空间配置图

2. 巴纳追求通勤便利的城乡关系理论。巴纳（J. Baruer）从振兴农村的角度论述城乡关系。把城市和农村作为一体。城市内保留着农业，以兼业农户为主体。对散布在农村的中小城市给予扶植，投资兴建基础设施，对新建企业和企业改造给予补助和免税优惠，以此创造更多的就业机会。中小城市的发展，使交通大为便捷，上下班在35分钟以内。

（四）农村内部均衡发展，直接补贴理论

在广大农村地区，由自然条件的差异，发展处于不平衡状态，对一些山区，由于生产条件恶劣，农民收入低下。从经济学角度上看，条件不利地区正是农业撤退的地区。但是，欧盟中许多国家认识到农业的多功能性，如保护国土、防止灾害、涵养和净化水源、农业景观的保留等，稳定这些农民在山区从事农业种植和畜牧业对保护生态环境有重要意义。为了体现农业的多功能，单纯依靠市场是行不通的，对农民进行直接补贴就是依据这个原理推行的。对生产条件不利地区农民的补贴，是对以效益为中的市场原理的修正。欧盟通过这种补贴，引导农民将农业生产转向即保护环境又提供高附加值产品的经营项目，把农业的负效应减少到最低程度。

进入 20 世纪 90 年代，欧盟各国普遍接受了德国的多中心分散型空间理论，实行发展中小城市，促进城乡结合协调发展的政策。

世界上最早发生城市郊区化的大城市是英国的伦敦。到 19 世纪末 20 世纪初，英国城市化率已超过 70%，郊区化进入快速发展时期。这一过程主要沿两个方向进行：一是建立城乡要素结合的“田园城市”；二是建设卫星城。最初的卫星城功能很单一，仅仅在于分散居住人口，将居民区建设在郊区，日常的基本生活在郊区，而工作和文化活动则要回到城里去。这种城郊居住区被称为第一类卫星城，也被称为“卧城”。之后，又出现了半独立性的郊区城镇，被称为第二类卫星城。这类卫星城除居民区外，还建有一些工业和服务项目，可使部分居民就地工作，其他居民则依然进入母城就业。之后出现了完全独立的第三代卫星城。它具备了较为完善的独立的城镇功能，不再更多地依赖母城解决基本生活和工作问题，大大减少了母城与卫星城之间的通勤压力。

二、日本城市化进程中出现的问题

日本在城市化发展过程中，出现了以东京、大阪、名古屋为中心的城市群。同时，也出现了农村的过疏化现象。日本农村经历了三次过疏化过程。第一次是在 20 世纪 50——70 年代，农村人口向大城市转移，日本称之为社会性转移，表现为流出人口超过流入人口；第二次在 20 世纪 80 年代，主要是人口自然减少，表现为死亡人口高于出生人口；第三次在 20 世

纪90年代，不但农村人口减少，而且一些村落消失。不仅反映了年轻人大量流出，农村老龄化现象。也反映了农村衰退和农村社区社会功能衰退现象。

日本京都大学教授、日本当代著名农业哲学家和农业经济学家祖田修教授在认真研究辽德国经验后，联系日本实际，指出日本的农村地域政策存在以下问题：

（一）日本有农业结构政策，但是没有地域空间配置政策。城市建设和工业布局以东京和大阪为中心，集中布局和集中投资，出现了两极分化的现象，一方面向大城市集中，甚至时向东京一极集中。另一方面是地方城市和农村的过疏化，农业扩大规模，剩余劳动力靠大城市吸收，使国土空间不能均衡布局。

（二）日本城市和农村结合的不够融合。日本农村地区没有像德国农村那样，形成富裕、秀丽、健康、愉快的生活空间。

（三）日本基本上没有推行符合本国实际的多中心分散型的国土政策构想。

三、拉丁美洲城市化中经验和教训

拉丁美洲由于城市的规模太大、过于集中才产生一系列城市化问题。尤其是“贫民窟”的出现，拉美国家的严重社会问题。第二次世界大战后，随着拉美国家普遍走上工业化和农业现代化的道路，拉美地区的城市化也进入一个高潮期。1950年，拉美地区的城市人口（2万人口以上的市镇居民属于城市人口）占总人口的41.6%，1980年达到65.6%，已接近于欧洲的城市化水平。根据《拉丁美洲及加勒比地区统计年鉴2002》各国的最新数据显示，2000年城市人口占总人口的比重，阿根廷为89.6%，巴西为79.9%，墨西哥为75.4%，最高的乌拉圭为92.6%。到2010年，预计上述四个国家的城市人口比重将分别为阿根廷91.4%、巴西83.1%、墨西哥78.8%、乌拉圭93.7%。墨西哥城（1640万人）、阿根廷的布宜诺斯艾利斯（1387万人）、巴西圣保罗（1300万人）、里约热内卢（1000万人）都已跻身于世界最大城市的行列。

城市化在让人类享受工业文明的同时又受到“城市病”的困扰，生活贫困、住房紧张、供水不足、交通拥挤、环境污染正威胁着城市居民的正常生活和身体健康。巴西在告别二十世纪时，有贫民窟3905个，比1991年增加了717个，长幅22.5%。经济最发达的圣保罗州也是巴西贫民窟最多的州，那里集中了1548个贫民窟，占巴贫民窟总数的39.6%。据巴西地理统计局界定，贫民窟是指有50户以上人家，汇住在一起，房屋建筑无序，占用他人或公共土地，缺乏主要公共服务设施的生活区。贫民窟的房屋往往是临时搭建的棚户，居住者对自己的临时住房没有合法的产权，随时可能面临政府的整治、清理。这些非正式的城区通常不具备水、电、污水处理、垃圾清扫等服务，是吸毒、卖淫、嫖娼、偷盗、抢劫等社会犯罪滋生的沃土。贫民窟是城市化过程的产物，很少有国家可以避免。联合国提出建设“没有贫民窟的城市”（CitieswithoutSlums）。

四、对北京市和西南五区的建议

（一）根据城乡统筹的要求，建议北京市制定城乡统一的建设规划

（二）西南五县区作为北京市的卫星城市，根据各自的区位特点制定本区的城乡一体建设规划

（三）在城乡建设的空间布局上，建议吸收德国多中心分散式布局的思想理念，建设宜居的城市和现代化的乡村

（四）将产业布局和城镇合理布局有机地结合起来

作者：中国作物学会名誉理事长，研究员

参考文献

［1］祖田修：《农学原论》，中国人民大学除本社，2003年2月，184－214页。

［2］路明：《走出二元结构，开创中国特色农业现代化的道路》，农村工作通，2009，1。

［3］路明：《国外关于城乡结合的理论》，《城乡统筹的理论与实践》，民主与建设出版社，2005年，3月，255－281页。

［4］经济参考报：《国外“子母城”发展模式以及发展历史》，2003－3－5。

［5］张勇：《拉美国家城市化背后的劳动力流动》国研网2004－05－14 10：55：40。

［6］冷啸：《直面中国城市贫困》北大未名站（2003年10月30日11：54：06星

期四)。

[7] 刘宏 苏振兴:《农民进城没工作 贫民窟里问题多 拉美城市大得发虚》,《环球时报》,2002 年 3 月 28 日。

[8] 苏振兴:《发展模式与社会冲突:拉美国家社会问题透视》,当代世界出版社 2001 年版,第 127 页。

首都西南五区在城市化过程中应该守住农业之"根"

伍建平

摘　要： 近十几年来，随着首都城市化的快速发展，西南五区农业有逐渐萎缩、乃至消失的危险。首都西南五区在城市化过程中是否要保留农业？如何保留农业？作者根据农业的多功能性理论，借鉴发达国家农业发展的经验，提出：首都西南五区应该选择一些有代表性的作物品种、耕作技术加以保护；正确处理生态保护和农业发展的关系；利用首都人才、技术、资金、市场优势，发展高效农业、特色农业、生态农业、休闲农业。

关键字： 城市化　农业多功能性　首都西南五区

北京市正在经历快速的城市化过程。在城市化过程中，首都西南五区的农业有逐渐萎缩消失的趋势。世界大都市在城市化过程中是否一定要消灭农业？这不仅是一个值得思考的理论问题，而且在实践中也有迫切性。在这个问题上，日本给了我们一个很好的回答。二战以后，随着日本工业化带动的城市化的快速发展，也出现了农业萎缩的问题。日本认为，农业绝非简单的 GDP 的问题，而是兼顾粮食安全、社会保障、生态保护等多功能，甚至在现代化过程中承担着继承传统文化的重任，具有很强的正外部性。日本人顽强地顶住了美国人要求开放大米市场的压力，通过关税和国内支持政策保住了农业这块自留地，基本上维持了国内大米市场 80% 的自给能力。日本由此发展出来一套农业的多功能性理论，用来抵抗外部的压力，并且为本国农业转型寻找出路和空间。

笔者认为，首都西南五区应该借鉴农业的多功能性理论，从战略高度重新审视农业的基础地位，有意识地将正在消失的传统作物品种、传统生产工艺作为传统文化的一种保护起来，同时发挥首都人才、技术、资金、市场优势，利用市场经济的手段，建立与首都社会经济发展要求相适应的高效农业、特色农业、休闲农业、生态农业、可持续发展农业，提高农民的生活水平，促进农村地区的和谐、稳定。

一、首都西南五区在城市化过程中农业有逐渐萎缩消失的趋势

有资料表明，近十几年来，随着城市化进程的加快，北京市农作物播种面积大幅度减少。第一产业产值在国内生产总值的比重逐年下降，从2007 年以来已经低于1%。农业的地位堪忧，甚至有逐渐消失的危险。

表1　北京市农作物播种面积、第一产业产值及占国内生产总值比重

年　份	农作物播种面　积（万公顷）	第一产业（亿元）	国内生产总　值（亿元）	第一产业占国内生产总值比重
1997	53.6	77.18	2077.09	3.7
1998	53.5	77.86	2377.18	3.3
1999	52.6	78.35	2678.82	2.9
2000	45.4	79.25	3161.66	2.5
2001	38.0	80.78	3707.96	2.2
2002	33.5	82.44	4315.00	1.9
2003	30.1	84.11	5007.21	1.7
2004	30.4	87.36	6033.21	1.4
2005	30.8	88.68	6969.52	1.3
2006	32.0	88.80	8117.78	1.1
2007	29.5	101.26	9846.81	1.0
2008	32.2	112.83	11115.00	1.0

注：根据北京市统计局网站资料整理

2006 年北京市第二次全国农业普查数据表明，首都西南五区中石景山耕地面积仅1708 亩，已经基本退出农业，完全实现了城市化。丰台、门头沟耕地面积只有2 万多亩，农业已经微不足道。房山和大兴耕地面积分别为33.8 万亩、49.5 万亩，农业还有一定根基，但是据估计仍抵挡不住城市化浪潮的冲击。

表2　2006年首都西南五区耕地面积　　　　单位：亩

年份	丰台	石景山	门头沟	房山	大兴
2006	28039.1	1708.0	20567.0	338509.9	495586.5

资料来源：2006年北京市第二次全国农业普查

二、首都西南五区农业逐渐萎缩消失的原因及分析

城市扩张挤占农田是个世界性的现象，首都西南五区农业逐渐萎缩，大致有以下几个原因：

一是城市房地产、城市基础设施建设占用了大量耕地资源。这些年来，北京市道路交通设施发展很快，五环路、六环路向外扩张，主干道、支线、乡村公路向外延伸，公路、铁路、各种管道建设齐头并进，高昂的房价更是引致房地产商对农村土地虎视眈眈。郊区土地资源已经变得十分珍贵。

二是北京市第二道绿化隔离带建设占用了不少耕地。北京市从2002年开始建设第二道绿化隔离带，规划面积412平方公里，范围从五环到六环外1000米以内。由于国家有关部门不同意北京市在耕地上搞绿化建设，2004年以后，北京市调整了规划，不再占用基本农田搞绿化隔离带建设，第二道绿化隔离带规划面积由412平方公里缩减为163平方公里。尽管如此，首都西南五区在第二道绿化隔离带建设中仍然占用了大量耕地。比如，我们在房山区调查发现，房山区1.8万亩第二道绿化隔离带中，有1万亩是基本农田。由于北京市可供绿化的土地不多，各郊区县要完成第二道绿化隔离带规划目标，不可避免要占用一些耕地搞绿化隔离带建设，但是土地部门不予批准，弄得郊区县园林部门左右为难。

城市扩张挤占农田是不可避免的，特别是在城市化发展的初期，城市基础设施建设对农村土地的需求特别旺盛。我国的政治体制，权力集中在城市，农民缺少组织和谈判力，使城市比较容易征用农民的土地。

绿化隔离带建设占用农民土地，其实是可以避免的。它反映了决策者在认识上的一个误区，即认为只有搞绿化隔离带建设才是生态保护，粮食生产是不重要的。其实，这种从城市发展的角度考虑问题的方法过于片面狭隘。在北京市的城市发展规划中，城区被划分为四大功能区：首都功能核心区、城市功能拓展区、城市发展新区、生态涵养发展区。首都西南五

区中，丰台、石景山被定位为“城市功能拓展区”；大兴、房山被定位在“城市发展新区”，门头沟就被定位在“生态涵养发展区”，粮食生产的功能被弱化了。

三、从农业的多功能性重新审视农业的基础地位

尽管世界范围内城市化是大趋势，但是在发达国家出现了“逆城市化”的运动。在德国，人们开始厌倦城市生活，向往自然，越来越愿意居住在农村和小城镇，以至于像柏林这样的大城市出现了空洞化。“逆城市化”是人们对城市化的反思，是哲学上的否定之否定。这是我们始料未及的。其实在国内，人们也发现在北京、上海、广州这样的大城市能有一块地种菜，已经是一种奢侈的享受了，以至于许多年轻人热衷于在网上“偷菜”，乐此不疲。

上个世纪九十年代，美国政府强迫日本开放大米市场，日本议会几次通过决议予以拒绝，其主要理由是要保障食品安全。日本人担心，如果不能维持一定的粮食生产能力，一旦战争爆发，日本将困死围城。精明的日本人通过这件事情也认识到，在城市化过程中，不能仅仅从经济因素考量农业，农业消失后会带来巨大而深远的负面影响。日本人由此发展出一套农业的多功能性理论。

农业的多功能性，首先体现在：

（一）粮食安全

农业的最基本功能是为人类提供粮食，粮食是人类生存的基础。尽管在正常的年景下，在全球化贸易的时代，人们对粮食不再那么关注，在国内，种粮食吃亏的思想普遍存在，许多地方转嫁生产粮食的责任，但是一旦发生饥荒，缺粮就是天大的事情，而且买不来粮食。粮食安全不仅体现在供给上，而且指食品安全。近年来我国食品安全事件频频爆发，引起全社会的关注。北京市是否要提粮食安全？这是一个值得深思的问题。尽管让北京市维持粮食自给不现实，但是如果不能保证一定的粮食生产能力，那么粮食供给短缺的时候，就要忍受高粮价和食品安全的威胁。近年来，高粮价的隐忧若隐若现，给我们敲响了警钟。

（二）劳动就业和社会保障功能

农业作为第一产业，能够解决大量的就业问题。2006 年北京市第一产

业从业人员63.3万人，占北京市从业人员的6.6%。首都西南五区中房山有农村从业人员28.3万人，大兴32.1万人，仍是重要的力量。

表3　2006年首都西南五区按产业分的农村常住人口劳动力数量　单位：人

	合计	第一产业	第二产业	第三产业
丰台	278261	10036	54259	213966
石景山	—	—	—	—
门头沟	51751	12887	12305	26559
	合计	第一产业	第二产业	第三产业
房山	283226	81164	76170	125892
大兴	321662	117874	87776	116012

资料来源：1. 2006年北京市第二次全国农业普查；2. 石景山无数据

（三）文化传承功能

我国的传统文化源远流长、丰富多彩，我国传统文化就是以农耕文明为基础的。如果消灭了农业，文化传承就失去了载体。首都西南五区有很多具有悠久历史的村寨，有传统的文化习俗，应予以保护。

（四）生态保护功能

农作物的生长能够保持水土、提供景观、净化环境，符合可持续发展的要求。据2006年北京市第二次全国农业普查统计，2006年，北京市农田提供的生态环境服务价值162.2亿元，比北京市农业产值109.33亿元还高。

（五）适宜人居功能

农村是适宜人居的，农业生活是符合人性的。如果要强行把习惯简单、自然生活方式的农民赶到楼上居住，并非是农民所愿意和能承受的。

四、首都西南五区如何留住农业这个“根”

根据农业的多功能性理论，建议首都西南五区在农业发展战略上注意以下问题：

（一）将具有代表性的传统农业品种和农业耕作技术作为传统文化的一部分保护起来，大力发展观光农业，休闲农业

首都西南五区有一些知名的农业品种，但是现在消失了。如京西水稻，由于北京市缺水，北京市政府一声令下，就不再生产。现在水稻价格

上涨很快，是否可以考虑采取保护性的措施，恢复一部分的种植面积，作为观光农业，休闲农业的一部分？

笔者这里谈保护，并非完全靠政府支持，那样也不能长久。保护传统文化也要遵循经济规律。观光农业，休闲农业就是很好的办法。

（二）正确处理好绿化隔离带建设与发展农业之间的关系

北京市搞绿化隔离带建设，目的就是为了防止中心城市的蔓延，为城市提供生态保护的屏障，为市民提供休闲的场所，其立意是好的，但是征用农民土地搞绿化隔离带建设，方式方法上有些不妥：一是使政府背负沉重的财务负担，随着社会平均工资水平上涨，这种财务负担会日益增加。例如，房山区农民要求政府按照社会上每天80元的标准发放工资，每年工资2.8万元，由于护林员队伍人数庞大，郊区县政府的财力根本无力承担。二是由于农民的经济利益得不到满足，农民林木管护的积极性和专业化水平始终无法得到提高。

在耕地上搞绿化隔离带建设，有些浪费土地资源。其实，农业既有生态保护功能，也有良好的经济功能，还能够解决农民就业和安居问题。耕地是宝贵的土地资源，世界上只有12%的土地是适宜农耕的，应该根据不同的立地条件，实行“宜农则农，宜林则林”的政策。在林区，根据自然条件，大力发展自然生态系统，不宜大面积搞需要高耗水、高管护成本的人工草坪和人工景观。

（三）利用首都人才、技术、资金、市场优势，大力发展高效农业、特色农业、生态农业

首都西南五区发展农业具有独特优势，应该利用首都人才、技术、资金、市场优势，大力发展高效农业、特色农业，提高农业的附加值，走精品农业之路。同时，首都西南五区还应该大力发展生态农业，不断改进农业耕作制度和种植结构。比如，实现农田林木网格化、发展节水型农业、秸秆还田、种植苜蓿、减少施氮肥等等。在生态农业建设方面给予农民技术指导和经济补助，取得的生态保护效果更大，属于“给点阳光就灿烂”。

作者：民建北京市委员会，中国农业大学经济管理学院副教授，管理学博士

首都西南区域城乡一体化进程中的房地产问题研究

杨光坤

城乡一体化建设是一项重大、深刻而又全面的社会变革。当前，北京城乡一体化进程已经进入实质性的发展阶段。城乡一体化是要通过城镇化来促进农村的发展、通过郊区化来缓解城区的压力，进而缩小城乡之间在物质、文化、制度等层面的差距，统筹城乡经济社会发展。然而，随着人口向郊区的疏散、产业向郊区的聚集以及乡村的城镇化，必然需要一种物质形态来承载，这就是房地产。北京市房地产自房改以来一直保持快速发展，房地产开发投资占社会固定资产投资的比重逐年上升，而且，出现了明显的向郊区蔓延的趋势。因此，在这样的背景下研究首都西南区域城乡一体化进程中的房地产问题就很有必要了。

一、首都西南区域城乡一体化的理论与实践

（一）城乡一体化的理论基础

当代许多国家城乡关系的发展证明了这样一种普遍规律，即人类社会发展遵循城市与农村由一体到分离、再由分离到一体的历史趋势。城乡一体化是城乡关系的最高境界，是城市化发展的最高阶段，是和谐社会建设的重要表现形式。十一届三中全会以来，党中央多次强调，改革经济管理体制要打破城乡分割，扩大城乡交往，促进城乡经济共同繁荣。党的十六大提出了统筹城乡经济社会发展，十六届三中全会进一步提出了五个统筹，党的十七大提出了统筹城乡发展，推进社会主义新农村建设。2003 年 2 月，北京市在郊区工作会议上正式把郊区定位为首都可持续发展战略新区和建设国际大都市现代发展区，要求把郊区建设作为首都现代化建设的

重点，促进城乡一体与协调发展。2004年6月，北京市出台了《北京城市总体规划（2004－2020）》，正式提出了北京市城乡一体化建设。

（二）二元结构的负面影响

首都西南区域作为北京市的重要战略区域，在城乡一体化进程中也存在着现代化城区与相对落后的乡村并存、发达的现代工业与传统农业并存、城市现代生活方式与农村传统生活方式并存、收入较高的城市人口与收入较低的农村人口并存的二元结构，并由此给首都西南区域的发展带来负面影响。主要表现在两个方面：第一，首都西南区域农业经济发展水平不高，农村剩余劳动力转移的速度不快，农民收入水平较低，不利于全面实现小康社会。第二，首都西南区域城区承载了过多的城市功能，一方面影响了对历史文化资源的保护，另一方面影响了郊区的经济社会发展，不利于城乡资源的有效配置与充分利用。

（三）城乡一体化的实践效果

首都西南区域抓住了北京市城乡一体化建设的战略时机，逐步破除城乡二元结构，多年来取得了引人瞩目的成绩。主要表现在三个方面：第一，把城区关于人才、知识、技术、信息、资金等方面的优势与郊区关于广阔空间、劳动力资源、生态环境等方面的优势结合起来，统筹考虑，整体推进，促进了经济的快速发展。第二，注重城乡在居住、教育、就业、医疗、卫生保健、社会保障、文化生活等方面的协调发展，使郊区具有与城区同等的社会环境，推进了社会建设。第三，通过调整产业、人口的空间分布，使郊区承担部分城市功能，以缓解城区因多种城市功能叠加而产生的人口密度过大、环境污染严重、人地矛盾突出、生态环境较差、交通拥挤等问题，促进城乡可持续发展。

二、房地产及其在城乡一体化进程中的作用

（一）房地产的概念和特征

1. 房地产的概念

关于房地产的概念通常有以下三种表述：①房地产是房产和地产的统称，是房屋与土地在经济方面的商品体现；②房地产是在一定所有制关系下，作为财产的房屋及其所占用土地的总称；③房地产是指土地及土地以上

的永久性建筑物，以及由其所衍生的权利。这三种表述是从商品、财产和权利三个角度定义房地产，尽管存在很大的差异，但有一点却是相通的，那就是房地产是一个由房屋（房产）和土地（地产）所组成的综合物。

2. 房地产的特征

根据房地产的概念，可以推出它具有以下四个特征：①产品异质性。由于土地受地理位置和区域环境的限制，世界上找不到两宗完全一样的房地产，即使在同一个城市、甚至同一个社区内，也很难找到两块品质完全相同的土地。而建筑物在外形、尺寸、用料、年代、风格、标准等方面的品质就更加不同了；②保值增值性。土地因为固定而具有聚集资本的能力，因而，对同一块土地连续追加投资可以形成资本的积累，从而实现土地增值。房地产的保值增值是一种规律性现象，一般来说，房地产需求的增加、土地资源的有限、基础设施的改善等原因会促使房地产价格上涨、价值增加；③效用多样性。土地既可以作为农、林、牧、渔等方面的生产资料，又可以作为商业、交通、旅游、科技、教育、卫生、体育、公共绿化等方面的用地。而建筑物的效用多样性则表现为使用上的多层次性。居住房屋的数量和质量决定了其生存、享受和发展等效用的程度，例如，质量好的房屋还有观瞻功能和美化环境的作用；④期限长久性。由于土地的永久存在和建筑物的耐用，一般房地产的使用寿命都很长。因此，在房地产商品流通中，既可以转移产权，又可以在不改变产权关系的前提下转移一定年限的使用权。

（二）房地产在城乡一体化进程中的作用

1. 满足人们改善居住条件的需求

在城乡一体化进程中，随着乡村城镇化和交通便利的实现，越来越多的城区人口向郊区疏散，使得郊区住宅开发成为房地产建设的重要内容。房地产业在城乡一体化进程中增加了住宅房的建设，提高了广大居民的居住水平，主要满足了三类人口的需求：①当地乡村居民在城镇化中变成城镇居民，需要改善居住条件；②在随着城镇化和郊区化而发展起来的经济体中就业的人们多数会有在当地居住的需求；③在城区就业、但没有能力在城区买房或租房的人们会选择到附近郊区买房或租房。当然，除这三类人口外，也可以满足城区拆迁户、想增加居住面积的城区居民、追求良好居住环境的高收入阶层的需要。因此，房地产在城乡一体化进程中为改善人民居住条件发挥了重要作用，一方面提高了原乡村居民的居住条件，另一方面缓解了外来居民的住房压力。

2. 为经济社会发展提供重要支撑

在城乡一体化中，城镇化和郊区化都需要相应的物质空间，例如，工业向郊区的汇集需要厂房和管理层所需的办公楼宇，乡村的城镇化需要相应的基础配套设施等，而这些都需要房地产业来保障。同时，房地产在城乡一体化中还会促进郊区产业的发展。因为随着一座座厂房、写字楼和住宅坐落在郊区之后，在郊区办公和居住所必须的配套设施和相关的生产生活服务也会得到相应的发展和完善，例如，金融机构、邮递、餐饮、超市、商场、学校等各种服务和生活配套设施。由于房地产开发本身具有投资金额大、开发周期长的特点，不仅可以为很多人提供就业机会，而且还会带动许多相关商业的发展，例如二手房经纪公司等。因此，房地产在城乡一体化进程中为经济社会发展提供了重要支撑，一方面保障了城乡一体化建设的顺利进行，另一方面带动了区域产业的整体发展和社会的共同进步。

当然，房地产盲目过快或严重滞后的发展都将不利于城乡一体化的建设。政府有关部门要控制好房地产的发展节奏，对各类用地进行合理的规划和布局，在制定经营性用地的用途时要严格参照规划，考虑到房地产用地周边的产业发展情况，使房地产项目与其所在区域的产业发展相协调，带动周边产业更好、更快地发展。

三、房地产在城乡一体化进程中存在的问题及对策

（一）需要解决的问题

1. 缺乏规划，土地利用率低

农村居民住房建设长期以来都处于无规划的自发建设状态，有极大的自主性和随意性，大多是“见缝插针”、“打补丁”等方式，造成住宅建设比较混乱，居民住房布局散乱，普遍形成“空心村”或“满天星”式的自然村落等现象。农村居民住房建设过程也像小城市发展过程那样，注重增量土地的发展，忽视存量土地的挖潜，土地资源的闲置与浪费问题十分突出。而且，农村居民住房以低层建筑为主，建筑容积率低，因为它们仍沿

袭着“有天有地，单门独户”的模式，大多数居民乐于建平房，对高层建筑、联合建房还不能立即接受，从而造成了土地利用效率低下，变相形成了土地的闲置与浪费。

2. 宅基地使用混乱，户均规模偏大

由于受市场经济发展和传统观念的双重影响，以及行政执法力度的不足，导致农村建房违法用地现象比较严重。居民建房经常忽视党和政府的政策与法律的有关规定，以自己的喜好选择地块，违规多占地，并屡建新房不拆旧房，一户占用多处居民用地，造成了居民宅基地使用严重超标，户均宅基地规模偏大。而且，在村庄内部的土地利用结构很不合理，宅基地等非农建设用地与以农用地、空闲地为主的其他用地相互混杂，使得宅基地布局松散无序，不能积聚成片，不利于村庄的建设和管理，造成了居民点用地与非居民点用地的功能混杂不清。

3. 管理机制和保障措施不够健全

管理机制和保障措施不够健全主要表现在三个方面：①国家法律法规对耕地保护、集体建设用地流转制度、土地有偿使用制度等方面都作了严格规定，但是，在城市郊区和乡村缺乏相应的制度细则和管理措施，使得有关制度不能得到很好地落实；②对土地的宏观调控不足，例如，没有很好地发挥土地储备中心的功能，无法在实际中真正加强土地的集约利用；③对违法违规用地行为的行政执法力度不够，例如，对国土资源违法案件没有严肃查处，对土地市场没有全面整治，使得人们逐渐忽视土地法律法规的存在，进而造成强行占地、少批多占、非法转让土地、擅自改变土地用途等现象一再发生。

（二）解决问题的对策

1. 科学规划，做好宣传教育

规划是土地管理的龙头，我们应抓住当前贯彻落实科学发展观的战略机遇，以科学规划来统领土地管理工作的全局。有关部门应尽快编制科学的居民点建设和居民住房建设规划并做好宣传教育，可以从以下三个方面努力：①进行乡村区域总体规划要以有利生产、方便生活、提高土地利用率为原则，既要考虑村容的整体性，又要注重农村居民从事农、林、牧、副、渔等各种生产、生活的实用性，引导居民建房向方位一致、房屋间距最小化、棚舍建设统一化等方向发展，以便建设公共基础设施、改善居住环境、最大限度地利用现有宅基地；②在区域总体规划的指导下，要根据实际情况引导居民对住房内部进行适当规划设计，既能避免因居民知识水平有限而造成的失误，又能让居民住房与公共基础设施之间的衔接始终顺畅；③针对乡村居民文化素质偏低、法律意识淡薄的特点，我们必须在宣传教育上狠下工夫，积极宣传我国土地国情和土地整理的作用及意义，加大土地管理法规的宣传力度、广度和深度，提高广大乡村居民的节约用地意识和国土法制观念。

2. 加大宏观调控，增强土地集约利用

增强土地集约利用，是党和政府的要求，更是首都西南区域推进城乡一体化建设的必由之路。有关部门可以从以下三个方面努力：①不断完善工业园区的配套设施建设，制定政策让符合条件的企业进入工业园区，制定优惠用地政策促使不符合进入工业园区条件的企业向园区靠拢集中；②不断加强和完善小城镇功能，增强城镇对周边地区的吸引和带动作用。扩大城镇面积，把周边乡村纳入到小城镇建设的统一规划中来，通过科学规划，确定城镇功能分区，充分合理利用土地，鼓励乡村居民到小城镇建房或购置商品房；③持续开展土地整理工作，继续鼓励土地向大户集中、向优势产业集中，充分发挥土地的规模效益。组织有关论坛对乡村土地整理工作涉及的疑难问题和可行模式进行论证和探讨。借鉴国内外已经取得的经验，结合首都西南区域的地情，因地制宜地进行乡村土地整理，以实现土地的可持续利用。

3. 健全和完善相关制度，加强行政执法能力建设

制度是发展的保证，发展的水平决定着与其相适应的管理制度，而符合实际的制度又会促进发展的速度。有关部门可以从以下四个方面努力：①健全和完善土地保护制度。以国家法律法规为依据，建立基本农田保护制度、土地动态巡查制度、土地利用目标管理与责任追究制度等，把土地保护工作纳入乡镇年底目标管理考核中，对违法用地的责任人严惩不贷；②完善集体建设用地流转制度。优化整合乡村居民用地，有效地整理出集体建设用地，按照规划进行合理流转，并参照市场行情对居民进行足够的补偿，以有效避免“小产权房”的出现。在条件成熟的情况下，可以循序渐进地推进土地股份合作制；③完善土地有偿使用制度。除国家法律法规规定可以划拨用地之外，国有土地必须有偿使用。加强对土地协议出让行

为的监管，尽全力推行招投标方式出让土地，确保土地收益最大化；④加强行政执法能力建设。加强土地行政主管部门的行政执法能力建设，是严肃查处土地违法案件的当务之急。要及时联合司法纪检监察等部门，采取实际行动，有效制止和处罚土地违法案件，全面彻底整治土地市场，确保依法用地。

总之，房地产作为拉动国民经济持续增长的一个主导产业，将在首都西南区域城乡一体化进程中发挥重大作用。面对城乡二元结构的历史性影响，首都西南区域抓住了北京市推进城乡一体化建设的战略机遇，逐步破除了城乡二元结构，取得了巨大成就。而房地产在城乡一体化建设中也存在缺乏规划、宅基地使用混乱、土地利用率低、管理机制不够健全等问题，我们要通过科学规划、加大宏观调控、健全和完善相关制度等措施来破解房地产在城乡一体化建设中存在的问题，实现房地产业可持续发展，推动经济社会又好又快发展。

作者：中国地质大学（北京）能源学院助教政治辅导员，中国政法大学国际环境法研究中心研究员

参考文献

［1］黄序 主编：《北京城乡统筹协调发展研究》，中国建材工业出版社 2004 年版。

［2］张强 著：《乡村与城市融合发展的选择：北京市城乡一体化发展研究》，中国农业出版社 2006 年版。

［3］潘家华 编著：《中国房地产发展报告》，社会科学文献出版社 2010 年版。

［4］李复华：《新形势下城乡一体化规划与建设的分析思考及建议》，载《中外建筑》，2010 年第 3 期。

［5］轩明飞：《郊区房地产的开发定位》，载《中国房地产》，2006 年第 5 期。

［6］吕萍、甄辉：《城乡统筹发展中统一住房保障体系的建设》，载《城市发展研究》，2010 年第 1 期。

首都生态涵养发展区率先实现城乡一体化新格局探讨

——以门头沟区为例

张 强

摘 要：在首都发展进入后工业化阶段以后，城乡和区域之间必然出现新型分工，形成中心城和乡村相对稳定、郊区城镇和产业区加快发展的空间战略格局。过度集中在中心城地区的城市的和产业的功能应加快向新区和生态涵养发展区延伸。从全市建设世界级城市和率先实现城乡一体化的目标出发，应推进生态涵养发展区聚集发展高端服务业，探索从生态补偿向生态工薪转型、从生态富民向生态富区拓展、生态涵养的粗放型管理向精细化管理转型等制度创新，加强生态涵养发展区与功能拓展区和新区合作，与新型产业功能区合作，为生态涵养发展区与全市一道率先实现城乡一体化奠定物质的和制度的基础。

关键词：山区 生态涵养 城乡一体化

北京市提出，到2020年要在全国率先形成城乡经济社会发展一体化新格局，率先建立起以工促农、以城带乡长效机制，率先在统筹城乡规划、产业布局、基础设施建设、公共服务一体化等方面取得突破，率先构建起新型的工农、城乡关系。达到“三个率先”的实质，是从根本上解决“三农”问题。这是建设“三个北京”、迈向世界城市的基础和保障。在全市迈向“三个率先”的大局中，作为经济发展相对薄弱的生态涵养发展区扮演什么样的角色，怎样发挥应尽之能？是值得认真探讨的问题。本文以门头沟区为例，探讨未来10年首都生态涵养发展区实现城乡一体化发展前景问题。

一、强化区域特色，加速高端聚集

在中等发达城市向发达城市的发展中，都市地区的新型区域分工已经初见端倪。实际上，从工业化阶段进入后工业化阶段，区域发展的指导思想发生了很大变化，即从工业化阶段的处处搞工业，转变为按照分区定位、实行分区发展，不同区域的城乡之间也出现了新型分工。新型分工的基本出发点是：将高度的城市物质文明同高度的乡村生态文明结合，实现城市地区与乡村地区共同繁荣。在这一大背景下，生态涵养发展区发展面临的现实的选择是：

（一）实行分区管理

生态保护区应当控制常住人口规模和楼宇建设规模，逐步改善住户结构和居住质量。在生态涵养发展区的城镇地区，应避免许多先行地区因过度开发房地产、偏重攫取短期利益，而导致人口机械膨胀、楼宇密如丛林、产业资源枯竭、发展环境恶劣的“后遗症”的教训；在生态涵养发展区的农村地区，应积极顺应从“农村”向“乡村”转型的趋势。所谓农村向乡村转型，是指在一定发展阶段上出现的传统意义上产业和就业以农业为主的“农村”向产业活动和就业人口多样化的“乡村”的转变过程。这种变化属于经济社会发展到一定阶段而出现的一种“拐点”式的、趋势性的变化，难以用传统的人口变动推导模式去预测。改革开放以来，随着农村地区的工业化，农村的产业活动趋于多样化，就业结构和居民构成也越来越趋于非农化。相应地，农村的功能也发生了深刻的转变，即由较为单一的功能转变为多元的服务功能。首先是农业的单一生产功能向生产、生活、生态等多元功能转变；其次是形成了“新型乡村空间”的多元功能，主要是居住功能、娱乐和休闲功能、工业功能和自然保护区功能。乡村的这些新的功能和新的变化，促进了乡村人口增加和景观多样化，促成了乡村的复兴，避免了乡村的凋敝；更重要的是，乡村的自我复兴和对于成片农业、对于乡村景观的积极保护，为城市景观的扩张划定了难以逾越的控制边界，形成了防止“柏油沙漠”和“水泥丛林”无止境地扩张、避免“景观的城市化”摊大饼似地蔓延的自然屏障，为保持乡村与城市的协调而永续发展、形成田园化城镇奠定了空间基础。因此，从工业化阶段后期开始一直延续到后工业化阶段的保护农业、保护乡村的趋向，必然使分区发展不但成为必然，而且成为必要。在这个过程中，门头沟区作为中国东部大城市地区和世界各大国首都中极为罕见的山区面积占 98.5% 的山区，门头沟新城作为这一独特地区的既倚山、又傍水的山水城市，保持其独具的单一性自然特色，是首都北京迈向世界级城市的建设过程中始终需要维护、发展的城市特色构成的重要资源。

（二）推进服务业集聚

生态涵养发展区和山区不适宜大规模地发展工业，但是不等于不适宜发展产业。按照世界级城市产业形态高端化的发展目标，山区的城镇和产业聚集区可以发展多样化的生产性服务业和生活性服务业。以发达经济为支撑的世界级城市，产业结构是以服务业为主的。服务业的增长和多样化，是 20 世纪后半叶世界级城市发展的最重要的经济变动之一。在大都市地区，服务业已经成为带动收入和就业增长的主导产业部门，其中包含金融、保险、广告、会计、法律服务、设计、批发、通信、交通、信息服务等部门的生产性服务业的快速扩张更为引人注目。研究世界级城市的专家沙森指出，世界级城市是当代服务性产业领先者的聚集地，它的本质是为全球资本提供服务的地方。尤其值得注意的是，在大都市地区高度工业化和城市化阶段出现的郊区化趋势中，服务业和总部向郊区扩散，成为 20 世纪 80 年代以来出现的重要走向。比如，在 20 世纪末，美国 13 个大都市区（纽约、芝加哥、波士顿、华盛顿、丹佛、洛杉矶、旧金山、达拉斯、檀香山、亚特兰大、底特律、宾夕法尼亚、南佛罗里达）内共有 81 个写字楼次中心，这些写字楼中心的位置在大都市地区内的空间分布是：在中心商务区（CBD）的占 38%，在次中心的占 26%，在其他分散地区的占 36%。从发展趋势看，作为大国首都的一个近城地区，京西山城门头沟新城到石景山一带，不仅应当成为区域的生活性服务业聚集区，而且也有条件成为城市的生产性服务业聚集区，甚至在景观特色突出、生态环境优越的基础上形成新兴的总部经济聚集区。城市高端产业向郊区城镇的扩散，城市高端就业在郊区产业区的聚集，必将比传统上依靠拉动农民的聚集、依靠拉动农村产业的集中对于区域发展和城镇崛起发生更强大的带动作用。

（三）大力支持提升现有产业水平

作为门头沟山区支柱产业的旅游业的发展，面临着需要提升水平的客观要求。尤其是乡村民俗旅游产业，经过十几年的发展，已经出现了从低层阶段向较高阶段进步的趋势。这就是：在户营基础上，适度发展具有一定规模的乡村酒店，把单纯看山野景、吃农家饭的旅游阶段，延伸到包含更多居住、文化、娱乐等舒适性消费内容的休闲度假阶段。为此，各级政府应从原有的以支持农村基础设施建设和村容治理为主要内容的政策，向支持适宜生态涵养发展区产业设施建设的方向延伸，帮助有条件、有愿望的地区建设一批乡村酒店和其他产业设施，提升乡村旅游经营水平，从富民阶段向富村、富区的阶段进步。

二、深化制度创新，试验配套改革

后工业化阶段的分区发展战略，实际上就是摈弃了工业化阶段的近乎于“村村点火冒烟”的工业化战略，实行城乡分工、区域分工。实现战略转型的必要条件在于：加大区域统筹的力度，把率先改善生态涵养发展区的民生问题，摆在全市发展的战略性位置来重视；把加大改善生态涵养发展区民生问题的投入，作为全市的持续性措施来安排；把稳定改善生态涵养发展区民生问题的机制，作为全市在统筹城乡、统筹区域的制度设计中优先性工作来落实。以此来造就支持生态涵养发展区保护自然和文化环境的长久性动力机制和制度化环境条件。为此，以下选择可能是在“十二五”时期值得进一步探索的。

（一）探索从生态补偿向生态工薪转型，建立长久性生态涵养富民制度

“十二五”时期，生态涵养发展区可在全市“十一五”提出生态富民政策的基础上，进一步深化探索保护生态、促进民生的长久性制度化机制。比如，是否可以在门头沟深山区先行建立全市生态涵养制度改革试验区，将自雁翅以上、包括斋堂、清水三镇的深山区纳入试验区范围，集中力量，先行先试，重点突破，系统探索生态涵养地区的劳动就业、工薪收入、社会保障、村镇转型、社区治理、设施运维等配套制度改革，用3－5年时间，实现率先基本解决试验区内的农民

市民化问题，并为为在2020年全市基本解决山区农民问题开辟一条实现路径。

（二）从生态富民向生态富区拓展，打造配套性生态社区治理制度

伴随着对于农民市民化的改革探索，山区的农村型治理体制和制度也必将进行相应的变革。结合生态涵养发展区农民市民化的进程，积极探索生态涵养发展区农村城镇化、社区化管理的新模式，是十分必要的。在“十二五”时期，应当在逐年增加对于村级公共支出的补助的基础上，更加积极地探索对于新生代村民永久性脱离集体土地、进入城镇的支持政策和安排制度，探索现有农民带着集体资产纳入城镇化、社区化管理的有效方式，探索长效性支持公共服务的财政政策和制度。

（三）从生态涵养的粗放型管理向精细化管理转型，探索在富民富区的同时不断提升生态涵养水平的进步

在生态涵养发展区实行富民、富区制度的根本目的，是保障生态涵养水平及其管理水平的不断提高。走向世界级城市的过程，解决城市管理方面的差距问题，必然有一个城市管理不断地从粗放型向精细化转变的过程，相应地，生态涵养管理也应从粗放型逐步向精细化提升水平。生态涵养发展区制度探索试验的重要内容，是不断加强对生态涵养功能的精细化管理。比如，可参考加拿大大温哥华地区为建立宜居区域而实施的战略规划检测指标（见下表）。

大温哥华地区《宜居区域战略规划（LRSP）》实施检测指标

战略	代码	指　标	相关目标
保护绿色区域	G1	绿色区域面积	从城市发展中保护绿色区域的同时寻求增加新的绿色区域
	G2	农业保护用地面积	通过对城市区域的管理减少绿色区域的保护压力
	G3	农场销售总额	加强农业作为区域经济基础
	G4	绿色区域中新增非农居住数量	减少绿色区域的保护压力
	G5	濒危物种数量	加强区域生态的发育能力
	G6	已完成区域性绿色走廊的长度	发展区域性绿色网络，联系湿地与山区生态环境
	G7	保护区大小	保护区域生态的发育能力

续表

战略	代码	指　标	相关目标
建设完善社区	B1	新增居住在增长集中地域内外及建筑类型方面的数量和比例	寻求区域住宅类型的多样性
	B2	新增居住在自治市中心和区域中心的数量和比例	发展高质量、混合功能的城市中心网络，增加中心区和交通走廊的密度以支持规划的公共服务
	B3	区域住房供给的基准价格	在区域的每一部分寻求住宅类型和成本的多样性
	B4	办公楼面积在自治市和区域中心的比例	通过一定等级的公共交通、社区服务和文化设施建设，发展高质量、混合功能的城市中心网络
	B5	在所住次区域工作的劳动力比例	在整个区域寻求工作与居住的较好平衡
	B6	出租住宅占区域住宅总量的比例	在每一区域寻求住房使用的多样性
实现紧凑都市	C1	集中增长地区（GCA）和大区（GVRD）人口增长的总量和年增长量	达到远期规划的人口增长管理目标
	C2	GCA 内外有地基住房的数量和比例	为有地基住房寻求更多机会，特别是在 GCA 内
	C3	次区域非住宅建筑的允许值	支持规划目标的商业投资分布
	C4	穿越本大区东部边界的汽车数量	清楚穿越本大区东部边界的登记,
	C5	GCA 和 GVRD 总就业岗位数和增长量	实现就业增长管理目标
	C6	GCA 和 GVRD 的区域排水干线长度增长情况	通过大区的服务配送实现规划
增加交通选择	T1	汽车驾驶里程总量	增加交通选择以减少汽车依赖
	T2	每户汽车拥有量	增加交通选择以减少汽车依赖
	T3	区域合乘计划的参与情况	贯彻交通需求管理战略
	T4	主干公路网长度	规划、实施控制汽车的交通体系
	T5	拥有人行道的街道总长度和拥有自行车道的街道总长度	加强地方街道以满足公共交通、自行车和行人的共同使用
	T6	通勤长度与时间	在整个区域寻求工作与劳动力的较好平衡
	T7	公共交通工具乘客总数与人均	规划、实施公交导向的交通系统
	T8	运输能力总量和人均增长情况	规划、实施公交导向的交通系统
	T9	交通模式比例	增加交通选择，实施公交导向的交通系统
	T10	儿童上学通过步行与其他交通方式的比例	增加地方公共服务的种类和网络，以支持完善社区建设

资料来源：Livable Region Strategic Plan Annual Report，2002，2003，2004。转引自罗震东：中国都市区发展：从分权化到多中心治理，中国建筑工业出版社，2007。

三、实现城乡对接，加强跨区合作

摆脱生态涵养发展区的较为落后的面貌，需要抓紧机遇，实现跨越式发展，构造生态涵养发展区，率先实现城乡一体化。但是，生态涵养发展区实现跨越式发展，仅仅依靠自己的实力和努力是不现实的。生态涵养发展区实现跨越式发展，离不开全市更大力度的支持。把一批重大的服务业项目和总部经济安排在生态涵养发展区落户，是支持生态涵养发展区跨越式发展的必要之举，也体现了以城市支持、带动郊区农村的方针。就生态涵养发展区自身看，也需要更加主动地与城市的产业和产业功能区实现对接，特别是调整目前多数小城镇只承担农民和农村产业聚集、承接城市产业转移功能薄弱的定位。我们可喜地看到，近年来门头沟区已经把一批央企的项目吸引到山区和山城，创造了许多城乡对接的新鲜经验。在未来的建设中，全市应把生态涵养区的城镇与其他区域的城镇一道，摆在世界级大都市区建设中通盘考虑，将高端化的产业功能、国际化的服务功能、特色化的文化功能等更多地向郊区城镇延伸拓展，带动郊区产业的更多聚集和更快发展。近期内应考虑加强以下对接重点：

（一）生态涵养发展区与功能拓展区和新区合作

就解决生态涵养发展区转移就业和居住农民的各类社会服务问题，加强转出区与转入区的政府间合作。合作的目标是：一方面应继续解决山区农民向山外转移就业的问题；另一方面，应适应进入后工业化阶段时农村劳动力大规模转移就业基本完成条件下大量遗留的农民“转移后”问题，包括转移农民的住房、宅基地、承包地、社会保障、市民待遇等诸多问题，促进已转移农民的定居化、市民化，实现长住久安，安居乐业。

（二）生态涵养发展区与新型产业功能区合作

在首都城市进入高度工业化和城市化阶段以后，中心城地区受其空间有限、地价高昂、人口管制、交通拥堵等多方面制约，为了维护其主导功能和景观结构，城市建设将必然趋于稳态；而拥有广大开放空间的乡村地区，具有绿色生态屏障和食品供应安全的区域分工，也必将受到更加严格的保护。因此，城市建设的整体格局将必然以“稳定中心城和乡村、发展郊区城镇和产业区”为战略方向。循着这个战略发现，城市功能过度集中在中心城地区的状态将会发生变化，中关村、CBD、金融街等产业功能和空间有必要向包括生态涵养发展区在内的郊区新城和小城镇拓展。生态涵养发展区有条件的小城镇应拓展功能，从单纯以吸纳农民居住和农村产业聚集向同时承接城市产业拓展，与城市功能区挂钩联手，按照世界级城市的产业格局打造新型产业聚集区，大大提高带动牵引区域发展的能力。因此，在“十二五”时期应抓紧调整城市规划的时机，重塑生态涵养发展区的城镇功能，大大加强远郊地区的城镇对于城市功能的承接功能，让城市要素更多地进入生态涵养发展区，更多地进入小城镇，借以改变郊区农村有资源、缺要素的状态，促进城乡一体化加快发展。

作者：北京市政协委员，首都经济贸易大学城市学院教授，博士生导师，北京城市经济学会副会长

参考文献

［1］中共北京市委关于率先形成城乡经济社会发展一体化新格局的意见，《北京日报》，2008年12月30日。

［2］张强，《乡村与城市融合发展的选择——北京市城乡一体化发展研究》，中国农业出版社，2006。

［3］张强，巴黎大区乡村城市化与郊区农业的启示，载赵树枫主编《世界乡村城市化与城乡一体化》，城市问题杂志社，1998。

［4］周振华等，《世界城市——国际经验与上海发展》，上海社会科学院出版社，2004。

［5］奥利弗·吉勒姆著，叶齐茂、倪晓晖译，《无边的城市——论战城市蔓延》，中国建筑工业出版社，2007。

［6］魏小安等，《中国旅游业新世纪发展大趋势》，广东旅游出版社，1999。

西南五区可持续发展在北京建设世界城市中的地位与作用

任景波　杜　军

北京市委书记刘淇在2009年12月召开的中共北京市委十届七次全会上做的工作报告中提出北京要“瞄准建设世界城市”。作为我国政治、文化和经济中心的首都北京，与国际公认的世界城市之间的差距何在？“世界城市”这一理念经历了什么演变过程，现在的趋势又是什么？北京建设世界城市的优势和劣势各是什么？首都西南五区的可持续发展在北京建设世界城市进程中所处的地位和作用又是什么？这些都是本文将要回答的问题。

一、现代“世界城市”概念的演变与国际上的“世界城市”建设

“世界城市”是一个外来的国际概念。据北京市政府2010年1月发布的《政府工作报告及计划报告、财政报告名词解释》，“世界城市”为国际大都市的高端形态，对全球的经济、政治、文化等方面有重要影响力。“世界城市”伴随着经济全球化而产生，不仅是大城市在经济、政治上的有效定位，而且作为强化城市竞争力的战略被广泛应用。1966年，伦敦大学的皮特·赫尔（Peter Hall）在其《世界城市》一书中提出，世界城市是拥有高度城市机能，具有国际影响力的商业之都。赫尔的这一定义可以说是对伦敦的模型化。

1973年的第一次石油危机迫使美国纽约、英国伦敦以及日本东京在产业结构上大幅度向第三产业转型。亚洲四小龙的崛起和中国的改革开放导致制造业逐步向亚洲地区转移集聚，迫使上述三个城市转向构筑全球金融中心，进而确立了现代顶级世界城市的地位。美国哥伦比亚的大学研究团

队针对当时跨国企业和国际资本流动盛行的现状，对制造业陷于衰退的纽约进行调查，发现该市出现了大规模的国际企业总部及与其相配套服务业的聚集。1977 年，该团队提出了企业总部复合体（Corporate Headquarter Complex）的概念，认为强化该复合体是城市再生战略的出发点。纽约积极改善企业总部复合体的商务环境，通过金融自由化、城市再开发领域的放松管制、高速信息通讯基地的建设和水岸经济的再开发实现了城市复兴。

1986 年，J·弗里德曼对纽约进行了模式化研究，着重调查了世界城市的等级层次结构，并对世界城市进行了分类，形成研究世界城市的重要基础。弗里德曼将世界城市定义为执掌全球经济的跨国企业集聚，作为推进全球经济的决策部门而存在。这种城市再生战略理论迅速向东京、伦敦传播，影响了他们的城市政策和世界城市计划。目前公认的世界城市有纽约、伦敦、东京、巴黎等，其具体特征表现为国际金融中心、决策控制中心、国际活动聚集地、信息发布中心和高端人才聚集中心。20 世纪末 21 世纪初，欧美世界城市依然以其传统优势独占鳌头。亚洲的东京则出台了一系列以环保、节能为重点的城市战略规划，与日本的国家政策相呼应，掀起了新一轮世界城市角逐的热潮。

即便是公认的世界城市之间，在某些领域内也只能各领风骚。例如，巴黎的国际金融地位相对薄弱，而日本东京在 20 世纪 90 年代后期曾提出著名的“金融大爆炸”计划，意图在金融领域与纽约、伦敦分庭抗礼。时至今日，该计划虽然对日本国内的金融资源整合帮助很大，但东京的金融地位依然无法与另外两家世界城市相提并论。纽约是现代世界城市的先驱，在上世纪 70 年代提出构建世界城市的战略时，正值制造业衰退、经济危机，因此，选择了向国际金融和高端服务业倾斜的策略，而不是跨国公司的世界中心。这种类型的世界城市由于缺乏广泛的产业基础，对外界经济的依赖度非常高。东京提出强化世界城市功能的战略是在上世纪 80 年代中期，比纽约晚七、八年。时值泡沫经济形成时期，目标迅速达成，但泡沫经济崩溃后，在经济、金融方面捉襟见肘，转而加大在科技、绿色、人文方面努力引领世界潮流。这与北京市的“人文北京，科技北京，绿色北京”的城市战略属于一个思路。

2005 年由国务院批复的《北京城市总体规划（2004—2020 年）》指

出，要“强化首都职能；以建设世界城市为努力目标，不断提高北京在世界城市体系中的地位和作用”。2009 年 12 月底，北京市委书记刘淇的工作报告中提出北京要“瞄准建设世界城市”。由于北京是一个新兴工业国的首都，在国家加快经济发展方式转变的这一刻重提世界城市建设意义重大，这里不仅包括传统经济模式的转变，还包括社会模式的进化和创新，也包括对“世界城市”这一理念的继承与创新。改革开放 30 余年，我国经济基本处于赶超阶段，随着经济发展水平的急剧缩小，中国，尤其是北京对于市场经济模式的贡献将不只局限于转型经济范畴之内，而是要以人文、科技、绿色引领世界。

二、从国际排名看北京在“世界城市”群中的位置

无疑，北京早已经是具有强大国际影响力的大城市。但是，如果进行横向比较，就会发现北京的地位并不让人乐观。

2009 年，国际“全球化和世界城市研究小组”将全球 242 个世界城市分成 5 级 12 段。处于顶级的世界城市被公认的有纽约、伦敦和东京三个城市。除了三个顶级城市之外，还有顶级 B 段的世界城市，如：巴黎、芝加哥等。2008 年 10 月，美国杂志《对外政策》（Foreign Policy）发表了全球 60 个城市的排名。此项排名的研究是在 5 个领域：商业活动、人力资源、信息交流、文化积累及政治参与的基础上开展的。前五位的城市为纽约、伦敦、巴黎、东京和香港，北京和上海分别排名 12 和 20 位（见表 1）。

表 1　世界城市竞争力排名

排名	综合	商业	人力资源	信息交流	文化积累	政治参与
1	纽约	1	1	4	3	2
2	伦敦	4	2	3	1	5
3	巴黎	3	11	1	2	4
4	东京	2	6	7	7	5
5	香港	5	5	6	26	40
北京	12	9	22	28	19	7
上海	20	8	25	42	35	18

数据来源：根据 2008 Global Cities Index 整理

另根据在世界范围内颇具影响力的日本的森纪念财团发表的世界城市综合能力排名（Global Power City Index，2009，GPCI），北京在 35 个国际

大城市中排名第26位。前五位的城市分别是纽约、伦敦、巴黎、东京和新加坡，但是新加坡与东京差距较大，前四位的城市具有重大影响力，是公认的世界城市。该调查选取了世界主要35个城市，根据城市竞争力的“经济、研发、文化交流、居住、环境及外部交通”等六大领域的69个指标。同时，令现代城市活动产生重大影响的全球人士分为五大领域进行评价。纽约的环境、伦敦的居住相对较弱，但是其他领域占有绝对优势。巴黎、东京在六大领域得分都很高，巴黎在文化交流和外部交通方面与东京相比占有优势。东京在经济和研发方面占有优势，在综合排名前四位的大城市中，环境评价最高（见表2、表3）。

表2　世界城市综合实力排名

排名	综合	经济	研发	文化交流	居住	环境	外部交通
1	纽约	纽约	纽约	伦敦	巴黎	日内瓦	巴黎
2	伦敦	东京	东京	纽约	柏林	苏黎世	伦敦
3	巴黎	伦敦	伦敦	巴黎	温哥华	维也纳	阿姆斯特丹
4	东京	香港	首尔	柏林	日内瓦	东京	纽约
5	新加坡	新加坡	洛杉矶	新加坡	多伦多	柏林	法兰克福
北京	26	7	27	8	22	34	23
上海	21	8	22	12	13	31	26

数据来源：根据GPCI－2009数据整理

表3　国际人士眼中的城市竞争力

排名	经管人士	研究者	艺术家	游客	居民
1	伦敦	纽约	纽约	纽约	纽约
2	纽约	伦敦	巴黎	伦敦	巴黎
3	新加坡	东京	柏林	巴黎	柏林
4	香港	巴黎	伦敦	北京	东京
5	上海	首尔	东京	上海	伦敦
北京	8	27	26	4	27
上海	5	24	14	5	24

数据来源：根据GPCI－2009数据整理

在专门领域综合得分处于中下位置的香港（10）、上海（21）和北京（26）在全球人士评价比较的经营者和游客评价中到了上位（见表4）。

表4 全球人士眼中的中国城市的世界城市排名

排名	专门领域综合	商务人士	游客
香港	10	4	10
上海	21	5	5
北京	26	8	4

数据来源：根据 GPCI－2009 数据整理

对比森财团报告和其他西方国家的报告，可以看出，对于世界城市的认知在人文方面存在着一定差异，这取决于不同的文化背景、价值观和阅历。欧美国家在这方面对传统西方国家的重点城市有所偏好是必然的。但是对于经济、研发以及环境集中研究具有类似性。

三、首都西南五区与北京建设“世界城市”的短板

世界城市一经形成，就会形成强悍的垄断地位，难以动摇。一级的世界城市里面只有东京在现代经济世界的历史较短，但其北京也有日本经济在战后的迅速崛起。

北京经济是城市的基础，是城市建设和发展的物质前提。世界城市，在世界经济体系中处于产业链的最高端。2009 年北京人均 GDP 超过 1 万美元，按照世界银行最新划定的标准，北京处于中等富裕城市行列，但距离世界城市 2 万美元左右的标准差距较大，距离一流的世界城市差距巨大，即使和很多二线城市和三线城市相比北京也只能甘拜下风。因此，建设世界城市发展经济是首要任务。但是，由于北京与世界城市经济方面的巨大差距，短时期内这一差距是很难赶超的。

从图二到图五可以看出，西南五区经济水平偏低。除经济技术开发区外，人均 GDP 全市平均水平的一半左右。也就是说，北京与世界城市的相对差距与西南误区与北京市的平均发展水平之间的相对差距相仿。

但是，从国际评价上来讲，北京在经济、商务方面的得分并不低，远远超过了同类收入水平的城市。如果西南五区经济水平与北京市平均拉平，无疑会大大加强北京经济实力。实际上，北京在国际上的经济、商业排名并不低，差距大的在科技和绿色方面。这说明，国际经济分享了很多

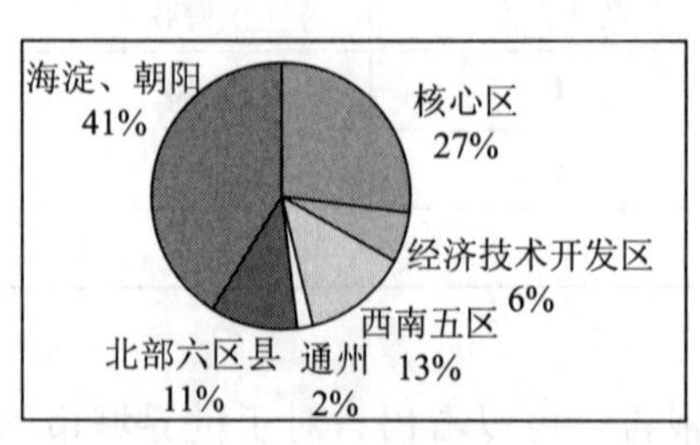

图1　北京市各地区 GDP 比例

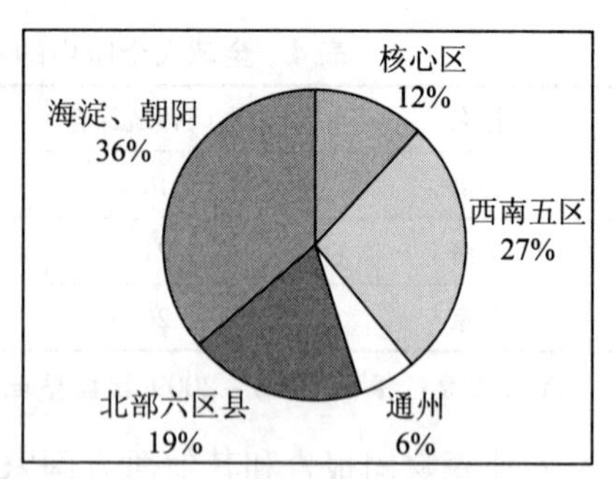

图2　北京市各地区人口比例（常住）

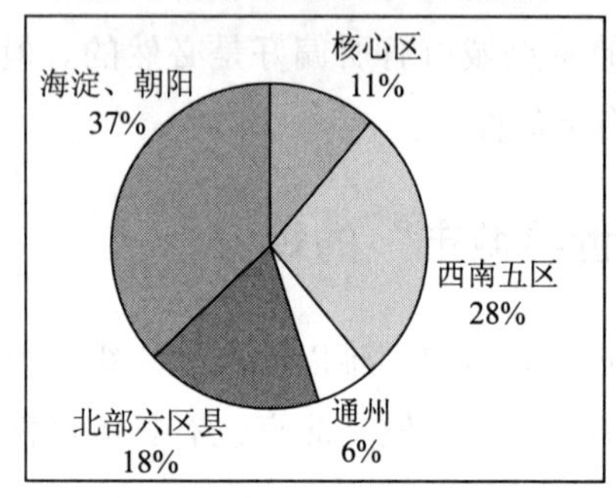

图3　北京市各地区人口比例（含非常住人口）

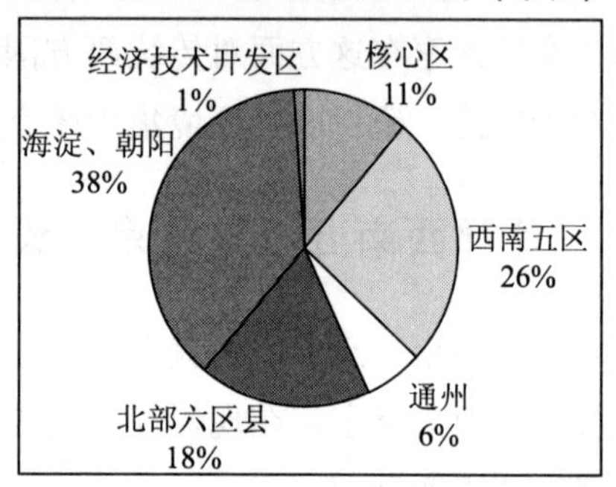

图4　北京市各地区人口比例（含非常住人口，经济技术开发区单列）

数据来源：根据北京市统计局数据计算而得

北京的经济成果，而北京人均 GDP、人均收入尤其是西南五区经济水平的相对低下说明现有的经济模式和分配模式存在较大问题。一是外来资本赚取了高额利润，二是内部分配亟待提高公平水平。只有办到这一点，北京才会实现可持续的内生性发展。

虽然北京在全国科技研发方面具有绝对优势，但是和世界城市甚至是一半的国际知名城市相比都是十分落后的。世界城市都有多名诺贝尔奖得主，排名位于世界前列的国际著名学府。而我国在这些方面甚至缺乏足够的对话平台，更不要说与其进行竞争。因此，北京需要继续加强科技实力，而西南五区则应该搭上这一班科技快车，避免沦落为产业承接带的尴尬境地。产业承接完全可以让经济发展更加落后的京外地区去做，西南五区一定要紧跟北京建设世界城市的步伐，立足高端，不仅是高端应用科技建设要加大力度，而且要大力开展基础科学建设。

美国的著名大学大多集中在中小城市，日本和我国的著名大学则集中在大城市，北京则大多集中在海淀区。但是，海淀区近年来高企的土地成本和经营成本使得部分高校面临财政困难，这给西南五区带来了机遇。对区内高校的公共财政支持亟待加强，留住人才是一个十分现实的问题。同时，要加强与境内强势高校沟通，促使其在西南五区境内设立分校或建成主校区，兴建系列性配套措施，以便吸引高素质人才。这方面昌平区的经验值得借鉴。

当前我们面临着城市人口膨胀、能源短缺、环境恶化、“碳约束”形势下的发展环境，面临着严峻的生态挑战和较高的发展门槛。因此，我国建设世界城市，必须坚持以人为本、全面协调可持续的发展观，走资源节约、环境友好、低碳发展的创新之路，促进城市经济社会和人的全面发展。在环境方面，北京做出了很大努力，也取得了令世人瞩目的成绩。

北京是一个资源严重匮乏的城市，同时又是一个资源消耗巨大的城市。截至2009年底，北京市共有常住人口1972万，其中户籍人口1246万，登记流动人口763.8万，如果将驻京部队、散居人口和探亲旅游就医等人口计算在内，北京的流动人口将突破1000万。北京的地理环境也决定了城市生态环境比较脆弱，环境保护和污染治理任务重、难度大。随着首钢主体前往河北，京西煤矿得以关闭，北京的产业得到优化，环境得到大幅度改善，单位能耗有所下降。北京有全国四分之一的全国新能源科技资源，2008年总能耗的2.5%为新能源。但是，2008年北京空气总悬浮颗粒物浓度达到122微克/立方米，是上世纪纽约的2倍，东京的2.5倍，改善生态环境和提升资源环境综合承载能力仍然很艰巨。资源保障和环境管理体系。

北京的环境排名在森财团报告中排名第34位，位列倒数第二。21世纪是一个环境主导的世纪，尤其是发达国家基本人群基本消费品已经基本饱和，北京地区业已形成一个中产阶层，人们对环境的要求愈来愈高，成为一种必需而且时尚的消费品。这与上个世纪60—70年代的“大量生产——大量消费”模式截然不同。

西南五区分属三类首都功能区，丰台区和石景山区为城市功能拓展区，房山区和大兴区为城市发展新区，而门头沟区则被规划为生态涵养发展区。按照北京市总体规划，西南五区被列入“北京西部生态建设带”。从图五可以看出，西南五区的生态涵养功能在北京市占有重要位置。

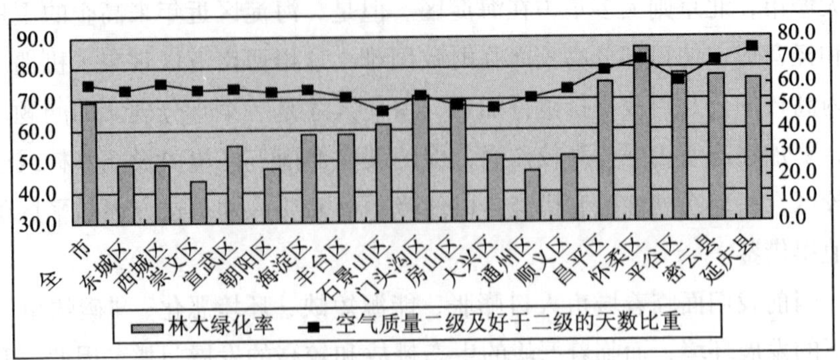

图 5　北京市林木绿化率与空气质量

数据来源：根据北京市统计局数据做成。

如果不发挥西南五区的生态涵养功能，该地区的优势就不复存在，也有悖于北京市建设绿色城市的目标。房山区和大兴区的新城建设应该有所指向，而非复制城区，甚至是成为房地产炒作的对象。

国际上不乏有益经验。例如，东京都总人口约为 3200 万，核心区人口为 1200 万左右，大部分人群分布于卫星城。东京都实际上是一个由都心部和周边的卫星城市组成的都市圈。东京也是一个绿色城市，目前居民人均享有近 4 平方米的都市公园面积。东京除原有的中央功能区，陆续规划建设了新宿、池袋、涩谷等 7 个“副都心”。新都心打破日本传统的城市规划设计风格，引进国际化、现代化的理念和规划手法，推行绿色城市计划，取得了显著成效，成为东京“世界城市”的新亮点。我市大力推进的 CBD 模式实质上是一种房地产推进型开发模式，在全国加快转变经济发展方式，北京加大绿色北京建设力度的大背景下，CBD 的开发需要加以遏制。

四、结语

党的“十七大”指出，要建设生态文明，基本形成节约能源资源和保护生态环境的产业结构、增长方式和消费模式。2010 年的全国“两会”提出，要加经济发展方式的转变。北京作为国家首都、国际化大都市，要坚持经济发展与保护环境、节约资源并重。北京必须在这一方面加大力度，而不是简单地走 GDP 扩张之路。

首都西南五区在首都“世界城市”建设中既有机遇又有挑战。与市内较大的经济差距需要五区尽快发展经济，提升五区人民收入水平。但是，在全国上下转变经济发展模式的大背景下，西南五区的可持续发展方式到底是什么需要认真思考。

西南五区在生态涵养功能方面虽然和北部六区县处于相对劣势，但是，与其他地区相比则处于绝对优势。尤其是北京的“世界城市”目标要求今后大幅度改善环境、提高节能水平。因此，不论是北部六区县还是西南五区是保障北京生态水平的关键，不能以发展经济为名破坏环境。随着首钢主体迁移和京西煤矿的关闭都是这一思路的体现，而房山大型的新城建设则应遵循这一原则。

那么，西南五区如何发展经济？丰台、石景山可以适当接手现代金融服务业，引进大型金融资本，但对于绝大多数地区而言，则应旗帜鲜明地走“人文·科技·绿色”之路。加强高校、中小学、医院建设，加强高端高校和高端产业引进，尤其是节能、环保的高端企业。在短期内，这种模式与加大引进现代制造工业或者大搞房地产开发相比 GDP 必然会受到影响，但这是西南五区对北京市“世界城市”建设的贡献，也是为了自己的可持续发展做出的必然选择。北京市在原有的财政支出模式上进行大幅度改革，大幅度加大生态补偿财政转移支出，补偿后五区人民的收入在理论上应该向城市功能核心区或者功能拓展区人均收入靠拢。同时，在社会主义市场经济制度下，应加快建设市内区县之间、大型企业与政府间以及市政府与企业、政府之间的碳排放交易制度。这样一个激励约束相融的生态补偿制度的确立才能真正达到发展经济，保护生态，建设“世界城市”的目的。

进一步来讲，西南五区应该转变思路，彻底揭掉落后地区的标签，由现代市场经济的被动接受者、追随者变为新市场理念、新市场思维、新市场模式的倡导者、推进者。西南五区可以在现有的协调机制的基础上，向国家和北京市申请成立“首都人文·科技·绿色建设特区”，向世界展示北京“世界城市”建设的根本理念与核心竞争力。新特区与上海的浦东新区、天津的滨海新区有较大区别。后两者侧重对现代城市经济功能的提升，重点在于发展包括金融服务业和现代制造业，本质上是复制国外上世纪七、八十年代的先进经验。北京的新特区将面向新世纪，根本目标在于以技术推动绿色经济，在保障首都生态环境的同时，推广绿色技术和人文生产生活理念，成为新经济的信息岛。可以预见，“首都人文·科技·绿色建设特区”不仅会大大带动西南五区经济发展，使很多症结问题迎刃而解，而且会为首都的“世界城市建设”以及经济发展方式的转变做出应有的贡献。

作者： 任景波　中国民主促进会会员，中国地质大学（北京）人文经管学院讲师，全国日本经济学会理事

杜　军 北京市丰台区政协委员，民盟丰台区工委委员，首都经济贸易大学经济学院副教授，全日本经济学会理事

主要参考文献

[1] Beaverstock，J. V，R. G. Smith and P. J. Taylor（1999），A Roster of World Cities，Cities，16（6）。

[2] Friedmann 没，J.（1986），The World City Hypothesis，Development and Change，17。

[3] A. T. Kearney，Foreign Policy magazine，and the Chicago Council on Global Affairs（2008），The 2008 Global Cities Index，Foreign Policy，October 15，2008。

[4] 北京市规划委员会（2005），北京城市总体规划（2004—2020 年）。

[5] 刘淇（2010），从建设世界城市的高度努力提高首都科学发展水平，加快实施人文北京、科技北京、绿色北京发展战略，前线，2010 年第 1 期。

[6] 東京都（2006），東京都再生可能エネルギー戦略 ~ エネルギーで選びとる持続可能な未来 ~（东京都可再生能源战略—能源对可持续未来的选择），日本：東京都環境局。

[7] 財団法人森記念財団，都市戦略研究所（2009），世界の都市総合力ランキング2009 年版「Global Power City Index－2009」（世界城市综合实力排名 2009 版），日本：財団法人森記念財団。

加快城乡结合部统筹发展 协调推进新型城市化进程

张春红

最近几年，首都西南五区发展势头强劲，区位优势突显。但多年来西南五区面临的城乡结合部地区无序发展、环境、治安问题是制约西南五区提档升级和可持续发展的一个瓶颈问题。城乡结合部地区所涉及的问题也远比一般地区要复杂得多，通过深入研究这一地区的问题，不仅有助于寻找到有效解决本地区问题的途径，而且对未来实现城市化的地区也具有借鉴作用。解决城乡结合部问题的核心策略就是统筹发展、协调推进，这也是实现经济社会可持续发展的必然选择。

一、城乡结合部的特殊性

城乡结合部地区是指处于城市中心区的边缘地带，已经或即将从农村转变为城市的地区。城乡结合部是指兼具城市和乡村的土地利用性质的城市与乡村地区的过渡地带，是城市和农村的社会、经济、环境等要素相互作用、相互融合、相互转化的特殊地带。主要特点为：

（一）城乡结合部的二元性特征

城乡结合部地区在经济、人口和土地等方面存在明显的城乡二元结构特征，这是其最显著的特点。经济的二元性表现为既有城市经济，又有农村经济、城乡混合经济和外来经济；既有从城市延伸或新兴的现代工业、服务业体系，也有村级工业、传统农业等生产体系。人口的二元性表现为既有城市人口，也有农村人口；既有户籍人口，也有流动人口；既有从事非农产业的劳动力，也有从事农业的劳动力。土地的二元性表现为既有国有土地，又有集体土地；既有城市建设用地，又有农业用地。管理主体的二元性表现为既有镇（乡）政府，又有街道办事处。

（二）城乡结合部的过渡性特征

城乡结合部是城市与农村两种社区相互接触、混合及交融的地区，其人口与社会结构特征地过渡性也十分明显。城乡结合部特殊的区位使这里混杂了城市与农村两种经济、社会形态和环境景观，而且两种形态之间的界线比较模糊，可以说是亦城亦乡又非城非乡，处于城市与农村的过渡状态，是介于城市和农村间的连续统一体。就一般而言，在靠近城市的结合部地区以城市建成区为主，相对倾向于城市形态；而远离城市的结合部地区则以农村为主，相对倾向于传统农村形态。城乡结合部拆迁村农民身份转换为城市居民的同时，也带来了传统农民向城市市民生活方式、生产方式、工作方式等价值取向的变革中。

（三）城乡结合部的多样性特征

与城市化进程相适应，城乡结合部地区是最富变化的地区，空间范围受多种因素影响，长期处于动态的变化过程。由于同时受到城市与农村经济的双向辐射，城乡结合部经济发展具有明显的多样化特点，经济的发展对城市的依附性不断加强，城市性产业及城市需求导向产业在增加。城乡结合部地区随着城市化率的不断提高而逐步被纳入城市建成区，或成为相对独立的城市组团，从而转化为真正意义上的城市区；同时，又不断地向外扩展，吸纳部分农村地区，形成新的城乡结合部。在这一过程中，经济、社会、人口、土地、环境景观以及管理体制等也随着区域性质的变化而不断变化，呈现不稳定性。正是上述过渡性特征使城乡结合部的管理具有特殊性，给这一地带的规划、开发、建设、管理，特别是社会管理带来了难度。在这里不仅有城市居民与农村居民的相互混杂，而且还存在着本地常住人口与外地流动人口的异质反差，各种不同职业类型、不同生活方式、不同信仰、不同价值观念、不同需求以及不同心理文化素质的人群相互形成强烈的对比与共存。

二、城乡结合部地区的主要问题

城市化的过程是城乡之间资源、利益重新进行配置和调整的过程，必须要触及长期存在的城乡二元结构问题。城乡结合部处于城乡过渡带，是城市化发展最为活跃的地区，也是城市化问题最为集中的地区。

（一）受城市规划影响较大

城乡结合部地区紧邻城市核心区，往往被作为核心区发展规划区或预留空间，发展的独立性和自主性较差，资源的配置和功能的确定都要受到城市发展取向的约束。因为受核心区发展的调控和制约较大，使这一地区的规划长期存在着不统一和不确定的问题，缺少相对完整、具体的控制性详细规划指导。这也直接导致了城乡结合部地区的发展定位、空间资源配置、产业结构调整和基础设施配套等难以进行长期而稳定的规划实施，其建设和发展也处于一种无序状态和短期行为，现实表现为产业混杂、景观混杂、布局散乱等。这不仅严重制约了城市化的有序推进，而且不利于城乡结合部的可持续发展。

（二）失地农民社会保障机制不健全

这是城乡结合部地区推进城市化的一个难点问题。在城乡结合部，由于土地多数被预征完毕，使失去土地的农民长远收益保障问题十分突出。一是进入城市社会保障体系的标准较高，占用土地补偿费的比重较高。户籍改革使大量失地农民转为城市居民，但由于现行社会保障政策的局限性，“农转居”人员即使符合政策条件，也需要先期一次性缴纳 10－25 万元的保险费，这成为进入城市社会保障体系的一道门槛。二是保障标准偏低。受土地补偿标准、集体经济状况和农民收入等因素影响，前期趸缴资金往往不高，确定的保障标准偏低。三是参保人员续保能力弱。失地农民由于文化程度低、劳动技能差、劳动纪律涣散、择业能力差、观念落后等因素的影响，致使二次就业能力较弱，使他们多数游离于就业大军之外。“农转居”以后难以找到长期稳定的就业岗位，收入来源没有保障，社会保险的续缴资金无法解决，最终将导致“保障”名存实亡，造成生活质量迅速下降，甚至影响社会稳定。

（三）征地补偿机制尚不完善

一是有些村征地时间跨度较长，很少有一次性将整个行政村的土地全部征用完毕的情况。由于转非人数是按人地比进行测算，人员不能即征即转，造成转非指标积压，征地补偿费在专户储存，接收标准逐年上浮，一旦进行转非安置工作，将存在资金不足的问题。对农民集体土地价值补偿不能体现，会给社会稳定留下隐患；二是征地补偿费总体上偏低。征地价格与土地招拍挂上市价格反差极大。如征地价20多万元，上市价每亩一、二百万元，被征地农民极为不满；三是商业性用地的补偿基本上由征地单位与农村集体商定，公益设施用地的补偿基本上由政府定价，后者的价格都低于前者，农民感觉吃亏；四是征地补偿费最低保护标准是由市土地部门以区县及镇乡为单位，结合被征地农村的生活水平、农业产值、土地区位以及人员安置费用等因素确定的，不同区县、不同镇乡的相邻土地的价格往往有一定差别，同一项目征地存在同地不同价的现象，地价低的一方对此很有意见。五是补偿方式单一。整建制转居村实现了搬迁上楼、农转非，随着土地资源的从有到无，发展空间由大变小，与拥有较多资源、资产、资金的村社相比，集体资产经营的途径减少，难度增加。征地补偿采取单一的货币补偿方式，不能保障村集体经济组织及失地农民的长远发展。

（四）镇村两级社会管理负担较重

随着流动人口、小企业的大量涌入，城乡结合部地区的管理服务对象范围不断扩大，教育、卫生、文化等公共产品需求迅速膨胀，致使管理成本快速升高。外来人口远远超过当地人口，这些外来人口租用农民的房屋，在给村民带来效益的同时，也给村里的基础设施、公共服务带来沉重压力，环境脏乱，必要的道路、自来水管线、市政公用电网、公厕缺乏，直接导致居民出行难、生活难、如厕难。城乡结合部虽然已经有相当一部分地区已经城市化了，但用于市政建设的公共财政资金长期缺位，导致城乡结合部地区居民生活环境每况愈下，需要乡村财政给予补充。据调查，这一地区每个镇级集体经济组织用于市容、卫生方面的开支每年都不少于300~400万元，且依旧杯水车薪。依据现行的财政政策，城乡市政设施建设资金来源渠道不同，由市区公共财政和乡级财政分别拨付。但问题在于城乡管界并不因为城市化进程的加快而有所变更，城市化管理所需资金应由政府公共财政根据预算给予拨付，用来自农村集体经济的积累支付城市公共设施建设无疑等同于对农村集体资产的剥夺。

（五）城乡管理区域交叉职责不明

城乡管理难以到位。城乡二元结构使城乡结合部地区同时存在城市和农村两种不同的管理体制，街道办事处对所管辖区内的地区性、社会性、群众性工作全面负责，依法行使城市社会管理和社区服务的政府职能；乡镇政府是农村基层行政组织，是农村地区的政府代表。农村基层社会是生产与生活的统一体，乡镇政府除了做好乡镇范围的社会管理工作之外，还承担着经济管理职能。负责管理服务农民的镇政府和负责管理服务居民的办事处并存，既有“两权相撞”的冲突，又有“两头不管”的真空。乡界内有多个街道办事处、街道办事处管界内有多个派出所或街道越过几个乡镇去管理“飞地”上的居民情况屡见不鲜。街镇之间行政管理区域的界线不明以及治安管界与街乡行政管界不一，给街乡行政管理工作造成很多困难。由于村民与居民混杂，在社会治安综合整治或其他专项治理活动中，经常出现村民委员会与居民委员会“合作”办公的现象。而现行的社会管理体制是建立在户籍管理制度基础上的，镇村的外来人口管理办公室作为临时机构，并未纳入当地的社会管理体系。剖析上述顽症存在的客观原因，追根溯源，城乡分割的二元社会管理制度才是其本质所在。

三、城乡结合部发展的对策及建议

（一）科学实施发展规划

城乡结合部地区应纳入城市统一规划、开发、建设、管理。应按照区域发展的要求，从更高层次、更大范围、更宽领域，把城乡结合部地区纳入城市发展总体规划的调整和修编中，而不是单纯作为简单的“城市预留地”。作为城乡结合部地区，也应坚持在城市发展总体规划的指导下，按照现代化城区发展的方向与标准，统筹城乡发展空间，实现规划布局一体化。要将城市发展规划与资源利用规划有机结合，综合考虑土地利用、功能分区、城市建设、产业布局等和方面因素，合理控制资源承载力，科学确定建设标准和规模，从源头上预防“城市病”，杜绝“城中村”，使空间扩张与资源集约利用、城市功能提升相统一，高起点推进建设与发展。完善城乡规划体系，统筹兼顾土地开发、回迁安置、市政建设、资金平衡等问题。加大公共财政投入，逐步改善城乡结合部地区基础设施相对滞后现状。建立有效控制非法占地、违法建设的长效机制，进一步改善地区发展环境。积极鼓励和支持城乡结合部地区探索房屋租赁组织化经营、村集体参与或自主开发建设的旧村改造、整建制转居、征地实物补偿、征地留地安置等模式。完善绿化隔离地区规划和有关政策，发展绿色产业，扩大农民就业增收空间。加快“村改居”和农民上楼进程。与此同时，应着力提升服务水平，加大城市基础设施、公共文体设施等公共产品供给，以城乡文化融合为基点，同步建设教育、卫生、环卫及生活配套服务设施，提高农民生活品质。

（二）分类指导村庄建设

对于拆迁村，积极推进“撤村转制”和“撤村建居”工作，通过城市化过程，把这些城乡结合部地区改造为直接融入城市的街道社区。这些村的土地被征用，农业人口转非安置，集体资产进行处置。农村经济向城市经济转变和升级，乡村两级集体经济组织经过产权制度改革向公司化演变，各村集体按照“发展规范的股份合作经济”的要求组建股份合作公司，使出资者更关心资产运营，促进城乡结合部非农经济的发展；乡镇政府经地区办事处的过渡形式向城市管理职能转变。基础设施和公共服务等社会事业直接与城市接轨；农民转变为城市居民，完全融入城市。

对于非拆迁村，应完成由传统农村社会向现代城镇化的转型。经济社会发展转型较快的镇，农民就地城镇化的成本相对较低，容易接受。市和区县应加大对这些镇基础设施和公共服务的投入，改造和提升这些地区的整体建设水平，提高经济和人口的承载力和聚集能力。镇政府应大力发展镇域经济，提高农民素质，鼓励企业吸引本地农民就业。要鼓励农民集中居住，鼓励进镇农民放弃土地的实际经营权，保留土地收益权，积极探索土地收益的股权化，增加农民的财产性收益。

（三）创新社会管理体制

城乡分治的二元管理体制是导致城乡结合部地区管理落后、秩序混乱的根源，也是提高这一区域管理水平需要解决的首要问题。在管理体制上，应按照城市管理模式，加快研究和制定地区办事处的工作职能，完善城乡分治状态下的一元化管理体制，保障城乡体制转换过渡期城乡管理有序。在管理方式上，应实现由“户籍属地管理”向“居住地治理”的转变，改变过去以户籍为主、以行政村为基本单位的行政管理模式，形成以城市社区为基本单位的居民依法自治的新型治理模式。在管理职责上，应对政府职能部门、街道办事处和社区居委会各自的职责进行全面的清理、界定。将镇、村两级资产经营管理职能与社会管理职能分开，实行转制村社依托原村集体经济组织，将集体资产交由集体经济组织管理。将社会管理职能交由农村社区、地区办事处或街道办事处承担。在管理资金安排上，现代化的城市管理必须有政府的公共财政作为支撑。

（四）千方百计促进就业

城乡结合部地区农民，特别是失地农民，必须有工资性收入，才能上得起楼，进得了城。具体措施是：完善城乡就业促进政策、就业服务体系和就业协调机制，加快就业信息平台建设，从根本上解决企业用工无着落、农业就业无信息的问题。建立城乡统一的人力资源市场和城乡一体的就业失业管理制度。着力完善征地转非劳动力就业保障机制，通过建立“厂村互动、信息通畅、富有效率”的就业信息系统，适时发布劳动力用工信息，为有用工需求的用人单位和达到法定劳动年龄且具有就业愿望、就业能力的农村劳动力开展劳务派遣业务，加大对“零就业家庭”和就业困难群体的就业帮扶力度。优化创业环境，鼓励自主创业，实行就业奖励，开发就业岗位，发挥政府公共投资、重大项目和产业园区带动就业的作用，千方百计扩大就业。完善农民职业技能培训制度，加大劳动力技能培训和择业观念教育，提高劳动力素养和参与就业市场竞争的能力。

（五）完善征地补偿机制

一是调整征地转非政策，对于规划城区及新城建设范围内征地较大的农村集体，将剩余不多的土地一次性全部征用，即使其土地没有完全被征用，也可以推行整建制转非的办法。消除城中村现象，加快农民向城市生产生活方式的转变；二是逐步建立城乡统一的建设用地市场，在符合规划的前提下，使农村集体土地享有国有土地平等权益。由于农民是市场主体的身份参与土地交易，相应地也就不再有理由要求政府提高征地补偿标准。完善公益建设用地的补偿机制，让作为享有农村集体土地和农村集体资产的农民，平等地参与征补偿的协商；三是征用的同时，应积极实施留地安置或给予一定面积商业设施的实物补偿等多元化征地补偿办法，发挥农民主体地位，不仅保障其生存权，更要保障其发展权，创造平等发展、共同富裕的发展环境；四是改进补偿分配办法，及时足额给付乡村集体和农民合理补偿，以征地补偿解决农民社保资金，将农民社保纳入城市居民社保体系，解决农民后顾之忧。

作者：北京市大兴区政协专委三室，大兴区经管站副站长，农艺师

“十二五”期间房山区新型城市化发展研究

徐宗军

第一章　新型城市化的理论与实践

一、城市化的涵义

城市化通常是以城镇人口占总人口的比重来衡量的。城市化是一个产业转化的过程，具有动态的特征，包括了农村人口向城市人口转化、生产方式与生活方式由乡村型向城市型转化和传统的农村文明向城市文明转化，主要表现为农村人口转化为城市人口及城市不断发展完善的过程，而城市人口占总人口的比重持续上升应是城市化进程的主要特点之一。

二、新型城市化的内涵与特征

（一）新型城市化的内涵

新型城市化的基本内容主要是：遵循工业化与城市化、农村与城市、农业与工业协调发展的城市化规律；建立政府引导、市场主导、民营经济推动的城市化机制；推进人口、资源、环境协调发展的集约型、可持续的城市化进程；实行劳动力自由流动和供求管理的城市化体制；实施大中小、多产业类型共存的城市化模式。

（二）新型城市化的主要特征

与传统城市化不同，新型城市化推进上主要体现以下几个特征：

——城市化动力：由主要依赖工业化向新型工业化、农业现代化、服务业现代化等多力支撑转变。以城乡享受公共服务均质化为核心，以城乡之间发展的机会平等为追求。

——城镇模式：要更加注重提升城市的文化、公共服务、城市载体功能的提升，宜居宜业。

——城镇与区域关系：更加注重促进区域一体化、城乡一体化发展。大中小城市协调发展、错位发展，形成区域互补与区域联盟。

——城镇发展方式：更加强调资源节约、环境友好，推行循环经济与低碳经济。

——城镇化空间模式：更为重视城镇群，中心城区与各城镇协调配合，克服城市病。

——城市化产业关系：一、二、三产业的产业链复杂，界限模糊并互相长入，有利于获取“发展红利”。

——城市化要素流动：“人流、物流、信息流、货币流”在城乡间双向流动，城市化表现出集聚与扩散并重。

——城镇化制度创新：强调综合配套体制改革。

第二章　房山区城市化发展现状和面临的机遇

一、“十一五”时期房山区推进城市化的主要进展

“十一五”以来，房山区全面推进城市化建设，城市化水平稳步提高，城镇体系框架基本形成，城市基础设施有较大改善，城市管理水平得到进一步提升。

二、城市化发展中存在的问题

（一）城市规划起点不高，持续发展动力不强

（二）中心城市集聚与辐射能力不高，城镇小型化与分散化问题突出

（三）城市融资机制不活，城市建设投入不足

（四）公用设施支撑能力不足，城镇化质量有待提高

（五）城市化进程中资源环境约束问题突出

（六）城市化制度性障碍依然存在

三、房山区城市化发展面临的新机遇

（一）我国将进入新型城市化发展阶段

在“十一五”末期，国家积极推进中小城市与小城镇发展，推进以农民工市民化为重点的人口城镇化政策，这些为中小城市的市域城市化推进提供了良好的政策环境。在“十二五”乃至未来一个时期，我国将逐步进入新型城市化发展阶段，这将给房山推进城市化进程带来新的机遇。

（二）北京提出建设世界城市，房山将全新塑造功能定位

北京市进入加快建设世界城市的发展新阶段，将为房山区全新塑造自身功能定位带来重大机遇。房山区自身具有发展石油化工新材料产业、现代装备制造业、旅游业、建筑新建材、物流业等方面资源、区位和产业比较优势，通过全新塑造自身功能定位，必将成为未来北京打造世界城市中的重要组成部分。

（三）北京大都市郊区城市化和逆城市化进程相互交融、城市空间布局调整不断加快

目前，北京已进入全面建设现代化国际大都市的新阶段。近年来首都在核心区人口规模不断攀升、环境压力日益凸显、生活和发展成本持续加大的背景下，一批高素质的都市人口纷纷向郊区转移定居，随之而来一些新兴产业、高端服务业也向郊区聚集，逆城市化进程也在不断加快。房山是首都的西南枢纽，地理位置优越，作为北京市规划的五个城市发展新区之一，必然会在首都产业、高素质人口转移上发挥重要的承接平台作用。

（四）北京市促进城南发展等系列政策支持

北京市为统筹区域发展，密集出台了城南发展行动计划、永定河水岸经济带发展规划和促进山区生态涵养区等发展政策，将给房山推进城市化带来巨大机遇。快速轨道房山线，京石二高速、丰良路、京良路西延、房黄亦路工程等公路的建设，将使房山与中心城区、周边区县及周边其他省市的连结更加紧密，给房山带来更多的发展机遇；永定河沿岸滨河森林公园工程、房山城关再生水厂工程、房山吴店河河道治理工程、房山生活垃圾综合处理循环经济园等一批市级环境精品工程的落地，将加快改变房山的地区环境面貌；南水北调北京段配套工程，房山鸿顺园、吴店、城关西里、城关城东、城关城中等锅炉房集中供热项目，城南13个输变电站等重点水资源和能源项目的建设，将增强房山的水资源、能源的承载能力；城南地区信息基础设施提升工程，将为房山的城市新区建设、信息产业的发展及城市信息化管理体系的完善创造良好条件等。此外，在重点产业功能区设立、促进主导产业形成和特色产业发展、绿色山区建设行动计划、重大民生工程建设等方面，都已有明确的政策支持。

第三章 “十二五”时期房山区推进新型城市化的发展思路和模式选择

一、发展思路

“十二五”时期，房山走新型城市化道路，要以科学发展观为统领，以加快城市全面转型、转变经济增长方式为着力点，以统筹考虑人口、资源、环境的关系为特点，以广泛全面深刻的体制机制改革和对外开放为保证，以产业发展为支撑，以“新城—重点镇——般镇”城市化体系建设为重点，抓住轨道交通房山线建设的重大契机，加速融入市区，全面对接首都，充分发挥房山新城在承接市区产业、吸纳市区人口、涵养首都生态的重要功能；坚持并依托重点功能区的发展，进一步提升新城和重点镇的综合承载与要素聚集功能，促进人口、产业、资金、技术向城镇集聚，形成“点状分布、组团发展、带状拉动”的空间发展格局；坚持科学规划、突出建设重点、建立长效机制、拓宽融资渠道，从经济、社会、人口、文化、政治等各个方面，全方位、全区域推动新型城市化。最终实现城市开发建设与产业优化升级良性互动，人才、资本、信息等城市要素高度密集，城市核心竞争力和可持续发展能力不断提升，城乡居民共享发展成果、生活水平持续提高的全新城市化发展模式。

二、“十二五”时期房山区新型城市化的模式选择

所谓城市化模式，也就是走什么样的城市化道路。“十二五”时期，

推进房山区新型城市化发展，必须把握房山区新型城市化的特征和要求，走出适合房山实际的新路子。房山区新型城市化的模式可以概括为：“两化”互动、空间协调、以城带乡、集约高效、和谐宜居、体制创新、全域推动、融城对接。

“两化”互动。必须坚持新型工业化与新型城市化的良性互动和耦合发展。必须突出产业支撑，走新型城市化与新型工业化协调发展之路。

空间协调。必须通过合理的空间布局，打造科学、协调的城镇体系。要以功能区为依托，以轨道交通西延线、京石第二高速开工建设为契机，实现良乡、燕房两个新城组团与窦店、琉璃河、长沟等城镇在产业、交通、资源、功能等方面的对接，形成功能互补、发展互动、布局合理的城市群发展新格局。

以城带乡。必须重视城市发展对乡村发展的带动作用。要加快完善城乡互动、协调发展的体制机制，促进城市基础设施向农村延伸、城市公共服务向农村覆盖、城市现代文明向农村辐射。

集约高效。要做到促进城市集约高效和可持续发展。新型城市化的发展就是要建立资源能源消耗低、污染排放少、生态效益高、可持续发展的城市。

和谐宜居。必须坚持以人为本，强调和谐发展。在推进城市化的过程中，必须把宜居、宜业作为重要取向，努力为全体居民创造良好的生活空间，确保居民生活质量在城市化进程中不断得到改善和提高。

体制创新。必须坚持改革推进，进行体制机制创新。加快新型城市化进程，要以重点领域和关键环节为突破口，全面推进各领域改革。要彻底打破单纯依赖政府搞城市建设的传统观念，充分发挥市场主导作用，真正把市场融资、多元投入的通道打开，实现项目资本化运作和设施、资源的市场化经营。“十二五”期间，要重点在土地利用、投融资、促进农村人口转移等领域加大探索、率先突破。

全域推动。房山新型城市化，必须是全区普遍参与的城市化，不管是平原相对发达地区，还是浅山区和山区，推进新型城市化都有很多实质性工作，面临很繁重的任务。要着眼于全面实施、全域推动，通过全区共同推进新型城市化来形成协调发展新格局，要将新型城市化成果惠及全区人民。

融城对接。房山走新型城市化道路，必须全面对接市区，加速融入首都。要按照“主动对接、全面合作、互利共赢”的要求，以观念转变为先导，以交通接轨为突破，以功能融入为根本，在全市发展大格局中明确房山定位，在全面接轨市区中彰显区域特色，努力推进房山城市化的跨越式发展。

第四章　房山区推进新型城市化的空间布局和城镇体系构建

一、房山区新型城市化空间布局

根据房山区城镇发展现状、产业发展方向和功能区布局导向，规划形成“两核三区八组团”的城镇空间发展结构。

（一）“两核”

形成两个中心城区，包括房山新城良乡组团和燕房组团。

（二）“三区”

依托房山区三大生态分区，划分为平原城镇重点发展区，浅山城镇加速发展区，深山城镇适度发展区。

（三）“八组团”

形成促进房山区产业－城镇互动发展，支撑房山区新型城市化推进的城镇功能组团。以优化城镇空间布局，促进城镇抱团发展，强化城镇组团联系，促进城镇功能提升，形成精品城镇为目标，建设“八大组团”：

良乡——长阳城镇组团。包括新城良乡组团和长阳镇，立足房山在全市的区位优势和职能分工，积极发展商贸、物流、金融保险、房地产、教育、研发、培训、会展等现代服务业，是未来引领全区城市化推进的核心组团。

燕山——城关——阎村城镇组团。以燕山地区、城镇地区、阎村镇为主，并吸引周口店镇抱团发展，依托北京石化新材料科技产业基地和北京房山工业园区建设，是以石化、新材料、生物医药、历史文化观光旅游等产业支撑的城镇发展组团。

窦店——石楼城镇组团。包括窦店镇和石楼镇，依托窦店现代制造业产业基地和石楼镇农民就业基地，是以现代装备制造业、新型建材等产业支撑的城镇组团。

琉璃河——韩村河城镇组团。包括琉璃河镇和韩村河镇，依托农业大都会建设和中粮集团、美国康坦生生物集团等大企业入驻，是以设施农业、农副产品深加工、农业生物技术开发、生态休闲农业等产业支撑的城镇组团。

青龙湖——河北城镇组团。以青龙湖镇和河北镇为中心，带动佛子庄乡联动发展。是围绕丰富的生态景观资源和葡萄酒产业发展，以商务培训、休闲度假、地质旅游、科考探险等为支撑的城镇组团。

长沟——大石窝城镇组团。包括长沟镇和大石窝镇，是围绕水文化、佛教文化、石文化，以文化体验、旅游观光、避暑休闲等产业为支撑的城镇组团。

张坊——十渡城镇组团。包括张坊镇、十渡镇和蒲洼乡，是围绕十渡高品质的生态旅游资源和素有“北京小西藏”之称的蒲洼乡，依托张坊北京市旅游服务集散中心，以生态旅游、休闲度假等为支撑的城镇发展组团。

霞云岭——史家营城镇组团。是以霞云岭乡为主，以养生度假、生态休闲农业等支撑的城镇发展组团。史家营乡、大安山乡、南窖乡等作为一般乡镇，主动接受城镇组团辐射，实施抱团发展。

二、新型城市化空间功能定位

以新型工业化战略为指引，通过工业结构的转型升级以及现代服务业等优势新兴产业的快速发展，提升城镇发展动力，促进城镇职能完善，并引导壮大综合性城镇，积极培植专业特色城镇，形成等级规模结构合理、特色突出、功能互补的、协同发展的城镇群。城镇空间结构及功能、产业定位（见表）。

表 1　房山区城镇空间结构及功能、产业定位

发展区	组团名称	城镇名称	功能定位	产业定位
平原城镇重点发展区	良乡－长阳城镇	良乡镇	房山区政治、经济和文化中心 房山区综合性中心城镇 北京市西南副中心	重点发展商贸、交通物流、文化教育、绿色人居等产业
		长阳镇	房山区综合型重点城镇 北京市西南重要的商贸商务中心	重点发展商贸、金融、咨询、文化创意、房地产、休闲娱乐、生态观光等现代服务业

续表

发展区	组团名称	城镇名称	功能定位	产业定位
	燕山－城关－阎村城镇组团	燕山地区	房山区综合性中心城镇 北京市西南重要的石化产业发展基地	重点发展石油化工、新材料、生产性服务业等产业
		城关街道	房山区工业镇	重点发展石油化工、新材料等产业
		阎村镇	房山区工业镇	重点发展石油化工、新材料等产业
		周口店镇	房山区历史文化旅游特色镇 北京市西南部重要的历史文化旅游基地	重点发展历史文化旅游、科普考察等产业
	窦店－石楼城镇组团	窦店镇	房山区工业镇 北京市西南重要的现代制造业基地	重点发展现代制造业、新型建材、物流等产业
		石楼镇	房山区工业镇	重点发展新型建材等产业
	琉璃河－韩村河城镇组团	琉璃河镇	房山区都市农业特色镇 北京市西南重要的都市型农业发展基地	重点发展设施农业、农副产品深加工、生态休闲农业等现代都市型农业
		韩村河镇	房山区都市农业特色镇	重点发展设施农业、农副产品深加工、农业生物技术研发、生态休闲农业等产业
浅山城镇加速发展区	青龙湖－河北城镇组团	青龙湖镇	房山区生态旅游特色镇 北京市西南重要的生态休闲度假基地	重点发展生态观光旅游、休闲疗养、会展、培训、房地产等产业
		河北镇	房山北部山区的经济、贸易、文化中心 山区通往平原腹地的交通枢纽 北京市西南重要的地质旅游和观光科考基地	重点发展地质旅游、科普考察、民俗旅游、休闲观光农业等
	长沟－大石窝城镇组团	长沟镇	房山西南地区的经济、商贸、文化中心	重点发展旅游、商贸等产业
		大石窝镇	房山区生态旅游特色镇 北京市西南重要的佛教文化和石雕文化旅游基地	重点发展生态旅游、石材、商贸等产业

续表

发展区	组团名称	城镇名称	功能定位	产业定位
	张坊－十渡城镇组团	重点发展商贸、餐饮等服务业	张坊镇	房山区西南重要的商贸型城镇 北京市西南重要的旅游服务集散地
		十渡镇	房山区生态旅游特色镇 北京市西南重要的风景旅游、休闲度假基地	重点发展生态旅游、商贸等产业
		蒲洼乡	房山区生态旅游特色镇	重点发展生态旅游等
深山城镇适度发展区	霞云岭－史家营城镇组团	霞云岭乡	房山区西部山区的旅游服务基地 北京西部山区重要的生态产业基地	重点发展生态旅游、休闲观光农业、林果种植、养殖业等
		史家营乡	房山区西部山区特色旅游镇	重点发展生态旅游、林果种植、休闲观光农业等
		大安山乡	房山区西部山区特色旅游镇	重点发展生态旅游、林果种植、休闲观光农业等
		南窖乡	房山区西部山区特色旅游镇	重点发展生态旅游、林果种植、休闲观光农业等

三、新型城市化空间组织策略

（一）强化中心，培育中心城镇，强化对区域的辐射带动作用

着力提升良乡组团、燕房组团、窦店镇等中心城镇的发展。加快良乡镇现代服务业和生活性服务业的发展，依托北京石化新材料产业基地和窦店现代制造业产业基地的建设，加快工业结构的优化升级，促进都市型工业和高新技术产业的发展；加强对城镇基础设施和社会服务设施的完善和建设，强化中心城镇的集聚和辐射带动作用，推进区域城市化进程。

（二）构造支点，完善城镇体系，推进区域协调发展

选择长阳镇、琉璃河镇、青龙湖镇、十渡镇、长沟镇、河北镇等部分具有区位优势和资源优势、发展潜力较好以及具有特色的城镇，提升其规模等级地位，在政策和资金上予以适当倾斜，构筑中心城镇—重点镇——一般镇组成的合理的城镇体系结构，引导农村人口合理有序地向各级城镇转

移，吸引农村劳动力向非农产业转移，促进城乡区域统筹发展以及东、中西三大地带协调发展。

在房山东部平原地带实施“银包金”环状发展战略，可围绕中央购物区（CSD）、窦店高端制造业产业基地、都市现代农业示范区等重点功能区的周边、现有的发展基础较好的重点镇加快新型城市化建设，围绕功能园区进行新型城市化建设，促进功能园区和城市的有机融合，实现“工作在园区、生活在社区、居住在城区”，通过就业岗位转变加快身份转变，使当地居民就地上楼、进厂，完全城市化。在西部山区和浅山区实施“筑巢留凤”式发展战略，旅游产业比较发达、环境质量良好的城镇组团发展休闲旅游、生态旅游、文化旅游等产业，推进山区城市化工作。

（三）分工协作，优势互补，形成合理产业分工体系

统筹区域内各级城镇的发展，依托城镇产业发展基础、区位条件和资源条件，依托区域内各级各类产业集聚区建设，明确其产业发展方向和招商引资重点的基础上，形成城镇空间上产业互补、各具特色、协调发展的格局。

（四）内优外拓，集约增长，提升区域综合承载力

“内优”即要优化城镇内部的空间结构，采用紧凑式发展建设模式，通过容积率、建筑密度、建筑高度、投资强度等合理确定城镇的开发强度和密度，防止城镇无序蔓延，提高土地价值的充分实现，“外拓”即要遵循集约增长的原则，在充分考虑区域水、土、环境等综合承载力的基础上，合理确定城镇拓展方向、规模和强度，提高水、土资源的利用效率，使城镇的内外扩展有利于提高区域综合承载力，有利于城镇——生态环境协调发展。

（五）保育东西、强联南北，构筑开放和谐的空间体系

加强对东部永定河沿岸和西部深山生态涵养区的生态保育工作，通过划定生态控制区、开发行为限制区，建立自然保护区、森林公园等空间规划调控手段，保障北京市市区和房山区可持续发展的生态环境底线，促使山区人口向重点城镇集中。加快推进京石二通道、城市轻轨的建设，加强区域与北京市市区、河北省邻近地区的联系，充分利用市区的产业转移和功能需求，带动区域经济的发展，进而加快城市化进程，构筑生态、和谐、开放、合理的城镇群空间结构。

四、新型城市化空间推进时序

房山区城市化空间格局推进必须坚持“三大战略”，即坚持优先发展东部平原地区，积极发展中部浅山地区，加快发展西部深山地区的由东向西的空间推进战略，坚持优先建设中心城镇，重点培育重点城镇，积极发展一般镇的梯度空间推进战略，坚持结合产业园区建设，依托交通通道的点轴空间推进战略，最终形成等级规模结构合理，城乡统筹发展，产业城镇互动发展，东中西平衡发展的城镇发展格局。

（一）近期——极化中心、发展重点

1. 集中建设发展中心城镇，包括良乡组团和燕房组团。积极发展商贸、金融、咨询、物流等现代服务业，提升工业发展水平，促进产业转型升级，完善市政基础设施和社会公共服务设施，增强中心城镇的集聚和辐射带动作用。

2. 加强生产要素向东部平原和中部浅山重要的产业集聚区集中，带动一批重点特色产业镇的发展。

（二）中期——点轴增长、主次联动

进一步提升壮大中心城镇的综合实力，提升发展定位，优化布局，完善功能，不断增强统筹城乡的节点功能，带动区域经济加快发展；依托京石高速、京石二通道、京周路、房易路、规划西南过境通道等交通干线和特色产业集聚区建设，促进东中西部地区重点镇功能不断完善，促进具有发展潜力的一般镇的发展，以轴串点，以点带面，主次联动，梯度推进，有序引导人口向城镇集中。

（三）远期——网络推进、协调发展

远期构筑等级规模结构合理、职能定位明确的城镇群，形成与周边地区发展高度融合开放式、网络化和生态化城镇发展格局，形成独具特色的“双核八组团”城镇—产业互动发展格局。

第五章 推进房山区新型城市化的战略举措和路径选择

一、突出城市发展战略，加快对接和融入首都的进程

（一）明确房山区的城市发展战略定位

房山区具有显著的区位优势、较好的工业基础、深厚的历史人文和自然资源以及城市发展新区和生态涵养区的双重功能。在未来5–10年的时间里，要以自然生态环境为基础，以城镇空间聚集为特征，构筑生态化、规模化的城镇空间格局，走规模化竞争的可持续发展道路。把房山建成新型城市化拉动、新型工业化支撑、绿色现代化提升的产业友好新区和生态宜居新城。

（二）打造房山区域经济核心增长极

从目前看，房山中心区主要是良乡新城和燕房城区，要突出抓好这两个中心城区的提质扩容，将其打造成区域经济增长的核心增长极。要主动引导长阳、阎村等镇向中心城区发展，加快融城步伐，形成集聚式发展，壮大中心城区实力。抓好综合配套建设，根据发展速度梯度开发，进一步完善中心城区功能，壮大产业，使之更好地吸纳经济资源，聚合要素能量，真正成为推动区域经济的发展的主导力量。

（三）推动房山城镇群联动发展

房山新型城市化，必须激活中心城镇这个发展主体，形成“两核、三区、八组团”的联动发展布局。就是要突出良乡、燕房这两个核心，突出窦店、琉璃河、韩村河、长沟、长阳、阎村、青龙湖、周口店等重点城镇的带动作用，形成组团式发展格局。

（四）推进对接和融入首都的进程

房山新型城市化进程的最大机遇是对接首都中心城区、融入首都发展。要加快轨道交通房山线（及西延工程）、京石二高速等重要道路的建设，扩展对接北京城区的通道。建设京良路、南水北调巡线路等道路工

程，加快房山区域高速公路及对外快速通道建设，促进房山与北京城区之间物流、人流和技术流等各方面的流动，充分利用首都经济圈的辐射和带动功能，激活发展的潜力。

二、做大做优产业，增强城市发展动力

通过对房山产业结构比较分析看出，与北京市平均发展水平相比较，房山区产业结构可用“一产欠优、二产欠强、三产不新、新产缺乏”来概括。一产欠优是指特色农产品的专业化、规模化、商品化和品牌化程度亟待提高。二产欠强是指工业产品名牌种类较少，产业结构对个别产业依赖性较强，除了石油化工、建筑建材等产业外，其他产业在全市乃至全国同行业中比较优势并不明显。三产不新是指房山的第三产业中居前列的大都是为居民生活服务的行业，而生产类服务业如金融、保险、物流等北京市在全国的强势产业在房山并不发达，产业关联效应较弱。新产缺乏是指目前北京市重点扶持的高新技术软件产业、总部经济、会展产业、高端商贸等新兴产业在房山相对缺乏，也是产业结构亟待优化升级的软肋。

根据分析，房山区可以实施“人无我有、人有我专、人专我精”的产业发展思路。我们对房山区的现有的三产行业进行大致分类：石油化工、橡胶制品业、专用设备制造业等属于“人无我有”的产业，竞争优势突出，要继续提升产品产量和市场占有率；充分发挥其对区域经济的引领作用；建筑业、非金属矿物制品业、物流业、木材加工、牧业等属于“人有我专”的产业，即在现有市场优势的基础上要提升相关企业专业化品级，树立争创名优品牌观念，强化其对区域经济的助推力；农业（以农业观光园和设施农业等为代表）、旅游业、房地产业、文化创意等属于“人专我精”的产业，即远郊区县相关产业都较为发达，房山区只有充分挖掘人文底蕴形成区域特色，走精品道路才能更好地实现错位竞争、展现比较优势。另外，对房山区目前还没有或发展薄弱的新兴产业要高起点谋划，跟踪发展前沿，抢抓项目机遇，如金融保险业、高新技术软件等产业目前房山区比较薄弱，对区域经济的助推力较小，特别是在北京市甚为重视的总部经济目前在房山区也相对缺乏，这些产业对优化房山区经济结构，提高财政税收产值比率具有重要意义。房山区应利用自身环境优势、空间优势积极发展目前缺乏的相关服务产业，比如直接为西城区金融总部企业服务

的数据处理中心、后台服务中心等新兴的金融服务等产业。

房山区产业发展的具体措施和路径有：

一是培育主导产业。坚持错位发展的原则，加强招商引资和产业扶持，建设一批大项目，集中资源，倾斜政策，汇集人才，着力打造核心企业；二是培育核心技术。房山拥有优越的高端要素资源，有中国原子能研究院、电子研究所等多家重量级科研机构，以及北京市重点布局的良乡高教园区等。要充分发挥房山创新资源丰富的优势，制定相关政策，鼓励和引导企业自主科技创新，提升企业素质和竞争力；三是培育产业集群。根据产业发展规划和产业链建设的需要，精心包装产业项目，有针对性地招商引资，围绕核心企业延伸产业链条，孵化带动一大批中小企业，形成企业集群，壮大优势主导产业，构建具有房山特色的新型工业生态体系，提升规模效益，使新型城市化具有强大的产业支撑；四是发展循环经济。要大力推广循环消费模式，推动产业循环式组合，加快循环经济产业链和循环经济网络的形成。通过科学规划，政策引导，市场运作，并争取国家和北京市支持，努力把石化新材料产业基地、高端汽车零部件产业基地等建成循环经济产业带，将其建设成落实国家和北京市产业政策的载体、吸纳项目资金的平台、引领区域经济的龙头。

三、加强基础设施建设，强化城市承载功能

要按照统筹协调、衔接配套的原则，通盘考虑生产、生活、生态需要，加快城市道路、能源、供水、通讯、环保等市政基础设施建设，形成资源合力。加强文化、教育、卫生、体育等社会事业基础设施建设；加大基础信息网络建设力度，构建宽带普及、可信可控、人机和谐、质优价廉的综合信息网络基础平台；着力提高城市基础设施的综合配套水平，增强城市公共服务功能。

四、提升城市管理水平，提高城市文明程度

推进新型城市化建设，必须要有现代管理机制相适应。要建立市政综合管理机制，通过建立综合管理机构，将自来水、煤气、电力、电信、路灯等分散在各个专业管理部门的市政管理职能进行整合，促进城市管理的

科学性、有效性和协调性。要完善城市综合执法体系。进一步健全城市执法权相对集中制度，明确各级城管执法主体，提高部门整体协作能力。要树立经营城市的理念，改革城市管理模式，推动投资多元化、运营市场化、服务社会化，加快城市建设项目的市场化运作，实现快速发展。

五、加强文化建设，提升城市软实力

房山是“北京人”故乡和首都文明发祥地，拥有丰富的历史人文和自然资源，文化渊源深厚。在推进新型城市化进程中，要以文化彰显城市底蕴，要充分利用丰富的历史文化资源，突出自己的文化品位，张扬房山区城市的文化的个性和特色。一是发掘根祖文化，打造历史文化名城；二是打造山水文化，要以生态保护与生态恢复为基础，有序利用和开发房山山水文化资源；三是积极培养都市休闲文化，依托城市文化资源，确立主打文化项目，以重大文化产业项目带动文化产业发展。结合都市型旅游休闲产业发展，引入新兴文化创意产业，实现城市休闲文化与现代产业文化的交融；四是实现文化旅游产业升级增值，借助首都建设世界城市的机遇，将房山建设成为首都人文与自然高度融合的世界城市的国际旅游目的地之一。

六、统筹城乡发展，推进城乡一体化进程

房山走新型城市化道路，要按照城乡和区域协调发展要求，以城市化、工业化、现代化理念全面破解“三农”问题，要把带动和促进农村发展作为新型城市化的主要目标，通过建立统筹城乡的户籍制度；加强城乡基础设施建设；推进基础设施向农村延伸；逐步建立城乡一体的公共服务体系等一系列改革措施，实现城乡一体化发展的模式。

七、协调区域发展，促进山区城市化发展

房山区推进新型城市化进程要有包含城乡统筹、区域协调、一体发展的理念，房山的新型城市化是包含平原区、浅山区、山区、城乡全体居民的全面的城市化。一是促进房山区资源型企业的退出和产业转型；二是继续做好山区人口搬迁工作；三是在产业发展上进行谋划，结合房山区首都

世界城市建设中旅游目的地之一的功能定位，建设以旅游、娱乐休闲、短期疗养业为主的生态城、疗养城、氧吧城，成为首都世界城市中独具特色的疗养胜地。

八、推进机制和制度创新，为新型城市化发展提供支撑和保障

建立健全区域协调机制，进一步理顺城乡规划管理体制，强化规划的集中统一管理；创新城乡投融资体制，坚持政府主导、市场运作原则，千方百计搞活城市经营；深化土地管理制度改革，加强政策引导，进行合理布局。进一步明确土地利用政策导向，对山区、平原和丘陵地区实行差异化土地管理，有效保护耕地，促进土地利用与生态环境相协调。建立城镇建设用地增加与农村建设用地减少、城镇建设用地增加规模与吸纳农村人口进入城市定居规模、新增城市建设用地指标与当地土地开发和整理数量相挂钩的机制；创新资源节约利用体制机制，建立依法淘汰落后产能和资源节约的激励奖惩机制，建立环境保护责任机制，明确各乡镇、街道环境保护责任，形成乡镇、街道间环境保护的协调机制和联动机制；建立城乡统筹的就业和社会保障制度，创新城乡就业制度，实现统筹城乡就业，建立城乡一体化的社会保障制度，构建新型城乡救助体系和面向城乡居民的养老保障体系。

作者： 北京市房山区发展和改革委员会主任

首都西南生态涵养发展区建设篇

“十二五”时期加快北京西南区域可持续发展的新思路

林志远

“十二五”时期北京地区的社会经济发展规划，有两个落实可持续发展的新任务，其一是彻底扭转人口恶性膨胀的趋势，维护北京的首都地位长治久安，其二是加快经济增长方式的转变，促进低碳经济的加快发展，北京西南五区要成为落实规划新任务的重点。人口膨胀不仅会造成交通拥堵日益加重的问题，还会导致水资源的严重短缺和越来越多的生活垃圾无法处理，导致自然生态和环境资源的不断恶化，直接威胁北京的首都城市地位。北京西南五区包含了北京最缺水的地区和地下水污染最严重的地区，过去几十年的发展，先是依靠小型煤矿的大量开发，后又依靠大型重化工业的建设，现在又依靠企业圈地招商和房地产的大量开发建设，每一个阶段都有大量的外来人口涌入，导致了现在常住人口的急剧膨胀。人口膨胀对生活用水有不断增加的需求，西南五区的水源主要来自永定河流域，但是现在，因为常住人口激增导致过度抽取地下水，永定河宽阔的河床已经大部分干枯，北部流域的用水要从周边省份调进，南部增加用水要等待南水北调。然而南水北调只是工程，不是来水，调水的源头和途径省份要落实中央的小城镇发展战略，自己也有日益增加的用水需求，不可能满足北京日益增加的需要。西南区域的发展要解决缺水的问题，只能采取转变发展方式的办法，一方面阻止人口膨胀和压缩常住人口，一方面加快生态植被建设，为维护北京的首都地位做出更多的贡献。

落实北京市“十二五”规划的新任务，西南五区的政府工作要直接面对两个巨大的困难：一是经济转型的困难，二是政府财力的困难。过去的十年，西南五区的发展，在很大程度上依靠了房地产的大规模开发和工业开发区的企业圈地建设，依靠土地资源的大量投入、大量外来人口投资买房和企业雇佣大量廉价的外来务工人员，常住的外来人口超过了原住民的户籍人口。现在要贯彻低碳经济的发展思路，必须落实控制人口规模和扩大生态环境建设的任务，要对所有的新建项目进行事前的人口密度环评，通不过的必须放弃，不仅与此，一批主要依靠廉价外来打工人口的企业，也将成为压缩调整的对象，依靠房地产和企业圈地的发展模式即将无法继续，经济转型的任务怎么办？因此产生的财政收支缺口怎么办？回答这些问题，政府的各个决策部门现在还是只有老的思路，等待中央批准开征新的税目和收费项目，等待企业公司的招商投资和基层干部的创新努力，再有就是把需要解决的问题收集起来，交给人大、政协写提案。但是，中央制定政策要关系全国，不可能解决北京地方上十分特殊的问题，企业公司的投资和基层干部的创新，根据以往的经验，必须有投资回报和晋升职务的驱动，满足驱动力的要求，只有加快房地产开发和让更多的人口涌入才有可能，而人大、政协的提案又正在受到越来越多的批评：提案质量下降，提案内容鸡毛蒜皮，提案建议缺乏可操作性，等等，无法为政府决策解决越来越多的现实问题。

西南五区还有属于永定河流域的大片生态涵养区，包括了门头沟的大部分，房山的一半，以及大兴和丰台的一小部分，它们承担了保护北京水源和生态屏障的重要任务，根据北京“十二五”规划加快生态环境建设和促进低碳经济发展的思路，这些区县范围的发展，有大量生态建设和环境资源保护的具体项目，内容涵盖了自然保护区建设、河水防污、堤坝加固、矿山植被恢复、生态林建设和维护、搬迁边远山区居民、小城镇基础设施建设、农业生产技术的推广、贫困人口的生活补贴和就业培训等等。这些具体项目的数量很多，资金需求总量很大，很多项目需要长期的投入，却不能给投资者带来任何直接的回报，因此无法通过市场融资得到所需要的资金，也无法吸引企业和个人的直接投资，政府只做短期临时的财政投入，杯水车薪也不解决问题，唯一的途径是建立一个长效的财政补偿机制，专门用于生态建设和环境资源保护项目的资金需要。补偿机制的核心是一个公开的财政基金帐户，基金收入与财政的某一项或几项固定收入挂钩，得到稳定的收入来源，基金开支根据各种能够精确到具体项目负责人的分类标准和预算支付标准，便于公开的监督，防止资金投入渠道的各种无效损耗、腐败、滥用、中间截留和挪用等等。建立财政补偿机制，财政不能任意增加收费，分配不能暗箱操作，开支不能没有责任，投资不能没有效果，为了确保正常运营，落实到操作层面，需要事前进行大量深入细致的社会调研工作，需要有资深财政专家的大量工作投入，需要很多政策理论的创新支持，但是这些工作由谁来落实至今仍然是个很大的问号。

开放市场的环境，政府管理城市的工作变得越来越复杂了，对干部队伍的决策能力、专业知识背景和专业岗位的工作经验要求越来越高了，很多社会经济问题的解决，不能依靠简单的书本教条和现成的经验，而是必须依靠深入的专业研究和理论创新，政府的很多职能部门为此设立了很多直属的科研院所和内部的专职调研岗位，但是这些机构和岗位现在普遍地存在徒有虚名和名不副实的问题。因为组织人事部门还是一如既往地照样安排外行的领导干部负责专业要求非常高的政府职能工作，照样把缺乏对口专业背景和缺乏工作能力的下岗干部，以及行政部门安排不了的多余干部，用各种各样照顾的理由安排到科研机构的领导岗位和专职调研岗位上，让他们消耗大量的财政预算投入，却长期不为政府决策提供有效解决问题的对策方案，新招的年轻科研人员在他们的领导下，也普遍地只会顺应行政领导的思路做重复宣传，不会开展深入的专业调研和理论创新，政策建议多是不负责任地照抄照搬别人的意见，导致大量的财政投入和岗位编制投入，最后出来有价值的东西不是越来越少就是几乎没有。不仅于此，这些机构和岗位的存在，还垄断了几乎所有财政预算口的科技咨询投入，使得真正能够解决问题的独立研究和理论创新研究变成了无米之炊，既缺乏财政投入也没有专家队伍，只能期待政协的力量临时动员个别的老专家们发挥一点儿余热。政府的职能部门现在把越来越多需要资深专家长期研究才能解决的紧迫问题交给人大和政协，要求人大、政协的提案能够为他们解决非常专业的理论技术问题，但是高质量的政协提案也同样不能没有专家研究的支持。

落实北京西南区域可持续发展目标，加快发展方式转变和生态环境建设，核心要解决一个如何建立财政补偿机制问题，否则还是依赖土地开发项目搞招商引资，依赖土地招商解决财政收支缺口，就不可能有发展方式的转变和落实生态环境建设的任务。建立生态环境的财政补偿机制，财政资金的来源和支付标准的设计，关系到政府城市管理的很多重要决策和很多重大经济利益关系的调整，需要很多人口管理和土地管理的配套改革，要涉及很多非常专业的城市管理和财政管理问题。解决非常专业的政府决策问题，依靠党政部门扩大编制增设研究机构和随意增加财政收费项目的老办法，已经走到了尽头，单靠政府职能部门的工作，或者交给人大、政协动员老同志献计献策，让年轻同志照抄照搬，没有长期深入的专家调研工作，也同样解决不了问题。若想真正解决问题，只能按照现代工业化社会的办法，即在明确社会分工责任的前提下，通过强化监督，使得所有财政投入和岗位编制投入，都能有明确具体的用途和评价社会效果的考核标准，严格干部人事的岗位履职考核，对无效的财政投入和岗位编制建立事后考核追究的具体措施，让每一个干部都能认真履行职责，让每一个岗位都能发挥积极正确的作用，才有可能使我们面对的复杂问题得到及时的解决。人大、政协的社会分工是立法监督、政治协商和民主监督，党政部门的社会分工是制订政策和具体执行，专家们的社会分工是通过长期深入的专业研究，阐明事实真相，揭示各种政策诉求背后隐藏的经济利益关系和政治利害关系，总结国内国外的历史经验和教训，依靠理论创新和权衡利弊，提出解决实际问题的有效对策方案，为党政部门的决策和人大、政协的提案提供各种专业技术的支撑。

社会转型阶段的发展问题和社会问题高度复杂，党政部门的决策背后没有货真价实的专家工作做支撑，决策再多出发点再好也都只能停留在口号宣传上，无法落到解决实际问题的行动中去，政协委员的提案写得再多，背后没有专家工作的支持，也照样难免提案质量下降、公众批评增多和委员兴趣减少的局面。但是，专家工作也非万能，首先是专家队伍存在良莠不齐的问题，其中名不副实不懂装懂和滥竽充数的人不在少数，而且越是缺乏对口的专业背景就越是装得无所不能，越是身居行政领导高位和名誉头衔一大堆，就越是缺乏解决实际问题的调研能力和理论创新能力。其次是专家工作都有自己个人擅长的特殊领域，没有人能够超越自己擅长的领域去提出负责任的政策建议，专家们互相之间也有非常细致的分工，多数人只能长期从事属于信息汇编和文字加工的宣传工作，或者从事落后的重复跟踪研究，只有少数人具备足够能力承担专业理论和政策理论的创新工作，能为政府决策提出让人信得过的政策建议，但是因为人少，他们往往处在没有任何权力和被压制的地位。此外，专家工作还有一个为谁服务的问题，多年之前，电信公司的专家为垄断企业服务，为提高电信网络的收费杜撰了一个价格交叉补贴的理论，2007 年，还有国家发改委的价格专家呼吁恢复商品价格的行政审批制度，为国家计委价格司转到国家发改委的人服司，这些都至今还让人记忆犹新。开放市场的环境，专家不论优劣，都要首先求得自己的生存，专业上领先的专家得不到政府的公共资金投入，就只能依附非公共的力量，一旦依附了垄断企业、地方势力和国外势力，他们再为政府决策出谋划策，就必然要受集团势力的利益驱动，无法为政府决策解决增进社会公共利益的问题。

在竞争市场的条件下，依靠专家服务没有免费的午餐，只有老同志献计献策发挥余热和年轻人照抄照搬，没有优秀专家队伍的长期深入调研和理论创新工作，终究无法克服深层次的体制和机制问题。没有体制机制的改革，把大量的财政资金投入名不副实的科研机构，花费在错误的科研选题和缺乏对口专业背景的项目负责人身上，结果不仅更加不解决问题，而且还会增加新的矛盾。因此，在加快北京西南区域转变发展方式的问题上，发挥人大、政协的作用，还要从强化立法监督、政治协商和民主监督的源头上做起，具体的建议有以下几条：

一、监督市区二级政府的科研咨询项目立项

要求把北京西南区域的各种长期发展问题，建立生态和环境补偿机制的问题，人口管理和土地管理的改革问题，调整财政分配权的问题等等，列入市区二级财政的科研经费专项开支预算，通过公开招标，聘请专业对口资质优秀和工作负责的专家负责课题的深入研究，引导专家们的工作转向服务政府公共决策的需要。

二、监督研究课题的招投标过程

检查课题招投标书和具体研究计划的内容是否符合解决问题的要求，了解课题负责人的对口专业实力和社会诚信度，监督课题负责人的选择，防止招投标过程的各种暗箱操作和腐败，防止课题经费落入不合格的课题负责人手中，防止课题经费的滥用，督促组织人事部门为政府的不同职能部门尽快建立对口的专家信息库，把专业对口说话负责和让人信得过的优秀专家推荐给需要专家解决问题的各个政府职能部门。

三、监督专家调研工作的进展和成果质量

人大、政协和党委要派人参加科研成果的质量评审，充分听取成果使用单位和财政部门的意见，对关系重大的课题成果，召开人大代表和政协委员的听证会，要求研究课题的负责人阐述研究思路和解决问题的办法，汇报课题研究的进展情况，接受代表委员的听证责询，并把评审结论和听证记录放进专家信息档案，挂在网上接受公众查询和监督，激励专家工作认真负责和恪守诚信。

四、监督市区二级财政预算的科研经费开支

评估科技领域的公共经费投入对政府改进决策的贡献业绩和社会效果，以此促进政府科研体制的改革，取消科研机构的行政级别，撤销长期无效的科研机构和专设调研岗位，彻底结束无效的科技投入和机构编制投入。政府不应该随意增加民众的负担来支持科研咨询工作，也不应该只要求少数人承担财政资金使用的责任，而让多数人都在科研院所的名义下可以不负任何责任地滥用公共资金。

改革开放后，北京是中国最早开始工业化建设的城市，现在面对可持续发展的问题，也只有采取工业化社会的办法才能求得解决，加快西南区域的发展方式转变，可以为北京和全国提供很好的经验和榜样。

作者：国家发展和改革委员会经济研究所研究员

加强湿地生态保护与恢复
促进首都西南区域可持续发展

赵玉辉　崔丽娟　李　伟
张曼胤　赵欣胜　李胜男　王义飞

摘　要：本文通过对首都西南区域湿地资源现状和湿地文化现状的分析，从首都生态安全、城乡一体化建设以及区域经济发展三个方面探讨了西南湿地对区域可持续发展的重要性，并针对当前西南区域湿地存在的问题，提出了湿地保护和恢复的对策。

关键词：湿地恢复　湿地保护　可持续发展　首都西南区域

湿地是人类文明的摇篮，人类的历史就是一部“择水而居、依水而兴”的历史。湿地是城市发展的源头，城市的繁荣不断地汲取湿地的营养。北京自古以来就是河流纵横、泉淀密布的湿地城市，奠定了北京建城三千年、建都八百年的辉煌历史。其中，西南区域湿地资源丰富，是维护首都生态安全的重要载体，是促进区域城乡一体化协调发展的重要资源，也是完善西南五区社会经济可持续发展的重要保障。

一、首都西南区域湿地现状

据2008年北京市最新湿地资源调查结果显示：北京地区湿地总面积约5.14万公顷，占全市总面积的3.13%。其中自然湿地2.38万公顷，人工湿地约2.76万公顷。北京的自然湿地主要分布在大清河、永定河、北运河、潮白河与蓟运河五大流域。人工湿地主要以库塘湿地、输水渠、城市景观湿地为主。

（一）西南区域湿地资源现状

北京西南地区属暖温带湿润、半湿润大陆性气候。北京西南的生态格局是一个由城乡生态格局、高地相互作用系统、城区与外围生态联系所构成的多层次立体结构，涵盖丰台、石景山、门头沟、房山、大兴五区。其中，湿地资源丰富，包括大清河水系全部、永定河水系大部和部分北运河水系。湿地面积占全市湿地总面积的28.8%。自然湿地以河流湿地为主，主要有：永定河、大清河、拒马河、清水河、大石河等；人工湿地以库塘湿地为主，主要包括：珠窝水库、斋堂水库、崇青水库、埝坛水库等。

表1　西南五区湿地面积所占比例一览表　（单位：公顷）

行政区	湿地总面积	自然湿地面积	人工湿地面积	区域湿地覆盖率	占全市湿地总面积比例
丰台区	1419.2	1133.8	285.4	4.64	2.80%
大兴区	4446.4	3349.3	1097.1	4.29	8.60%
石景山区	257.3	199.6	57.7	3.05	0.50%
门头沟区	3899.5	3375.7	523.8	2.69	7.60%
房山区	4808.2	3096.1	1712.1	2.42	9.30%
西南区域	14830.6	11154.5	3676.1	3.05	28.8%

西南五区自然湿地占全市自然湿地面积的46.8%，占全市湿地总面积的21.7%，全市自然湿地面积门头沟区、大兴区和房山区占据前三甲。

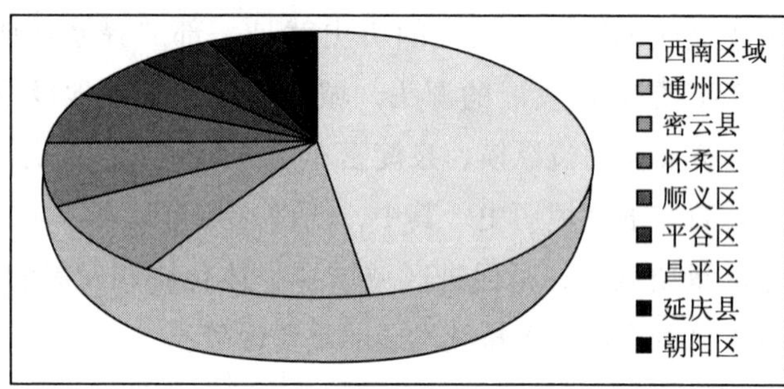

图1　北京市各区县自然湿地面积分布图

西南区域湿地动植物资源丰富。据统计，门头沟区湿地植物物种分布为全市的52.1%，是除延庆外北京市湿地植物资源最丰富的远郊区。

表2　北京市各区县湿地植物资源分布

统计单位	科	属	种	占全市比例
门头沟区	100	316	530	52.10%
房山区	83	227	338	33.20%
大兴区	75	209	289	28.40%
丰台区	46	89	112	11.00%
石景山区	33	62	77	7.60%

门头沟、房山作为首都生态涵养发展区是北京的生态屏障和水源保护地，湿地资源呈现自然状态，质量较好。在门头沟燕翅镇河流湿地，水体清澈见底，还生长良好水质的指示植物水菠菜。

（二）首都西南区域湿地文化现状

西南区域湿地历史悠久、文化深厚：丰台区卢沟桥及“卢沟晓月”风景，房山区琉璃河畔的西周文化遗址，大兴区皇家遗韵的麋鹿苑等等。

永定河文化属于流域文化的一部分，是在永定河流域环境中，人类利用自然资源和人文资源世世代代所创造的历史文化的统称。永定河大峡谷中的幽州古村、龙门涧将军石、石龙山、木化石等，都是西南区域经济发展的文化资源。

大兴区南海子麋鹿苑是历经元、明、清三代的著名皇家苑囿，是麋鹿的科学发现地、模式种产地、最后灭绝地、野生麋鹿的历史分布地。历史上这一带泉水、湖泊星罗棋布、河道纵横，每到秋季晴云碧树、果红叶黄，景色别致。明朝时在“燕京八景”基础上增补的“南囿秋风”即指麋鹿苑。如今苑内还屹立着清朝乾隆皇帝题写的“南囿秋风”石碑的仿制品。

琉璃河是一条古河，如今从京石高速公路出京南行至涿州经过的跨河大桥以东，就可以看到琉璃河古桥。琉璃河是北京建城、建都的起源地，曾出土商周二代的古文化遗存。石桥修于明嘉靖年间，几经重修三百余年中遇大水数十次毫无损伤。西周时期古燕国都城就在琉璃河畔，20 世纪 60 年代考古人员在长满庄稼的土地下面发现了古代燕国的文化遗存。

二、首都西南区域湿地与西南区域可持续发展

如今，城市发展要求生态环境的可持续发展，保护和合理利用湿地资源既是维持城市生态安全的要求，也是转变经济发展方式的要求。据研究，与森林、农田、草地等生态系统相比，湿地被认为是陆地生态系统的最佳利用方式。

（一）西南区域湿地是服务首都生态安全的重要保障

北京城市总体规划中将北京市的一道天然绿色屏障称为“绿链”，即为首都的生态涵养区，占北京市总面积 68. 9%。西南区域的门头沟区以及

房山区的山区和浅山区均属于该涵养区，是北京的生态屏障和水源保护地。

生态涵养区对首都生态环境方面的保护作用主要体现在固碳释氧、调蓄洪水、维持生物多样性、减少水土流失、净化空气和减少噪音、涵养水源、保健休闲、文化等方面。在森林、农田、草地等熟悉的生态系统中，湿地是唯一能全部提供以上生态服务功能的生态系统。所以西南区域的湿地资源优势为该区域实现维护首都生态安全、促进首都城市可持续发展提供了有利条件。

永定河是西南区域重要的湿地资源，被誉为“京西绿色生态走廊”和“城市西南屏障”，发挥着防洪、供水、生态的三大重要功能。永定河绿色生态发展带的建设将形成溪流、湖泊、河流等多种湿地类型，该湿地系统将完善永定河防洪减灾保障体系，提高永定河生态服务价值，形成有水有绿、生态良好的北京西南生态屏障。门头沟区开展永定河生态治理的同时，开展了生态清洁小流域、污水治理、重点湿地恢复建设等项目，充分发挥了湿地资源在生态涵养中的积极作用，服务首都生态安全。

（二）西南区域湿地是城乡一体化协调发展的生态桥梁

在改善城市生态环境推进城乡一体化的进程中，北京市把郊区定位为首都可持续发展战略新区和建设国际大都市的现代发展区，并把郊区作为首都现代化建设的重点，促进城乡一体化协调发展。西南区域大部为郊区且自然环境质量较好，山区汇水形成的丰富湿地，连接着城乡结合部以及城区的河流。湿地从上游到下游将山区、郊区、城区连接起来，湿地周边美好的自然环境为郊区发展提供了亮点，为城市向外发展提供了兴趣点，为城乡一体化提供了契合点。

湿地是城市的名片，是城市良好人居环境的核心。湿地的自然风光与文化内涵是新城发展的魅力所在。北京各区县新城规划中充分利用湿地资源，永定河已经成为西南地区房山和门头沟新城建设的依托。保护恢复西南区域的湿地资源将为新城建设增添新的生机和活力。北京城市总体发展规划确定了“两轴—两带—多中心”的空间发展格局，西南五区处在“西部生态涵养带”与东西轴线的交会点上。因此，西南湿地是实现宜居城市的生态屏障，对保障首都功能发挥着重要作用。

（三）西南区域湿地是发展区域经济的新思路

上世纪，西南区域分布着很多对北京经济发展起到重要支撑作用的基础工业，如石景山的首都钢铁、房山的燕山石化、门头沟的煤矿等等。近年来，西南区域被确定为北京的第七大功能区（Recreational Business District），重点发展休闲娱乐产业。为承担城市休闲游憩功能，西南区域湿地将是不可或缺的资源。依托西南湿地资源和文化优势，开展西南湿地旅游，满足人们走进自然、享受自然地精神需求。同时，将休闲娱乐、精品购物和湿地主题旅游相连接，促进区域经济发展。

表 3　北京市西南区域湿地旅游景点

行政区	湿地旅游景点
丰台区	卢沟桥—宛平城、辽金城垣博物馆、青龙湖公园、莲花池公园
大兴区	北京野生动物园、团河公园、南海子麋鹿苑、御林古桑园
房山区	周口店遗址博物馆、琉璃河商周遗址、拒马河自然保护区、白草畔自然风景区
门头沟区	斋堂水库风景区、珍珠湖风景区、龙门涧风景区

沟域经济是北京近几年创造出来的一种促进区域经济发展、带动农民增收的崭新的山区发展模式。总结北京市新近形成的沟域特色可以发现：西线玩水，饮水思源；东线游山，探古寻幽。沟域经济的繁荣正是对湿地资源的开发和利用，因为沟域多为流水地貌，有明确的地域边界范围，是河流支流的集水区域，包括分水岭以下的完整、独立、自成系统的地理单元所形成的多样的湿地类型。沟域汇水区形成的“两山一河”模式是北京沟域经济中常见的类型。门头沟区是北京唯一的纯山区，山区面积占到了98.5%，形成了大小沟域300余条。目前门头沟开发了18条沟域经济带，而这18条沟域却基本上包括了周边其他的小沟域。

三、首都北京西南区域湿地存在的主要问题

近年来，由于全球气候变化、人口持续增长、城市迅猛发展等原因，世界范围内湿地退化和丧失的速度超过了其他类型的生态系统。同样，城市建设开发占用湿地、湿地资源盲目开垦和改造、过度的旅游开发、生活污水和工业废水的直接排放等因素，也使西南区域湿地面临着面积萎缩、功能退化、质量下降等威胁。

（一）西南区域湿地面积锐减、湿地覆盖率降低

全球气候变化带来区域降水量减少，库塘干涸，河道断流，河滩沙化，湿地面积严重减少。三十多年来，湿地被改作他用，西南区域减少了6593.565 公顷，占全市湿地减少总面积的11%。

表4 2007 年与1973 年对比西南区域各区县湿地面积减少一览表

单位：公顷

统　计	湿地面积	现　状			
单　位	减少合计	建设用地	旱　地	林　地	其　他
全　市	62448.657	27366.66	32431.32	2085.743	564.929
大　兴	5623.332	1619.786		4003.546	
房　山	551.27	38.424	512.846		
门头沟	316.525	66.899	9.812	20.368	219.446
丰　台	97.183	60.999		18.201	17.983
石景山	5.255	5.255			

西南五区湿地覆盖率为3.05%，低于全市平均水平3.13%，更低于全国3.77%以及全球6%的平均湿地覆盖率。

（二）西南区域湿地水资源短缺与水质污染并存

根据市环保局2009 年9 月对全市河流湿地水质监测结果显示，西南区域无水河段为：门头沟区清水涧、永定河平原段、大兴区天堂河、房山区大石河上游、丰台区大宁水库无水。房山区天开水库位于大石河支流牤牛河上，控制流域面积48.5 平方公里，总库容1475 万立米，由于库区是喀斯特地貌，渗漏严重，建库30 多年来一直是干库，只有调洪功能。崇青水库引大石河汛期洪水以及洪水过后的河道集流，水量受大石河丰、枯影响较大，平均8 至10 年干库一次。

水质污染严重，大清河水系从2006 年到2008 年连续三年达标河段长度分别为33.8%、21.6%和22.9%。小清河境内河段、刺猬河京周公路太平庄桥以下河段、大石河京周公路马各庄桥以下河段均受到严重污染，为5 类或超5 类水体。水量短缺、水质污染导致湿地的降解能力严重下降，同时生态结构破坏以及污染，影响了湿地的休闲游憩功能，人居环境质量受到影响。

（三）人类干扰剧烈，生物多样性降低

随着西南区域城市发展和日益加大的旅游开发，西南区域湿地环境受到严重干扰。部分旅游景区为开展水上游憩活动，上游截留蓄水，导致下游湿地干涸，质量下降，功能丧失。景区内湿地形态直线化、断面规则化、岸带材料硬质化，导致岸带湿地过滤、截留、净化功能减弱。另外，景区中水上游船设施过量，使水体污染加剧。大兴区麋鹿苑通过湿地恢复工程，营建了麋鹿生活的栖息环境，使久违的主人可以在大兴安家落户。而近来周边的开发建设，使得生态环境受到极大影响，这样的“鸠占鹊巢”使麋鹿生存受到很大影响。

通过拒马河流域鱼类种类调查结果与历史资料比较后发现，由于水文条件变化、水利工程建设、过度捕捞和非法采砂等原因，拒马河流域北京段内鱼类种类减少了 3 目 5 科 18 种，表明拒马河鱼类物种多样性遭到破坏，亟待保护。对拒马河（北京段）的原生动物及底栖动物调查显示，由于拒马河水体受到轻度和中度污染，导致底栖动物多样性明显降低。

（四）西南区域湿地保护管理相对粗放

目前北京市基本形成了湿地保护体系，使全市 41% 的湿地得到了有效保护。通过划建湿地自然保护区、划定国家重要湿地和建设湿地公园，并采取相应的湿地保护管理措施，使重要湿地得到了有效管理，并基本遏制了重要湿地面积急速减少的趋势。在北京市日渐成熟的湿地保护管理体系中，西南区域只有拒马河湿地自然保护区受到严格保护，而其他湿地的管理相对粗放，并未根据实地情况和具体保护管理要求，采取相应的保护管理方式和措施。

四、首都北京西南区域湿地保护与恢复的建议

（一）积极推进湿地保护管理立法进程

北京市多次召开国际国内研讨会，开展全市湿地保护管理立法的全面研究。西南区域湿地资源丰富，理应率先推进湿地立法进程，完善湿地生态用水保障、制定湿地生态补偿机制等湿地保护的相关政策，鼓励并引导人们保护与合理利用湿地、限制破坏湿地的经济政策体系。将水资源的综合管理、环境规划、生物多样性保护、国土利用规划等与湿地保护协调

一致。

（二）科学规划湿地系统，将其纳入区域规划和新城发展规划之中

湿地系统应该纳入城市总体规划以及城市控制性规划。将湿地保护工程、湿地生态恢复工程、湿地公园建设工程纳入西南各区新城发展规划和西南五区区域发展规划。完善西南区域湿地雨洪利用规划、湿地中水利用规划，保障湿地生态用水。围绕北京市城市发展总体目标，把湿地发展与新农村建设、沟域经济建设、城乡一体化建设结合起来，解决好生态环境建设与产业发展的矛盾问题。如永定河、清水河等水源保护地，在沟域的产业培育过程中，特别是养殖业的发展要远离水源并规模适当。旅游开发中，要合理限制客容量，水上项目尽量采用污染小、排放少的游船等设施。

（三）实施湿地保护与恢复工程，建立健全湿地保护管理体系

目前，全国已有天津、重庆等12个省市成立了湿地保护管理的专门机构。北京市应加强市、区（县）两级专门湿地保护管理机构的建设。对有代表性的湿地自然生态系统以及珍稀濒危水生动植物物种的天然集中分布区建立不同级别的自然保护区、保护小区。对受人类活动强烈影响，但仍具有历史文化保护价值的自然或人工湿地建立各级湿地公园。如，永定河的治理和开发应从区域发展的层面统筹全局、综合规划，立足于其历史文化底蕴浓厚的特点，以旅游、休闲娱乐和生态涵养等发展为主要内容和最终目标，打造成为首都西南区域重要的生态景观带和商务旅游带。

（四）建立行政管理、法制约束和市场激励相结合的稳定投入机制

当前国内相关政策、法律和环境市场还不完善，城市湿地保护只能作为一项公益性事业，这不仅是由于人们对湿地认识上的偏差，而且与湿地的生态服务功能很难用货币来衡量有关，以及湿地填埋开发地产等商业收益可能远远大于保护湿地所得到的直观收益。因此，湿地保护管理专项经费应该纳入同级政府财政预算，由政府运用行政管理、法制约束和市场激励等手段和方法，完善生态建设补偿机制，加强城市湿地管理和保护，必要时采取强制性措施。

（五）加强科研宣传力度，提高广大群众对湿地的认识

加大湿地科研投入，从西南区域湿地的特殊性出发，组织相关人员深入研究湿地的功能作用机理，湿地生物多样性的保护技术，湿地保护与恢复的关键技术，以及湿地可持续利用技术。同时建立湿地资源数据库和湿地生态系统监测信息平台，加强湿地生态定位站建设，加强湿地宣传力度，提高人们对湿地的认识，争取社区参与湿地管理。

立足西南区域功能定位和湿地资源优势，坚持科学发展、统筹规划，切实加强西南区域湿地保护与恢复，有序推进西南区域湿地可持续利用，充分发挥湿地在西南区域经济社会协调发展中的生态功能和建设“宜居北京”、“绿色北京”中的主导作用，实现人与湿地的和谐相处。

作者：赵玉辉　中国林科院湿地研究所　硕士研究生
崔丽娟　中国林科院湿地研究所首席专家　研究员　博导
李　伟　中国林科院湿地研究所　博士研究生
张曼胤　中国林科院湿地研究所　博士
赵欣胜　中国林科院湿地研究所　博士
李胜男　中国林科院湿地研究所　博士
王义飞　中国林科院湿地研究所　博士

参考文献

［1］北京城市总体规划（2004 年—2020 年）。

［2］崔丽娟，艾思龙. 湿地恢复手册 - 原则技术与案例分析［M］. 北京：中国建筑工业出版社，2006，4 - 15。

［3］高士武. 北京市湿地保护管理的现状与对策［J］. 湿地科学与管理，2008，4（4）：43 - 45。

北京山区生态建设及其发展路径初探

张义丰　张宏业　张　伟　王　铁
刘春腊　兰婷婷　谭　杰　祝采朋

摘　要： 鉴于其独特的地理区位，北京山区是一个关系到首都生态安全的重要而脆弱的特殊区域。本文分析了北京山区的现状与发展特点，认为北京山区在首都社会经济发展格局中主要发挥着生态屏障、水源涵养、生物多样性维护、产品生产四大功能。在此基础上，分析了北京山区生态建设的主要内容、建设成果，以及存在的问题。提出在今后的发展过程中，北京山区应在生态建设优先、生态化发展、因地制宜等原则的指导下，加快山区生态产业的培育，从而实现山区社会经济的可持续发展。

关键词： 北京山区　生态功能　生态建设　生态产业培育

一、北京山区的现状与特点

（一）山区现状

北京市的西、北和东北部都是山区。其范围涉及房山区、门头沟区、昌平区、平谷区、怀柔区、密云县和延庆县等七个山区县的83个山区和半山区乡镇，约1600多个村委会。其山地总面积为10109km^2，占全市总面积的62%。按照常见的划分标准，即将800m高程作为划分中山与低山的指标；而将海拔300m，相对高程200m为丘陵的上限，北京的中山主要分布在西山和北山的深山区，如西山的百花山、东灵山、黄草梁，北山的海坨山、凤坨梁、云蒙山、雾灵山等，总面积为2289.33km^2，占全市总面积的13.94%；低山分布在西山和北山的浅山区，总面积5704.14km^2，占全市总面积的34.72%；丘陵主要分布在房山山麓、顺义二十里长山、密云水库周围、十三陵水库西南，总面积279.76km^2，占全市总面积的1.7%[1]。

（二）山区发展的特点

由于临近首都，与其他山区相比，北京山区的发展具有以下特点：

1. 功能定位明确。“十一五”期间，在北京城市总体规划和功能分区中，将北京郊区的山区半山区定位为生态涵养发展区。指出该区今后应以涵养北京生态屏障和水源保护为主，同时大力发展生态友好型产业的功能区域。明确的功能定位也为北京山区的生态化发展指明了方向。

2. 市场优势明显。依托北京城区的巨大市场，山区具有发展特色林果业和养殖业的天然优势。京郊山区宜林果面积较大，果品种植历史悠久，有丰富的果品资源。通过充分利用山区的生态环境和资源优势，大力发展特色林果业和绿色养殖业，一方面可以增加山区农民的收入，促进山区社会经济的发展；另一方面，也有利于加强环境保护，改善山区的生态环境。

3. 发展基础良好。与偏远地区有所不同[2]，京郊山区优越的区位优势使之与北京城区之间物质、能量和信息交流方便而快捷。北京城区繁荣的社会经济环境对山区有明显的辐射效应，为山区社会经济的发展提供了优越的信息、技术、人才、基础设施建设等条件，从而为山区的发展打下了良好的基础。

4. 生态产业潜力巨大[2-8]。京郊山区自然风光秀美，水源相对丰富，交通方便，拥有丰富的农业和旅游资源。据统计，北京市的大部分旅游景区在山区县，北京市民最喜欢的20个景点中有17个在山区县。近年来，农业和旅游业成为京郊山区经济增长较快的产业之一。以农游一体化为特征的采摘园、观光园、农家乐等多种开发模式不断涌现，生态产业发展势头良好。

5. 文化底蕴深厚。北京山区悠久的发展历史，为该区留下了大量宝贵的历史遗迹和独特的民俗文化，从而为山区社会经济的发展提供了丰富的文化资源。

二、北京山区的主要生态功能

（一）生态屏障功能

首先，京郊山区是防止京西北干旱、半干旱地区生态灾害影响北京的重要屏障。北京山区主要由燕山山脉和太行山山脉组成，呈扇状半环绕北京城区。山区外围线 710 公里，高大的山脉能使风速降低约 35% －58%，是隔断北京城区与半干旱农牧交错带的天然屏障，对阻止沙漠化进一步南下影响北京城区起到了至关重要的作用[9,10]。另外，山区林木覆盖率已经达到 62%，发挥着重要的防风、固沙、保育土壤和净化环境作用。山区林木对净化空气，减轻沙尘危害作用明显。据测算，全市林地一年能够吸附粉尘 4800 万吨。同时可以防止水土流失，防止对下游的城区产生影响，初步测算可以拦截泥沙 850 万吨，保土 1373 万吨。林木还能产生 5. 14 亿公斤氧气。

（二）水源涵养功能

京郊山区还是北京重要的水源汇集地和储存地。北京城市用水的 50－80% 源于山区。山区有 547 个小流域，70 多条河流。山区有大中型水库 80 座，占北京水库总数的 94. 11%。山区的年降水总量约为 64. 74 亿 m3，占北京全年降水的 62%。因此，山区的生态环境质量直接影响北京的水质和水量[11]。有人形容北京的山区是北京的水塔，可见山区对北京供水的重要性。

（三）生物多样性功能

京郊山区是维持北京地区生物多样性的重要基地。北京开发历史悠久，平原地区已经基本被开垦为耕地或作为建设用地。山区受人为干扰相对较小，加之山区地形地貌复杂多变，为不同生物提供了适宜条件，是保持北京地区生物多样性的理想基地。据统计，山区有陆脊椎动物 461 种，其中，有国家重点保护 65 种；有野生植物 2000 余种，其中，国家重点保护野生植物有 142 种。

（四）产品生产功能

京郊山区的产品生产功能主要体现在 3 个方面：

1. 矿业产品生产。北京山区的矿产资源十分丰富，共有 47 个矿种。其中，仅煤的存量就高达 18. 5 亿吨。在历史上，北京山区一直是采煤业和采石业的重要基地。当然，由于采矿业对山区的生态环境造成了很大破坏，其规模正在逐步缩减；

2. 特色农产品生产。山区独特的自然地理条件及小气候条件为一些特色的农产品生产提供了条件。如燕山的板栗、房山的柿子、平谷的大桃、延庆的葡萄、门头沟的樱桃、黄土坎的鸭梨、怀柔的冷水鱼、昌平的苹果等等。目前，北京七个山区的林果面积达到200万亩，特色产品的品种达到60多个，成为了首都重要的特色产品生产基地，这些特色产品丰富了北京人民的生活。山区的特色养殖业也有很大发展，已经成为首都菜篮子的重要组成部分。

3. 旅游产品开发。目前，山区已成为首都市民休闲度假的首选地。据统计，2002年，北京有工商注册的旅游景点185个，其中，山区就占了180个。山区有世界级景点、重点文化遗产5处。目前，在北京的100个A级以上的旅游景区中，山区占51个。山区有经市旅游局登记的旅游度假饭店和会议中心200多家，民俗旅游户2万个。

三、北京山区生态建设的现状与问题

（一）建设内容

从前文可以看出，京郊山区对于维护北京的生态安全有着重要作用。北京山区生态屏障的建设内容主要包括以下几个方面：

1. 提高山区的植被覆盖度，减少裸露地的比例，并对已破坏的区域进行生态修复。

2. 关闭对山区生态环境具有破坏作用的产业，代之以环境友好型产业。

3. 限制山区人口规模，减少人类活动对山区自然生态环境的扰动。

通过这些方面的工作，有助于改善京郊山区自身的生态质量，提高山区的生态系统服务功能，从而保障首都的生态安全。

（二）建设成果

随着人们对北京山区生态屏障功能的认识日益深化，北京市政府在“十一五”规划中把山区正式确定为生态和水源涵养区，并开展了大量的生态建设工作[12]。

风沙源治理工作。自2000年开始，北京市在门头沟、密云、延庆等6个区县实施了京津风沙源治理工程。主要任务包括荒山造林、低效林改造、灌木林改造、生态移民等。2006年，国家对京津风沙源治理工程进行了调整，增加了林业和农业措施。

矿山关闭与修复。北京市于2005年开始部署矿山关停、废弃矿山生态修复工作。2006年开始全面开展生态修复试点工作。主要工作包括矿山关闭、矿山植被修复、矿山劳动力转移等。

小流域治理。小流域治理是在20世纪80年代所提出的一项针对北京山区水土流失问题的治理措施。其主要内容是以小流域为治理单元，通过山水田林路统一规划，工程措施、植物措施与农业耕作措施有机配置，最终实现生态效益、经济效益与社会效益统筹协调的一种生态治理模式。经过近30年的不懈努力，北京山区小流域综合治理取得了巨大成效。北京全市已形成国家级、市级、县级三级重点治理区，累计治理水土流失面积3600km^2，占应治理面积的60%。小流域治理为发展北京农村经济，保障首都生态安全起到了重要的作用。

（三）存在的问题

虽然北京山区的生态治理取得了巨大的成功，大大改善了山区的生态环境状况。但目前京郊山区的生态环境保育仍存在着许多问题和隐患。

1. 脆弱的山区生态系统。北京山区不宜于开发的25°以上陡坡地面积约占60－70%；土层小于30mm的面积占50%左右，对植被发育极为不利。植被一旦破坏很难恢复。另外，由于暴雨较多、人类活动强度大，山区水土流失面积达30.4万公顷，占山区面积的29.2%。另外40%的山区为泥石流的易发区。这表明山区生态系统仍十分脆弱，需要采取各种措施保护现有的生态环境。

2. 人为破坏严重。北京山区自然资源开发的历史悠久，造成采矿区的生态环境破坏严重。历史上人类的砍伐、开荒、开矿、采药、道路和工矿建设等活动，使得原始森林已被砍伐殆尽，植被退化严重。尤其是在煤炭开采活动比较集中的门头沟区和房山区，乱采乱挖现象严重，出现了大面积的采空区和矸石堆。

3. 水源涵养功能退化。山区植被退化和森林面积的减小使得山区的水源涵养功能下降，地表对降水的截蓄能力减弱，导致密云、官厅、怀柔等重要水库的水位出现下降，加重了北京的水源短缺。

4. 局部山区污染加剧。随着社会经济的发展，各种人类社会经济活动也大大增加。人口增加、工矿业发展、农用化肥增加、旅游景区开发等活动造成了新的山区污染，对脆弱的山区生态环境造成了较大的破坏。

四、对策建议

考虑到北京山区独特的地貌特征和地理区位，该区域的生态治理与生态屏障建设工作必须以沟域经济建设为载体，实现生态保护与社会经济发展的有机统一。

（一）发展原则

1. 生态建设优先原则。应大力推广小流域治理的成功经验，坚持山、水、林、田、路、村的统一规划，拦、蓄、排、灌、节、污综合治理，农、林、牧、副、渔、游有序开发的方针，把土地开发、水利工程、基础设施、绿化造林、致富产业进行有机结合。

2. 生态化发展原则。京郊山区的首要任务是保护当地的生态环境，改善植被的覆盖条件，从而真正起到首都生态安全屏障的作用。因此，在北京山区社会经济的发展过程中，应通过产业结构的调整升级和实现经济增长方式的转变，将一些严重破坏当地生态环境的产业，如煤矿、采石场、易造成污染环境的制造业等，坚决进行关闭或迁移，代之以环境友好型产业。

3. 因地制宜原则。经济发展必须构建合理的空间结构，充分发挥不同地段的优势。小的沟峪逐级汇集成大的沟峪，最后形成河流，这是河流系统的一般特性。不同级别的沟峪所处部位不同，其自然条件、生态作用和生产功能有很大差别。同一沟峪上、中、下不同地段同样存在差别。因此，在具体建设过程中，对不同类型区域、同一区域不同部位应采用不同的模式。

（二）山区生态产业的培育

1. 生态农业。应结合京郊山区独特的地理环境和资源禀赋，积极发展特色干鲜果品产业，形成产业规模，打造地域品牌。干鲜果品产业是郊区生态涵养发展区的基础产业，有些品种已经形成一定的区域分布和产业规模，有些还没有形成产业优势。按照规划，“十一五”期间，生态涵养发展区要建设20个标准化的高效示范园，培育上百个特色果品专业村，使特色果品产业成为农民增收的重要产业支撑。为此，政府应采取以下措施，加大生态农业的培育力度：

①支持涉农部门成立各类专业或产业协会，对各品种的产业发展和布局进行统筹规划，逐步建成各种高品质的产业基地或产业带，形成具有区域特色的主导产业和主导产品；②大力培育、引进新品种，提高果品品质和优良品种比重，组织农民进行标准化生产；③发展产业化加工、销售组织，延长果品产业链条，提高果农的产业化组织程度，增加果品产业的经济效益，带动农民增加收入；④在一些具备条件的地区，还应该面向城市市场需求，发展花卉、小杂粮、食用菌和山野菜等特色产业、产品，多渠道增加农民收入。

2. 特色畜牧业。畜牧养殖业也将是生态涵养发展区的重要产业。为了避免大规模的畜牧养殖威胁到当地的生态环境保护，本区的畜牧养殖业应重点推广果草牧一体化循环经济的发展模式。如"山上栽树、树下种草、舍饲养羊、羊粪肥树"的种养循环模式；将修剪果树的枝条粉碎作为食用菌的培养基培植食用菌，废弃的食用菌棒加工成有机肥，再用作果树肥料的"果、菌、肥"模式；畜禽养殖的粪便生产沼气，沼气渣液用作果树肥料的"畜、沼、肥"模式等。政府应对这些产业模式的经验和教训进行及时的总结和推广。

3. 旅游和服务业。利用京郊山区良好的生态环境来发展休闲产业，提升休闲产业的文化品位是生态涵养发展区建设的重要内容。发展休闲业既有利于建设首都北京的生态屏障，又可以为市民提供休闲、文化、娱乐活动的场地。生态环境既是一种社会资源，又是一种经济资源。这一特性决定了以服务业为主要特征的休闲旅游业必然成为生态涵养发展区的一个新兴主导产业和农民增收的一个重要来源。在未来的发展中，一方面需要大力提升休闲产业的文化品位和内涵，增加其吸引力；另一方面，应加强对山区旅游产业的发展和布局规划，使景点建设和旅游线路相互衔接，逐步形成一批具有较强吸引力的休闲旅游线路。

五、结论

（一）北京山区是北京城区的重要生态屏障和水源涵养区，山区经济的发展必须遵循生态优先的原则。在发展沟域经济的同时，必须加强对生态环境的保护，从而实现生态、经济和社会效益的协调统一。

（二）得益于其优越的区位优势，北京山区具备了其他偏远山区难以比拟的发展条件和市场优势。在京郊山区今后的发展过程中，应充分利用北京城区的所提供的市场、资金、技术等资源，大力推动山区社会经济的可持续发展。

（三）随着人们对北京山区生态屏障功能的认识日益深化，北京山区的生态建设工作取得了很大成效，但仍还存在着许多问题。在今后的发展过程中，应在生态建设优先、生态化发展、因地制宜等原则的指导下，加快山区生态产业的培育，实现山区社会经济的可持续发展。

作者：张义丰　中国科学院地理科学与资源研究所研究员

张宏业　中国科学院地理科学与资源研究所，生态地理学专家

张　伟　中国科学院地理科学与资源研究所博士研究生

王　铁　曲阜师范大学副教授，中国科学院地理科学与资源研究所博士后

刘春腊　中国科学院地理科学与资源研究所硕士研究生

兰婷婷　中国科学院地理科学与资源研究所研究生

谭　杰　中国科学院地理科学与资源研究所客座教授

祝采朋　中国科学院地理科学与资源研究所研究生

参考文献

［1］高善明，张义丰，2007，北京自然环境与都城变迁，气象出版社。

［2］樊胜岳，琭婧，韦环伟，西藏地区沟域经济系统耦合模式研究，西南民族大学学报（人文社科版），2009，1：72－76。

［3］卢云亭，1996，生态旅游与可持续旅游发展，经济地理，16（1）：106～112。

［4］宋书灵，王薇薇，2007，北京山区县产业结构可持续发展研究，北京农学院学报，第22卷第4期，50－53。

［5］陈义彬，梁锦梅，俞万源．山区生态旅游发展模式研究．地理科学，2005，4：508－512。

［6］田至美，2002，山地型郊区产业结构演变规律探讨——以北京山区为例，经济地理，第22卷第2期，218－222，240。

［7］王云才，郭焕成，2002，沟谷生态经济区的创意与景观规划设计——以北京市西部山区的规划实践为基础，山地学报，20卷2期141－149。

[8] 陈义彬，梁锦梅，俞万源，山区生态旅游发展模式研究，地理科学，2005，4：508-512。

[9] 李爽，孙九林，2005，北京风沙源区土地退化及其趋势分析，资源科学，27卷第2期，89-95。

[10] 陈广庭，2002，北京强沙尘暴史和周围生态环境变化，中国沙漠，22（3）：210 - 213。

[11] 岳娜，2007，北京地区水资源特点及可持续利用对策，首都师范大学学报（自然科学版），第28卷第3期，108-114。

[12] 李妍彬，田至美，北京山区小流域治理措施综述，环境科学与管理，2007，2：101-103。

流域治理中的产业结构转型

童 昕 韩 玲 李天宏

摘 要： 总结国内外流域治理与生态产业发展经验，提出流域治理的长效机制与产业结构转型存在密切的关联，促进产业结构转型的具体措施包括创新生态补偿机制和发展环境类生产者服务业。

关键词： 流域治理 产业结构调整 永定河 沟域经济

协调首都生态涵养功能与地方经济社会发展是当前京西南地区发展面临的重要挑战，也是促使京西南五区跨区域协作的主要动因（周茂非，2009）。永定河的综合流域治理工作是将生态涵养与地方社会经济可持续发展结合起来的一项重要措施，其中产业结构调整对流域治理的远期成效具有至关重要的意义。

一、流域治理与生态产业发展

流域治理与产业结构变化紧密关联。人类社会通过对流域生态环境的干预来改善自身生存条件的努力由来已久。工业化与城市化的发展带来河流污染、水资源供应紧张、洪涝灾害等环境问题，由此产生大规模综合流域治理的需求。而后工业化社会，随着产业结构的变化，在污染防治、水资源调控、灾害预防等传统工作重心之外，流域治理进一步延伸出生态服务、景观美化、休闲娱乐等新的内容。流域治理活动本身衍生出一系列专业性极强的产业活动。通过流域治理，带动生态产业的发展成为流域经济社会可持续发展的可行道路。

在探索环境保护与经济发展的协调上，莱茵河的发展经验颇具借鉴意义。作为一条流经西欧工业化中心的国际河流，莱茵河流域居住了5800万人口，是全球人口密度和工业化水平最高的河流流域之一。作为航运枢纽，莱茵河串联起沿岸六大工业中心。在工业化发展最兴盛的时期，沿岸大批重化工业企业一边从莱茵河汲取工业生产用水，一边将大量废水排入河道。莱茵河一度遭到严重污染，被称为“欧洲的下水道”。河水污染让旅游业、葡萄酒业也遭受重创。不同的用水需求之间存在尖锐的矛盾，而跨越国境，又令协调困难重重。

尽管如此，为了实现莱茵河流域的综合治理，1950 年 7 月，由荷兰提议，瑞士、法国、卢森堡和德国等参与，在瑞士巴塞尔成立了“保护莱茵河国际委员会（ICPR）”①，此后半个多世纪内，通过一系列条约和各方合作行动，逐步实现了一个又一个河流生态修复改善的目标。ICPR 常设机构只有不到 10 个人，年度运行预算 80 万欧元。就是这样一个精简的机构，通过科学界、政府间机制、民间参与和产业界支持，实现了整个流域的生态环境监控、预警、协商、行动和监督诸多功能（黄真理，2000）。

产业转型是莱茵河流域治理的重要组成部分。作为世界最老的工业化核心地带之一，莱茵河流域自 19 世纪下半叶就成为全球重化工业发展的领先地区之一，是国际河流中工业布局密度最高的地区。时至今日，流域重化工业年产值仍超过 5000 亿欧元，通过莱茵河运送的化工产品每年运量占全球近 1/5。以著名的全球化工企业巴斯夫为例。巴斯夫成立于 1865 年，总部位于莱茵河畔的路德维希港。在长达一个半世纪的时间里，经历从煤化工到石油化工，再到生物医药和精细化工的技术转型，也经历了环境保护主义者苛严的质疑。如今仍在路德维希港建有世界最大的化工联合体，有 200 多家工厂分布在莱茵河两旁，绵延 6 公里，占地约 7 平方公里。其中包含 350 套化工装置，彼此紧密相连，一套装置的产品和副产品可以用作其他装置的原材料，一套装置中化学反应所产生的热能可用作另一项合成的能量来源。通过这种生态工业的设计，联合体实现了经济和环境效益的双赢②。

近年来，莱茵河流域第三产业比重增长更加显著，成为新增就业的主要来源。莱茵河的自然景观成为第三产业发展的宝贵资源。例如，荷兰艾塞湖是荷兰人民围海造田的产物，通过人工堤岸，改变内海水质，逐步转

---

① 参见 http：//www. iksr. org/index. php? id = 58&L = 3

② 参见 http：//www. basf. com/group/corporate/en/about – basf/history/index

变为淡水湖泊，为荷兰增加了1600多平方公里的国土。艾塞湖原本是以农业开发为主要目的，但上世纪80年代以来，农业生产的意义已经逐渐退居次要，湖光美景吸引了众多观光游客，使这里成为荷兰著名的区域性旅游度假地。

莱茵河流域的产业结构调整也经历过艰难的转型期，特别是上世纪70年代到80年代，鲁尔区等传统重化工业基地的去工业化过程，一度造成大量企业关闭、工人失业、地区经济衰退、社区活力丧失等问题。在环境问题与社会问题交织的大背景下，生态现代化思想逐渐获得广泛共识。产业界从与环保主义相对抗，走向主动参与环保行动（Soyez，2005）。不少大企业在开展污染治理的过程中，积累了相关的技术和管理经验，由此衍生出以环境保护为主要内容的生产性服务业。作为一种典型的知识密集型的服务业，专业的环境技术咨询公司成为连接环境治理活动各个相关主体的重要纽带，以及促进产业转型的重要力量（Schulz，2005）。

事实证明，产业转型对于流域治理的成败有着至关重要的影响，在流域治理中实现产业发展与环境保护的双赢，才能使流域治理不断推进下去。而自下而上、多方参与的协调机制是降低管理成本、提高管理效率的有效途径。流域治理当与促进产业转型，改造传统产业，发展新兴产业相结合。

二、北京山区特色的沟域经济

为了缓解水资源紧缺的问题，加强北京水源地和生态环境保护的力度，北京市近年来重点针对山区开展了两大生态环境修复工程。

（一）生态清洁小流域建设

2003年以来，北京市确立了构筑“生态修复、生态治理、生态保护”三道防线，推进生态清洁小流域建设的工作方针。截止到2008年，北京市共完成小流域治理47条，治理面积630km^2，开发整理土地1.89万亩，新增耕地7867亩①。北京市规划到2010年将综合治理50条生态型、清洁型小流域；完成水土流失综合防治面积1000km^2，使56%的小流域得到治理，

① “北京重点推进山区沟域经济”，农民日报，2009-02-13.

80%的水土流失面积得到了有效治理①。

（二）废弃矿山生态修复

“十一五”以来，为保护山区生态涵养区的环境质量，大部分矿山已关停并转，矿山生态修复工程全面推进。北京市计划2010年完成全部11.64万亩废弃矿山的生态修复。

单纯的清洁小流域建设和生态修复工程也带来山区产业转型的一系列新问题，特别是镇村工业收入减少，就业岗位流失，进一步造成运输餐饮业的萧条，对山区经济造成较大打击。而分散的农家乐旅游服务，内容单一，缺乏整体规划和市场推广能力，创造就业和提高农民收入的潜力有限。为此，有学者提出“沟域经济”的发展战略，作为北京山区产业转型的基本方向，形成以流域治理带动产业转型的独特经济模式（张义丰等，2009）。

沟域经济的核心是以山区沟域为单元，以其范围内的自然景观、文化历史遗址和产业资源为基础，以特色农业旅游观光、民俗文化旅游、科普教育、养生休闲、健身娱乐等为内容，通过对沟域内部的环境、景观、村庄、产业统一规划，建成内容多样、形式不同、产业融合、特色鲜明的具有一定规模的沟域产业带。截止到2009年初，北京市已经对62个山区乡镇164条沟域的资源状况进行了系统摸底统计，对69条具备一定发展条件的沟域开展并完成了初步的发展规划设计。这些沟域覆盖了山区739个行政村、17.3万户和46万农民，分别占山区总数的44.3%、28%和28.4%。每条沟域都具有很丰富的旅游资源和生态产业资源，共有241个旅游景点、318个旅游度假村、639个观光采摘园、267个民俗接待村和8668户民俗旅游接待户。沟域经济正在成为北京山区发展的主要模式（张义丰等，2009）。以房山区蒲洼乡为例，这里在小流域综合治理的带动下，改善基础设施，带动旅游休闲产业的发展，可持续发展水平得到显著提升（段文标等，2004）。

三、永定河——区域性流域治理的尝试

沟域经济模式为山区可持续发展开辟了一条系统化的道路，但更大流

---

① 北京市“十一五”时期山区发展规划

域范围内的协调工作仍然存在挑战。整个流域范围内的水资源需要满足生产、生活、生态多重用途，其配置和管理必须包含不同层次、不同利益主体间的沟通协商机制，兼顾公平和效率、长期和短期、公众和私人的不同利益，最大限度的维护和修复自然水环境的健康。在沟域尺度上的成功实践，有必要向更大空间范围内扩展。

永定河作为北京四大水系之一，流域面积广大，承载历史文化厚重，面临的生态环境危机也殊为紧迫。以永定河流域治理为切入点，开启京西南五区的合作，为探索区域性流域治理的机制建设提供了良好的契机，其着眼点更应放在产业转型上。具体来说包括以下几个方面：

（一）探索流域治理的机制建设

单纯依赖政府投资的生态治理工程项目，往往难以解决生态修复后的自我维护发展问题，也难以吸引当地社区、企业和居民的参与热情。流域治理的机制建设必须充分调动各方的积极性，特别是产业界的积极参与。不仅能降低环境保护和污染治理的监控管理成本，而且促进社区和产业界对环境保护的责任意识，真正实现发展模式的转型。

（二）创新生态补偿机制

永定河流域覆盖北京四大功能区中的城市生态涵养区、城市功能发展新区和城市功能拓展区三类区域。城市规划赋予了不同功能区不同的发展优先次序，而生态涵养区的补偿机制目前主要依靠市财政转移支付。不同类型区之间如何就流域生态服务功能建立有效的定价机制，对于利用市场机制推进流域治理工作有着重要意义。

（三）发展环境类生产性服务业

通过生态治理项目，吸引和带动环境类的生产性服务企业的发展，包括环境咨询、环境工程企业，以及环境非政府组织（NGO）等。通过这类企业和机构更加有效的连接高校科研院所、政府、企业和当地社区，共同探索更好的流域治理政策和途径。

作者：童　昕　北京大学城市与环境学院副教授

韩　玲　北京大学环境科学与工程学院讲师

李天宏　北京大学环境科学与工程学院副教授

参考文献

Soyez, D. Environmental knowledge, the power of framing and industrial change. In Knowledge, Industry and Environment: Institutions and innovation in territorial perspective. Edited by Hayter R. and Le Heron R. , Aldershot: Ashgate, 2005.

Schulz, C. Environmental service - providers, knowledge transfer, and the greening of industry. In Knowledge, Industry and Environment: Institutions and innovation in territorial perspective. Edited by Hayter R. and Le Heron R. , Aldershot: Ashgate, 2005.

周茂非．积极开展合作，共同推进京西南区域发展［J］．中国城市经济，2009 (1)：38 -41。

张义丰；贾大猛；谭杰；张宏业；宋思雨；孙瑞峰．山区沟域经济发展的空间组织模式［J］地理学报，2009（10）：1231 -1242。

段文标，陈立新，余新晓．北京山区蒲洼小流域综合治理可持续发展评价与分析［J］．中国水土保持科学，2004，(4)：53 -57。

黄真理．莱茵河环境保护的跨国协调和管理［J］．科技导报，2000（5）：54 - 57。

北京沟域经济发展的优势及对策建议①

彭文英　胡乐心

摘　要： 本文主要针对北京山区沟域经济发展规划制定及“十二五”的规划与实施，站在北京建设世界城市高度，指出北京沟域经济发展具有景观的二元结构、山区土地利用诉求、山区沟域基质、资源禀赋优越、首都地缘优势等独特条件；在沟域经济发展成效显著的同时，还存在规划滞后、管理缺乏前瞻性、生态承载力缺乏科学论证等问题。当前迫切需要加强理论与实践研究追踪，增强理论的指导作用；科学评价山区沟域资源，实施整体统一规划；提高沟域经济发展的标准化和制度化管理水平；健全沟域经济发展的投入机制，设立系列的专项资金，确保山区沟域经济可持续发展。

关键词： 沟域经济　生态涵养　世界城市　北京山区

沟域经济是北京近年来探索出来的一种新的山区发展模式，是指以山区自然沟域为单元，充分发掘沟域范围内的自然景观、历史文化遗迹和产业资源基础，打破行政区域界限，对山、水、林、田、路、村和产业发展进行整体科学规划，集成生态涵养、旅游观光、民俗欣赏、高新技术、文化创意、科普教育等产业内容，建成绿色生态、产业融合、高端高效、特色鲜明的沟域产业经济带，最终达到服务首都和致富农民的目标。实践证明，“沟域经济”符合北京山区发展的客观需求，北京“十二五”时期将全力加快发展山区沟域经济，以促进山区经济繁荣。本文针对沟域经济发展规划制定及“十二五”的规划与实施，站在北京建设世界城市高度，深

① 资金资助：“北京市教委科技创新平台—首都圈生态文明建设研究”、“北京地区普通高等学校首都经济学科群建设项目”成果。

刻剖析北京沟域经济发展的优势与问题，并提出相关政策建议，为政府相关决策提供理论指导。

一、沟域经济发展对北京建设世界城市的意义

北京成功举办2008年奥运会、残奥会后，首都社会经济发展进入一个新的快速发展时期，当前人均GDP已突破1万美元，现代化建设已经进入了从中等发达城市向发达城市迈进的新阶段。首都北京明确将率先形成城乡经济社会发展一体化新格局，提出了建设世界城市的长远目标。

现代意义上的世界城市是全球经济系统的中枢或组织节点，它集中了控制和指挥世界经济的各种战略性的功能[1]。作为一个全球性的世界城市需要具备诸多基本要素，而具有广阔的腹地、区域经济高度一体化是其中一项重要的基本要素[2]。然而，北京城乡经济的二元结构还十分明显，城乡差距较大，尤其是山区发展是首都现代化建设最薄弱的环节。从北京统计信息网2010年1~7月数据公报来看，北京市城镇居民家庭人均可支配收入为17075元，农村居民人均现金收入仅为9186元。其中，城市功能拓展区农村居民人均现金收入达到11329元，城市发展新区人均现金收入9154元，生态涵养区人均现金收入7927元。全市65.7%的低收入农户分布在山区，符合山区功能定位的产业发展还不够。随着沟域经济的发展，山区“环境优美乡镇”已经累计达到35个乡镇，“文明生态村”504个，分别占全市总数的36.1%和70.1%。沟域经济的发展，让京郊山区成为了北京市民观光度假、休闲旅游的大花园，极大地提高了北京的宜居水平。基于北京山区资源环境优势，大力发展沟域经济，形成北京有特色的山区沟域经济形态，从而促进北京建设具有独特风格的世界城市形象。

二、北京发展沟域经济的优势

（一）景观的二元结构

目前公认的世界城市有伦敦、纽约和东京。伦敦位于英格兰东南部，伦敦盆地中央部分，跨泰晤士河下游两岸。分为伦敦城、32个市区，伦敦城外的12个市区称为内伦敦，其他20个市区称为外伦敦，构成大伦敦，面积为1605平方公里，平均海拔45米。纽约位于美国东北部沿海，哈得

孙河流入大西洋的河口处。市区由曼哈顿岛、长岛、斯塔滕岛以及邻近的大陆组成，面积945平方公里，被多条河流分割，平均海拔40米。东京本州关东平原南端，地势西高东低，山地占35%，丘陵占18%，台（坡）地占29%，低地占18%。属于海洋性季风气候。总面积2145平方公里，由23个特别区（市区）、26个市、7个町、8个村以及伊豆群岛、小笠原群岛组成。

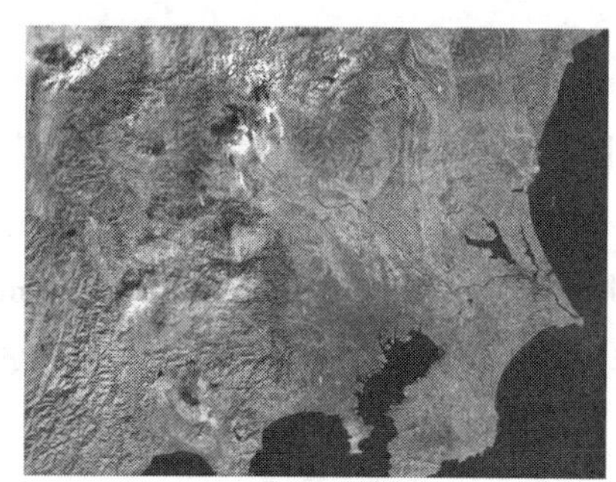

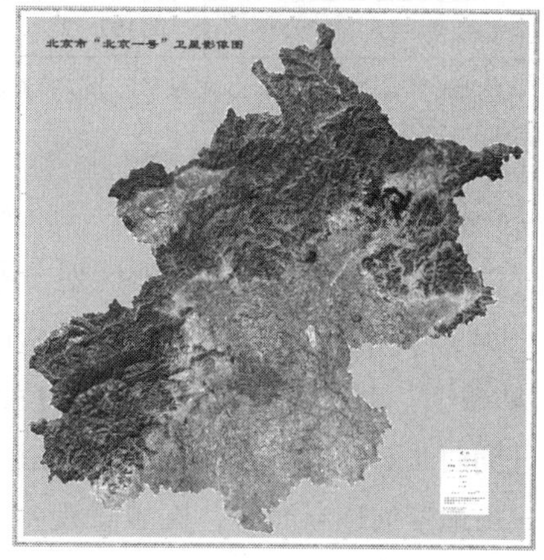

图1　北京与伦敦（左上）、纽约（右上）、东京（左下）影像示意图

北京市地处我国华北大平原的西北隅，三面环山。西为太行山脉北端（俗称北京西山），北为军都山，东为燕山山脉西陲。山地面积约占全市总面积的2/3，最高峰海拔达2303米。与三个世界城市相比，纽约、伦敦、东京都是世界港口城市，北京属于沿海城市；北京与东京自然地理格局较为相似，山地和平原景观二元结构最为突出（如图1）。

其次，北京市表现出显著的城郊空间形态格局。如果将世界城市的核心城区和外城区合称为城区，其他周围地区为郊区，北京市可以按照功能区划分城区和郊区。将首都功能核心区和拓展区统称为城区，即包含东城、西城、朝阳、丰台、石景山及海淀区；将城市发展新区及生态涵养发展区划为郊区，即包含大兴、怀柔、平谷、门头沟、房山、通州、顺义、昌平、延庆9个区县。表1反映了北京市与世界城市城郊空间形态情况。尽管纽约郊区面积比例大，但过半人口居住在郊区；北京郊区面积广阔，而居住人口相对较少，人口更多集中在城区。北京表现出的城郊空间形态格局，反映了城区人口有前往郊区休闲放松的需求。

表1　北京与世界城市空间形态比较

城市	面积（km^2）			居住人口（%）	
	城区	郊区	城郊比	城区	郊区
伦敦	1578	9651	1：6	53.7	46.3
纽约	800	9285	1：12	49.02	50.98
东京	2145	9160	1：4	59.47	40.53
北京	1379.32	15197.72	1：11	61.59	38.41

注：世界城市资料来自文献[3]，北京资料来自北京市行政区划地图集和2008年统计信息

（二）山区土地利用诉求

根据北京市农业综合自然区划，将北京市的地面坡度分为六级（见表2）。大于7°的土地面积占全市总面积的52.67%，占山区总面积的85.89%[4]。北京山地景观也可分为六种类型，海拔高度从东南部的100m上升到西北部的2000多米；植被也由半旱生灌丛、落叶阔叶林、针阔混交林、山地草甸逐渐演替，区域景观生态环境各要素以及各景观生态类型，呈现不同的特征和现状[5]（见表3）。地面坡度大于7°，表土有明显的流失现象，易于发育冲沟，在适当区域可发展果树业，其余应该育树造林；而在小于7°、海拔较低的岗台地区，可适当发展特色种植业或园地，山地资源利于林牧果农游的综合发展。

北京山区海拔在100米左右的岗台地利用还不充分。利用地理信息系统及模型方法，将流域内部划分为中等及其以上强度、低等强度和禁止开发三个级别的功能区域。中等及其以上强度开发区域以集中发展区域为主，北京市共有13个，分别是燕房新城、韩村河——张坊、门城新城外

围、斋堂、南口、延庆新城外围、永宁、怀柔新城外围、汤河口、密云新城外围、太师屯、金海湖、大华山。其中，韩村河——张坊、南口、永宁、金海湖、斋堂、汤河口、太师屯等为独立集中发展区域[6]。在独立发展区域，除了根据旅游资源特点发展旅游集散服务外，可统筹城乡规划，布局一些中心城外移的无污染的清洁产业，或者对环境质量要求高的产业，如总部基地、研发基地等，一方面发展沟域经济，另一方面也提高北京土地资源集约利用程度。

表2　北京市地面坡度一览

坡度	面积（km^2）	占全市总面积（%）	占山区总面积（%）
<3°	7137.65	43.50	——
3°-7°	635.70	3.86	6.30
7°-15°	1843.74	11.22	18.30
15°-25°	2109.55	12.84	20.94
25°-35°	2943.96	17.92	29.22
>35°	1756.60	10.69	17.43

表3　北京山地景观构成

山地类型	海拔高度（m）	植被类型
岗台地	100左右	半旱生灌丛
丘陵	100-350	同上
低山	350-800	中生落叶
中山下部	800-1500	落叶阔叶林
中山上上部	1500-1800	针阔混交林
中山顶部	1800-1900	山地草甸

（三）山区沟域基质

北京市境内大小河流160多条，主要有永定河、潮白河、大清河、温榆河——北运河、蓟运河五大水系，另有较大支流妫水河、清水河、潮河、汤河、雁栖河、怀河、北沙河等，山区大小沟域上千条。全市还有密云水库、官厅水库、怀柔水库、十三陵水库、金海湖等水库和湖泊，全市89个10万立方米以上的水库有80个位于山区（见图2）。

据北京市农委对全市62个山区乡镇沟域资源状况的系统调查显示，其中124条沟域具备良好的发展条件，70多条沟域已经完成或正在编制整体规划，17条沟域已经具备一定规模并起到了示范作用。

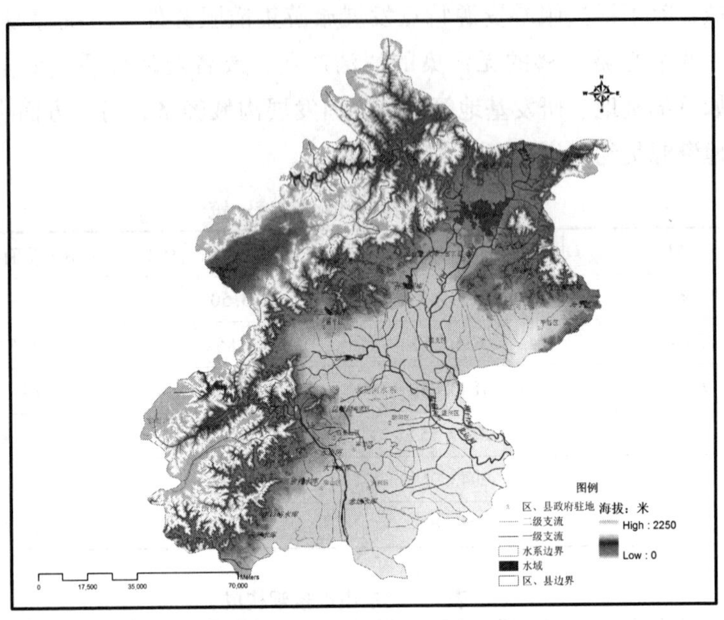

图2　北京市地形与水系分布示意图

（四）资源禀赋的优越性

北京市地处暖温带大陆性季风气候，受地势地貌影响空间垂直地带性分异明显，土壤、植被类型多样，河流沟谷众多，水域面积广，地下矿泉水、地热资源较为丰富，具有非常好的资源禀赋。一是风景名胜资源丰富，沟域内有自然风光与人文景观构成的景点景区达188处，北京六大世界文化遗产有一半在山区；全市75%的A级景区集中在山区，国家级及市级自然保护区、森林公园、风景名胜区众多；拥有著名的山峰35座，自然风光景点景区101处，占全市的53.17%；人文景观景点景区87处，占全市的46.13%；山区具有世界级、国家级和市级重点文物古迹保护单位15处，国家级与市级各类自然保护区达11处之多[7,8]。二是人文服务设施资源。山区农业观光园占全市总数的70%左右，市级民俗旅游接待村和接待户分别占10个远郊区县总数的87%和91%。三是生态和土地空间资源丰富。山区林木覆盖率达到了70.5%，是首都宜居城市建设的生态屏障和水源涵养地，存量生态服务价值5000多亿元，年增碳汇967万吨，能够计算的生态服务内容多达26项，城市用水的70%来源于山区。山区土地资源将是北京建设世界城市有利的后备基地。

（五）首都地缘优势

首都北京地处环渤海经济圈，是京津冀都市圈的核心，发展沟域经济占据优越的首都地缘优势。首先，首都北京的城市功能要求建设高水平的绿化和人文环境，要有广阔的生态腹地，北京2/3的山地必然承载生态涵养的功能。在山区发挥生态涵养的同时，还需要社会经济的发展，而发展沟域经济正是兼顾生态功能和经济增长的一种新型发展模式。其次，首都北京依托强大的经济体，2009年实现地区生产总值（GDP）11865.9亿元，全市人均地区生产总值达到10070美元，中央和北京市的经济能力是山区发展沟域经济最强的支持。同时，北京具有高效的行政统一管理能力，政策指导能很好地贯彻，沟域经济的发展也能够有序地顺利推进。

再次，北京拥有1800万城市人口，是一个人口规模庞大的消费型城市，居民日常消费巨大。据统计，北京市每天至少消耗10万吨物资，而且随着人民生活水平的提高，居民对生活质量的要求也越来越高，山区在提供优质的农副产品、旅游产品和其他特色产品上拥有巨大优势。2009年北京市城镇居民人均可支配收入26738元，占61.59%的首都核心区和功能拓展区的常住人口，有经济基础和前往郊区休闲娱乐的需要，体现了山区沟域经济发展的必要性。

（六）沟域经济体雏形已具备

北京山区发展一直在全国处于领先地位，沟域经济的理论和实践起步也较早，已成为北京山区的新型发展模式。北京沟域经济发展模式的核心是以山区沟域为单元，以其范围内的自然景观、文化历史遗址和产业资源为基础，以特色农业旅游观光、民俗文化旅游、科普教育、养生休闲、健身娱乐等为内容，通过对沟域内部的环境、景观、村庄、产业统一规划，建成内容多样、形式不同、产业融合、特色鲜明的具有一定规模的沟域产业带[9]。

表4　北京沟域经济发展较好的重点沟域

区　县	已有影响的重点沟域
房山区	蒲洼“京郊小西藏”生态休闲沟峪、张坊仙栖谷沟域、周口店红螺谷沟域、佛子庄上水文化养生沟域和大石窝云居仙谷沟域等
怀柔区	雁栖不夜谷、夜渤海、水长城、喇叭沟门满族乡白桦谷、渤海镇栗花沟等
密云县	古北口镇汤河口沟域、石城镇云蒙风情大道、新城子镇沟域等
平谷区	黄松峪沟域、熊儿寨乡九里山沟域等
延庆县	千家店镇百里山水画廊、龙庆峡郊野森林公园、八达岭镇石峡谷、四海镇四季花海沟域等
昌平区	十三陵沟域、流村镇高口沟域等
门头沟区	妙峰山玫瑰谷、斋堂镇爨柏沟、斋堂镇煤窝沟等

在北京62个山区乡镇的沟域中，17条沟域已经具备一定规模并起到了示范作用。房山具备开发条件的沟域有40条；怀柔先后打造8条沟域，有效提升了沟域37个村的山水自然资源价值；密云县具备发展沟域经济条件的有62条，其中发展条件成熟的有20条，重点计划实施旅游观光、古迹寻访观光、农产品种植品尝观光四种沟域经济产业带；平谷区有24条沟域发展相适宜的产业，形成“走廊带沟域、沟沟有特色”；延庆县结合“两区四带多沟域”的农业产业化空间布局，确定了具有发展潜力的12条沟域；昌平区将800平方公里山区划分为10个沟域；门头沟区整体发展18条沟域，形成了“走廊带沟域、沟域带园区、沟沟有特色、村村有园区”的发展格局[10]。经多年的探索，北京市已经塑造了自然风光旅游、民俗文化展示、都市农业发展及生态治理示范的沟域经济发展模式，重点沟域（见表4）。

（七）基础设施已有一定的保障

利用北京市第二次农业普查资料，针对农业生产和农民生活条件改善问题，选取饮水设施、电力设施、燃料设施、进村和村内道路设施、交通设施、垃圾处理和污水排放设施、厕所设施及水利设施10项指标，按照分级评分方法对北京市村庄基础设施进行综合评定（如图3）。

在近3000个新农村中，有90%以上总体得分在60分以上，得分在80分及以上的占33%。截至2006年末，农村基础建设中，电力设施、饮水

图3　北京市村域基础设施水平示意图

设施、交通道路、街坊道路和水利设施建设都达到了较好的水平。在所有调查的农村中，近90%的村饮用水经过净化处理；90%村庄有公交车站或距乘车点小于3km，其中，有近一半村庄有乘车点；除不到1%的村庄外，村内街坊路面都已硬化，近70%的村庄通柏油路，还有30%左右通水泥路，只通砂石路或土路的村庄不足1%；接近90%的村庄主要道路实现了亮化，基本都已完成电网改造；70%以上村庄的水利设施可以保证正常年份的灌溉和其他农业生产用水。

近几年来，北京市更加注重农村基础设施建设，尤其是加强了山区环境建设，2009年投入15个亿建设生态山区。通过实施新农村“五项基础设施”和“三起来”工程，山区共安装太阳能路灯4.8万盏、节能吊炕19.1万铺，建设雨洪利用工程273处，建成日8.97万立方米能力的污水处理设施；投资44.7亿元用于山区路网改造，自然村“村村通油路”工程稳步推进；投资4500万元，改善了228个村、7.8万户的电视接收信号。山区基础设施水平的提高，为大力发展沟域经济奠定了有力的设施基础。

三、北京沟域经济发展问题

（一）规划滞后于沟域经济实践

北京山区矿产资源丰富，改革开放初期，急于脱贫致富的部分山区对矿产资源进行无序开采，造成了严重的生态和环境问题。为了保护大气和水源不受污染，保护土地资源及林木资源，2001年开始北京市陆续关闭矿山1088处。与此同时，北京山区的经济发展和农民收入等问题随之而来。为此，部分山区针对优势与问题，积极探索，走出了一条以山区沟域为单元的特色发展道路，沟域经济迅速发展起来。为此，北京市采取“统一规划、政府扶持、集体搭台、农民主体、社会参与”的运作模式，重点推进沟域经济建设，沟域经济的理论研究和规划体系才得以不断深化。尽管近年来政府非常重视，但沟域经济发展仍然是实践先于理论，规划相对滞后，尤其是整体统一规划不到位。全市124条具备发展条件的沟域，有69条沟域已经完成了整体规划，当前山区沟域经济发展较大程度上还处于自由发展阶段，缺乏全市甚至于京津冀地区的统一规划谋略和具有较强可操作性的指导意见。

（二）生态环境和基础设施水平还有待提高

在北京山区，较多地方历史上通过采金、采石、挖煤、挖沙、开采铁矿等获得过较高的收入，也严重损害北京的水源条件，损害山区的植被。在2000年以来，北京市采取多种措施修复重建北京山区生态环境，但目前山区生态环境质量仍不乐观。山区还有67万亩宜林荒山没有绿化；生态公益林中57%是中幼林，40.5%是低效林；还有37%的小流域没有得到治理；还有2560平方公里水土流失面积的治理任务；废弃矿山修复整治任务还十分艰巨。

同时，基础设施水平也还有待提高，根据北京市第二次农业普查数据分析，在生态涵养区，还有5.25%的村庄道路仍未实现硬化；17%的道路需要亮化；近20%的村庄在3km以外才能乘车出行。垃圾处理和污水处理设施水平更需要提高，北京市村庄垃圾实现封闭式收集集中处理的村庄只有50%，还有10%左右的村庄垃圾仍然未经任何处理随意堆放；污水处理是目前进展最为缓慢的项目，只有6.19%的村庄实现了雨污分排，近一半村庄仍为无序排放。由于山区地处偏僻，一些生态涵养项目、绿色能源项目等也还难以顺利推广，如沼气利用、秸秆还田、现代循环农业等。北京山区的生态环境和基础设施水平还制约着沟域经济的发展，山区人居环境条件还较差。

（三）沟域经济发展管理缺乏前瞻性

科学化管理是山区沟域经济发展的根本保障。从北京近几年实践来看，尽管在沟域经济发展管理方面已经制定了有效的政策制度，使沟域经济发展不断有序推进。但是，总体而言，现行的管理体系在一定程度上缺乏前瞻性，主要体现在以下两方面：一是沟域经济发展的环境管理还不十分到位，比如在旅游带动、都市型农业观光等发展模式的沟域，旅游休闲人员的流通与集散往往还未规范化管理，大多处于自由状态；同时，大量人员进入沟域所带来的地面清洁、水质污染、固态垃圾清运、污水处理等环境问题，也缺乏前瞻性预判，环境管理水平往往不能满足沟域经济发展的要求。二是沟域经济发展未实施标准化管理，如农家乐的资格审查、挂牌经营或达标经营等没有全面落实和贯彻，农业观光园的特色品牌创建、等级评价等还缺乏科学指导。

（四）沟域经济发展的生态承载力还缺乏科学论证

沟域经济的实质是以生态环境保护为前提，以山区经济发展为目标，以农民致富为根本。山区的生态环境既是沟域经济发展的资源，又是沟域经济发展所需要维护的对象。北京山区面积广阔，地处我国北方脆弱生态环境前缘地带。北京沟域经济发展涉及面积广，一旦带来生态安全和危机问题，生态系统就难以恢复。北京建设世界城市，山区是北京水源涵养地与生态屏障，同时也是北京生物多样性、景观资源和文化保护的重点地区，是生态宜居的强有力保障。如果沟域经济发展超过了其生态环境承载力，沟域经济发展又有可能将经历“开发——发展——破坏——修复”的老路，将违背北京建设世界城市的新兴发展思想，也与北京发展沟域经济的初衷相悖。所以，发展沟域经济必须解决与生态涵养功能实现的共赢问题。要解决该问题，必须科学回答沟域经济发展的生态环境承载力问题。预测预判山区生态环境的变化趋势，研究沟域经济发展的生态环境响应已是迫在眉睫。

四、北京发展沟域经济的政策建议

北京山区发展沟域经济既有得天独厚的自然条件，又有雄厚的经济基础作保障，沟域经济发展已经达到了一定的规模和水平，取得了较多成功的发展和管理经验。但是，由于沟域经济是一种新兴的山区发展模式，在规划管理、发展模式以及生态环境影响评价等方面还有待进一步完善。为此，在“十二五”规划初期，针对沟域经济发展存在的问题，提出以下几方面的政策建议：

（一）科学评价山区沟域资源，实施整体统一规划

北京山区南北、东西跨度较大，垂直变化也较明显，沟域的自然环境要素、资源景观状态以及人文历史积淀等差异也大。要合理开发山区资源，因地制宜、因势利导地发展沟域经济，必须做好山区沟域的资源评价，在自然区划、农业区划等基础上，对全市乃至于京津冀地区沟域经济进行合理的区划，在区划基础上实施整体统一规划，从而不仅确保沟域经济的有序、持续发展，而且还真正走一条差别化发展道路，塑造特色品牌。

（二）加强理论与实践研究追踪，增强理论的指导作用

沟域经济的发展集生态建设、产业发展和基础建设等工程为一体，许多实践做法也还处于探索阶段，而山区的生态环境要素错综复杂，生态系统十分脆弱，且实践做法和发展过程也各不相同。因而在沟域经济发展中，必然会遇到许多问题，如生态系统维护、环境保护、产业配置与经济发展、山区社会和谐与农民增收等诸多问题，尤其是沟域经济发展的生态环境承载力的极限问题。为了避免发展和破坏并存，或者先发展后破坏再治理等，当前应加强建设专业化团队，厘清沟域经济发展有可能将面临的重大问题，针对问题持续进行理论和实践追踪研究，不断对沟域经济发展给予科学指导，保障山区沟域经济发展目标。

（三）提高沟域经济发展的标准化和制度化管理水平

北京山区沟域经济发展要在科学的资源评价和区划基础上，拟定发展模式，确定不同沟域经济发展模式的生产标准、技术标准、管理标准及工作标准，制定沟域经济发展的环境保护标准、生态维护标准，制定系列相应的管理制度，即构建沟域经济发展的标准化和制度化管理体系，从而提升北京山区沟域经济发展的水平和层次。比如，以旅游、都市型农业观光带动的沟域经济发展模式，要向上海崇明岛农家乐发展模式学习，要统一审查接待园区或接待户，挂牌经营，并进行星级评定，制定统一的服务标准、设施标准和卫生标准等。这样既提高发展水平层次，又避免恶性竞争，抑制强拉硬拉旅客及其纠纷等。

（四）健全沟域经济发展的投入机制，设立系列的专项资金

山区隶属生态涵养发展区，经济水平及设施水平等较低，且经济发展又受到诸多限制。因此，沟域经济发展需要市政府的有力统筹和扶持，多种渠道进行投融资，健全沟域经济发展的投入机制，明确设立废弃地复垦、水源地维护、湖泊河流水环境恢复、生态林维护等生态修复、生态补偿专项资金；设立环境保护和维护基金，专项用于环境卫生维护、污水处理、垃圾清运等，确保山区生态和环境质量。

作者：首都经济贸易大学城市学院

参考文献

［1］曾宪植．北京建设世界城市面临的机遇与挑战［J］．2010，3：25－27。

［2］陈剑．建设世界城市：北京面临的挑战和对策［J］．北京社会科学，2010，3：4－9。

［3］吴雪明．世界城市的空间形态和人口分布——伦敦、巴黎、纽约、东京的比较及对上海的模拟［J］．世界经济研究，2003，7：22－27。

［4］霍亚贞，杨作民，孟德汉．北京自然地理［M］．北京：北京师范大学出版社，1989。

［5］李红，张凤荣，孙丹峰，等．北京西部山区1999年生态足迹计算与可持续分析［J］．农业工程学报，2005，21：207－211。

［6］杜红亮，陈百明，刘盛和．山区土地利用统筹的途径研究——以北京山区为

例［J］．资源科学，2007，29（2）：117－123。

［7］陈俊红，李红，周连弟．北京市山区沟域经济发展的探索与实践［J］．绿色经济。

［8］张莉．北京市生态涵养发展区的功能类型划分及发展对策［J］．经济地理，2009，29（6）：899－994。

［9］张义峰，贾大猛，谭杰，等．北京山区沟域经济发展的空间组织模式［J］．地理学报，2009，64（10）：1231－1242。

［10］北京市农村工作委员会，北京都市农业研究院．北京沟域经济（内部资源）。

加强生态清洁小流域建设与保护
促进山区沟域经济持续健康发展

民革北京市委员会

北京山区面积10072km^2，占全市总面积的61%，主要涉及怀柔、密云、平谷、延庆、昌平、门头沟、房山等7个山区（县），共计1669个行政村，常住人口约162万。《北京城市总体规划（2004年—2020年）》和《北京国民经济和社会发展第十一个五年规划纲要》明确提出要将北京建设成山川秀美、生态良好、人与自然和谐的生态城市，并将大部分山区确定为首都生态涵养发展区。

1999年以来，北京连续十二年干旱，针对北京“水少”、“水脏”和郊区水源保护面临的严峻形势，北京市逐步确立了构筑“生态修复、生态治理、生态保护”三道防线，扎实推进生态清洁小流域建设的工作思路。确保在保护水源的基础上，改善水源涵养区经济环境，推动区域经济发展，促进山区农民增收致富。经过多年的实践，北京市逐步探索出一条水源保护、生态环境建设与山区经济良性发展的新途径，并取得显著成效。

按照“人文北京、科技北京、绿色北京”的建设目标和城乡经济社会发展一体化新格局的根本要求，北京提出大力发展沟域经济，促进一产向三产的转化与融合，促进农民增收致富，同时满足城市居民亲近自然休闲消费的需求。发展沟域经济必须以山区的水、土、植被等资源为依托，在小流域经济基础上拓展和延伸。加强生态清洁小流域建设与保护，是促进山区沟域经济持续健康发展的前提和基础。

一、生态清洁小流域建设思路

（一）生态清洁小流域背景

北京是一个严重缺水的特大型城市，人均水资源占有量不足300立方米，远远低于国际公认的人均水资源量1000立方米的下限。连续十二年的干旱，加剧了水资源紧缺及所产生的各类矛盾。同时，随着北京经济的快速发展，水污染和生态环境恶化问题也日益严峻，如大量污水排放、山区污水处理滞后、农药化肥超标使用、人为水土流失、垃圾及郊区生态旅游所带来的种种环境问题。水资源短缺和水污染严重已经成为制约北京经济社会发展的瓶颈因素。

面对新的形势，以科学发展观为指导，实现传统水利向现代水利、可持续发展水利转变的治水新思路，立足于服务首都的经济社会可持续发展，服务首都的水源安全和新农村建设。市水务部门从2003年起，在传统水土保持工作基础上，将我市山区划分为547条小流域，以小流域为单元，逐步确立了符合北京发展现状的“以水源保护为中心，点线面综合治理，构筑‘生态修复、生态治理、生态保护’三道防线，实行污水、垃圾、厕所、河道、环境五同步治理，采取21项措施，建设生态清洁小流域，促进人与自然和谐相处”的思路。

（二）生态清洁小流域建设理念

生态清洁小流域是指流域内水土资源得到有效保护、合理配置和高效利用，沟道基本保持自然形态，行洪安全，人类活动对自然的扰动在生态系统承载能力之内，生态系统良性循环、人与自然和谐相处，人口、资源、环境协调发展的小流域。在流域内，根据人与自然环境、地理地貌的关系程度，因地制宜，分别在深远山、近浅山、河谷库滨带，构筑生态修复区、生态治理区和生态保护区三道防线，每道防线内，根据不同需求和生态环境特点布设不同治理措施。

第一道防线（生态修复区）：主要指小流域内山高坡陡、人烟稀少地区及泥石流易发区，一般为坡上部，坡度一般大于25°。在生态修复区主要采取封禁治理措施，设置标牌和围栏等，减少人为活动和干扰破坏，加强林草植被保护，涵养水源，改善流域生态环境。

第二道防线（生态治理区）：主要指流域内农业种植区和人类活动较为频繁的地区，一般为坡中下部，坡度一般小于25°。在生态治理区主要采取土地整治、小型污水处理、垃圾分类回收、农路、护村坝建设等17项治理措施，发展与水源保护相适应的现代生态农业、休闲农业，减少水土流失与面源污染。加强农村水务基础设施和防洪设施建设，改善生产与人居环境，促进水源保护与人水和谐。

第三道防线（生态保护区）：主要指小流域内沟（河）道两侧及水库周边地带。如果河道的生态自然，功能完好，应以保护为主；在破坏较为严重的沟（河）道，从保护生态和近自然理念开展有关治理，主要包括湿地恢复、沟道清理与河岸（库滨）带建设等措施。

（三）生态清洁小流域建设成效

从2004年起全市全面开展生态清洁小流域建设，截止到2009年底，在全市547条小流域中共建成了128条生态清洁小流域，占全市547条小流域的23%，总治理面积1592平方公里，主要措施包括修建梯田2.2万公顷，营造水保林和经济林12万公顷，发展节水灌溉1.37万公顷，修建排洪渠、谷坊、拦沙坝等小型水利工程4.8万处，农路1264公里，实施村庄绿化美化100万平方米。建成污水处理站550余处，410余个村实现了整村治污。

据监测，至2009年底，梯田、鱼鳞坑、树盘等典型水土保持措施平均每年减少土壤流失77.96万吨，减少流失总磷25.01吨、总氮74.99吨、COD380.11吨，同时涵蓄地表径流2427.49万立方米，生态效益显著。同时，生态清洁小流域建设对推动当地经济发展、产业结构调整及提高农民增收等方面成效也相当显著。

二、生态清洁小流域对沟域经济的支撑

“沟域”是一种地理空间上的概念，与流域具有相似的内涵，是指由分水线所包围的河流集水区。由于山区易以山脊线作为分水岭划分流域，而平原区分水线相对模糊，因此沟域通常指山区的流域。沟域经济以山区流域为基本地理单元，以生态涵养与保护为基础，以生态建设与休闲旅游产业为龙头、集生态涵养、旅游观光、经济发展与人文价值于一体，打造统一规划、多产业融合、规模适度的一种经济形态。发展沟域经济必须以山区的水、土、植被等资源为依托，在原有小流域经济基础上继续拓展延伸。生态清洁小流域对沟域经济的支撑与推动作用主要体现在以下三个方面：

（一）为沟域经济的发展提供了良好的生态环境

发展沟域经济的首要条件就是该区域要具备良好的植被、水源等生态

环境。在生态清洁小流域的建设过程中，在生态修复区采取封山禁牧、生态移民等措施，充分依靠大自然的力量进行自然修复，发挥植被特别是灌草植被的生态功能，在生态治理区建设经济林等，不断提高山区植被覆盖率，涵养水源；在生态保护区的河岸、库滨植树、种草，形成拦污缓冲过滤带，消减面源污染物入河（库）量；在水库入库口、河道内种植水生植物、设置植物浮床、恢复自然湿地，对河流沟道水质进行进一步净化，提高河、库水污染物净化能力。

据监测，生态清洁小流域沟道出水主要水污染物 COD 平均消减 20%、总氮消减 29%、总磷消减 49%，出水水质达到地表水Ⅲ以上标准。已建成的生态清洁小流域为发展沟域经济提供了良好的植被、水源和局域气候等生态环境保障。

（二）为沟域经济的发展提供了良好的基础与配套设施

根据农业生产需要，通过土地整治、整修梯田、改变耕作方式和修建农路等措施手段，优化了水土资源配置，为特色种植业提供了优质生产资料，推动种植产业结构调整和经济发展方式转变，推动一、三产业的互动与融合。

改造升级供水设施，实现农村安全供水。建设村级和餐饮点污水处理设施和配套收集管网，改造水冲厕所和三格化粪池，建设垃圾收集和转运设施，消除诸如民俗旅游带来的污水、垃圾问题，营造整洁的村庄环境和清新自然的水景观。在受洪水威胁的村庄建设护村护地坝，建设排洪沟渠，确保村庄防洪安全。通过不断完善改造流域内基础设施，促进了沟域经济的可持续发展，促进了特色种植产品深度开发，发展“一村一品”，“一沟一品”，“一山一品”，“一流域一品”，涌现出一批各具特色的经济沟。

（三）促进了农民增收与生产生活方式的文明化转变

在生态清洁小流域建设过程中，积极鼓励和引导农民参与工程前期、工程实施和建后管护，建立农民全过程参与机制。使农民成为工程的建设主体、管理主体和受益主体，逐步提高当地农民的收入和区域经济水平。另外，在山区农村开展污水处理，实现水资源循环利用，加强了垃圾收集处理。改变了农村以往污水乱泼，垃圾乱倒的现象。工程建设中广泛应用生态技术，按照生态美学，实现人工设施与自然的和谐统一，消除了农村以往注重内在质量，忽视外在景观效果的弊端。引导农民形成健康的生活习惯，改变农村生产生活方式，迎合了沟域经济发展对当地经济基础、农民素质等软环境的要求。

三、加强生态清洁小流域建设与保护，促进山区沟域经济持续健康发展

生态清洁小流域建设以水源保护为首要目标，实现流域内健康可持续发展。生态清洁小流域建设与保护对促进沟域经济健康发展具有重要意义，在目前新形势下，推进二者建设与发展仍需要重点做好以下工作：

（一）集中连片治理，促进沟域经济规模化发展

以小流域为单元，集中连片开展生态清洁小流域建设工作。为实现“多点一线”沟域经济发展思路提供坚实基础。根据各小流域内产业特点，打造规模化特色产业带、农业观光园区、民俗旅游村落、旅游接待服务中心、文化创意节点、龙头景区和特色农产品加工基地等沟域产业“节点”，并通过合理布局和优化资源配置，促进沟域产业体系的快速成型。以特色沟域经济为基点进行辐射，从而带动大区域经济的快速发展。

（二）需进一步开展小流域分类与环境承载力研究

小流域在一定的时空条件下，具有一定的消纳污水等环境承载力。如果经济发展对环境的扰动在承载力范围内，就不会对环境产生显著的负面影响，沟域经济发展所需的基础环境资源将得以维持。为此，需要加大力度开展对小流域的环境承载力，包括水、土、空气的环境容量和动植物对扰动的耐受能力的研究。在此基础上采取沟域环境整体管理模式和总量控制，通过合理规划布局，实现沟域内上下游、左右岸、陆地水体等子环境承载负荷的协调平衡，总量控制污染物排放、土地开发量、机动车和游客数量等。指导沟域经济在承载力范围内选择合适的流域和合适的开发方式，控制开发程度，有助于沟域经济实现良性健康的可持续发展。

（三）加强部门协作，建立长效机制

在小流域建设与沟域经济发展过程中，我们不仅要注重工程措施等基础设施的建设，还应注重政策、法律和管理措施的作用，进一步强化部门

协作，建立“统一规划、部门联动、政策集成、资金聚焦、企业参与、长效管护”的工作机制，进一步加强水土保持法和水污染防治法等的执法力度，完善农村污水处理设施运行管理机制和垃圾管理制度。财政全额承担农村污水处理等设施的运行费用，同时明晰产权，明确运行维护和监督管理责任主体。在建设过程中，除了整合市政府各部门专项投资外，应大力吸引社会资本和农民投资进入，让整个社会参与建设、管理和受益全过程。

同时加强宣传教育，通过各种方式使社会公众参与到在保护水源和维护生态环境上来，尤其是要进一步提高“主人”即当地居民参与生态清洁小流域、沟域经济建设与管理的程度，包括工程建设的知情权、公平参与权、监督权等。同时，在生态清洁小流域建设中注意公共设施建设和公共服务的普惠制，注意保护农民的主体地位，充分发挥其参与建设和管理的积极性。

执笔人：路炳军　民革北京市委党员，北京市水土保持工作总站工程师

关于北京西南地区发展碳汇林存在的问题与建议

九三学社北京市委员会

据政府气候变化专门委员会（IPCC）第四次评估报告，自1795年以来，人类活动一直在导致全球温度的升高，在过去的100年中全球地表平均温度升高了0.74℃。据北京市统计，由于化石燃料燃烧及毁林等活动造成的CO_2排放占到了人为温室气体排放总量的76.7%，且能源消耗量有逐年上升趋势，减排增汇已刻不容缓。

森林植物具有通过光合作用，吸收二氧化碳，放出氧气的能力。科学研究表明：森林每生长1立方米的蓄积，平均能吸收1.83吨二氧化碳，释放1.62吨氧气，同时森林还具有生态、经济、社会等多重效益。遵循世界各国应对气候变化国家战略和可持续发展原则，以增强森林碳汇功能、减缓全球气候变暖为目标的森林培育、保护和经营的林业活动，被认为是提高森林生态系统整体固碳能力以应对气候变化，促进经济、社会和环境可持续发展的重要途径。由于森林吸收二氧化碳投入少、成本低、简单易行，公众参与程度高，因此，发展碳汇林业成为现阶段应对气候变化进程中最为经济、现实和有效的手段。

北京市现有森林植被固碳能力巨大。截止到2008年，北京市森林资源总碳储量为1.1亿吨，森林资源碳储量年增加量（碳汇量）约为972万吨、年释放氧气量约为710万吨。因此，北京市开展以碳汇为目标的森林营造与经营活动具有很大的潜力。2008年，在北京市园林绿化局中国绿色碳基金的支持下，正式启动了“中国绿色碳基金中石油北京市房山区碳汇项目”和全国首批个人出资碳汇造林项目“北京市八达岭林场碳汇造林示范项目”，标志着北京市以碳汇功能为目标的森林经营活动被列入了北京市林业建设的重要内容。房山区作为北京市率先开展碳汇林营造与经营项目的地区，已经为北京市发展碳汇林项目开了先河。针对目前北京西南地区林业发展的现状，我们就该区域发展碳汇林现状与存在的问题开展了调研，现将有关问题略述如下：

一、北京市西南地区林业发展的现状

北京西南地区包括丰台、石景山、大兴、房山、门头沟五区，共处于永定河流域，开发历史悠久，占有全市30%的土地面积和26.6%的人口，一直是北京市重工业建设主要区域，长期以来，西南五区的经济发展以资源型为主，山区森林植被破坏严重，是北京市生态最脆弱，自然灾害发生较频繁，环境污染最重的地区。改革开放以后，特别近年来，为构筑首都绿色生态屏障，西南五区依托太行山绿化工程、前山脸爆破造林、永定河防沙治沙、生态环境综合治理、京石高速公路绿化、永定河绿色通道工程、退耕还林等一大批大型造林绿化工程，开始了区域生态修复的艰难历程，林业建设得到了较大的发展。

西南五区全境属永定河流域，地势自西向东南缓倾，其中山地占40.7%，主要集中在门头沟和房山区，其中门头沟境内98.5%的地域为山地，而大兴区全境均为平原地区。近年来，由于加大生态恢复、该地区林业发展较快，目前西南五区林木覆盖率已达到40.7%。在山地以灌木林或杂木混交林为主，林木覆盖率达到60%以上，目前植树造林主要以矿山植被恢复为主，但现有森林林分质量较差，森林生态功能较弱。在平原地区主要以农田防护林、经济林为主，目前98%的农田已经实现林网化。

二、北京西南五区发展碳汇林存在的问题

北京西南地区是北京市首个实施碳汇造林示范项目的地区，项目的实施为北京市发展碳汇造林提供了重要经验。但是，经过调研发现，自从在房山区开始了碳汇造林项目以后，北京市再没有在西南五区跟进碳汇林营造的工作，那么在西南五区实施碳汇林营造与经营存在什么问题呢?

（一）公众了解不足，领导认识不够

首个碳汇林营造示范项目在房山区实施以后，由于造林资金使用的特殊性和复杂性，使得当地民众看到碳汇林营造并没有能带来眼前巨大的经

济效益，反而增加了一些麻烦。和其他林分相比，碳汇林树木生长的初期较慢，生长没有明显的差异。致使公众和当地领导对碳汇林的认可度没有因为项目示范区的实施而得到很好地提升。加之宣传力度不足，没有发挥出应有示范效果。

（二）西南五区发展碳汇林的环境制约因素较大

在平原地区，土壤条件较好，但是已经缺少甚至没有了营造碳汇林的土地空间，农业和城市建设已经占有土地资源，专门碳汇造林项目实施地点已经没有了可能。在山区，所涉及的房山、门头沟、丰台、石景山还有较多的土地资源，可以大规模实施碳汇造林计划。但是由于该地区山地为太行山余脉，植被破坏严重，土地多为土层瘠薄的石质山地，不仅造林作业困难，而且蓄水困难，制约和影响了碳汇林营造的条件。另外，西南五区水资源严重短缺，基本无地下水可采，永定河等过境河流长期断流，造林浇水困难。

（三）北京市在西南五区规划的碳汇林示范项目较少

尽管北京市西南五区山地面积较大，特别是门头沟和房山区面积80%以上均为山地，但西南五区只有房山区青龙湖镇、周口店、韩村河镇、大石窝镇的部分灌木林地、宜林荒山荒地及部分混交林、针叶林地、灌木林地被列入了北京市碳汇林示范项目规划区域。尽管已经在房山区开展了北京市第一个碳汇林示范项目，但是总体来讲，北京市对西南五区碳汇林营造的关注与支持力度不足。

（四）西南五区现有森林资源质量不高，碳汇功能较低

北京西南部山地森林植被的碳储量仅为21t/hm^2，低于全国平均水平44. 9t/hm^2，远远低于世界平均水平71. 5t/hm^2。

（五）缺乏有针对性的碳汇林培育技术研究

西南五区土地破坏面大，立地类型复杂，在该地区营造碳汇林，应选择适宜各种生成环境的专有培育技术，但目前这方面的技术储备不足，将会影响碳汇林营造的成效。同时，由于对碳汇林基础研究的不足，缺乏有效的碳汇林经营调控标准技术体系。

（六）林业生产成本高，限制了碳汇造林项目的实施与经营管理

与其他林业项目比较，碳汇林培育资金不足，且要求标准却较高，限制了碳汇造林项目的实施与经营管理。加之政府和民众营造碳汇林的积极性不高，现已经列入碳汇林经营的现有林分也只能看护，基本没有开展抚育。

三、加快发展北京西南地区碳汇林的建议

气候变化是全人类生存面临的最大环境威胁，森林在满足提供木材、防护、文化与旅游游憩等多功能的同时，碳汇已经成为森林为人类服务的对象。北京已经开始了行动，而且第一站就选择了位于北京西南地区的房山区。但是我们看到，在西南五区推行碳汇林培育与经营还存在着诸多问题，需要解决。为此建议：

（一）针对公众对碳汇林缺乏了解和已有的碳汇林示范项目影响力不大的问题，建议西南五区在各区园林绿化局内设置碳汇林办公室，研究制定区域碳汇林培育与经营规划，争取碳汇林建设项目的投入，协助管理碳汇林项目的经营活动，宣传推广业已成熟的碳汇林理念，引导公众和企业积极参与碳汇林培育与经营。

（二）各区应结合本区的自然与社会经济条件，充分利用北京市智力资源的优势，走出去，寻求与高校、科研单位的合作，积极研究现有森林碳汇能力增强的经营技术与技术标准，采取针对性措施提高现有森林的生态功能和固碳能力。

（三）西南五区经济相对落后，建议北京市政府加大支持西南五区发展碳汇林项目，并在政策上给予倾斜，推荐和引导有实力的企业把碳汇林工程项目投资在西南五区。

（四）针对西南五区水资源短缺的问题，积极引进高抗旱性、高生物产量、生长迅速的树种或植物品种，如刺槐、紫水槐、火炬树等，大力推广在干瘠条件下的抗旱造林技术。

（五）西南五区碳汇林营造应着力加强与其他林业生态建设工程的结合，在满足各自功能目标前提下，取得多重收益。比如，能源林培育与碳汇林培育在选择树种上的共同要求就是生长速度快，生长量大、固碳和储碳能力强，可选择刺槐系列品种等。

（六）北京西南五区在发展碳汇林项目中，应摒弃传统林业项目的“等、靠、要”思想，要创新工作思路，加强对企业碳汇林建设目的意义

的宣传，争取企业承担碳源排放的责任并出资营造或经营碳汇林。

总之，北京西南五区现有森林质量较差，固碳能力弱，有大面积的荒废地区以及荒山荒地需要通过植被恢复进行治理，这些给该地区实施碳汇造林和经营碳汇林提供了条件，我们相信在西南五区政府的领导下，有社会各界的积极参与和广大干部群众的努力，通过科学地实施碳汇林建设，不仅能有效地改善西南五区的生态环境，而且对北京及周边地区生态环境的改善起到积极的促进作用。

执笔人： 彭祚登　九三学社北京市委农林委员会委员，北京林业大学副教授

首都西南区域发展综合篇

论北京湿地的现状及其保护

刘 新

摘 要：湿地有着“地球之肾”的美誉，对地球的生态环境和人类的生产生活有着巨大的影响，是人类最重要的生存环境之一。目前，湿地却遭到人类的破坏，保护现状不容乐观。为探讨如何保护“地球之肾”从而发挥其应有的功能，本文以北京地区为例，通过介绍北京湿地的现状，思考保护以及可持续利用北京湿地的措施和方法。本文采用实地考证并进行数据分析、事实举例的方法，阐释了自己在学习环境生态学这门课程后对于湿地的一些思考和看法，进而得出结论，探讨未来湿地保护的可行措施。

关键词：湿地 北京地区 现状 保护措施

引 言

作为人类生存环境的重要组成部分之一，湿地具有丰富的水资源、土地资源、生物多样性资源和矿产资源，因而自古以来人类就对湿地进行了各种形式的开发利用。在人类历史的发展进程中扮演着不可或缺的重要角色，对于维护生态平衡有着重要的作用。因此，湿地研究是环境生态学的一个重要课题。

图1 湿地景观[1]

中国近年来在湿地研究方面取得了较大的成就。中国虽然作为世界上首先认识到湿地的国家，但是由于我国古代就未形成湿地研究的科学体系，加之建国以来，我国发展国民经济发展的需要，在当时认识水平受限的情况下对湿地资源进行了一些不合理的开发。因此，并不注重湿地的保护与研究，以致近代中国在湿地研究这一领域却一度落后于西方国家。可喜的是，近些年来中国的湿地研究取得了突破性的进展。随着湿地的开发导致了大量的环境问题，从上世纪70年代后，学者们认识到湿地研究对于我们现在现代化建设的重大意义，纷纷将目光投在这块在中国来说还未成熟的课题上。在北京大学图书馆的自然科学区就可以看到大量研究湿地问题的著作，比如《湿地生态与保护》（陶思明）、《北京湿地生物多样性研究》（陈卫、胡东、付必谦）、《湿地生态工程——湿地资源利用与保护的优化模式》（安树青主编），还有一些研究区域性湿地的著作数不胜数……这些珍贵的研究成果为我国湿地保护和合理开发提供了重要的科学依据。

中国在湿地问题上的重大成果离不开政府对湿地问题的重视。1995年，由林业部启动部分省区开始进得湿地资源调查研究工作；1999年，在全国展开了湿地资源调查工作，并取得了一定的成果。中国政府自上世纪90年代以来加入了一批保护湿地的国际公约。于1992年7月31日正式加入《湿地公约》、并将中国湿地保护和合理利用列入《中国21世纪议程》、《中国生物多样性保护行动计划》。2000年9月又制定了《中国湿地保护行动计划》，成为中国今后一个时期内实施湿地保护、管理和可持续发展的指南。

进入21世纪，各个国家积极发展湿地研究，湿地科学成为科学研究的重点学科和研究领域。目前，湿地研究已成为一个发展全面的科学体系。

北京是历代古都，帝王将相们选址北京首先是考虑到其良好的水文条件和开阔的地势，这是作为一个辉煌的都城必不可少的条件。而今的北京是中华人民共和国的首都，是全国的政治、文化中心，更是一个举世闻名的国际化大都市。2008年奥运会的成功举办无疑证明了北京的巨大魅力，伴随着城市快速的发展，北京将越来越多的吸引世界的眼球，越来越成为世界关注的焦点。然而，无论一个城市如何发展，她都不可能离开赖以生存的水文条件。北京有句古话："北京的灵气在于水"，这描述的是当年碧天肥水的北京。而现在呢？我们把目光近距离的仔细审视这一让我们足够自豪的文明古城时，我们的心情或许没有那么乐观。

随着城市化在全世界的迅速蔓延，并成为二战以后影响世界最为深刻的事件之一，发展中国家努力推动着本国的城市化进程，于是现代建筑高耸入云，高速公路四通八达，改变的最为深刻的是人们的生活习惯与方式。随着北京市经济社会的发展，城市生态系统和生态过程的健康与安全、城市居民的生态服务质量面临着严峻的考验和挑战，比如湿地。由于过多的开采与占用北京的湿地，北京湿地面积急剧减小。湿地得不到合理的保护，北京已经由历史上的那个肥水之畔变为今天的枯水之井。经济的高速发展与水资源的极度缺乏之间的矛盾成为制约北京持续健康发展的一个瓶颈。湿地的众多生态功能使其成为一个城市持续快速健康发展的命脉之一，因此，从生态城市建设和可持续发展的角度来看，湿地的保护已经刻不容缓。

因此，本文重点介绍北京湿地的现状以及应对的措施，以此发挥湿地多功能的作用。从现实意义来看，有利于北京能以更生态、更绿色、更可持续的姿态迎接世界的关注；从长远角度来看，有利于推动北京的可持续发展，长葆青春活力。

一、北京湿地概况

（一）北京湿地分类

根据湿地效益重要性的分类，北京的重点湿地是密云水库，面积大于1000H 平方米。北京地区除重点湿地以外，调查面积大于100H 平方米的湿地为一般湿地。北京地区的一般湿地主要有官厅水库、白河保水库、十三陵水库、沙河水库、怀柔水库、遥桥峪水库、沙厂水库、西峪水库、海子水库、斋堂水库、珠窝水库、崇青水库、唐指山水库等以及永定河、白河、潮河、潮白河、汤河、拒马河、北运河、安达木河、温榆河等。

（二）北京湿地类型分布和特点

按地理位置北京湿地分布从北向南、从西向东分别有库塘湿地类型的白河堡水库、官厅水库、珠窝水库、斋堂水库、崇青水库、怀柔水库、十三陵水库、沙河水库、密云水库、遥桥峪水库、沙厂水库、唐指山水库、西峪水库、海子水库；河流湿地类型的永定河、白河、潮河、潮白河、汤河、拒马河、北运河、安达木河、温榆河。

北京市河流湿地、库塘湿地类型分布规律是按照国土河流的流向从北、西北、西南向南、东、东南方向分布。

北京的气候为暖温带半温润大陆性气候。地势西北高、东南低，地貌复杂多样，其上分布有河流湿地、水库湿地、公园湿地（湖泊）、人工引水渠、鱼塘以及零星的水田等，构成了北京独特的湿地生态景观。

图2　从上至下依次为：怀柔怀九河、门头沟永定河、顺义汉石桥、温榆河[2]

1. 北京水库湿地。大多数分布在北京北部和西部山区，在北京的防洪安全及工农业生产和城市生活用水等方面都发挥了巨大的综合效益。北京建有大、中、小型水库85座，目前的水域总面积为208.748km^2。其中最大为密云水库，面积为91.855km^2，水库周边山区植被覆盖率较高，水体清澈，水体富营养化程度较低。

2. 河流湿地。北京分布着大小河流200余条，它们分属于海河流域的五大水系，即大清河、永定河、温榆北运河、潮白河及蓟运河等水系，总流向自西北向东南。目前，河流天然湿地主要分布在密云水库上游的白河和潮河流域，总面积138.215km^2。其中，白河总长度约为130km，平均宽度为37.41m，平均水深0.326m，上游段河流面积4.858km^2，总体水质较好。河床两侧面有较大面积的河漫滩分布，土地利用多以耕地为主，还有少许水稻田。土壤类型以褐土和山地淋溶为主。该流域的植被覆盖较好，据官方统计，主要有沉水植被、浮水植物、湿生草本植物、灌木和小乔木等植物群落类型。

3. 湖泊湿地（城区公园湿地）。湖水来源主要来自密云水库、官厅水库及地下水补给，其次是工厂排水及灌溉退水补给，是清洁的淡水。水深一般为2~3m。这些湖泊早期形成于地下水溢出带、古河道的遗迹或者窑坑积水成湖。现在绝大多数湖泊随着城市化发展都经过了人工修饰，改变了原有的自然面貌。公园湿地具有调洪排水、调节气候、美化城市、休闲娱乐等功能。目前，水域总面积为6.844km^2，公园湿地内多以人工草坪、人工林地为主，也有部分公园湿地内分布有芦苇、小香蒲等。从视觉角度看，大部分公园湿地的水体混浊，透明度较差，水体富营养化程度较高。

4. 人工水渠。在水库与平原区、城市之间修建有京密引水渠、潮河总干渠、白河引水工程等。引水渠总面积为28.696km^2。其中京密引水渠为1.962km^2，潮河总干渠为5.633km^2，永定河引水渠为0.483km^2，白河引水渠为1.765km^2。这些引水渠犹如城市生态系统的“血脉”，为平原区提供灌溉和城市用水水源。

5. 坑塘、稻田。坑塘、稻田也属于人工湿地之一，大多分布在离水源如河流、水渠、水库等较近的区域。其分布总面积约为71.765km^2。其中84.6%分布在昌平、顺义、通州、大兴、平谷。此外，在密云水库上游的白河流域、延庆县境内的官厅水库湖畔等零星分布着水田，约有6.463km^2。水库堤坝、拦河坝总面积约为0.845km^2。[3]

（三）北京湿地生物多样性

北京湿地面积相对较小，但湿地动物类群仍具有较丰富的多样性。包括鱼类、两栖类、爬行类、鸟类和哺乳类。其中爬行类动物近50%物种的生活习性与湿地有关；鸟类中有一些专以湿地为生的种类，如鹭类，北京湿地环境中可见到的鸟类占北京地区鸟类1/3以上，脊椎动物中有一半的种类可见于湿地环境中。

北京湿地鸟类主要由水禽、游禽、涉禽及其他依赖湿地环境而生存的鸟类组成。湿地鸟类共152种，占北京地区曾记录的350种鸟类的43%，它们隶属于16目41科。北京湿地鸟类中鸭科有24种占全国50种的48%，鹭科有11种占全国21种的52%。

北京湿地鸟类中的水禽大多数为旅鸟，共86种，占所有水禽的92%。

其中有国家一级保护的东方白鹳、黑鹳、白尾海雕、金雕、白头鹤、大鸨等6种；国家二级保护的卷羽鹈鹕、白额雁、灰鹤、白枕鹤和猛禽等38种；北京市一级保护的21种；北京市二级保护的89种。在湿地鸟类的组成比例上，以鸭科的种数最多，共31种，占全国50种的62%。苍鹭、池鹭、夜鹭、绿头鸭、赤麻鸭、斑嘴鸭、红头潜鸭、凤头潜鸭、普通秋沙鸭、灰鹤和红嘴鸥等的迁徙种群数量大，持续时间较长，可见这些种类有相当多的数量经过北京，在湿地暂息，补充能量。

二、北京湿地近年来的变化

（一）城市化对北京湿地的影响

城市化自20世纪中叶开始，以惊人的速度从发达国家向发展中国家扩展，进而波及全世界，迅速成为20世纪世界最有影响力的事件之一。

图3 曾经的芦苇地今天何在?[4]

改革开放以来，我国的城市化水平已经有了大幅提升。据统计，从2000年的36.09%提高到2005年的42.99%，平均每年提高1.38个百分点。国务院发展研究中心发展战略和区域经济研究部部长李善同在此间参加“中国城镇化”论坛时提出，在将来的20年内，中的城市化水平将达到60%。

北京的城市化脚步逐年加快，它不仅是中国的政治文化经济中心，更以自信的姿态建设国际化的大都市。北京城区正以愈来愈快的速度向郊区扩张，城区面积由1990年的395.4平方公里增加到2000年的491平方公里。就城市人口来看，城区人口总体上处于低速增长状态，人口密度缓慢上长升。

其中，北京湿地格局发生了重大的变化。贪婪的人类对湿地环境的干扰和破坏日趋严重，他们将湿地看成一个资源取之不尽的宝地，无节制的利用开发。大量的湿地被改造成农田；工业污水被毫不留情的倒入湖泊，而从不考虑污染；酷渔滥捕……湿地面积大幅度缩小，湿地物种受到严重破坏。

北京有许多带水的地名，比如南海子、积水潭、玉泉山、莲花池、海淀，海淀过去可以行船。现在，只有这些带水的地名可以让我们想象了。曾经的湿地已经在人类和城市的扩张之中消失。城市化是一把双刃剑，在取得了经济巨大成就的同时，湿地环境与人类利用之间会不可避免地产生矛盾。这是湿地面积减少的主要原因。同时，也由于气候等自然因素，湿地的大面积缩小着实让我们忧心。让我们来看看北京湿地的现状吧。

（二）北京湿地近几十年来的变化及现状

1. 湿地面积不断缩小。北京曾是河流、水系众多的“风水宝地”，境内有大小河流200余条，但随着城市发展和多年干旱等原因，北京的湿地生态系统正在面临着巨大压力。历史上北京的湿地面积占到总面积的15%，据20世纪80年代初期统计，北京市还约有湿地面积7.5万公顷（水域面积）。目前，全市湿地面积已不足5万公顷，20年来萎缩了1/3，不到总面积的3%了。其中经常保持湿润的湿地不足4万公顷，几乎全部湿地都有了人工痕迹。北京湿地面积在40年间从12万公顷锐减到不足3万公顷。如地处延庆的野鸭湖是北京最大的一块湿地，1998年时它的水面面积还有80万平方米，四年之后的2002年只剩26万平方米，缩小面积66%。北京的湿地最大面积时曾占全市总面积的5%，历史上宝贵的湿地资源曾发挥了涵养水源、补充地下水，控制污染、净化水质，调节径流、蓄洪防灾，调节小气候、减少温室气体排放、改善大气环境，为野生生物提供栖息地等多种功能，然而随着城市化快速发展，北京的天然湿地和坑塘正在迅速消失，持续干旱和水资源的过度利用更加剧了湿地的退化，北京的湿地面积现仅占全市面积不足3%。

2. 水资源严重缺乏。北京历史上湿地资源比较丰富，境内分布有大小河流200多条可，分属于海河流域的大清河、永定河、北运河、潮白河、蓟运河5个水系。随着社会经济的发展，城市快速扩大，特别是由于建库截流、农田土地整治、持续干旱等原因，北京湿地逐步萎缩、退化，有的甚至成为沙尘源地。天然湿地的大面积减少，使北京成为严重缺水的城市。以北京市多年平均可利用水资源总量36.29亿m^3计，2000年全市人口1495.2万，人均水资源量仅为243m^3，远低于国际公认的人均1000m^3。

1999 年来，北京连续干旱，年降水量不足 4000m^3；同时，由于上游地区干旱和人口、社会经济的发展，各大水系来水锐减。以北京最大的两个水库为例，密云水库 20 世纪 60、70 年代平均来水量为 12 亿 m^3，80 年代为 6 亿 m^3，而 1999 年仅 0. 732m^3，2002 年仅 0. 78 亿 m^3；官厅水库来水量也由 20 世纪 50、60 年代平均近 20 亿 m^3 减少到 70、80 年代 8 亿 ~10 亿 m^3，1999 年和 2002 年分别仅为 1. 46 亿 m^3 和 0. 97 亿 m^3。

据统计，新中国成立以来，北京共建成大、中、小型水库 84 座，总库容 93 亿 m^3。近年来，北京各水库水位持续下降，蓄水量明显减少 . 2003 年 1 月 1 日全市大中型水库共蓄水 14. 20 亿 m^3，比 2001 年减少 5. 54 亿 m^3，比 1999 年初减少 22. 20 亿 m^3。[5]

受多种因素的影响，北京地区地下水已由新中国成立初期的 4 米左右，下降到 25 米左右，存在有水体污染、水质不良、可用量减少、储备亏空、供需失衡的问题，北京湿地面临着严重的"肾功能衰竭"。

3. 生物多样性遭到破坏。北京湿地虽然面积小，但植物多样性比较丰富，共记录到高等植物 116 科 351 属 626 种，划分为 5 个植被型、78 个群丛组。大面积集中分布的大型挺水植物主要为芦苇和香蒲等，且主要集中于官厅水库东部妫水河入库口周围和密云水库北岸部分地区。然而，从《北京湿地环境生物多样性保护研究》公布的结果看，北京湿地鸟类无论是种类还是种群数量都少于上世纪五六十年代。

图 4 [6] 被污染的湿地

据调查，北京湿地有高等植物 69 科 183 属 312 种：湿地鸟类 291 种，占北京鸟类总数 410 种的 71%：鱼类 76 种。现保存比较典型的芦苇、香蒲沼泽类型湿地面积较大的有顺义汉石桥、延庆野鸭湖、门头沟三家店等处，共计面积有 2000 公顷左右。

两栖爬行动物明显减少。北京处于北方大陆性气候，冬季严寒干燥，而两栖爬行动物都缺少保温结构和体温调节能力。此外，由于北京连续多年降水少，许多河流干涸断流。特别是在众多河流上游修建拦水坝和水库，近些年又建了许多橡胶坝截流，使河流的下游大多干涸。又有许多坑塘、水渠、河道被污染，所以依赖水环境繁殖、栖息的两栖爬行动物急剧减少，甚至在一些地区消失。

4. 湿地的剧烈缩小引起了政府的重视，因此近几年来加大了保护力度，并修建了大量的人工湿地。虽然人工湿地无法取代天然湿地本身固有的一些功能，但在一定程度上降低了湿地减少的速度，并且取得一定的成绩。

（三）北京湿地减少的后果

湿地作为人类生存环境的重要组成部分之一，具有丰富的水资源、土地资源、生物多样性资源和矿产资源，它的生态价值和经济价值已经在前文当中有大篇幅地介绍了，这里就不用再提了。北京作为全国的政治、文化中心和国际化的大都市，如果北京湿地大面积缩小，水资源进一步减少，北京的缺水状况更加严重，作为一个本身就严重缺水的城市无疑是雪上加霜，城市用水更加紧张。生物多样性的减少，从生态角度来看，北京的生态平衡必定遭到破坏，从经济角度来看，北京将缺乏基本的自然资源来养活日益增多的人口。同时，湿地本身固有的经济功能会消失，旅游人口减少，这不仅对北京的财政收入有很大的影响，也不利于对外宣传北京。同时，失去了大片湿地，北京就像一口“枯井”，国际形象必然受到极大影响。当然，以上都只是就目前来说能够了解的后果的一部分，很多的后果就科学目前的发展程度来说都是估量不到的，尤其是生态的长期影响和隐形后果对于目前的技术水平而言是难以具体评估的。

三、北京湿地的保护与可持续利用

为了人类共同家园，为了我们美好的明天，我们再也不能一味忽略环境问题而追求经济的发展了。北京湿地保护势在必行，刻不容缓。政府已经开始采取行动，至少从行政方面采取了一些保护措施，近年来也取得了不错的成效。

（一）北京湿地保护现状与成果

近年来，北京湿地保护力度逐年加大。2001 年 7 月 10 日，第 111 次市长办公会审议通过了《北京市湿地保护行动计划》。2002 年 4 月 9 日，第129次市长办公会审议通过了《北京市湿地保护工程规划（2001—2010年)》。2005年2月，北京市政府又印发了《关于加强本市湿地保护管理工作的通知》。

1996年，北京市政府批准建立了拒马河、怀沙河、怀九河水生动植物湿地自然保护区；1999年批准建立了野鸭湖、金牛湖和白河堡湿地自然保护区；2005年批准建立了汉石桥湿地自然保护区。目前，北京市已建立湿地自然保护区6个，总面积2.02万公顷。密云水库湿地已列入中国重要湿地名录，翠湖湿地成为建设部批准的国家城市湿地公园。

北京启动实施了野鸭湖湿地生态修复工程，工程包括湿地生态修复和湿地博物馆建设。海淀翠湖国家城市湿地公园一期工程完成，工期扩建工程已经启动。汉石桥湿地新植、补种、复壮芦苇等植物3000亩，并将污水处理、中水利用纳入工程建设规划。城区红领巾公园、颐和园、元大都遗址公园以及紫玉山庄湿地生态公园加强了湿地植被、人工湿地建设以及水禽栖息地恢复。全市湿地保护与抢救性恢复示范工程取得初步效果。水资源是湿地的灵魂，为防止水体污染，尤其是加强怀柔水库、密云水库等主要饮用水水源保护，多年来，北京大力开展了封山育林、退耕还林、植树绿化和水源保护林工程建设，治理生态环境；严格控制工业企业“三废”排放，禁止矿山开采，减少矿渣、废石、废水等乱排放；减轻农药和化肥对水源的危害；在河流上游实施了污染源控制和防治、水资源优化配置、用水结构调整、现代节水技术推广、水资源利用效率提高等保护措施。

2000年，北京市林业局按照国家林业局统一部署，完成了主要湿地资源调查，次年开展了湿地资源监测、评价研究。

湿地保护区建设，使北京的温榆河、野鸭湖等湿地的生态环境有了很大改善，来这里“安居乐业”的鸟类显著增多。经过调查，专家们发现了黑鹳、灰鹤、苍鹭、夜鹭和池鹭等重要湿地鸟类在北京湿地保护区栖息和越冬。[7]

（二）北京湿地保护与可持续利用

1. 维护北京城市山水格局的连续性。城市之于区域自然山水格局，犹如果实之于生命之树。因此，城市扩展过程中，维护区域山水格局和大地机体的连续性和完整性，是维护城市生态安全的一大关键。

面对高速公路及城市盲目扩张造成自然景观基质的破碎化，山脉被无情地切割，河流被任意截断，俞教授提出了严重警告：照此下去，大量物种将不再持续生存下去，自然环境将不再可持续，人类自然也将不可持续。因此，维护大地景观格局的连续性，维护自然过程的连续性成为区域及景观规划的首要任务之一。

如前文所述，北京城市的水文特征是历代都城选址的重要原因。一旦破坏山水格局的连续性，就切断自然的过程，包括物质循环、能量循环、能量流动、信息交流，必然会使城市社会经济发展受到限制。如果说古人对山水格局连续性的吉凶观是基于潜意识的龙脉意识，那么现代景观生态学为维护这种整体景观基质的完整性提供了理论上强有力的依据。从20世纪30年代开始，特别是80年代中期开始，面对城市基础设施建设及城市盲目扩张造成自然景观基质的破碎化，河流被任意截断，物种多样性下降，自然环境将难以可持续，人类的生存也受到威胁。因此，维护北京地区山水格局连续性，维护城市湖流水系的自然过程的连续性就成为城市可持续发展的首要任务。

2. 恢复河流的自然形态，维护湿地系统。河流是人类文明之源，一条条河流造成的冲积、洪积平原成为世界上最肥沃的农田和最繁荣的人类安居之所，一座座代表现代发展成就的城市因河流而兴，河流的魅力活灵活现。

河流是一种富有多样化特点的湿地生态系统。河流不仅提供着水源，而且孕育着多种生物。湿地的主要功能在河流体现了最为明显。经过漫长的岁月，河流的形成有其固有的规律，它一定是以一种最适应自然的形态出现。如果人工人为的破坏，必定会损害其原有的功能。北京现有河流湿地很多都有人工的痕迹，虽然有其积极的一面，但是仍然无法替代未经雕琢的天然河流的功能。

耗巨资进行河道整治，而结果却使欲解决的问题更加严重。犹如一个吃错了药的人体，生命遭受严重损害。这些“错药”包括：水泥护堤衬底，大江南北各大城市水系治理中几乎没有幸免，结果许多动植物无处安身；截弯取直。事实上，弯曲的水流更有利于生物多样性的保护，有利于消减洪水的灾害性和突发，为各种生物创造了适宜的生境，且尽显自然形态之美。

对于一些已经遭到破坏的河流湿地，应当加大治污力度，增加河流湿地的面积，推动自然生态型河道建设。[8]

3. 进行合理的城市湿地保护规划。一个社会离不开社会的宏观调控，否则就难以发展。城市规划就是一种社会宏观调控。合理的城市湿地保护规划尤为重要，从我的专业出发，我更希望国家能够引起足够的重视，通过正式的立法手段来保护湿地。目前，我国湿地的立法、执法工作都较为薄弱，公众对湿地的认识较少。必须在湿地研究和保护的基础上，加强宣传教育。

当然，城市规划本身是需要大量的人力物力，通过科学的调查研究，最终谨慎的审查才能定案的。否则将极大地不利于北京的可持续发展。立法更应如此，要通过反复的立案和修改才能最终决定。

北京目前制定出台了《北京市湿地保护行动计划》和《北京市湿地保护工程规划（2001—2010 年）》，也取得了一些效果，但仅限计划是远远不够的，还必须使得计划付诸实践。但是，和许多理论得不到实践一样，湿地的实际保护是很难完全付诸行动的。这或许又是我们治理湿地的一个难点。

4. 进行科学的湿地景观设计，维护湿地生态安全和公众安全。湿地环境是与人们联系最紧密的生态系统之一，对城市湿地景观进行生态设计，加强对湿地环境的保护和建设，具有重要意义。首先，能充分利用湿地渗透和蓄水的作用，降解污染，疏导雨水的排放，调节区域性水平衡和小气候，提高城市的环境质量。其次，这将为城市居民提供良好的生活环境和接近自然的休憩空间，促进人与自然和谐相处，促进人们了解湿地的生态重要性，在环保和美学教育上都有重要的社会效益。一定规模的湿地环境还能成为常住或迁徙途中鸟类的栖息地，促进生物多样性的保护。此外，利用生态系统的自我调节功能，可减少杀虫剂和除草剂等的使用，降低城市绿地的日常维护成本。

5. 建立持续的城市湿地监控机制。在湿地生境退化和丧失较为严重的区域，可通过恢复和重建湿地生境来维持其特有功能。要完全恢复功能健全的湿地一般需要经过 10 年—15 年，而且湿地系统各项功能的发育速度有所不同。如在湿地重建过程中，水文功能恢复得比较快，营养物质也可经过一段时间积累而成，但要发育成能够支持多种野生动物的湿地生境则需要多年的时间。大多数城市湿地恢复项目，当其湿地群落结构有比较合理的比例时，可认为湿地恢复得比较成功。

在对湿地功能和结构的要求上，城市湿地与“自然湿地”有所不同。例如，一些工业区中的湿地具有控制污染的作用，一些城市公共绿地中的湿地可为鸟类提供栖息地和避难所，可成为市民娱乐、休闲的场所。因此对于这些城市湿地来说，它们的环境功能和社会功能是最重要的。这些湿地虽然具有与自然湿地不同的群落结构，但是它们可以提供特有的服务功能。在恢复此类湿地生态系统时应选择容易栽培的本地区物种。

6. 合理解决人类干扰问题。城市湿地经常受到人类干扰，例如修建城市基础设施而引起的湿地内部生境破碎化、城市三废处理造成的湿地污染等。所以，在城市湿地治理时必须考虑这些干扰因子。城市人类干扰可分为持续的胁迫式干扰和短暂的脉冲式干扰，因此而产生的生态反应也可分为胁迫式和脉冲式反应。胁迫式干扰是长时间的，例如城市扩张过程中高速公路的修建等，脉冲式干扰持续时间较短，例如河道污染等。合理利用人为干扰，维护湿地群落物种多样性及生态功能是湿地治理的关键。应在城市建设中就人类干扰类型及生态反应的不同情况，建立合理的城市基础设施建设方案，维护城市湿地的群落结构及生态服务功能，这对城市湿地保护和城市可持续发展具有重要意义。

7. 建立相应的政策指导，保护城市湿地。国家湿地保护政策对城市湿地治理起着重要作用。前瞻性的、科学的城市生态基础设施建设指导方针，不仅可以提高城市环境质量、改善城市居住环境，而且对城市的可持续发展起到重要作用。佛罗里达州关于水系和湿地管理方面的历史政策不仅造成湿地丧失，而且对整体景观构成威胁。而现在联邦和州政府的一些政策中，几乎所有类型的湿地受到了保护，并为湿地保护及恢复提供了专项基金。城市湿地生态系统是城市重要的生态基础设施，具有多种生态服务功能和社会历史文化价值。滞后的湿地恢复计划难以弥补由于自然湿地丧失所损失的湿地功能。所以，国家政府决策部门应加大湿地研究的力度，建立系统的湿地研究信息库，依据不同的城市湿地功能特征，确定不同的治理目标和措施，建立健全的城市湿地保护法律体系，从而达到保护城市湿地的目的。

8. 提高全民素质，市民参与湿地保护行动。休闲和娱乐是城市湿地主要的功能之一，城市居民对湿地的任意践踏，垃圾处理方式不当等，都会对湿地生态环境产生不良影响。保护城市湿地生境，提高城市环境是市民共同的事业，维护城市湿地健康的生态环境必须靠市民的共同努力。所以加大宣传力度，普及环保教育，提高市民素质，不仅是城市湿地保护的必要条件，也是城市可持续发展的重要组成部分。[9]

结　论

在人类漫长的发展史中，曾经有过的蛮荒与无知正如无数的空旷的黑夜，吞噬着人类的心灵与思想，掩埋了一切真理和科学，腐蚀着所谓的良知与道德，仿佛要把人类推入亘古的黑暗。与人类做伴的唯有漫无边际的孤寂与荒凉，在无边的黑暗中夜行。然而，工业革命如划破黑夜的流星，或许，是冉冉升起的启明星。一声火车的长笛带来了整个世界的曙光，整个世界发生了翻天覆地的变化。不论是西方还是东方、不论是北半球还是南半球、不论是资本主义还是社会主义、不论是发达国家还是发展中国家，无一不在享受工业革命抑或科技革命带给我们的累累硕果。科技日新月异的发展推动了教育事业的蓬勃发展，政策规划的不断出台导致了城市面貌改头换面的变化，经济的增长带动了人民生活水平的提高……人类不再是那个曾经被自然控制的生灵，人类是自然的征服者和主宰者。于是，我们不再恐慌与敬畏，我们自信人是万物之灵。于人之上无更高存在。

无数的事实证明着人类的自信：世界的每一角落，无处不有工业文明的标志——浓浓黑烟滚滚升起，向着天空的最深处走去，是去探测自然的秘密，还是去宣告人类的文明？然而，曾经的魂牵梦绕的碧水蓝天何处找寻？曾经令人心动的小桥流水，曲径飞花？取而代之的是被浮尘笼罩的空气，一沟沟恶心的污水，汽车尾气充斥着纵横交错的柏油马路……人类的铁骑以工业文明的名义肆意践踏着自然带给我们的另一种文明。然而，我们还应该关注另一面。人类无节制的从自然获取资源和利益，然而大自然并不是取之不尽的，如果打破了大自然生长的规律，突破了大自然自我调节的能力，势必会造成大自然生态的失衡。于是，无以数计的自然灾害向我们迎面扑来，给人类的生存带来巨大危险，我们已经可以明显地观察到这样一种危险。人类应该反思自己，这是大自然对人类从它那里取得利益的一种报复。人类恐怕还是应当保持着在内心深处对于自然的敬畏。

生态系统的破坏在许多情况下往往不可逆转，即使经过治理使其恢复也要经过相当长的时间，需要付出巨大的代价。为了眼前和局部利益而使湿地资源遭到破坏，会遭到自然界的残酷报复并蒙受巨大损失，这种报复甚至殃及子孙后代。目前，水资源缺乏、生物多样性减少、湿地的缩减，这些生态环境的破坏虽然说有自然的因素的原因，比如气候原因，地球可能正在进入一个气温上升的时期。但更为主要的还是人为原因。是时候该采取行动了，可持续发展不仅是一个口号，作为首都，北京更有责任为全国树立一个榜样。

幸运的是，国家已经注意到了这些情况，经过了十几年的治理，北京湿地有着较为显著的改变，许多河道经过治理已经得到恢复。本文本着可持续发展和建设生态环境的基本理念，重点介绍了北京湿地的保护措施，同时较为广泛地引用了国内外一些知名学者的观点，由此提出了自己一些不成熟的观点，对于目前湿地缩减的严峻形势会有一定的帮助。国内学者已经越来越多的关注湿地研究，近年来不断取得理论突破与实践成果，大量的新技术、新手段与新方法运用于湿地科学发展研究，湿地科学的研究不断趋于成熟。相信这对于指导北京湿地研究具有重大的意义。如果能认真对待上文所论述的保护方法，长期关注并支持湿地研究，使北京的湿地资源达到永续利用，那么北京“灵气在水”的健康形象应可重现，而非仅仅存在于老一辈人的回忆中。

作者：北京大学法学院

参考资料

［1］http：//fjbz. kutu365. com/136/1. htm。

［2］www. cws. net. cn/.../newspro/newsview. asp？s =432。

［3］潮洛蒙《近二十年来北京湿地变化研究》北大图书馆学文论文室 2004 年 18 页。

［4］http：//product. pchome. net/digital_ dc_ samsung_ digimax_ 430/sample_ pic_ single_ 6902_ 233. html。

［5］陈卫，胡东，付必谦《北京湿地生物多样性研究》科学出版社 2007 年

235 页。

［6］ http：//product. pchome. net/digital_ dc_ samsung_ digimax_ 430/sample_ pic_ single_ 6902_ 233. html。

［7］ http：//www. wzforestry. gov. cn/main/？ id0 =22&iid =4442，“北京湿地保护工程初见成效”。

［8］ http：//news. xinhuanet. com/newscenter/2002 - 11/18/content_ 633037. htm。

［9］ 潮洛蒙《近二十年来北京湿地变化研究》北大图书馆学文论文室 2004 年 78 ~79页。

倡导生态生产和消费　保证人与生态可持续发展

李金涛　张　辉

第一节　促进生态生产满足人的全面需要

一、传统生产导向下全球和中国的现实问题

（一）全球性问题

在人类出现以前，自然界通过其内在的自我调节机制始终保持着相对的平衡状态。当地球上出现人类以后，便开始了人与自然界的相互作用，开始了人与自然的对立统一过程。随着人类社会的发展，尤其是工业革命之后，人类对自然生态系统的影响越来越大，主要表现在以下几个方面。

一是世界人口的急剧增长。史前由于生产力水平以及人类抗拒自然的能力极其低下，人口增长极其缓慢。以后随着的生产力的发展，人口增长逐步加快。据估计，1750 年世界人口为 7.91 亿，150 年后的 1900 年，世界人口增加到 16.5 亿。世界人口在 1850 ~ 1950 年的一个世纪内翻了一番，而在 1950 年至 1990 年的 40 年里，又翻了一番多。据联合国报道，1999 年 10 月 12 日世界第 60 亿个公民诞生。人口的爆炸式增长对地球的资源和环境造成了巨大压力。二是环境破坏。人类开发和利用自然资源的各种活动造成了严重的环境破坏。2005 年 11 月，联合国粮农组织公布了 2005 年世界森林资源评估的主要结果。2005 年全世界森林面积约为 39.52 亿 hm^2，占陆地面积的 1/3，只占曾经森林面积的不到 1/2。2000 – 2005 年，全世界每年减少森林面积 730 万 hm^2。三是环境污染。人类通过工农业生产直接或间接地向自然生态系统排放了大量物质和能量，超过了自然系统的自

我调节能力，从而使环境的质量降低。联合国水资源世界评估报告显示，全世界每天约有200吨垃圾倒进河流、湖泊和小溪，每升废水会污染8升淡水；所有流经亚洲城市的河流均被污染；美国40%的水资源流域被加工食品废料、金属、肥料和杀虫剂污染；欧洲55条河流中仅有5条水质差强人意。

（二）中国的问题

新中国成立后的很长时间内，中国实行的是计划经济体制，在“计划生产”时期，森林资源遭到了严重破坏，矿产资源受到掠夺性开采。改革开放以来，中国大力建设社会主义市场经济体制，以经济建设为中心，环境服务于经济的发展。在这样的思路下，中国的经济建设固然取得了举世瞩目的成就，但也付出了巨大的自然生态成本。据中国环境统计数据显示，我国工业“三废”的排放量、建设用地、能源生产总量等都在逐年递增，而水资源总量等却呈下降趋势（见表1）。

表1　2000－2008年中国环境数据表（部分）

项目＼年份	2008	2007	2006	2005	2004	2003	2002	2001
水资源总量（亿立方米）	27434	25255.2	25330.1	28053.1	24129.6	27460.2	28261.3	26867.8
工业废水排放总量（亿吨）	241.7	246.6	240.2	243.1	221.1	212.3	207.2	202.6
工业废气排放总量（亿标立方米）	403866	388169	330990	268988	237696	198906	－	－
建设用地（万公顷）	3305.8	3272	3236.5	3192.2	3155.1	3106.5	3073	3032.1
能源生产总量（万吨标准煤）	260000	235415	221056	205876	187341	163842	143810	137445

注：表中所缺数据因资料收集原因，没有查到相关数据。

资料来源：据中国国家统计局国家统计年鉴资料整理，http：//www.stats.gov.cn

二、理论背景

如上所述，在传统生产模式的导向下，生态系统和自然环境出现了一系列的问题。理论界在对生态系统和自然环境的研究讨论中，提出了“生态生产力”的概念，但并没有产生明确统一的“生态生产”的概念。事实上，“生态生产力”必然是以“生态生产”为基础的，所以，有必要对“生态生产”进行相关论述。

对于生态生产概念的阐释，有两种观点。第一种观点可以归纳为“生态系统的生产”，即生态系统内部的物质循环和能量流动，是生态系统的生产和再生产过程；第二种观点可以归纳为“生产的生态化”，即从经济战略上利用和补偿自然资源。其实这两种观点并不冲突，可以把这两种观点归入更为广义的“生态生产”概念中。广义上讲，“生态生产”包括人口的生态生产，物质资料的生态生产，以及生态系统内部的生产与再生产。于是，广义的生态生产便具有了自然性和社会性两重意义。

生态生产的自然性指的是生态系统内部要素之间不断进行着的物质循环和能量流动，正是这物质循环和能量流动，促使生态系统生生不息地不断向前发展，形成了生态系统的生产和再生产过程。生态系统在生产和再生产过程中具有几种基本能力：生态生产能力、生态自净能力、生态自我调节能力和生态稳态反应能力等。

生态生产的社会性是对人类来说的，即人类社会的社会经济生产必须与生态生产进行复合，将生态生产纳入社会经济发展的经济计量中，使“生态理性经济人”在新的高度上对这个整体进行统筹。

三、促进生态生产，满足人的全面需要

（一）人口的生态生产

所谓“人口的生产”，源于恩格斯的两种生产理论：“一方面是生活资料即食物、衣服、住房以及为此所必须的工具的生产；另一方面是人类自身的生产，即种的繁衍。”①

人口的生态生产，即相对于一定历史条件下的资源、环境、经济和社会发展说来，人口数量是适当的，质量是稳步提高的，结构是比较合理的，即能够促进人口与其他发展因素协调发展的人口。② 包括人口数量的

---

① 马克思恩格斯选集（第四卷）[M]，北京：人民出版社，1972 年版。

② 包庆德，董华：《生态哲学维度：人口生态生产与可持续发展》，载《中国人口·资源与环境》2003 年第 13 卷第 4 期，第 10 页。

生态化、人口质量的生态化、人口结构的生态化和人口分布的现代化四个方面。

人口的生态生产是一个长期的动态的过程，所以政策的干预等措施也必须着眼于长远，切忌急功近利，因为为了短期目标的实现而采取的行动很可能对中长期发展构成巨大的隐患。

（二）物质资料的生态生产

物质资料的生态生产，即物质生产的生态化，是指用生态意识指导物质资料生产活动，既讲求经济效益，又注重生态效益，实现社会经济效益和生态效益的双赢。生态意识是指人类对于自己在内的自然界中一切生物与环境的关系的认识成果为基础而形成的特定思维方式和行为取向①。它直接决定着人类在面对生态系统问题上的态度和行为。

物质资料的生态生产有如下几个特点：第一，生产的主动性。这种主动性主要是相对于盲目生产而言的，物质资料的生态生产是在综合考量了社会需要和生态系统发展的基础上，有目的地自觉行为。第二，劳动者的主导性。如前所述，人类实践活动的能力和水平是由人类的各项素质所决定的。在物质资料的生态生产中，劳动者具有自觉的生态意识，起主导作用，能积极施行有利于生态环境系统的物质生产活动。第三，整体的协调性。物质资料的生态生产，服从于物质资料生产的系统，这是一个有机的整体，需要用全局的眼光进行考量，在自我调节的基础上，对其内部各因素进行协调，物质生产不能大于或快于生态生产的发展，不能超出生态系统的供应和承载极限。

其实，物质资料的生态生产离我们并不遥远，人类已经在许多地方进行着实践，如生态农业，生态养殖业，工业生态园等。我们应该在现有的条件下，大力倡导各个行业的生态生产，提供生态的产品，同时改善生态环境，使人类社会向一个更加文明和健康的层次迈进。

（三）生态系统的生产与再生产

生态系统的生产可分为狭义的和广义的，这里指的是狭义的概念，即生态系统内部的物质循环和能量流动这一动态过程。广义的生态系统的生

---

① 刘湘溶：《论生态意识》，载《求索》，1994 第 2 期，第 56 页。

产包括了人口的生态生产和物质资料的生态生产两种形式的社会生产，因为人类也是生态系统的一个组成要素。

生态环境系统是人类安身立命的根本，人类社会的发展依赖于生态系统的稳定健康运行，宣传并良性介入生态生态系统的生产与再生产，对人类社会的发展具有重大意义。

上述三种生态生产，即人口的生态生产，物质资料的生态生产和生态系统的生产，共同构了广义的生态生产。要解决开篇所提出的各种问题，满足现代社会人的全面需要，必须借助于生态生产这一实现可持续发展的最现实、最有效的途径来进行。

第二节 加强生态为主导的宏观调控，实现生态公正

一、生态公正与政府职能

公正的本质在于权利与义务的交换，生态系统本身并不存在所谓的公正问题，只有当生态成为人类活动的载体和对象、自然资源和能量进入社会生产活动，为人类提供价值时，才有了公正的内涵。生态公正就是运用公正理论的一般原理去协调和处理各种利益主体在生态问题上的利益关系，使之保持各自在权利与义务上的均衡和对应。①

生态公正的内涵和外延非常广，它包括如下几个方面的内容：第一，非人类存在物的生态公正问题，即对生物和自然界的公正。人类作为生态系统的一个要素，与其他动物、植物等要素在地位上是对等的，同样享有对自然生态系统的权利。但是动物、植物等并没有行使权利的主体行为能力，所以人类必须规范自己的行为，公正地对待其他要素，保障其权利的实现。第二，人类的生态公正问题，这又包括了三个方面的内容：个人的生态公正、“代内公正”、“代际公正”。个人的生态公正是指公民个人有要求良好生态环境的权利、对生态环境状况的知情权和生态环境参与权，主要是相对于政府而言的。“代内公正”是一种横向的原则，强调代内的所

① 马保华：《我国的生态公正及其实现研究》，载《天中学刊》，2007 年第 22 卷第 2 期，第 33 页。

有人，不论其国籍、种族、性别、经济发展水平和文化差异，在对生态系统的利用和谋求自身发展上的机会均等、权利平等。生态系统提供的物质和能量是有限的，因此不能以损害其他人为代价谋求自身的发展。“代际公平”是一种纵向的原则，强调每一代的人都要合理使用自然生态资源，实现代际之间的机会平等。因为人类社会是一个世代发展的过程，每一代人都要生产和发展，都需要利用自然生态资源满足自身需要。

生态公正在强调发展同时也强调保护自然生态环境，它主张处理好局部经济发展与整体生态环境的关系，处理好人类当前利益与长远利益的关系，处理好经济效益与生态效益的关系，是保证人类和谐、可持续发展的需要。

现代政府，就其主要职能来说，无非就是保持经济可持续发展和促使社会稳定、公正、公平和文明。这主要包括两个层面，一是向社会提供有形的公共物品，如公共教育、公共交通与经济基础设施等；二是提供无形公共物品，如社会公正，即通过立法、司法和执法以及行政政策保护各种合法权利，监督各种义务的履行，鼓励创造，并以同样平等的第三方立场协调与仲裁各种利益冲突等。所以，实现生态公正是现代政府的应有之义，政府必须加强以生态为主导的宏观调控，实现生态公正。

目前国家宏观调控的重心在于降低能耗、减少污染和破坏，保护和恢复自然生境，促进可持续发展，这正是生态公正所要求的。

二、我国以生态为主导的宏观调控

（一）农业

我国传统的农业文明顺天时地利而为，可以说还是环境友好和可持续的，但这种持续是在低技术、低效益、低规模、低影响基础上的持续，不能实现生态效益和经济效益的统一。因此，要改变目前农业生产中不利于生态公正实现的方面，促进可持续发展的实现。中央已经有许多年的1号文件是关于农村农业发展的，其中都有对农业进行生态导向的宏观调控。

2009年12月31日，中共中央国务院发布《关于加大统筹城乡发展力度、进一步夯实农业农村发展基础的若干意见》，指出，要“构筑牢固的生态安全屏障。”

具体措施如下："巩固退耕还林成果，在重点生态脆弱区和重要生态区位，结合扶贫开发和库区移民，适当增加安排退耕还林。延长天然林保护工程实施期限，抓紧制定实施办法。继续推进三北、沿海、长江等防护林体系和京津风沙源治理、湿地保护与恢复等重点林业生态工程建设。统筹推进青海三江源生态保护和建设。加大力度筹集森林、草原、水土保持等生态效益补偿资金。从2010年起提高中央财政对属集体林的国家级公益林森林生态效益补偿标准。建立造林、抚育、保护、管理投入补贴制度，开展造林苗木、森林抚育补贴试点，中央财政对林木良种生产使用、中幼林和低产林抚育给予补贴。编制林地保护利用规划，启动森林经营工程，增强森林生态服务功能，提高林地综合产出能力。大力增加森林碳汇。"、"实施国家水土保持重点建设工程，加快岩溶地区石漠化和南方崩岗治理，启动坡耕地水土流失综合治理工程，搞好清洁小流域建设。加强农业面源污染治理，发展循环农业和生态农业。确定保护环境的基本国策。"

（二）工业

以大规模的化石能源消耗、化工产品生产以及自然生态系统退化为特征的工业文明推行的是一类掠夺式、耗竭型、高经济效益、高环境影响的生产方式，追求的是局部的、眼前的经济效益，生产力虽高，但对生态环境的负面影响大，持续能力低。因此，要改变目前工业生产中不利于生态公正实现的方面，促进可持续发展的实现。中央每年都会对工业和产业发展进行宏观调控，以生态为导向的条目都是赫然在列。

2009年12月，工业和信息化李毅中部长在《2010年全国工业和信息化工作会议工作报告》中指出，要"加强节能降耗和减排治污。"具体宏观调控措施有以下四点。

一是推动重点行业企业节能降耗。分行业制定工作计划，推进行业企业对标达标，落实产品能耗物耗限额标准，完善工业投资项目节能降耗评估和审查制度。抓好工业节水、节材及电力需求侧管理，大力倡导节约生产。二是加强工业减排治污。制定原材料等重点行业减少温室气体排放指导意见，推动削减钢铁、有色、化工、水泥等行业大气污染物排放量。促进工业清洁生产，开展造纸、化工、酿造、印染等行业污水治理专项监督检查，研究开展重金属等减排治污工作。三是促进综合利用，发展循环经济。制定工业循环经济指导意见，实施示范工程，促进尾矿、赤泥、工业副产石膏等综合利用，开展废旧电子电气产品回收再利用示范，继续推进机电产品再制造试点。四是推进新能源和节能环保产业发展。制定专项规划，建立准入标准，引导多晶硅、风电装备等产业突破关键技术，实现有序发展。加快研发和推广节能减排新技术、新工艺、新设备和新材料，编制重点技术推广专项规划和推荐目录。

（三）法律、机构与政策

1973 年第一次全国环境保护会议召开。国务院批转颁布了原国家计划委员会《关于保护和改善环境的若干规定》（试行草案）。该草案指出："各地区、各部门要设立精干的环境保护机构，给他们以监督、检查的职权"。1978 年 3 月，五届全国人大一次会议修订宪法时将环境保护定为基本国策，1979 年 3 月，颁布了《中华人民共和国环境保护法（试行）》。1981 年国家环保局成立以后，着手进行有组织、有系统的环境标准的研究、制定和颁布工作。同时，开始制定大气、水质和噪声等环境质量标准及钢铁、化工、轻工等 40 多个国家工业污染物排放标准。

在 1983 年召开的第二次全国环境保护工作会议上，李鹏副总理提出，环境保护是中国现代化建设中的一项战略任务，保护环境是我国一项基本国策，经济建设、城乡建设和环境建设要"三同步"，做到经济效益、社会效益、环境效益的"三统一"，成为长期指导我国环境保护与经济社会发展的基本国策和战略方针。1989 年，《中华人民共和国环境保护法》颁布实施，1996 年全国人大八届四次会议正式把可持续发展确定为国家的发展战略，党的"十七大"报告首次把"建设生态文明"明确列为新时期全党全国人民建设小康社会的新目标。

第三节 培育生态消费意识，构造符合人的发展的生活结构

一、为什么要培育生态消费意识

人类社会发展的动力来自于人类的需求，这种需求在现代社会的表现方式就是消费。毫无节制的消费观和挥霍浪费的生活方式给生态环境带来

了灾难性的后果，人类的持续生存受到了严重威胁，同时，又剥夺了地球上其他生命体正常的在生态系统中生存和发展的权利。从上个世纪开始，许多人开始对这一问题进行研究，力图寻找出更适合的消费方式，逐渐形成了生态消费的理念。

对于生态消费的定义，不同学者有各自的见解和看法。生态消费本来是指人类从生态系统中索取物质和能量直接或间接用于满足自身需要的行为①，这是生态需要角度上的定义。尹世杰认为“生态消费是人们最基本、最重要的消费”，这是生态消费重要性角度上的定义。还有生态学角度的定义，如“生态消费是一种绿化的或生态化的消费模式，它是指既符合物质生产的发展水平，又符合生态生产的发展水平，既能满足人的消费需求，又不对生态环境造成危害的一种消费行为”②。

二、培育生态消费意识的方式

生态消费意识的培育，离不开教育。其实，生态消费意识教育是环境教育的分支，因为环境这个概念，如果从广义上进行理解，是指生物生活周围的气候、生态系统、周围群体和其他种群，包括了自然生态系统。以下内容通过将环境教育细化到生态消费意识教育来进行叙述。

联合国教科文组织 1978 年对环境教育的定义如下：环境教育是一个学习过程，使得受教育者提高关于环境及其问题与挑战的意识与知识，提升其应对环境问题的相关技能，使其形成积极的态度和良好的动机，从而做出最优决策并采取负责任的行动。

生态消费意识教育不仅仅是有关生态消费知识的教授，这只是生态消费意识教育的第一阶段，生态消费意识教育还要使被教育者获得批判性思维或者说是判断思维，同时增强其解决问题和做出决策的能力。

生态消费意识教育按时间维度可分为儿童教育、中学教育、大学教育与成人教育；按照空间维度可分为学校教育、家庭教育和社区教育；按照形式维度可分为课堂教育和非课堂教育。从时间维度上讲，成人教育效果

① 刘新新：《论生态消费与可持续发展》，载《绿色中国》，2004 年第 12 期，第 33 页。

② 柏建华：《生态消费行为及其制度构建》，载《消费经济》，2005 年第 21 卷第 1 期，第 59 页。

最弱；从空间维度上讲，学校教育要远远强于社区教育和家庭教育；从形式维度上来说，非课堂教育要弱于课堂教育。综合来看，在学校对学生进行长期的课堂教育，收效最大。因此，普及生态消费学校课堂教育，提升平均教育年限可以说是培育生态消费意识的最好办法。

学校的生态消费意识课堂教育应帮助学生认识实行生态消费的必然性，理解生态消费的含义及特征，能对生态消费和相关概念进行辨析，知道如何进行生态消费。于是，我们有必要继续深入理解生态消费这个概念。

三、进一步理解和认知生态消费

与传统的消费模式相比，生态消费具有以下几个特征：

（一）以生态需要为着眼点

如前所述，“生态需要是人们最基本、最重要的需要。”“人们的消费需要，不仅包括物质需要和精神文化需要，还应该包括生态需要在内。”①同时，人的需要是有层次的，生态需要不仅仅是最基本的生存需要，而且是很重要的享受需要和发展需要。因此，生态需要的满足对消费质量的提高和人的全面发展具有极其重要的意义，可以说生态需要是生态消费的着眼点。

（二）以“生态人”为理论假设

传统的消费经济学是以“经济人”为理论假设的，追求效用最大化，于是产生了严重的负外部性问题。生态消费理论则突破了“经济人”的局限，以“生态人”为理论假设。中国社会科学院环境与发展研究中心的徐嵩龄先生曾提出“理性生态人”假设，认为：“当代严峻的环境问题，其实质都是生态问题，生态可解读为生命的存在状态。”② 人的存在，不仅仅要对自己负责，对社会负责，而且要承担生态责任，这种责任的履行对于自然生态环境和人类自身的发展来说都是十分有益的。

（三）以“生态生产”为支撑

要发展生态消费，必须要有生态消费的对象——生态产品，因此，要

---

① 尹世杰：《关于生态消费的几个问题》，载《求索》，2000 年第 5 期，第 14 页。

② 姚永利：《生态消费问题研究》，东北林业大学博士论文，2007 年，第 29 页。

大力发展生态生产和生态产业，如生态农业、生态工业等。

（四）以生态环境为立足点，以生态承载力为界限

生态承载力，简单来说，就是生态系统中各因素存在的最高极限。一个生态系统有其一定的物质、能量和信息流，如果人类的行为不当，则会导致生态系统失衡退化甚至崩溃。生态消费强调以生态承载力为极限，要求人类应该以对其他物种和生态系统产生最小影响的方式来生活，将消费活动限制在生态环境能够承受的范围之内。

（五）生态消费符合人对自身本质的最高追求，即人的全面发展

本来消费的意义是通过对人类需求的满足不断促进人的自由存在本质和人类发展的需求，因此消费仅仅是人类生活的手段而已，而非人类生活的目的。[①] 但是，传统的消费方式使人的需求被片面地引向物质的享受之中，消费的本质已经被扭曲了，反而制约了人类的发展。而生态消费观念则是从完善人的本质的角度审视消费行为，能够促进人的全面发展。

四、构造符合人的发展的生活结构

随着社会的进步和环境生态教育的普及，越来越多的民众开始主动改变自己的生活结构，力图构筑与自然生态和谐发展的生活模式。但是，“罗马不是一天建成的”，生态消费观指导下的生活结构的改变也不是短期内可以完成的。目前，与生态消费的生活结构相关的最热门词汇，当属“低碳生活”了。

2009 年末，哥本哈根气候变化大会的旋风让“低碳”一词席卷全国。一时间，低碳经济、低碳生活、低碳住宅等名词不绝于耳，低碳成为时尚生活方式的新标签。低碳生活是一种简约、简单、简朴的生活方式，它通过个人适度减低碳排放量来达到集体总和碳排放的减少，达到保护环境、促进生态文明的发展的目的，从而促进整个地球生态环境的可持续发展，因此，可以说低碳生活是生态文明在现阶段实现的可行方式。

如今在许多发达国家，很多人已经自觉接受了低碳生活方式，他们愿

① 许进杰：《生态消费：21 世纪人类消费行为发展的新定位》。载《生态经济》。2008 年第 1 期，第 77 页。

意放弃享受，从生活的点点滴滴做起，从关掉暖气到放弃驾车上班。今天欧洲人越来越喜欢乘坐火车出行，一个主要原因是乘高速列车带来的人均碳排放只有飞机的1/10。

第四节　尊重生命和自然界，实现人的生命尊严的消费

一、理论背景

社会发展总是在一定的观念的指导下进行的。从17世纪开始，科学技术的发展与工业文明和市场经济相结合，由此发展并逐步形成了工业文明的价值观——以人为中心的价值观。这种思想认为人是大自然的主宰，在这种价值观框架下，人类仅仅将自然视为利用的工具，为了获取更多的财富而肆意的开发和破坏自然。伴随着经济的发展，生态危机和环境污染已然成为了人类生存的头号公敌。

为了拯救地球，拯救人类，非人类中心主义应运而生。在非人类中心主义看来，人类中心主义所持有的“一切以人的利益和价值为中心”、“人是大自然的主宰”、“自然是人的工具”等观念是造成当今生态危机和环境污染的深层原因。非人类中心主义认为动物、植物甚至整个生态系统、自然界和人一样都具有内在价值，主张把人与人之间的道德关怀扩展到非人类存在物（动物、植物、整个生命过程和生态系统）；要求以整个生命共同体或整个生态系统的利益为中心看待非人类世界的价值，反对把人的利益和价值作为唯一的评判尺度。① 非人类中心主义尊重生命、尊重自然界，认为万物平等，维护生命共同体的整体利益。

二、古今中外的生态价值观

（一）中国传统的生态思想

中国传统生态思想的核心是“天人合一”，这是中国古人对待人与自

① 杨国平：《人与自然的关系：人类中心主义还是非人类中心主义——兼论马克思主义对二者的超越》。四川师范大学硕士学位论文，2004年。

然关系的经典概括，是中国古代思想的最深层的观念和最基本特征。在中国的传统文化中，各家学说对“天人合一”从不同角度进行了论述，尤为影响深远的是儒家、道家和佛家的思想。

儒家认为“天地之大德曰生”、“上天有好生之德”，万物包括人在内都是天地自然化育的结果。儒家的生态价值观经历了由“仁者爱人”到“仁民爱物”再到“民胞物与”的过程，将“仁爱”的思想扩展到了自然万物，倡导万物平等，体现了对生命和自然界的尊重。①

道家讲究“自然无为”，强调的是在“无为之为”基础上的与自然的和谐。老子说：“人法地，地法天，天法道，道法自然”，即在他看来，人不过是自然的一部分，世间万物都应该遵循“自然”的法则运行，物无贵贱，万物平等。

佛教的“缘起论”在整体上认为人与自然是统一体，天地同根。佛教生命观的基本态度是众生平等，生命轮回，所谓的“众生”包括人和一切动物，他们在生命的本质上是平等的。都叫认为诸恶当中杀罪最重，所以要求佛徒素食、放生，善待生命。

虽然各家学说都有其局限性，但其进步意义是相当明显的，都在一定程度上体现了对生命的关怀和尊重，表达了与自然和谐共生的意愿。

（二）西方现代生态价值观

西方现代的生态哲学和生态伦理学以自然生态学为基础，将整个生态系统看做一个整体，以整体的视角来分析和评价人类活动对自然的影响，以及对人自身的影响。虽然非人类中心主义思想产生于20世纪六七十年代，但是在这之前已经产生了生态主义思想，比较为大家所熟知的是梭罗的环境伦理思想。

亨利·戴维·梭罗，《瓦尔登湖》的作者，在19世纪就提出了一系列生态主义的思想。梭罗认为自然万物都是有生命的，要“尊爱生命”：尊崇生命的存在、珍爱自然的秀美、珍视人的生命价值；他认为人是自然的一部分，人与万物同处于一个生命体中，人与自然万物相互依存，人类离不开自然，因此要处理好与自然万物相互依存的关系；他认为自然与人处于平等的地位，人类并不是自然的中心，“众生平等”，自然有其自身的价

① 薛扬：《生态文明价值观研究》。南京林业大学硕士学位论文。2009年。

值，人与万物在权利上是平等的。[①] 所以，人与自然要和谐共处，人类要领悟自然、呵护自然、尊重自然、回归自然，在自然进化的同时实现人的全面发展。

三、实现人的生命尊严的消费

（一）拒食野生动物

如前所述，自然界的万物与人类在生态系统中的地位是平等的，权利是平等的，人类捕食野生动物没有任何道德立足点可言，反而丢失了人作为具有主观能动性物种的尊严。野生动物非法交易是除毒品和军火外全球第三大非法交易，中国是消费野生动物的大国，相信大多数人都不会对这一事实感到陌生，仔细想想，这其实是一种悲哀。

2003 年，梁从诫、徐凤翔、张瑞敏等 37 位国家环保总局环境使者联合发出倡议，号召全体公民拒食野生动物，不购买野生动物制品，摈弃一切不利于环境保护的陈规陋习，自觉实践有利于环境的生活方式。

倡议书指出，有科学家认为，非典病毒传播是由人与野生动物密切接触造成的。这场灾难警示我们，人类要尊重自然、珍爱生命，要重新审视自己的行为方式，摆正人与自然的关系。

环境使者提倡：拒食野生动物，不购买野生动物制品；发现有人捕杀、买卖或烹制野生动物，及时向有关部门举报；不制作和购买野生动物标本；不破坏生态，尤其是不破坏野生动物的栖息地，保护好生物物种的生存环境和食物链的完整；摈弃一切不利于环境的陈规陋习。[②]

如倡议所言，光“拒食野生动物”是不够的，还要持续做好对野生动物的保护，不破坏其栖息地，不购买被猎捕而来的野生动物圈养。更重要的是，要向身边的每一个人传递这样的意识和观念，形成整个社会的共识。

（二）简约生活[③]

在现代社会，广告作为传播消费信息的特殊形式，会对消费者购买行

---

① 胡友红：《回归自然——梭罗的环境理论伦理思想研究》。南京林业大学硕士学位论文。2007 年。

② 卢新宁：《拒食野生动物　实践生态文明》。载《人民日报》，2003 年 6 月 6 日。

③ 陈晓凤：《简约生活》。载《资源与人居环境》。2008 年第 5 期，第 78—79 页。

为会产生很大的影响。轰炸般的商业广告不断刺激人们去换最新款的手机、电视、衣服、鞋子，煽动着公众一潮高过一潮的消费欲望，把人变成商业利润的工具。试问这样的被广告等牵着鼻子的消费如何可以体现出公民个人的独立性？又怎样可以实现自身的生命尊严？

不少刚参加工作不久的年轻人，用1个月的收入买1款新式手机或1个名牌皮包，眼睛都不眨。在提倡生态消费的今天，“能挣会花”的口号不再象征着现代化理念，而象征着一种浪费资源的野蛮消费方式，不仅不能实现人的生命尊严，反而是尊严的丧失。

其实，我们并不需要如广告所煽动的如此多的消费，简约生活的理念已逐渐被人们所接受。在价值观的改变之下，高收入群体由高消费回归简单生活的人越来越多，“清贫主义”已悄然在中国白领中兴起，清贫主义不再意味着吝啬，而意味着让生命摆脱过度物欲的挤压，意味着对环境的责任，这才是能实现人的生命尊严的消费方式。

作者：李金涛　北京大学经济学院07级本科生
张　辉　北京大学经济学院副教授

以“三农信息化”促进西南五区发展

民革北京市委员会

党的“十七大”报告指出，要统筹城乡发展，推进社会主义新农村建设。解决好农业、农村、农民问题，事关全面建设小康社会大局。要加强农业基础地位，走中国特色农业现代化道路，建立以工促农、以城带乡长效机制，形成城乡经济社会发展一体化新格局。自2004年开始，中共中央连续五年颁布了五个关于“三农问题”的一号文件，在党的十七届三中全会上，也将解决好“三农问题”列入近几年工作的重中之重，特别指出：农村要发展，要实现现代化，离不开信息化、现代化相互促进、相互推动，可以说没有农村的信息化就没有农村的现代化，没有农村的现代化，就没有整个中国的社会主义现代化。

让信息化惠及首都三农，将更为艰巨和紧迫。北京市西南五区包括石景山、丰台、门头沟、房山、大兴区，位于北京西部生态建设带和永定河流域文化带上，地缘相邻，文脉相通，在北京城市文明起源和发展过程中具有重要的历史意义。上个世纪对北京经济发展起到重要支撑作用的基础工业大多分布在该区域，如石景山的首都钢铁、房山的燕山石化与水泥制造、门头沟的煤矿等。近年来，以高新技术、现代制造和现代服务业为主，在我市产业结构快速调整的同时，我市区域经济格局也快速变化，海淀、顺义、朝阳等北京城北和城东部地区经济发展尤为迅猛。相比之下，北京西南部地区经济和社会发展相对滞后，西南五区以占全市近30%的土地面积贡献了12.7%的地区生产总值和6%的地方财政收入。对此课题组对西南五区进行了调研和分析，结论是要大力发展“三农信息化”建设，带动经济的增长，以实现区域之间的和谐发展。

一、西南五区三农信息化现状分析

三农信息化是我国信息化的重要领域之一，是建设现代农业的必然选择和十分重要的推动力量，定义为现代信息技术、网络技术等在农村范围内对以农户为主包括农村管理部门、农业企业等主体在内的在政治、经济、文化、社会等各个方面的渗透和影响，包括农村政务信息化、农村经济信息化、农村文化信息化、农村社会信息化和农村宏观管理信息化。

调查结果显示，近两年来，北京市西南五区农村信息化基础设施装备水平有了明显提高，信息化对现代农业、农村公共服务和社会管理的支撑能力也显著增强，乡村两级信息化服务组织也得到充分发展，农业和农村信息化可持续发展机制正在逐步完善，农村信息化对首都北京发展现代农业和建设社会主义新农村的支撑作用日益明显。

北京市农村信息化基础条件较好，但不同区县发展不平衡，西南地区有待进一步完善。北京市郊区宽带网络入村率达到76%，广播电视村村通达到92.1%，有线电视覆盖率达到90.79%，中小学每百人拥有的计算机数达到11台。每万人拥有的信息化管理服务人员为1.6个。每千人中接受过信息化方面的培训的农民为42个，80%的区县有专门的农村信息化管理机构，郊区信息化资金投入达1.2亿元，其中信息化专项资金投入544.8万元。北京市西南区农村共有农村信息员2743个，平均每村达到1.3个。每年信息化培训的农民达7.67万人。

进一步完善基础设施建设是北京市农村信息化发展的一个重要内容。北京市西南区农村每千人拥有的数据库资源平均达到19.5M，不同地区之间差距较大，最多的达到130M，有的地方还未将农村信息资源建设纳入农村信息化建设的议程当中。西南区农村信息资源开发和整合的效果还不大，不同地区差异比较明显，农村信息资源开发和整合缺乏整体规划，效果不太明显。

农村信息化的一个重要方面就是农村管理信息化。在西南区中共有农村管理系统11个，其中丰台区和大兴区管理信息系统项目最多分别达到3个。在农村管理信息系统当中，地理信息系统数据为最多，达到5个；其次是土地利用管理信息系统和农村资源管理平台，分别达到4个和2个。

北京市郊区共有10个类别的农业生产管理系统，其中4个区县建成了农业专家管理系统，农产品溯源管理系统建行的频率也达到4个，农场管理系统也有2个，温室自动化管理系统1个，农产品标准化生产系统1个。这其中大兴区的农业生产信息管理信息系统较多，达到4个，丰台区则没有农业生产管理系统。农业生产管理信息化是北京市农村信息化下一步推进的一个重要方面，如何将农村信息化和建设都市型现代农业相结合是一个亟待研究的课题。

北京西南区的各个乡镇均建立了政务办公专网。石景山区、大兴区拥有独立域名的乡镇比例较高，但建有乡镇政务办公系统的乡镇比例较低，乡村联网的比例也很低，乡村（镇）政务办公体系非常不协调。房山区和丰台区的乡村政务办公系统相对来讲更加协调一些，但水平还有待提高（见图）。

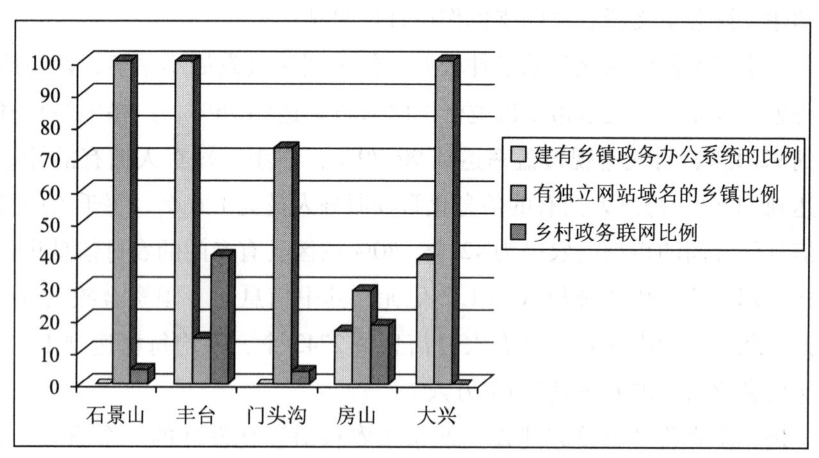

图1　村政务办公信息化水平

随着信息化的不断深入，北京市郊区的农村社会事业信息化也开始起步。北京市西南区农村84.3%的区县实现了“校校通”宽带，育龄妇女管理系统和劳动就业管理系统的行政村覆盖率为60%，“万村千乡”农村连锁店的覆盖率及新型合作医疗系统的行政村覆盖率也达到了50%，但是包括灾害应急系统、远程教育系统、疾病监测系统等信息管理系统的行政村覆盖率均不到50%。北京市郊区农村的社会事业信息化是进一步促进“和谐北京”建设的重点。

因此，西南区农村信息化整体应用水平不高，各个地区之间差异较大。如何将农村信息化建设和北京市新农村建设相融合；如何将农业信息化建设与北京市都市型现代农业建设相融合；如何将农村信息化与北京市可持续发展相融合等一系列提高农村信息化应用水平的战略研究亟待进行。

二、西南五区农业信息化中存在的问题

通过调研与专家论坛，发现我市西南五区“三农信息化”存在的问题如下：

（一）信息化整体推进能力偏弱，整体发展水平不高，工作机制尚未真正落实

北京市农村信息化存在明显的“上多下弱，横向难做”难题。市科委、市农委、市信息办等各机构都在推进农村信息化，但信息化整合水平不高，西南五区三农信息化发展亟待整合。各个部门、各个区县各管一摊，而对于农村信息化的整体推进则缺乏战略规划。首先是对于信息办和信息中心的职能定位不清，有的区县缺乏专门的农村信息化管理机构。其次是信息化工作机制不畅，表现在区县信息化主管部门缺乏职权，乡镇缺乏信息化主管人员的编制和专门人员。

（二）信息化对新农村建设和都市型“现代农业”的支撑作用有待进一步挖掘

新农村建设和都市型现代农业是北京市的重大发展战略，信息化是统筹城乡发展和现代农业建设的重要支撑。然而，北京市农村社会事业信息化的行政村普及率平均只有 19.67%；农村管理及生产信息化的普及率平均为 17.33%；村级政务管理信息化的普及率也只有 23%。很多人仅仅把信息化停留在“网络化”甚至“网站化”的简单意识上，农村信息化对于北京市新农村建设和都市型现代农业发展的作用还有很大的潜力可挖掘。

（三）信息服务站点对于农民生产生活的作用还未充分发挥，信息化培训依然难以满足需求，远程教育培训还没有得到充分利用，信息依然是制约增加农民收入的问题

所调查的 135 个村庄中共有农村信息服务站 45 个，爱农驿站 19 个，远程教育站点 18 个，数字家园 20 个，村自建信息服务室 36 个，其他信息

服务站点8个，平均每个村有1.1个信息服务站点。然而，通过农村信息服务站点解决过生产生活问题的农民只有43个，也就是说只有8.7%的农民通过农村信息服务站点解决过生产生活中出现的问题，一年中这8.7%的农民解决的问题为112个，平均每个农民解决的问题不到3个。农村信息服务站点的利用效率非常低。

201个接受调查的农户接受过如何使用电脑的培训，约占调查农民中的40.6%，每位农民平均接受培训的时间是8.56天，在培训当中自费的比例占20.4%，一般而言，政府的培训是免费的。还有村集体培训了160个农户，约占调查农户的32.3%，照此推算，绝大部分农户还未接受过如何使用电脑或上网的培训。农民在信息化方面的培训远远不能满足农民的需求。但值得肯定的是接受过培训的农民一般都对培训的结果表示满意。

接受远程教育站点培训的农民约为60户，仅占所有调查农户的12.1%，其中，7个农民为自费。我们假定政府的培训一般是免费的，也就说只有53个农民接受过政府组织的远程教育培训，约占总的调研农户的10.7%，也就是说100个农民当中只有10个参加过政府的远程教育培训。远程教育站点和资源远远没有得到充分利用。

目前，约有48.7%的农户得不到准确信息或者感到消息闭塞。也就是说大约一半的农户还在为信息发愁。当前农民的信息来源主要以电视、报纸、广播、亲友邻居等传统手段为主，网络、专业性会议、协会、技术推广部门的宣传活动等途径也有助于拓展信息来源。电视是农民获取信息的最主要渠道。75.3%的农户接通了有线电视，每户平均可接受43.5个频道，但农业类频道只有平均不到2个。拥有电脑的农户占调查农户的56.7%，其中能够上网的占44.6%，上网时间大概是每个月22小时，每月上网费用平均为79.38元，上网的农户当中95%以上的农民认为网络信息有用或比较有用，但大部分农村的网络化水平不高，农民信息意识不强。信息依然是制约增加农民收入的主要问题，这也应该是农村信息化建设进一步推进的方向。

（四）尚未系统设计西南五区三农信息化体系，亟待研发示范农村应急管理系统，农业电子商务还未见雏形

当前西南五区的三农信息化都是根据需求建立的孤立的业务系统和政务系统，没有一个统一的规划，这对整体的发展是不利的。村镇是农村社会基本的地域单位和聚居形式，村镇相较于城市，人口数量小，在交通、物资、应急设施等方面的发展程度都较弱。而其分布又呈现出分散性，所以需要一个能够纵观全局统筹规划的系统，以应对各种突发事件。发展农业电子商务是十分必要的。通过发展电子商务，可以解决农民朋友的实际困难。信息供给方式的变化，可促进农业生产效率的提高，专业市场的建立为农民增收保驾护航，通过调研发现，西南五区尚未有类似系统研发与使用。

三、对推进农村信息化建设的思考和建议

（一）理顺农村信息化工作机制，形成运作顺畅的信息化工作体制

加强整体规划和战略整合，出台区域信息化整体推进方案；将农村信息化测评和考评工作作为一项长期的制度；实行补贴制度，逐步形成信息化产业链；加强多方合作，解决接入和终端投资难题；信息化建设宜适度超前，分层推进。

加强乡镇一级信息化管理机构，建议由市区（县）财政共同负担，在乡镇一级设立相应的信息化专职负责人员，对上负责按照市区（县）信息化整体推进的“抓手”，对下则整体协调乡镇和村庄两级的信息化整合和推进。另外，在乡镇信息化机构中不断吸收信息化专业人才，推动乡镇信息化进程。一方面要加快对于农村信息员的培训，带动周围的村民；另一方面，加强信息员本地化水平，现在的信息员多为大学生村官，这部分人不太稳定，要充分挖掘本地村民的信息员。

建议由相关部门联合制定并出台新农村信息化整体推进战略或方案，整体推进农村信息化。农村信息化整合包括对于领域角度的整合（政治、经济、文化、社会和党建），区域角度的整合（县、乡镇、村庄、农户），信息系统的整合（用户对象，渠道与管理，应用与服务，信息资源整合，信息网络建设），主体角度的整合（政府、合作组织、大户、农户）等等。形成逐步完善的县（区）域信息化测评机制和测评指标。建议由第三方作为信息化的测评机构，将县（区）域信息化（包括电子政务、政府网站、信息化应用等）测评作为政府考核的一个指标，推动北京市县（区）域信息化建设的不断推进。建议以本次的测评结果为基础，开发县（区）域信息化调查网上填报系统、县（区）域信息化测评管理系统，推动北京市县

(区)域信息化工作考评的机制化、长期化。

当前农村在信息化建设方面与城市存在很大的信息落差，即数字鸿沟。这种信息落差首先是观念的落差。只有通过不断的宣传，以鲜活的实例提高农民的信息意识、网络意识，树立数字化观念，从观念上填平数字鸿沟。农民才能自觉地在信息化方面加大投入，提高农村的整体信息化水平。通过对农民的计算机需求和信息需求的调查可知，农民对计算机的消费并不比城市低。随着城市计算机消费的饱和，农村将成为计算机等信息化产品销售的主要场所和前沿阵地。农村信息市场是一个巨大的潜在市场，这里有两个问题需要关注：首先是如何将潜在的市场转化为真正的市场，这里面一方面需要政府的支持和补贴，另一方面企业要更多的关注农村市场，生产出更多的适合农村需求特点，大多数农户可以承受的产品。政府也可通过适当的手段鼓励企业的这种创新行为。其次，政府要关注信息市场法制和法规的建设，不断研究信息市场，建立信息市场的标准化、产权化和法制化的运行基础。建议政府以农民需求为出发点，探索由农户、企业、政府等主体形成的农村信息化产业链。政府通过对于农户购买电脑的补贴启动这个产业链。

抓住建设社会主义新农村的有利时机，取得政府支持，制订信息化新农村、新农民标准，将电话、宽带入户率，会上网、会查询的村民比率等指标纳入信息化新农村建设的考核体系中，由村委会定期组织以村民小组长为主的人员进行学习，强调信息致富，转变农民观念。改变现在单纯的培训手段，充分利用已有的新农村示范点的数字家园等资源，以4－5个村为单位，以新农村示范点为农村信息化培训基地，充分发挥已有资源的利用率。也可以利用中小学寒暑假期间和网上的教育资源对农村进行信息化培训。形成“以用促学，以比促学”，以信息化培训促进农民素质提高，推动新农村建设。

在国家普遍服务基金或地方政府的相应补贴政策出台前，积极寻求各方支持，开展由政府、企业、合作社、农户共同参与的“信息化共赢计划”，完善信息化的普惠制度，积极和终端厂家合作，采用灵活、实用的技术，提供低端、稳定、不需要经常升级的简易电脑和操作系统。考虑与广电等运营商联合共建，降低接入和终端投资成本。联合银行、农村信用社等，共同为农村用户提供终端分期付款计划等。在做好技术经济可行性分析的前提下，采取多种方式和手段寻求适合农村通信建设的模式，如可以考虑将宽带光纤接人到村镇，无线通信网络连接到农户。

农村信息化建设应分层推进，通信设施的建立和改善要因地制宜。在经济发达地区加快发展，在经济欠发达地区加强引导。在农村经济较发达、农民素质相对较高的地区争创“农村信息化村”、“农村信息化镇”。加大对人口密集的集镇、有业务需求的农村和交通沿线的发展力度。在农村经济欠发达地区，借鉴公话超市模式，建立公用宽带超市，明确收费模式，降低门槛，让农民尝试和学习上网知识，培养用宽带使用习惯。

（二）搭建一个平台、构建三个系统

搭建三农综合信息服务平台，构建农村电子政务系统、农业电子商务系统和农民信息服务系统。稳步推进，分步实施，为西南五区的三农信息化打下坚实基础。

三农信息化是一个涉及多部门、多学科的综合系统工程。其中，政府起到了主导作用，引领各个部门、企业参与农村信息化，政府是农村信息化发展的主体；企业尤其是涉农企业是农村信息化的领头军，在三农信息化过程中不仅提供相关技术和信息，同时还起到模范示范作用；高校科研机构为农村信息化开展相关技术研究，为三农信息化提供科技支撑，承担培养农村信息化人才的责任；社团组织（协会）充当政府、企业、市场和农户之间的纽带，是一支新生的力量；农民是三农信息化主要的参与者和受益者，让广大农民从中受益是三农信息化的主要目的之一。

在一个平台、三个系统的基础上，基于三层网络结构，实现八项工程。具体包括：农村环境信息化、农村社会经济信息化、农业生产信息化、农村科技信息化、农村教育信息化、农业生产资料市场信息化、农产品市场信息化、农村管理信息化等等。

农村管理信息化是实施农业科学决策的重要手段。保证宏观决策的合理化、经营管理的现代化和生产过程的科学化，为生产和管理者做出科学而有效的决策提供支持是农业信息技术应用的目的之一。农村管理信息化能促进政府职能的转变，逐步树立公开、透明、公正、高效的政府形象，减少工作环节和工作环节中人、财、物的浪费。该项工程包括：农村党政管理、农村信息化建设绩效考核、农村管理信息化应用和农村财务管理系统建设。

土地、大气、水等资源广泛分布在地球表面，且不断地发生着变化。

农村资源的合理利用以对资源的分布、性质及其利用的变化等实时性资料为基础，这些用常规技术是无法实现的。建立农村资源、环境信息网络，主要完成农村资源环境管理系统和农林畜应急信息管理系统。这样可以及时了解农村资源和环境变化，正确制定相应的政策与对策，既高效利用资源，又保护生态环境，实现农业可持续发展的目标。农村资源与环境的信息化是整个农村信息化系统的重要基础。

农业生产过程的信息化是指植物栽培、动物养殖管理的自动化、网络化和智能化，从而大幅度提高农业生产的精确度，最大限度地降低资源的消耗，达到农业生产的高效益。农作物品种与栽培技术，特别是时刻都在变化着的气象与病害，形成了农业生产的不稳定性。农业生产常因对气象与病虫的变化了解不及时，掌握不准确，或不能采取正确对策，而产生重大损失。农业生产信息化将会促进农业生产结构的进步，传统的高耗、低效型的生产结构将被新兴的低耗、高效的生产结构所替代；以计算机和现代通信技术为主的农业信息技术在农业上的广泛应用，将促进农业生产过程实现自动化、高效益化，传统的农业生产方式得以改造，农业生产效率将大幅度提高，生产成本下降；现代技术的运用，将加快新品种选育，提高病虫害预测预报和防治水平，减少损失，增加产出，获得更大的效益；新技术的应用，提高人类对自然的认知能力，最大限度地控制和利用水、土、气等自然资源，减少农业生产的不稳定性。建立农业生产管理系统，主要包括：作物管理辅助决策支持系统、农产品产前产中可追溯系统、精细农业技术体系试验示范工程、农产品在线订单系统。

农产品市场问题直接关系到农民的收入和一个地区的经济发展。为了使各地农产品销路畅通、供销协调，建立以计算机联网为基础的农产品市场信息网络是一项关键性的措施。农产品市场信息化将农产品的市场供求和价格等信息全面、系统、及时、准确地上网运行，并逐步开展农产品电子商务，从而达到保证基本农产品的充足供应和销路畅通、保证合理稳定的市场价格、保证合理有序的市场竞争、保证清晰的市场透明度等目标，使其成为引导农民调整农业产业结构和产品结构，发展优质、高效农产品生产，开拓国内外市场，增加收入的重要手段。建立农业产业化管理系统。主要包括：农产品产销信息服务系统、农产品网上交易系统、农产品仓库管理系统、农产品物流调送系统和民俗旅游网、特色农产品数字生态系统。

农业生产资料市场信息化是将种子、种苗、种畜、化肥、农药、饲料、兽药、农业机械、农用薄膜等各种农业生产资料的供求信息建立数据库上网运行，并逐步开展农资电子商务，从而加快农业生产资料供求信息的传输和交流，降低经营成本，减轻农民负担，杜绝假冒伪劣农资侵害农民利益的现象，促进农资生产和经营企业效益的提高和农业生产的发展。农业生产资料市场信息化，可以减少市场存在的种子、化肥、农药、农业机械、农用薄膜等各种生产资料的供需矛盾。同时，农业生产资料市场信息化，能够加大政府对生产资料市场的跟踪监管的力度、及时性和科学性，在最大限度上保护农民的利益；加强政府对企业和生产者市的指导，推进市场建设的规范性发展。主要包括农机管理系统和农业生产资料管理系统。

以“三个代表”重要思想为指导，以科学发展观为依据，紧紧围绕首都率先基本实现现代化的战略目标，全面推进现代信息技术在政务、经济和社会各领域的广泛应用，通过实施信息化带动战略，为农民增收致富服务，为农村经济和社会发展服务，为实现城乡统筹发展的战略目标服务。

（三）构建西南五区农业（农村）应急公共服务信息采集体系

开发应急公共服务信息集成系统平台，实现农业（农村）应急预案的管理、调整及执行效果的动态跟踪，为农村应急预警指挥提供决策支持，实现灾害面前少损失甚至不损失，保证广大农民的生命财产安全。

建立起一个覆盖集监测、指挥、预警等协调一体的网络平台，既可以将各点数据进行采集，又可以对数据进行集约化的集中管理、智能分析，并将结果进行发布。为此，我们设计了一个整体的解决方案，由以下几个部分组成：一个平台、两个体系、四个层次、十大应用。我们的目的是希望通过一套平台系统对类似业务进行覆盖，面向进行统一的服务。

一个平台：数据融合信息平台。作为整个业务网络的基础平台，所有的系统功能都基于融合平台进行配置开发，统一管理。两个体系：安全保密体系作为整个网络平台的基本保障。通过管理中心进行统一控制，掌握系统所有用户的身份认证。信息标准体系制定了一系列标准规范，方便和第三方系统进行接口和整合。四个层次：网络硬件层。即基础的硬件设施和网络条件。业务支撑层——系统的所有应用是利用融合信息平台作为支撑，利用其可自由定义、数据与通讯结合的平台特点，所有的功能都是通过该平台生成的。保证应用技术的统一，规避维护、升级的风险。数据层

——数据的存储中心，负责数据的存储、检索、统计、分析等。业务应用层——所有有应用功能的集中展现，包括各个应用功能。十大应用：定位数据采集、定位图像采集、信息门户、交互咨询、数据建模、统计分析、决策支持、远程指挥、远程控制、远程培训等应用系统。

采用GIS、GPS、RS、三维虚拟可视化技术和无线网络传输技术，将反映农村动态的主要数据结合起来，利用数学模型技术、数据挖掘方法，对紧急事件的状态进行评估、预测、预警，为迅速实现应急动员和决策提供强有力保障。

执笔人：刘广利　民革党员，中国农业大学副教授

以房山云居寺　门头沟潭柘寺　戒台寺为基点 打造京南汉传佛教特色主题旅游区

民进北京市委员会

以房山云居寺、门头沟潭柘寺、戒台寺为基点，打造经京南汉传佛教主题旅游区，对于弘扬中华文化、发展地方经济具有重大的历史意义和社会意义。

一、佛教文化源远流长，京南皇家寺庙文化资源亟待整合

（一）佛教文化是中华文化的重要组成部分

佛教是崇尚和平的宗教，自汉代传入我国以后，与我国本土的文化经过长期的相互交流融合，形成了独具中国文化特色的佛教文化，已经成为中华民族文化的重要组成部分，在历史上对我国社会和民族起到了极其重要的和谐凝聚作用。胡锦涛总书记在十七大报告中对文化的发展做了特别的论述，他说："当今时代，文化越来越成为民族凝聚力和创造力的源泉，越来越成为综合国力竞争的重要因素……弘扬中华文化，建设中华民族共有精神家园。中华文化是中华民族生生不息，团结奋进的不竭动力。"佛教文化不仅对我国古代文明的建设起到举足轻重的作用，而且影响至今，深入民间，遍及世界，对传承中华文明、促进社会和谐、团结世界华人、沟通两岸交流具有积极的、巨大的现实意义，对保证我国的社会稳定、长治久安具有深远的历史意义。

（二）佛教文化仍有很大的生命力和影响力

中国现有宗教信徒1亿多人，中国宗教界与世界上70多个国家和地区的宗教组织保持着交往和联系。中共中央历来对宗教事业给予高度重视，宗教界是统一战线的重要组成部分，宗教界人士广泛参与国家政治生活，

其中担任各级人大代表、政协委员者达1.7万人。

佛教文化的政治价值、社会价值、文化价值和经济价值所具有的巨大潜力有待开掘，尤其作为六朝古都的北京，具有丰富深厚的佛教文化遗产，除雍和宫等少数寺庙外，对这一巨大文化宝库大都缺乏开发和利用的规划。

京南的辽金寺庙区具有独特的文化特色和重要历史价值，其中现存的云居寺、潭柘寺、戒台寺等基本处于各自经营的状态，有关部门还没有将其视为一个有机整体来制定统一的经营发展规划，形不成规模效益，潜力远远没有被挖掘，影响力与雍和宫无法比拟。而这些寺庙与雍和宫相比，无论是在历史上的影响力还是具有的文化、宗教价值和意义都毫不逊色。

（三）京南皇家寺庙区具有独特的人文价值和景观价值

这里讲的辽金皇家寺庙区，是指以位于房山区云居寺、门头沟区潭柘寺和戒台寺等，由全国和北京市重点文物单位组成，始建于辽金时代甚至之前的寺庙区，这些寺庙屈曲蜿蜒，连缀成一条生机勃勃的巨龙。

1. 云居寺与房山石经。云居寺始建于隋大业年间（公元605—618年），至辽圣宗时期（公元983—1011年）形成五大院落、六进殿宇，金、元、明、清各代都有修葺。1942年遭到日本侵略军轰炸毁环。寺的南北有两座辽塔对峙，南塔又称藏经塔，地下有藏经穴，塔已无存。北塔原名舍利塔，又叫罗汉塔，高三十米。下部为楼阁式，中间空，有磴道可登；上部是覆钵形，有相轮、宝顶。这种建筑形式在中国现存古塔中极具特色。塔的四面各建有一座三米多高的小唐塔，为唐景云二年（公元711年）至开元十五年（公元727年）间所建。五塔形成一个整体，为中国金刚宝座塔（五塔）的早期实例。寺内及周围山上还有唐、辽、明各代建造的砖、石塔十余座，其中以石刻大藏经创始人静琬的墓塔——琬公塔和为纪念唐代金仙公主捐助刻经事业而建的金仙公主塔最为著名。

云居寺虽然被炮火所毁，但闻名于世的石刻大藏经埋藏地下，保存完好。云居寺石经始刻于隋大业年间。当时高僧静琬继承其师北齐南岳慧思遗愿，在石经山刻石造经。唐贞观十三年（公元639年）静琬逝后其弟子玄导、仪么、慧暹、玄法又相继主持刻经事业，历经隋、唐、辽、金、元、明诸朝，延续千载，至明末。经版藏于石经山九个山洞中，其中藏经最早也最重要的是第五洞穴，称雷音洞。静琬最初所刻的一百四十六块石经镶嵌于洞内四壁之上。洞中央有四根八角形石柱，每根柱上均有浮雕佛像，共一千多尊，称千佛柱。由于山洞藏经贮满，辽金时代续刻的经版就没再运上山，而藏于云居寺南塔下地穴中。中国佛教协会于1956年在政府支持及全国佛教界的协力下对这一举世无双的重大文化遗产进行了发掘，历时三年，完成了发掘和拓印工作，并在随后组织力量整理研究，编印了《房山石经》，现正在陆续出版中。云居寺石经共镌刻佛教经籍一千余部、三千余卷，有经版一万四千多块。它不仅是佛学研究的巨大宝藏，而且因为唐代石刻的底本，大部分是依据唐金仙公主奉赠的宫廷抄录本，辽金刻本是依据久已失传的《契丹藏》，在文字上与一般本子有很大出入，所以还是校勘现有佛教木刻经籍的实物根据。石刻对研究古代社会、探讨金石、书法艺术的发展也有很高的学术价值。

云居寺还供奉有佛舍利，这些佛舍利是1981年在雷音洞内地下发现，密封在层层套装的五个石函、银函、玉函中。函盖上刻有安置年月，函内有供奉佛舍利的珠宝。中国佛教协会1987年4月曾隆重举行迎请法会，接待佛教徒瞻礼和国际友人观光。云居寺殿堂从1985年起由政府资助和海内外一些团体集资修复。云居寺始建于隋末唐初，经过历代修葺，形成五大院落六进殿宇。两侧有配殿和帝王行宫、僧房，并南北两塔对峙；寺院坐西朝东，环山面水，形制宏伟，享有“北方巨刹”的盛誉。1942年云居寺被日军炮火夷为废墟。1985年成立云居寺修复绿化委员会，进行了一期修复工程和周边绿化。1998年后，进行了石经回藏及二期修复工程。目前，云居寺已恢复了昔日的庄严。云居寺不仅藏有佛教三绝与千年古塔，而且珍藏着令世人瞩目的佛祖舍利。舍利（佛教名词）意为尸体或身骨，相传释迦牟尼遗体火化后结成的珠状物。1981年11月27日在雷音洞发掘赤色肉舍利两颗，这是世界上唯一珍藏在洞窟内而不是供奉在塔内的舍利，与中国北京八大处的佛牙、陕西西安法门寺的佛指，并称为“海内三宝”。为千年古刹增添一份祥光瑞气。

2. 先有潭柘寺后有北京城。潭柘寺，位于北京西部门头沟区东南部的潭柘山麓，距市中心30余公里。寺院坐北朝南，背倚宝珠峰，周围有九座高大的山峰呈马蹄形环护，宛如在九条巨龙的拥立之下。高大的山峰挡住了从西北方袭来的寒流，因此这里气候温暖、湿润，寺内古树参天，佛塔林立，殿宇巍峨整座寺院建筑依地势而巧妙布局，错落有致，更有翠竹名花点缀其间，环境极为优美。潭柘寺距今已有1700多年历史，是北京最古老古寺。

潭柘寺始建于西晋永嘉元年（公元307年），寺院初名“嘉福寺”，清代康熙皇帝赐名为“岫云寺”，但因寺后有龙潭，山上有柘树，故民间一直称为“潭柘寺”。素有“先有潭柘寺，后有北京城”的民谚。潭柘寺规模宏大，寺内占地2.5公顷，寺外占地11.2公顷，再加上周围由潭柘寺所管辖的森林和山场，总面积达121公顷以上。殿堂随山势高低而建，错落有致。北京城的故宫有房9999间半，潭柘寺在鼎盛时期的清代有房999间半，俨然故宫的缩影，据说明朝初期修建紫禁城时，就是仿照潭柘寺而建成的。现潭柘寺共有房舍943间，其中古建殿堂638间，建筑保持着明清时期的风貌，是北京郊区最大的一处寺庙古建筑群。整个建筑群充分体现了中国古建筑的美学原则，以一条中轴线纵贯当中，左右两侧基本对称，使整个建筑群显得规矩、严整、主次分明、层次清晰。其建筑形式有殿、堂、阁、斋、轩、亭、楼、坛等，多种多样。寺外有上下塔院、东西观音洞、安乐延寿堂、龙潭等众多的建筑和景点，宛如众星捧月，散布其间，组成了一个方圆数里、景点众多，样式多样，情趣各异的旅游名胜景区。

潭柘寺不但人文景观丰富，而且自然景观也十分优美，春夏秋冬各有美景，晨午晚夜情趣各异，早在清代，“潭柘十景”就已经名扬京华。如今的潭柘寺，殿宇巍峨、庭院清幽，殿、堂、坛、室各具特色，楼、阁、亭、斋景色超凡，古树名木、鲜花翠竹遍布寺中，假山叠翠、曲水流觞相映成趣，红墙碧瓦、飞檐翘角掩映在青松翠柏之中，殿堂整齐、庄严宏伟。已故中国佛教协会会长赵朴初先生曾写联赞曰：“气摄太行半，地辟幽州先。”

3. 乾隆皇帝青睐的戒台寺。戒台寺位于北京市门头沟区的马鞍山上，始建于唐武德五年（公元622年），原名“慧聚寺”。辽代高僧法均在此建戒坛，四方僧众多来受戒，故又名戒坛寺，寺内因拥有全国最大的佛寺戒坛而久负盛名。寺院坐西朝东，中轴线上依次排列山门殿、钟鼓二楼、天王殿、大雄宝殿、千佛阁（遗址）、观音殿和戒台殿。其中戒台是中心建筑。殿宇依山而筑，层层高升，甚为壮观。西北院有中国最大的戒坛，与泉州开元寺、杭州昭庆寺戒坛并称中国三大戒坛。

戒台寺尤以松树出名，“潭柘以泉胜，戒台以松名，一树具一态，巧与造物争”，活动松、自在松、九龙松、抱塔松和卧龙松，合称戒台五松。每当微风徐来，松涛阵阵，形成了戒台寺特有的“戒台松涛”景观。寺院建筑格局独特，主要寺院殿堂坐西朝东，中轴线直指距离70公里的北京城，建筑样式基本是辽代风格。从千佛阁遗址往北拐，首先看到一个两进的四合院，院内幽雅清静，自清代以来，这里以种植丁香、牡丹闻名，尤其黑牡丹等稀有品种，更是锦上添花，故称牡丹院。清恭亲王奕䜣曾在这里隐居10年。牡丹院的建筑风格别具特色，它将北京传统的四合院形式与江南园林艺术巧妙融合。寺内的戒坛，其规模是在辽咸雍年间形成的，人们称其为“天下第一坛”，是中国佛教史上最高等级的受戒之所，虽历尽沧桑，仍保存完好。

乾隆帝曾多次来戒台寺赏玩，并留下多处墨宝真迹。大雄宝殿的“莲界香林”、戒台殿内的“树精进幢”两块匾额均出自乾隆皇帝之手。原千佛阁“智光普照”匾额、“金粟显神光，人天资福；琉璃开净域，色相凭参”的楹联也是出自乾隆帝的手书，不过随着千佛阁被破坏，现已不存。

二、建议以房山云居寺、门头沟潭柘寺、戒台寺为基点，打造中国汉传佛教主题旅游区

佛教在中国已有两千年的发展史，它在推动文化繁荣、促进民族团结、维护社会安定、扩大对外友好交流等方面都有着积极、独特而巨大的贡献。遗憾的是，至今在我国没有一个真正意义上的汉传佛教主题旅游区，而通过建立一座具有规模的佛教主题旅游区继承佛教优秀的历史传统，从而调动全国佛教徒紧密团结在党中央周围，发挥其在经济社会发展中的积极作用，对抑制邪教、净化社会具有特殊的重大的意义。北京乃全国首善之区，也是全国历史文化之中心，而且佛教文化普及发达，将佛教主题旅游区建造于京城是不二之选。

汉藏地区很多寺院中尚保存着大量的珍贵古籍和各种文物，基本上都处于缺乏现代化保护措施的状态中，如果能于北京建立一座较大规模的中国佛教博物馆，可对全国寺院保护古籍和文物起到示范作用，能够更好地整合佛教文化的相关资源。

“汉传佛教旅游区”的建立不仅对于继承民族文化，构建和谐社会，凝聚世界华人和佛教僧众，增强中国文化在世界范围的影响和地位具有重

大意义，还能很好地推动京南的文化旅游产业，盘活区域绿色经济建设。

三、打造京南汉传佛教主题旅游区的具体建议

（一）尽早立项，对京南佛教旅游文化资源开发进行调研与整合

在党的“十七大”精神指导下，进一步解放思想，更新观念，重新认识佛教文化的内涵、价值及其对当今社会主义建设可能发挥的积极作用，应充分认识到特色文化旅游区建设有利于落实科学发展观，弘扬民族文化，构建和谐社会。

建议政府及相关部门对京南的佛教旅游文化资源进行深入科学的调查研究，可考虑先行成立一个文化旅游公司，对佛文化旅游产品实施统一的组织、设计、生产、销售，提升产品的整体品位和质量，结束目前良莠不齐的混乱局面；组织编写出版皇家寺院与民间寺庙旅游文化书籍；打造佛家餐饮一条龙服务体系。将皇家寺庙作为一个整体看待，统一规划，科学调研，逐步实施，力争在五到十年内，建设成为以云居寺、潭柘寺和戒台寺辽金佛教文化中心，打造以佛教文化为特色的主题旅游区，拉动京南经济文化的快速发展。

（二）依托云居寺建立“汉传佛教旅游区”，带动京南区域游经济

以云居寺为核心地域建造“汉传佛教旅游区”，以此打造京南佛教文化龙头形象，从而形成拉动整个区域内佛教文化旅游的经济巨龙，形成以汉传佛教文化为特色的文化旅游经济区，带动周边相关产业的腾飞和发展。可以说，“特区”的建设是整个京南汉传佛教文化旅游经济的关键步骤、点睛之笔，只有龙头带动，巨龙才能腾飞。

建设佛教旅游区的资金来源可参照政府恢复打造天津大悲院和河北柏林寺的方式来解决。建议中国佛教博物馆的投资资金由中央财政和北京市政府、区政府各支持三分之一，佛教界自筹三分之一的方式解决。

（三）发掘云居寺等历史文化潜力，共振京南佛教旅游经济文化区建设

云居寺素以血写经书、梵宫塔影、塔中舍利、求佛护佑著称于京城，但随着寺庙建筑的颓败，与云居寺相伴的民俗文化也随之销声匿迹。如何重振云居寺往日风采，再创新的辉煌，使云居寺文化旅游价值得以充分发

挥是佛教旅游经济文化建设的重要一环。

1. 应进一步加强云居寺石经和古塔的保护工作。利用科技手段，攻克砖塔日益风化的难题，恢复“灯明三百六十点，风撼三千四百铃”的胜景，为京城再增添一道绚丽的景致。

2. 应着力宣传云居寺的历史文化地位及价值。可考虑采取公关措施迎奉法门寺佛指舍利到云居寺做短暂供奉，借助法门寺的巨大影响力提升云居寺的知名度。暗示云居寺塔中具有同样祥瑞圣物，喻其地位可与法门寺相提并论，吸引更多游客和信众参观、朝拜。

3. 在原有基础上继续修缮，宣扬云居寺文化固有价值。云居寺是佛教经籍荟萃之地，寺内珍藏着石经、纸经、木版经号称“三绝”。“石刻佛教大藏经”始刻于隋大业年间（605 年），僧人静琬等为维护正法刻经于石。刻经事业历经隋、唐、辽、金、元、明、六个朝代，绵延 1039 年，镌刻佛经 1122 部、3572 卷、14278 块。据调查，近年国家出巨资重修了云居寺，对于石经加以现代科技的保护，又进一步修缮了寺内建筑从而恢复了往昔的风采。

4. 云居寺周边环境需要进一步改善。寺庙停车场地狭小，周围没有中上品质的佛教相关市场，严重制约云居寺旅游文化产业的发展。建议政府尽快进行寺院周边环境的整治，完善旅游设施，培育以佛教文化为特色的旅游经济环境，倡立文化市场建设，逐步形成佛教文化产业。

如果能够在京南区域建立“汉传佛教主题旅游区”，打造以云居寺、潭柘寺和戒台寺为基础的佛教旅游经济文化区，必能带动首都京南区域绿色经济的可持续发展，促进社会稳定和谐，提升首都文化内涵。

执笔人：夏颖　民进北京市委员会议政调研处干部，法律硕士

全面认识西南五区生态功能及其辐射作用 统筹推进北京市发展

高吉喜

一、引言

随着对科学发展观认识的加深，自然生态系统水源涵养、固碳释氧、防风固沙、生物多样性维持等服务功能对区域经济社会可持续发展的支撑与促进作用日益受到人们的关注。首都西南五区在行政区域上属于石景山、丰台、大兴、房山、门头沟五个区，林木覆盖率在40.7%以上，该区域的山地生态系统具有很高的生态服务功能与生态价值，对于确保区域生态安全，支撑西南五区发展，促进北京市全市经济社会的持续发展具有重要意义。

然而，目前西南五区虽然将生态保护作为重点任务，提出协同发展生态旅游、现代服务等环境友好产业，但由于经济发展相对滞后，发展意愿强烈，加之对生态系统服务价值的认识相对模糊，以及缺失支撑生态服务价值的相关政策与措施，所以一定程度上北京市对五区所关注的核心仍然是区域GDP。因此，充分认识西南五区的生态服务价值，及时将生态保护提升到北京市经济社会发展的全局，对西南五区及北京市已是当务之急。

本文以西南五区自然生态系统的服务功能及其辐射效益研究为基础，从生态系统服务功能的角度，探讨了西南五区生态建设的紧迫性与必要性，并提出生态系统服务功能维育的相关政策建议，以期为西南五区生态建设，乃至北京市的生态安全和区域经济社会的可持续发展提供理论参考。

二、西南五区生态服务功能评估

生态系统服务功能是指草原、森林、湿地等自然生态系统所拥有的可以支撑人类生存和区域经济社会发展的能力，包括物质生产、水源涵养、防风固沙、土壤保持、生物多样性维护等作用与效益。西南五区是北京市最好的山地生态系统之一，具有很高的生态服务价值。

（一）水源涵养功能

森林的水源涵养功能是一个动态发展中的概念，其内涵随着人们对森林与水关系认识的不断深入而变化。广义的水源涵养功能是指“森林生态系统内多个水文过程及其水文效应的综合表现”。根据北京市西南五区森林生态系统特征以及大气降水情况，对森林水源涵养服务功能评估发现，西南五区森林贡献了全北京市森林涵养水量的27%，其中，门头沟区森林贡献率最大（10.69%），其次为房山区（10.02%），石景山区因其森林面积相对较小而贡献率较低。但是从单位面积森林涵养水源能力来看，大兴区和丰台区森林涵养水源能力相对较高，而门头沟区和房山区森林因为土壤物理结构相对较差，涵养水源能力相对低（如图1）。

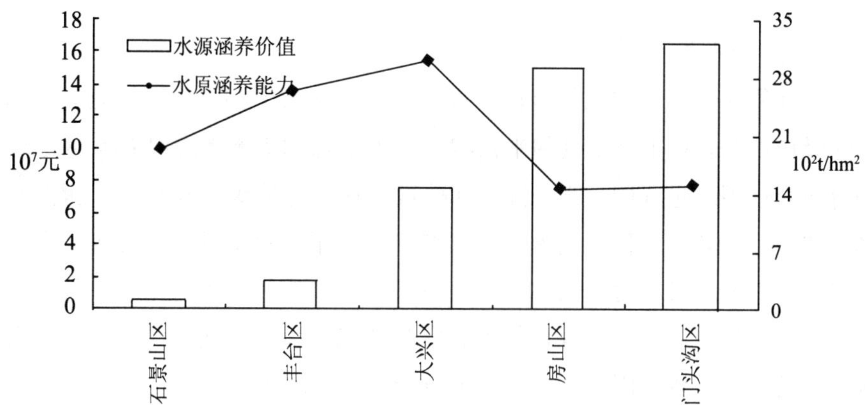

图1　西南五区森林水源涵养的年价值与能力

（二）防风固沙功能

在干旱、半干旱地区，森林林木能够有效阻挡、降低风速（朱廷耀等，2001），从而大大削弱风的挟沙能力；植物根系也能固紧沙土、改良土壤结构，提高土壤抗风蚀性能，从而起到控制风蚀的作用，逐渐把流沙变为固定沙丘。防风固沙林作用的实质就是通过营造具有一定走向、配置结构和宽度的防护林带，来影响气流的运动速度、方向及流场，进而控制流沙，达到防风阻沙的效果。根据北京市西南五区森林面积、防沙固沙能力以及潜在沙化土地的数量，可以确定不同区县森林防沙固沙服务的贡献差异（如图2）。可以看出大兴区森林防沙固沙功能最为有效，其次为房山区和门头沟区，石景山区的潜在沙化土地很少，因此其森林的防沙治沙功能未能体现出来。

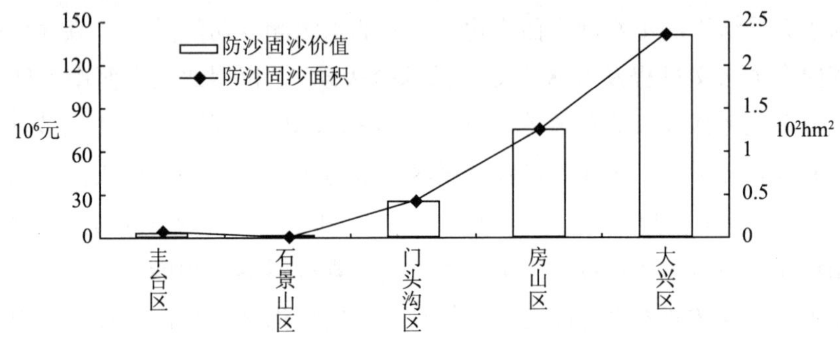

图2　西南五区森林防沙治沙的年价值与能力

（三）固碳释氧功能

森林的固碳释氧功能是指森林植被层、凋落物层和土壤层的光合作用和呼吸作用综合影响下实现的平衡状态。由于森林生态系统以 CO_2 为原料进行光合作用的过程中，不仅固定和储藏了碳，同时释放出了 O_2，因此森林在减缓温室效应、稳定气候方面起着重要作用，对于维持人类的生存与发展具有重要意义。对北京市森林生态系统固碳释氧服务的差异进行分析发现，门头沟区和房山区森林年固碳释氧功能最大，其次为大兴区和丰台区，而石景山区森林固碳释氧服务价值最小（如图3）。

（四）生物多样性维持功能

在各类生态系统中，森林拥有最高的生物多样性，是世界生物多样性的分布中心（张颖，2002）。这是因为森林生态系统具有多种生态服务功能，它不仅为各类生物物种提供繁衍生息的场所，而且还为生物及生物多样性的产生与形成提供了条件，同时，森林生态系统通过生物群落的整体

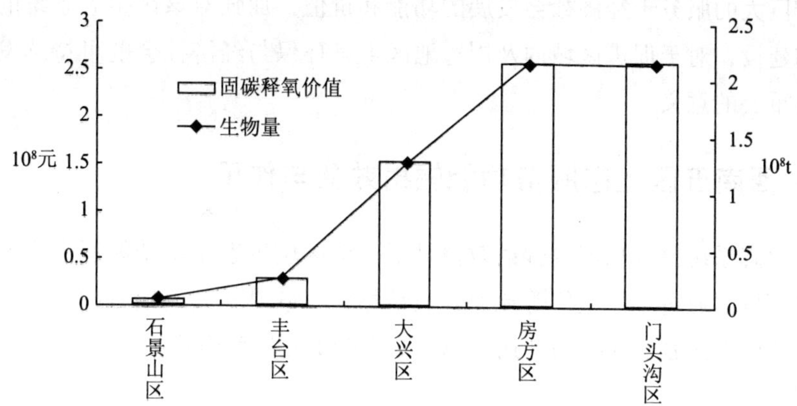

图3　西南五区森林固碳释氧的年价值与能力

创造了适宜生物生存的环境（欧阳志云和李文华，2002）。

根据北京市第六次二类调查数据，采用生物多样性综合指数计算，结果表明，北京市森林生物多样性综合指数处于0.2～0.8之间，平均值为0.4，说明北京市森林生物多样性整体较差，处于演替初期阶段。而对北京市西南五区森林生物多样性发现，森林生物多样性指数为0.3～0.6之间，其中石景山区和门头沟区生物多样性指数较高，大兴区森林生物多样性指数较小（如图4）。

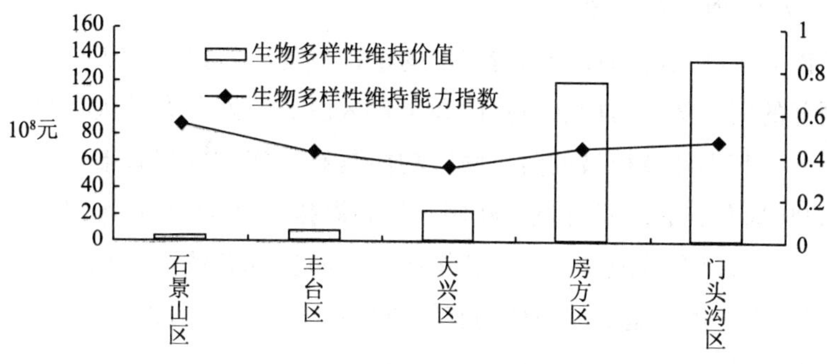

图4　西南五区森林维持生物多样性的年价值与能力

由此可见，西南五区生态系统蕴藏着巨大的服务功能与价值。通过以上不完全估算，西南五区自然生态系统服务功能的价值达58.9亿元/年，生态系统综合服务功能价值为西南五区GDP的8.5%，生态服务功能在区域经济活动产生的价值中占有较大比重。因此，西南五区自然生态系统蕴藏着巨大的服务于经济社会发展的功能和价值，加强对该区生态系统的保护与建设，对于促进区域内及周边地区生态环保与经济社会的可持续发展具有重要的意义。

三、西南五区生态服务功能辐射效益与作用

生态系统服务功能的辐射效益是指一个区域生态系统功能所产生的服务及其价值通过水、空气等流通介质转移到区域以外其他地方的范围与强度。西南五区强大的生态功能，对北京市市区及其周边具有重要的辐射作用。

（一）水源涵养辐射效益

西南五区生态系统涵养水源的功能可以辐射至整个北京地区乃至永定河下游的天津。水源涵养功能的辐射效益主要表现在提供水源的直接效益和调节径流、防洪排污、减少风沙的间接效益。经初步估算，西南五区生态系统水源涵养功能，通过地表水和地下水补给的形式可以直接产生的辐射效益为5.50亿元/年。同时，通过调节径流、减少永定河等河流风沙危害、防洪排污等形式，西南五区水源涵养功能可以产生巨大的有利于下游生态环境改善的间接价值，但目前尚难以定量估算。

（二）防风固沙辐射效益

西南五区高大的山体和高覆盖度的植被成为抵挡风沙的天然屏障。特别是西部的门头沟、房山、石景山和丰台区由于地处冬春季大风途径北京的上风向，其山体及植被的防风固沙功能具有现实的辐射效益。西南五区海拔1500米左右的山峰有近200座，最高海拔山峰为2000米以上，植被覆盖率高，可以有效减少风沙。若按照人工防护林有效防护距离为其高度的20倍估算，植被覆盖的山体的有效防护距离可以达到30km－40km。辐射范围可以覆盖北京市中心城区大部分区域，包括位于西南五区东部的西城、东城、宣武、海淀、崇文区全部、朝阳区的大部分区域。

（三）释氧功能辐射效益

西南五区生态系统通过释氧功能产生的氧气，在流动介质风的作用下，可以辐射到五区以外的其他地区。仅以门头沟为例，根据其自然生态系统氧气的排放量，结合植被的季节空间分布特征，确定氧气的时间排放

因子，并将整个区域作为面源，通过结合模拟的风场来计算该生态系统氧气排放对北京的贡献情况。结果表明，该区自然生态系统对古城、前门、天坛、车公庄、东四、农展馆和奥体 7 个国控大气监测点的贡献浓度为 80 至 7000μg/m3 之间。如再加上石景山、房山等其他地区植被的释氧功能，可以认为西南五区是北京市的氧气重要贡献源区。

（四）生物多样性维持功能辐射效益

生物多样性是人类共同的财富，生物多样性保持功能不仅对当地具有重要意义，而且可以辐射到更远的范围。定性的分析可知，西南五区生物多样性对北京市的辐射作用主要体现在三个方面：一是维护城市绿化效果。西南五区拥有大量的天敌昆虫和鸟类，能够起到抑制害虫的作用，对于维护中心城区绿地健康具有积极作用；二是满足城市绿化物种需求。西南五区独特的地理、气候条件差异造就了丰富的物种和多样的生物群落，为北京城区的绿化提供了巨大的种质库；三是提供迁徙地。西南五区类型丰富的生境可为周边区域鸟类提供理想的栖息和繁殖基地。

四、维育西南五区生态服务功能的政策建议

（一）充分认识西南五区生态服务价值及其对北京市的辐射作用，建立生态资产补偿机制

西南五区的生态系统服务功能不仅使当地受益，而且通过水、气等流动介质经空间转移辐射到周边区域，对北京市中心城区的生态环境保护、人居环境保障，以及经济社会发展具有重要作用，辐射和利他效益显著。因此，西南五区生态系统服务功能的维护与提升，在某种程度上已不再是西南五区自己的事，而应该是西南五区和受益于服务功能辐射效益的所有区域共同的工作。所以，北京市应充分认识西南五区的生态服务价值，高度重视西南五区对北京市的显现和隐性贡献与作用，从更高层面，更广范围统筹规划，协调推进西南五区发展，建立以生态资产为核算的生态补偿机制，将生态价值切实转化为经济价值。

（二）统筹协调西南五区发展，制定生态功能维育与经济社会发展一体化战略规划

人为的行政区划分割，使五区在经济社会发展与生态建设战略的制定

与实施方面各自为政，导致五区生态建设与经济社会发展过程中布局分散、重复建设、恶性竞争和局部利益至上的现象时有发生。而西南五区在自然生态、经济社会发展方面既各具特色，又相互影响，互为支撑，浑然一体。只有从总体上统筹规划，科学布局，才能实现五区各自利益得到保障的同时，达到区域经济社会与生态效益发挥的最大化与最优化。因此，建议五区立即采取联合行动，以国家生态区建设为基础，以高水平、高起点、高规格为要求，统筹制定五区生态功能维育与经济社会发展战略规划，并切实与北京市整体布局相结合。

（三）开展北京市“十二五”经济社会发展规划战略环评，统筹配置西南五区人口、环境与生态资源

“十二五”时期是北京市转变经济发展方式、建设世界城市的关键时期，也是资源与环境面临巨大压力的时期。因此，如何从源头降低资源消耗、控制环境污染、保护生态环境，是关系到能否实现北京市以及西南五区经济社会与资源环境协调发展的重要因素。战略环境影响评价以可持续发展为目标，通过对经济社会发展模式、资源配置、产业发展规模等的科学分析、预测与评价，综合评价经济社会发展是否与辖区内的资源和环境承载力相一致，是从源头控制环境污染，提高资源综合利用率、优化产业结构与布局的有效手段。实践表明，规划制定之初就介入的战略环境影响评价效果最好。时值“十二五”规划编制，因此，建议西南五区联合启动“十二五”经济社会发展规划战略环评，从源头上配置好五区人口、环境与生态资源，保障区域可持续发展。

（四）摒弃GDP为主导的考核制度，建立以生态服务价值为核心的党政实绩考核体系

要从根本上扭转西南五区在北京市经济社会发展中滞后的局面，必须扩展发展的内涵与外延，落实生态保护也是生产力，生态保护也是发展的重要组成部分。建议在北京率先改变以GDP为核心的政绩考核体系，可参考中组部关于《体现科学发展观要求的地方党政领导班子和领导干部综合考核评价试行办法》，将生态系统服务价值的维护与提升的考核摆上与GDP考核同等重要的位置。尽快开展从自然－经济－社会复合生态系统综合评价的量化考核标准的协同研究，努力消除各地在发展过程中的生态不公平，建立全面、客观、公正的领导干部工作实绩评价机制，把自然生态服务功能维护的考核结果作为领导干部提拔使用、晋升晋级、奖励惩戒的一项重要的依据。

（五）积极探索，建立基于生态系统服务价值的生态货币发行与交易机制

实现生态系统服务功能价值的货币化，是体现生态服务价值的最佳手段。目前，国内尚无人致力于该项研究。因此，建议西南五区勇于变革，率先突破，联合攻关，以科技创新为指引，在借鉴排污权交易、碳排放交易的基础上，以各自及整体生态系统服务功能与辐射效益的定量化研究为基础，积极探索生态服务功能的定量化、货币化交易机制。建立生态系统服务功能价值合法交易试点，在五区内部尝试生态银行等交易机构的设置与运行，探索不同生态服务价值区域的生态服务买卖交易制度。

（六）遵循自然之道，科学开展西南五区生态系统建设与保护

目前，出于主客观等多方面原因，国内生态建设注重人工建设，而忽视自然恢复的现象十分普遍。然而，面对西南五区生态系统的建设与保护工作的面广量大，纷繁复杂，人为的力量无论如何都显得有点杯水车薪。因此建议，西南五区变革生态保护与建设总体战略思路，由以人工为主的建设模式向人工诱导促进和自然植被恢复相结合的天人合一模式转变，以生态系统服务功能的维护与保育为宗旨，遵循自然规律，巧妙借用天力开展生态服务功能的提升与维育。在人工建设上坚持适地适树，因地制宜的原则；在天然恢复方面，注重生态系统的压力释放，促进自然生态系统的休养生息与自然恢复。

作者：致公党北京市委常委、科技工作委员会副主任，国家环境保护部科技标准司副司长

维护首都生态环境 推动流域持续发展

台盟北京市委员会

近年来，北京市加快“人文北京、科技北京、绿色北京”建设步伐，结合统筹城乡区域发展、提高城市可持续发展水平的总体规划，提出了推动生态涵养发展区建设，提高生态水平建设等具体发展目标。流域经济的发展，特别是其生态功能，已经成为北京市未来经济发展的重心，北京市政府在财政上给予了大力支持，并启动了“富民养山”、“流域综合治理”、“沟域经济”等一系列促进流域发展的战略举措。然而，流域发展中许多难题仍然有待破题和解决，如何站在生态系统角度认识流域中存在的一些问题显得十分必要。

一、流域水生态的短缺与恢复

城市的水资源实质上是一个生态问题，即人与自然的平衡问题。理论上一个城市的水资源可以通过获得别人的资源得到支撑。从生态及可持续发展的角度来看，城市的生态发展必须要由城市自身生态系统的协同来支撑，否则就意味着生态“剥夺”。

应从生态系统水截留及水形成的角度去研究如何截水和造水。印度新德里的经验表明，每50平方米的屋顶面积，在年降雨量达30550升的情形下，通过屋顶收获降雨可以截留18330升的雨水（高达60%）。北京市若通过屋顶及地面截雨潜力将十分可观。同时，通过研究植被及生态系统的储水及造水特点，可以逐步改造和建设区域植被生态系统获得水资源。人为造水是可行的，国外恢复溪流及河流已经获得了很多成功经验，但是目前在国内还很少有人关注这类长期性的战略举措。

流域是北京地区重要的基础地理单元。北京市的各类流域总计约2300余条，占全市面积的68.9%，覆盖人口占全市人口的14%，农村人口的

45%。众多流域既是首都的生态屏障，也是产业结构调整优化的潜力区域，更是构建城乡一体化发展新格局的重点区域。

北京市当前每年人均水资源为210立方米，是中国年人均水资源的1/10，是世界年人均水资源的1/40。根据近期公布的数据，北京市现今人口数量，已经接近2020年的规划人口规模。目前，在北京市年需水量的40亿——50亿立方米中，来自密云水库的水量仅维持在10亿立方米左右，未来南水北调工程全线贯通后向北京市可供水的数量约为10亿立方米，因此北京市目前的水资源主要依赖于地下水这一不可再生资源。然而，地下水超标采取所带来的问题已经显现。与上世纪60年代相比，地下水大约减少了106亿立方米。北京城市未来的水源已经成为影响城市持续发展最主要的短肋。

二、流域土壤生态的安全与标准

土壤和水是相互依存的，土壤清洁以后，污染物就不会通过径流和侧渗进入水体，而水体恢复干净，也会促进和强化土壤的生产与环境净化功能。北京地区土壤正在面临着来自多方面的污染威胁，大气干湿沉降每年带入的氮素达到80~90千克/公顷，不合理地利用城市污泥、污水以及废渣导致土壤的重金属污染，土壤中有机污染物，如多环芳氢、多氯联苯等的污染不应被忽视。与此同时，由于长期以来有机肥投入不足，土壤厚度逐渐减小，土壤质量已经受到威胁。

对于“一个地区的土壤应达到什么标准”这个问题，很少有人进行回答。目前，北京市郊区的土壤中已经较少出现蚯蚓，农户习惯于施用化肥及化学农药，很少有人专心去培育自己的土壤。然而，土壤质量关系着一系列的问题，如土地安全问题、水涵养的问题、农产品品质的问题等。有机农业之父HOWARD爵士曾在《农业圣典》一书中指出：“只有健康的土壤才会有健康的植物，也才会有健康的动物”，有机质高的土壤其保水量明显高于一般土壤就是最好的例证。

三、流域农业生态的健康与保障

拥有良好的土壤，并不一定就能达到良好的农业生态标准。一个良好的农业生态系统应在良好土壤基础上，形成一个良好的地表植被系统。其中包括建立有益于生物多样性的陆地景观生态系统，农田不仅要有农作物生产，还要有不同的有益于天敌的树篱、缓冲带等。农田生态系统不再是无节制地使用化学品，而应大量依赖自然生态予以协调维护，这样才能让一个系统生产出来的农产品达到健康、安全。

但是，当今农村地区的技术人员、农户在长期化学农业的影响下，对于土壤的处理已经趋于麻木、简单。植保人员只习惯于出售农药，土肥人员习惯于推荐各种“高效”、“快速”的水冲肥、高氮肥，如此积重难返，很难再承担起一位农业人员的责任和良心，更提不上如何培养新一代农业人员。在《中国未来 20 年技术预见》一书中，曾提出未来中国环境友好型可持续农业生产系统的建立仍需要 20 – 30 年时间，北京市在建设世界城市的同时能否率先探索建立可持续农业生产系统有待进一步讨论。

四、流域农村生态的和谐与发展

城市发展进程中总会存在一个拐点，即中心居民向远郊地区的扩散。目前看来，北京市尚未出现这样的迹象，基本反映出城市中心的生活负担尚可以被人们承受，农村地区的配套设施尚不足以留住居民。在此情况下，北京市城乡发展的不均衡仍较为普遍，城乡如何实现和谐发展存在许多深层次的问题需要思考。比如，新农村建设是否就意味着让农民搬入楼房，一些卫星城市或中心集镇可以考虑楼房建设，但是单纯为了腾出一块土地资源，而让偏远地区的农民也一起搬入楼房，则显得有些顾此失彼。

此外，农村地区的居住景观不应千篇一律，不应只是一色楼房或一色平房，而应多保留一些民居或体现出多样化的住宅风格。城市发展及新农村建设中一些生态环境的基本原则需要让更多的人理解和接受，“北京最美的乡村”评选已经在保护山水及文化生态传承等方面作出了有益的探索。

城乡之间长期以来存在许多隔阂，农民把绿色安全的蔬菜留给了自己，却把不安全的食品卖给了城里的居民。未来城乡协调发展一定要建立起一个互信、和谐的体系，包括城乡居民收入差距要逐步缩小，农户资产（如土地、房产等）要得到大幅度提升，城市居民要把劳动和农作作为一份有利于社会发展和自身健康的职业，从而形成一个城乡良性互动的局面，人们的生活态度和生活方式才会得到提升。

生态从本意上讲是研究人与自然关系的学科，现实生活中许多人简单地把眼前的碧水、头顶的蓝天理解为生态的全部，实际上生态还有更为深远的意义。借助于空间技术人们观察到了温室气体的上升，借助分子生态技术人们认识到土壤中生物之间的合作与共生，通过科学技术拓展了人类对于生态的理解。更重要的是生态帮助人们理解自然、了解地球，并寻求适合自然的生活方式、生活态度，进而建立和谐的社会，这才是生态的根本意义所在。

五、大力推动首都流域持续发展

目前，北京市正在营造和谐优美的流域环境，针对西南五区生态环境发展的实际情况，特别是永定河区域生态环境建设，现提出以下具体发展建议，仅供参考：

（一）整合永定河流域资源，制定长期发展规划

北京城市发展中面临的水问题，除了人们讨论的较多的“节水”、“水价改革”以及水回用等措施外，从生态角度应该采取一些根本性的措施。很重要的一点是改变对于水的观念。从目前行政界限内的“水盆”观念向区域“水生态”观念转变。应立足于有关流域的完整生态系统的概念，把上下游及流域纵深作为关注的重心。如永定河流域不应只关注北京境内的部分，也不应只落脚于河道的整治。实际上，永定河涉及山西、内蒙古、河北、北京、天津等地以及河流的纵深流域。这就要求要从行政界限上探讨区域合作或大行政区域的整合与整体规划。应重新界定永定河流域界限，把上中下游统一起来，制订长期发展规划，为北京市河流恢复及可持续水资源体系建立典范。

（二）拓展土壤污染调查，建立健康土壤标准

北京市若能从本地区域出发，在已有土壤污染调查基础上，进一步拓展污染指标和污染范围调查，制定北京市土壤污染地图，重点开展北京市健康土壤地方标准研究与编制，为未来北京土壤安全提供技术支撑，建立起自身的健康土壤标准，并服务于未来土壤安全及农业生产，将会在国内开创先河并起到示范作用。

（三）吸收可持续发展经验，指导新农村科学建设

借鉴发达国家关于建立可持续农业的经验和方法，通过立法等方式和经济调控手段，确立北京市环境友好型可持续农业生产体系的发展目标和建设内容，并分步加以实施。学习亚洲其他国家和地区“新农村”和“生物质农村”等做法，吸引农业、建筑、人文、生态等多学科专家开展北京市新农村及城乡统筹建设模式研究，为未来城乡一体化发展及新农村建设提供科学指导。

当前，北京市提出构建世界城市的宏伟目标，首都西南五区面临着难得的发展机遇，随着低碳环保、循环经济等绿色理念的贯彻和落实，一定会为永定河流域生态、经济、社会实现跨越式发展起到积极的促进和推动作用。相信在市委、市政府的高度重视下，在西南五区有关部门的不懈努力下，永定河流域在“十二五”规划实施期间，一定会建设成为绿色环保的生态走廊，为沿河区域的群众创造出美好宜居的生活环境，为首都西南区域营造出一条亮丽的风景线。

城乡地票交易

——北京土地与产业发展的模式选择

程世勇

摘　要：工业地价是市场经济条件下价格体系的核心。地权市场发展滞后所导致的要素价格扭曲，是我国目前粗放型经济增长模式不断得以复制的主要根源。“地票交易”通过城乡建设用地实物资产的证券化，以指标交易核心，能够从体制内优化城乡建设用地的结构失衡，实现土地和产业要素组合的新模式。其不仅能降低集体建设用地体制外流转的成本和制度风险，还能通过土地资产的货币化实现节省耕地的可持续发展模式。

关键词：地票　指标交易　城乡建设用地　货币化

一、文献研究和土地边际效率的相关问题

我国30年体制变迁过程中，商品市场、劳动力市场、资本市场、技术交易市场、经理人市场获得了快速的发展，要素的流动和要素的配置效率不断得到优化，使我国能在较短的时间内经济总量占据世界前列。但地权市场的发展滞后也在很大程度上制约着我国经济的发展和经济发展模式的转变[1]。虽然20世纪80年代我国的经济体制变迁从农村集体土地制度开始，但30年来改革的核心主要是围绕着如何完善农村集体土地经营性地权，一系列的体制创新始终在城乡分割这种既定条件下封闭的农村系统内进行。

随着城市化进程的加速，城乡人口比例经历着动态的结构调整；随着工业化进程的加速，城市第二三产业的发展成为拉动经济增长的主力，由此形成的城市土地短缺问题进一步制约着地方经济的发展。而同时，农村的宅基地、乡镇企业用地、开发区用地等建设用地由于人口的流出和产业的衰败而大量的闲置。我国的农村建设用地总量是城市的4.6倍。这种城

乡建设用地结构上的不平衡，客观上要求农村建设用地资源通过流转提高其配置效率和实现其经济利益。Samuel P. S. Ho etal（2005）、姚洋（2005）、肖金诚（2007）和杨志荣（2008）对农村建设用地利用效率进行了实证分析。杨志荣（2008）基于DEA模型测度的结果表明，我国建设用地对经济增长的贡献率显著低于劳动和资本要素。Samuel P. S. Ho etal（2005）指出由于我国农村集体建设用地增量要显著高于城市建设用地，土地粗放利用模式将进一步拉大城乡建设用地的结构不平衡。学者们基于C－D生产函数、CES、VES和边界生产函数进一步验证了此结论。而陈利根（2007）、曲福田、冯淑怡（2004）、黄祖辉、汪晖（2002）、Kai－sing Kung、James（2002）、Kaser、Greg（1998）从制度分析的角度认为，政府管制和征地权垄断是农村建设用地闲置及建设用地粗放利用的根源。主张以放松政府管制为核心推进农村建设用地流转，而消除城乡建设用地身份差异。James、Benjamin W.（2007）、龙登高（2009）、周其仁（2007）、刘守英（2007）从农村建设用地流转市场化的角度出发，认为突破城乡土地二元结构，加速培育农村建设用地流转市场，依靠市场机制，实现国有土地和集体建设用地"同地"、"同价"、"同权"是提高城乡土地要素配置效率的关键。综上分析，无论哪种方案，我国目前的土地制度的约束是一个既定的前提，决定了短期内在制度选择上不能与国际接轨[2]。

二、农村集体建设用地体制外流转的双重制度约束

（一）国家法律制度和宏观政策的双重束缚

首先是集体建设用地流转存在着国家法律制度的障碍。一是宪法对城市土地所有权的限定。1982年《宪法》第10条规定，城市的土地属于国家所有。虽然宪法历经了四次修订，但城市土地国有垄断性的产权结构始终没有改变。二是作为下位法的《土地管理法》在历经了"放"和"收"后的制度倾向还不明朗。1988年第一次修正后的《土地管理法》规定："国有土地和集体所有的土地的使用权可以依法转让。土地使用权转让的具体办法，由国务院另行规定"。这可谓是基于1988年《宪法》修正案后的一大"放"。而10年后1998年《土地管理法》的再次修订，对集体建设用地使用权流转又实行了一次严"收"。规定："任何单位和个人进行建

设，需要使用土地的，必须依法申请使用国有土地。”因此，可以说国有和集体两种产权性质的建设用地的身份差异在1998年《土地管理法》的修订中充分体现了出来。目前《土地管理法》的第三次修订还在进行中，是“解”是“禁”，说法不一。但鉴于目前城乡建设用地结构的不均衡和城市化进程中的土地短缺，今后对集体建设用地流转应该还是遵循有“条件”的解禁原则。三是虽然《物权法》对不同所有权主体的用益物权和担保物权进行了“平等”化的法律认定，但还需要部门法的充实。《物权法》规定：“所有权人有权在自己的不动产或动产上设立用益物权和担保物权。”同时规定：“农民集体所有的不动产和动产，属于本集体成员集体所有”。因此，国家和集体作为土地所有权的主体，其权利是对等的和无差异的。

其次是国家宏观政策对集体建设用地流转政策调控的波动性。第一阶段是1992年至2000年的“禁”。1992年国家是严令禁止集体建设用地使用权的流转。1992年《国务院关于发展房地产若干问题的通知》（国发［1992］61号）规定：“集体所有土地，必须先征为国有后才能出让。农村集体经济组织以集体所有的土地资产作价入股，兴办外商投资企业和内联乡镇企业，须经县级人民政府批准，但集体土地股份不得转让。”在乡镇企业改制和转型的背景下，为了防止地方乱占耕地、违法批地、浪费土地，1997年中央又出台了《中共中央、国务院关于进一步加强土地管理切实保护耕地的通知》（中发［1997］11号）。第二阶段是2000年至2006年的“放”。标志性的政策文件是2003年中央出台的《中共中央国务院关于做好农业和农村工作的意见》（中发［2003］3号）和2004年国务院出台的《关于深化改革严格土地管理的决定》（国发［2004］28号）文件。2004年中央一号文件提出，引导新办乡镇企业向建制镇和规划确定的小城镇集中，在符合规划的前提下，村庄、集镇、建制镇的农民集体所有建设用地使用权可以依法流转。2006年国土资源部52号文提出推进“农村集体土地所有权、使用权的登记发证工作，依法明确农民土地产权。”但遗憾的是，国家和土地主管部门对于集体建设用地使用权流转管理办法的文件始终没有出台。第三阶段是2006年至今的“收紧”阶段。一放就乱，一收就死。村委会等基层利益集团为了获取超额收益，通过“以租代征”等违规方式将集体农地进行非农化流转，威胁国家粮食安全。为了遏制集体土地的无序流转，2007 年 12 月，国务院下发了严格执行《土地管理法》的规定的 71 号文，规定集体建设用地流转，仅限于企业破产、兼并等范围。而十七届三中全会又成为集体建设用地流转的转折阶段。2008 年 10 月，十七届三中全会通过了《中共中央关于推进农村改革发展若干重大问题的决定》，将农村建设用地流转作为中央的“核心政策”写入了党的重要文件，集体建设用地流转政策又有了新的突破。但需要明确的是，作为硬核的核心政策的基本理念和作为具体政策相机抉择的“制度调控”二者并不矛盾，集体建设用地流转在短期内依然面临着国家法律制度和宏观政策的双重束缚的制度约束。

（二）城市土地短缺、集体建设用地流转和区域产业发展模式

在市场经济体制下，国家土地垄断所形成的土地相对价格的升高增加了农村建设用地地权流转的潜在需求。虽然存在法律和宏观政策的双重束缚，但在地方政府土地短缺经济发展压力和集体组织经济利益诉求的双重诱导下，硬性的制度约束也不是铁板一块。农村建设用地流转的方式和可能性仍然存在一定的制度空间。当限制地权流动的制度成本小于土地流转所产生的增值收益时，地方政府和农村集体组织主导下的农村建设用地流转就自发形成了。

在特定的市场和产权制度下，集体建设用地流转价格（NP^V）和国有产权土地的价格（NPV）存在差异。根据对京、津、翼、鲁、豫、粤、苏、吉八省市同区位国有土地和农民集体土地市场交易价格的随机抽样所获得的微观数据样本，进行计量分析。被解释变量 P_i^{coll} 定义为农村建设用地流转价格，解释变量 R_i 、P_i 、M_i 、C_i 、Q_i 分别代表政府地权管制程度、同区位国有土地价格、农村建设用地交易量、集体组织民主化程度、地方 GDP 总量，μ_i 为随机误差项，对非连续变量用李克特赋值法，结论如下。

通过对微观数据进行计量分析，从模型设定的拟合效果（R2）看，模型的线性关系通过了检验。而根据各解释变量参数估计值，可得出如下结论：

1. 地方政府对农村集体建设用地的制度管制松紧程度是最大的影响因子，影响着农村建设用地流转的市场价格。如果地方政府作为中央政府的代理人，严格执行城乡二元的土地管制制度，则农村建设用地就会缺乏流动性并且流转价格会显著低于均衡价格。如果地方政府的效用函数中主要

以地方利益为目标，为了获得充足的建设用地指标，则会容忍农村建设用地流转，结果会导致农村建设用地流转价格接近均衡价格。

2. 国有土地的批租价格（P）会对农村建设用地的价格产生影响。国有土地的批租的价格越高，则农村建设用地的出租价位也越高。其原因主要是由于国有土地的批租价格决定于土地的市场需求及需求弹性，农村建设用地在一定程度上可以替代国有土地，因此会产生正相关的关系。

3. 农村集体建设用地的交易量越大，则土地出租的价格就会越高。这是市场环境变化给价格带来的影响。作为农村地权市场发育程度重要指标的农村建设用地年度市场交易量对农村建设用地流转价格的影响因素已经超过传统供求因素对价格所施加的反向影响。这表明土地作为一项不动产，区域市场的发育状况作为外在环境对资产的有效定价将产生影响。其次，地方经济越发达即 GDP 总量越高的地区，农村建设用地的流转价格也较高。这种相关性主要是由于经济发达的地区由于区域产业和要素的聚集使资产价格相对较高。因此，沿海和南方经济发达地区农村建设用地的出租价格要高于欠发达地区。

4. 农村基层组织的腐败频率对农村建设用地出租价格的影响也是十分显著的。腐败频率高的区域，由于所支付的交易费用较高，因此导致土地流转的外部价格就相对较低。土地增值收益从地方政府转移到农村基层组织内部后，少数人控制或内部人控制成为集体建设用地的增值收益的主要分配模式，集体所有权的不确定所导致的财富分布的多元化和不确定性[3]，从而导致与当年国有企业改革所面临的相同问题。有些村镇的集体土地资产收益已达到十几个亿，并成立了投资公司和资产管理公司。但土地资产的迅速膨胀和资产分配的不确定性这一矛盾已经凸显。农村集体建设用地流转所形成的巨额收益有些集中在乡镇集体一级，有些集中在村集体一级，而有些集中在村民小组一级。这种财富的分布的不确定性直接导致了集体内部利益分配的巨大差异[4]。综上，集体建设用地流转和区域分割的产业发展模式是缺乏效率的。

三、地票交易：体制内城乡建设用地结构调整下的产业聚集模式

（一）地票交易：制度框架下集体建设用地实物资产向证券化资产的转换

农村建设用地流转这种体制外的制度变迁，短期内实现了土地的增值、要素配置效率的提高、藏富于民和农村居民收入的增长。但集约化和规模化的经济发展模式却很难实现。地方基层组织盲目发展经济，短线投资、生产力布局混乱、产业间缺乏协同和关联效应，导致要素浪费、环境污染问题[5]。这些问题和20世纪80年代乡镇企业的大发展产生的问题相似。因此，对于农村建设用地流转对于大中城市周边地区具有显著的制度创新功能，而对于远离城市的村镇这种一般意义上的区位特征，“地票交易”是体制内城乡建设用地资源进行动态最优配置的一种优化的制度设计。

“地票交易”是指建设用地指标的交易和流转，是城市土地需求主体和农村建设用地供给主体就建设用地指标进行交易的一种证券化的资产交易。“地票交易”的两个既定的制度前提，一是国家宏观土地调控对城市建设用地总量的控制，从而使建设用地指标成为一种“稀缺性”的资源。二是农村均有大量的存量、闲置建设用地，由于区位特征其资产价值无法获得实现。只有同时满足这两个条件，城乡交易双方才具有地票交易的内资激励。在我国目前的城市化和工业化进程中，正是面临这两个基本的制度约束。目前农村的建设用地总量是城市的4.6倍。而随着乡镇企业的破产和人口向城市迁移，农村的企业用地、宅基地等建设用地还将会大量闲置。另一方面是城市居住用地、工业用地、公共设施用地等用地需求不断的膨胀。在国家严格的用地总量指标管制下，城市土地价格的攀升增加了城市化和工业化的成本。农村建设用地由于其空间位置的凝固性，不像普通投资品能进行移动和运输，因此其作为不动产是一种具有特殊属性的商品。因此，基于“短缺”和“过剩”这一矛盾，“地票交易”作为一种体制内的制度选择，是调整城乡建设用地存量结构，提高资源配置效率的一种有效的制度设计。

（二）地票交易相关利益主体的选择和资产价格机制的形成

“地票交易”的流程分为“地票”的生产、供给、需求和货币支付四个环节。一是“地票”的生产者——农村基层组织或基层政府。远离大城市且区位优势不明显的县、乡、镇由于多年来累积了大量的存量农村建设用地，而缺乏相关的产业支撑，有内在的经济激励成为生产“地票”的主体并通过“地票”交易实现资产变现。如果指标交易的价格大于“地票”生产的成本，这些地区将通过撤村并镇建立中心村和中心镇的方式，将农村建设用地复垦后转为农用地，通过减少农村建设用地存量的方式，最大化地生产出可供交易的建设用地指标。二是“地票”的供给方——省市级政府成立的交易中介结构。由于“地票”的生产主体分散，并且信息不对称，省级政府需要成立中介机构作为各小额“地票”生产者统一的代理人。中介结构集合所有可交易的“地票”后作为统一的供给方，努力实现“地票”生产者资产价值和资产货币收入的最大化。三是“地票”的需求主体——大城市潜在的产业或商业投资的企业或其他法人机构。为什么会产生“地票”的需求主体？因为要企业无论进行何种投资，都需要先选择投资的区位并购买对应区位下的土地使用权。作为“地票”的需求主体，在城市发展规划和产业布局规划下有优先选择投资区位的权利。并且，购买“地票”所支付的成本已经内在地成为购买土地使用权所支付的土地出让金的一部分，并不存在任何的超额支付或超额成本。四是统一竞价和交易后对“地票”的货币支付。企业作为“地票”的购买主体，相互进行竞争性竞价，最终价高者得。获得“地票”就意味着合法获得了新增城市建设用地的指标。地方政府依据“地票”提供的建设用地面积，可以在城市周边进行土地征用和产业投资。“地票交易”的结果，实现了土地和产业在空间上的要素动态组合和产业的聚集效应。在集约使用土地资源的同时，优化城市产业布局、产生了规模经济效应和聚集效应。避免了长期天女散花的城乡产业布局和发展模式。而企业购买“地票”的货币支出作为“地票”生产者的纯收益流回农村，实现了农村建设用地实物资本的货币化过程。而另一方面，在保证城乡存量建设用地不变的条件下，城市产业的发展和农村建设用地减少实现了动态平衡。

四、城乡“地票交易”的福利效果分析

（一）实现了城市建设用地总量的扩张

目前宏观调控的重要内容之一是城市土地调控。由于中央对城市征地指标的配额管理，在很大程度上成为地方经济发展和城市化进程的重要掣肘。而“地票交易”在总量不变的前提下，通过结构地调整，巧妙地实现了城乡建设用地的“增减挂钩”。这种挂钩以市场交易机制为依托，突破了传统的项目捆绑式的点对点的、区域内的、行政化的高成本的指标交易挂钩模式，从空间上和交易机制上实现了跨区域、市场化的资源配置方式，节省了交易成本，提高了土地要素的流动性和配置效率。农村2.4亿亩的建设用地将有2/3（约1.6亿亩），可以通过“地票交易”制度，将其建设用地指标流向城市。根据2020年城市化水平要达到60%的目标，城市每年需要新增户籍人口1000万左右。在保证18亿亩耕地的制度约束下，城市建设用地供给缺口将达到1.2亿亩。因此，能够有效缓解城市化进程中的土地短缺难题。

（二）农民通过初次分配直接享受了货币化的土地增值收益

通过“地票交易”，农民可直接获得指标交易后的货币化收入。挂钩区域的级差收益越大，农民可直接获得的货币性财产收入越多。农民享有土地增值收益的初次分配权，财富能在很大程度上落到土地拥有者的手中。而农村建设用地的实物流转，初次分配的所占的比重较低，由于基层组织的监管不力，再分配中出现的问题比较严重。而“地票交易”能够很好地避免这一问题。“地票交易”的总收益主要进行如下分配：一是农地复垦成本的支付。“地票交易”量越大，农地复垦的面积就越大。因此，“地票交易”的一部分需要支付农用地的复垦成本。二是对农民的直接货币补贴。指标交易主要来源于撤村并镇，因此农民建房支出占“地票”收益的绝大部分。农户通过“地票交易”实现了土地资产的货币化并且改善了住房条件。三是剩余部分是对农村集体经济组织和区县进行补偿。从资产货币化的分配结构看，农民通过初次分配就能直接享受土地增值的货币收益。而城市周边指标落地的被征地农民，也可通过土地的级差收益直接获得资产的货币化收入。

（三）集约型的城市化发展道路

证券化的“地票交易”的结果形成了一个正反馈的“马太效应”。工业越来越趋向于集中在城市，而农村要利用更多的土地发展农业。随着土地、资本向城市集中，农村的劳动力向城市转移的步伐也将加快，大中城市发展的步伐将进一步加快。通过发展大中城市来转移劳动力和进行产业的优化，不仅避免了村、镇、县建设用地的粗放利用，而且遏制了地方基层组织盲目发展经济，短线投资，导致生产力布局混乱、缺乏产业协同效应以及要素浪费和环境污染等问题。因此，“地票交易”按照市场机制的基本原则，通过吸引稀缺性的生产要素向城市聚集的方式，提升资产的价值和在规模化竞争中优化产业结构，最终实现的是可持续的经济发展模式、产业布局模式和城市化模式。

作者：首都师范大学管理学院经济系讲师，博士

主要参考文献

［1］林毅夫．再论制度、技术与中国农业发展．北京：北京大学出版社，2000。

［2］程世勇．农村建设用地流转和土地产权制度变迁．经济体制改革，2009，1：64－70。

［3］周其仁．农地产权与征地制度——中国城市化面临的重大选择．经济学季刊，2004，4．33：20。

［4］蔡继明．中国土地制度改革论要．东南学术，2007，3：12－18。

［5］姚　洋．集体决策下的诱导性制度变迁．中国农村观察，2000，2：16－24。

蓝海战略 职业教育改革实验区对西南五区经济发展的助推作用

陈和平

前 言

出奇制胜，以巧取胜，往往是竞争中落后于对手的一方，用来打破竞争格局所采取的战略手段之一。暂时处于北京区域经济发展弱势地位的西南五区，在面对其他区县的发展优势时，借助于企业竞争过程中蓝海战略的发展思路，或许能探索出运用自身独特后发优势，实现西南五区强势崛起的一些思路与模式。

鉴于第三届论坛已有《出奇制胜：北京西南五区的“蓝海”发展思路》的论文，本文不再给蓝海战略进行更多的阐述，只是就它的核心内涵做一个引述。即：目标指向当今还不存在的产业与未知的市场空间，它是跨越传统产业竞争，开拓全新市场的战略。论文中提到的产业选择，如旅游业，CRD功能区，创意产业孵化中心，其他新的市场中心等都已引起区县决策者高度关注，很多都已经在实践的过程中，具有强烈的现实意义。

本文意在突出职业教育在经济与社会发展过程中的行业优势，对上述论文蓝海战略的行业选择提供一个补充，为西南五区的区域发展规划提供一个新的行业选择。结合西南五区在首都发展规则中的定位，自身的土地和环境优势，以及加快首都城南发展政策与“十二五”发展规划制定的历史机遇，提出一个大胆的建议，期望能成为西南五区发展的蓝海战略之一。即：首都申请成为国家职业教育改革实验区，西南五区再携手建立全国性“职业教育培训示范基地”。当然这不是一蹴而就的，也可能不是一个区县级能决定的事情，但这个目标的实现，除了自身项目带来的经济回报与区域品牌的推广作用，还将对首都西南五区经济的发展产生巨大的助推作用。

职业教育具有巨大的发展前景，对社会与经济发展的重要作用大家也不会怀疑。“对职业教育发展的蓝图，怎么描绘都不过分；对职业教育的重要性，怎么强调都不过分。”这是温家宝总理在不同场合反复强调职业教育的重要性时说的原话。随着经济社会的发展，我国职业教育逐步形成了自己的体系，即中等职业教育和高等职业教育两个层次相连、正规学校教育和短期培训教育两种模式并存、职前教育和职后教育两个阶段共同发展的职业教育体系。改革开放后特别是进入新世纪以来，我国政府把发展职业教育放在突出位置，确立了大力发展职业教育的方针，教育宏观结构调整取得重大进展。中等职业教育迅速发展，高等职业教育快速崛起，2009 年，全国中等和高等职业教育招生规模分别占据高中阶段教育和高等教育的半壁江山。职业教育的发展，为我国发展经济、消除贫困、改善民生、稳定社会和社会主义现代化建设做出了重要贡献。

然而如何把职业教育的发展与区域经济的发展有机地结合起来，并能产生带动区域经济更好更快发展的引领作用，这还没有很多的尝试，所以用职业教育的发展吸引人们对经济发展的关注，带动相关的旅游、会展、创意与文化产业等绿色经济的繁荣，无疑具备足够的想象空间与发展机会，也许就是名副其实的蓝海战略之一。

一、国内职业教育综合改革实验区情况现状

毋庸讳言，职业教育的发展过程并不平坦，与经济社会发展的要求相比，与广大人民群众的期盼相比，与发达国家同类教育水平相比，职业教育还存在诸多亟待解决的突出问题。

与省市共建国家级职教改革试验区是教育系统贯彻落实科学发展观的重大举措，是促进职业教育主动服务国家经济社会发展的需要，是推进职业教育科学发展、破解职业教育发展中诸多难题的需要。目标是努力建设面向全国、面向世界的教育发展高地，为本地区乃至全国提供宝贵的经验，从而促进职业教育改革和发展，进而推动社会经济快速健康发展

目前，我国已有八大（职业）教育试验区，这里面没有首都北京。按建成的时间分别列举如下：

一是 2003 年，教育部与上海启动教育综合改革试验区；二是 2005 年

8 月，教育部与天津市政府签订协议，决定在天津市共建“国家职业教育改革试验区”，这是当时我国唯一的一个职业教育改革试验区；三是 2008 年 5 月，教育部与四川省签署了“省部共建国家职业教育综合改革试验区”的协议。继天津之后，四川省成为第二个国家级职业教育综合改革试验区；四是 2008 年 7 月，教育部与重庆市签署建设“国家统筹城乡教育综合改革试验区”战略合作协议；五是 2008 年 8 月，教育部与湖北省在武汉签订战略合作协议，共建“武汉城市圈教育综合改革国家试验区”；六是 2008 年 10 月，教育部与河南省签署了共建“国家职业教育改革试验区”协议；七是 2009 年 3 月，广西壮族自治区人民政府、教育部共同签署了区部共建“国家民族地区职业教育综合改革试验区”协议；八是 2009 年 3 月，教育部、国务院三峡办、湖北省、重庆市四方携手，共同签署了共建“三峡库区职业教育和技能培训试验区”合作协议。

以上全国教育试验区分为两大类，其中，天津、四川、河南、广西和三峡库区五个试验区属于专门的职业教育改革试验区，长江沿线的上、中、下游的重庆、武汉城市圈、上海三个试验区属于教育综合改革试验区。但四个直辖市里，仅首都北京不在其列。

职业教育改革试验区，更多的强调了职业教育改革重点和发展趋势要发挥政府的引导和调控功能，政府部门应进一步改变观念，重视职业教育，真正形成“抓职业教育就是抓经济，抓经济必须抓职业教育”的共识。同时要注重产教相融，继续推进工学结合、校企合作办学模式。在校企合作联合办学方面，美国的“合作职业教育”、日本的“产学合作”、德国的“双元制”是比较成功的经验，值得我们借鉴。而这些都为职业教育成为区域经济发展的蓝海战略埋下了伏笔。

二、北京成为国家职业教育改革实验区的战略分析

北京作为全国的首都，教育综合发展水平与科研能力在全国首屈一指，特别是基础教育与高等教育资源丰富。然而与首都地位不相称，与普通教育水平不对等的是，职业教育在北京的发展落后于其他省市，现有的职业类学校招生困难，社会对职业类教育认可程度低下，特别是没有形成在全国有影响力的职业教育机构或集团等等，都无疑降低了我国职业教育的国际地位。这些都说明北京成为国家职业教育改革实验区也就愈发显得

必要，与北京近期的建设世界性大都市的规划相适应，并具有国家发展战略层面上的重大意义。

分析我国经济真正的问题，越来越多人担心的不是增长速度，而是经济的增长是否由全民拉动，以及经济发展的成果能否全民共享。虽然政府有汲取资源的超强能力，足以在任何时候保证经济的增长，但是，如果经济只剩下政府在唱戏，那么，经济增长就成了数字游戏。只有当经济增长的成果被全民所共享，而增长的拉动力量转为民间投资，让普通劳动者也有钱可赚的时候，消费需求才可以发挥作用，投资的效率才会提高，中国经济才是真正健康而无忧的。职业教育就是让普通劳动者有钱可赚的事业，就是让经济增长的成果让全民共享的事业。而作为首都，北京就更有责任有勇气在职业教育改革实验区的实践中不甘落后，发挥自身优势，为全国广大普通民众服务。

教育部副部长鲁昕今年在谈到职业教育改革创新时指出：站在国家层面的战略高度来看职业教育。她的体会有六个方面，一是职业教育决定着国家和地区产业竞争力；二是职业教育反映了产业的素质和能力；三是职业教育决定着产品的质量和水平；四是职业教育是调整教育结构的切入点；五是职业教育是教育改革的战略突破口；六是职业教育是保障人民群众实现尊严和体面劳动的教育。

同时，北京成为国家职业教育改革实验区的先天优势明显，主要表现在运作成本低，行业可操作性与示范性强，传播影响快，实验程度广，企业参与程度高等方面，具体内容为：

一是教育资源丰富，具有全国最多的高等院校与科研院所，各行业先进的技术与人才队伍在首都的比例最高，因而运作一个示范项目成本较低；二是行业资源广，全国各行各业的主管部门都在首都，同时大多部门行业协会与学会也在首都，主导着各类职业教育涉及的资格考试及执业资格的颁发，代表着该行业的发展趋势与未来方向，行业可操作性与示范性强；三是首都作为国际化大都市的规划目标，参与国际交流的机会越来越多，各国大使馆教育文化交流的机构齐集北京，同时各地方省市都在北京有办事联络机构，如有好的模式，则影响传播的速度较快；四是北京作为服务业发达的地区，各类人才的需求较多，同时中介服务的发达，也为示范项目提供了良好的实验可能性，实验程度广；五是企业资源也是首都北京的优势，各类央企总部，优秀民企、外资企业等等也为职业教育的发展提供更多的机遇。

从以上必要性与优势两方面的分析可以看出北京加入国家职业教育改革实验区的战略意义。同时从市场经济的特点来分析，职业教育具备很强的“眼球经济”特征，兼具与民生相连的社会意义。成为国家职业教育改革实验区无疑对拉动地方区域经济有巨大的推动作用。

三、北京成为实验区与西南五区经济发展规划

首都西南五区经济的发展，无疑是离不开国家与北京市的良好政策与大力支持。在加快城南发展、“十二五”发展规划加紧编制之际，又传来国家加速实施“人才战略”的政策，实现我国从人才大国向人才强国的转变，这一切都为北京成为职业教育改革实验区，并与西南五区经济发展规划紧密相连铺平了道路。

对比其他省市在先后成为国家职业教育改革实验区后，对职业教育领域产生带来的发展，让我们有希望看到北京成为实验区后，不仅仅是首都职业教育战线的进步，更多的是对整个区域经济的带动。

重庆成为国家实验区后，职业教育成全国学习借鉴对象，温家宝总理先后两次对重庆职业教育作出重要批示，国务委员刘延东也要求全国职业教育可以学习和借鉴重庆的理念和经验。上海 2010 年加快推动上海高等职业教育国际化，以国际化带动上海高职专业建设标准化。天津市也在建立国家职业教育改革实验区后，根据区域产业发展和人口变化调整职业教育布局结构，用 3 年到 5 年时间将中职学校从目前的 122 所调整为 40 至 50 所，“2010 年全国职业院校技能大赛”在天津市举办，同时首届中国天津职业教育国际论坛 6 月 26 日举行，教育部副部长鲁昕出席论坛并做主旨发言。

2009 年三峡库区职业教育和技能培训试验区成立后，全库区多渠道筹集中央和省市级财政职教经费 5 亿多。河南省自 2008 年 10 月成为实验区起的五年内，计划投入 100 亿元用于发展河南的职业教育，截至 2009 年 10 月，全省计划投入职教攻坚经费 198. 83 亿元。广西壮族自治区成为实验区的 2009 年 3 月就在南宁召开“城市职教园区建设工作座谈会”，宣布实施省会城市南宁职教园区、广西北部湾职教园区、工业基地柳州市职教

园区、边境国门崇左市职业教育园区等建设项目。

一些没有成为职业教育改革实验区的省市，也能意识到职业教育给区域经济的发展带来的机遇与推动作用，勇于实践。如：江苏省无锡市把职教园区打造成城市新名片；安徽省阜阳市2010年以职教园区建设为契机，进一步提高职业教育整体发展水平，进一步调整布局做大做强职业教育；浙江省温岭市按照国民经济和社会发展“九五”计划及2010年的远景目标纲要要求，已经兴建“温岭市职教园区”。

北京成为实验区带来的一定是首都职业教育的一次大发展，是对首都城市功能定位与经济发展规划的一次新的内容补充。北京现有的职业教育资源格局将会更加科学合理，并得到加强。而作为北京规划中“二带”之一的西南五区，如能扮演为北京出谋呼吁，为首都积极出力的角色，在促进北京成为国家级职业改革实验区方面，抢得先机，并能勇挑重担，率先提出为配合此战略，让国家级“职业教育培训示范基地”能落户在西南五区，以此吸引与相关的产业与机构参与到西南五区的经济与社会发展中，这种发展战略的成功率就会大大增强。

相比于其他区县，如：海淀的学历教育的普通高校具太多先天优势，朝阳的国际化CBD也是强者之势，东西城的金融服务业，以及顺义临空经济等等都市经济特征显著，西南五区作为首都曾经的“一盆火”、“一盆水”、“菜篮子”和“米袋子”，发展相对滞后，如结合自身的土地与环境优势，大胆创新，充分认识到北京成为职业教育改革实验区以及打造职业教育培训示范基地的历史性机遇，就能把自身的发展与整个首都的发展紧密结合在一起，与国家的发展战略结合在一起，并将发展的过程置于全球发展的国际化视野之中。作为蓝海战略，它将与国家关心的民生工程，就业大计紧密相关，同时与低碳经济、绿色经济的国际主题目标一致。

首都职业教育的发展需要一个与首都地位相称，与学历教育地位、作用都对等的历史性机遇，西南五区的发展也需要一个能支撑出与之发展地位相适应、并有可持续发展的蓝海战略，而这其中的结合点就是机会。

事不宜迟。西南五区要关注职业教育，关注国家职业教育改革实验区，关注职业教育培训示范基地，并启动调研论证程序，将之与地区经济的“十二五”发展规划紧紧关联，由此诞生带动发展的蓝海战略是大概率事件。

四、“职业教育培训示范基地”的策略与措施研究

“职业教育培训示范基地”的策略的提出，是建立在北京成为国家职业教育改革试验区的基础之上，并结合国家的人才发展战略与教育发展纲要。纲要中提出，发展职业教育是推动经济发展、促进就业、改善民生、解决“三农”问题的重要途径。所以此策略带有鲜明的时代特征，并具较强的创新理念。

先谈职业教育市场之一的农村市场，我国正处于工业化和城镇化的重要历史阶段，目前全国有1.4亿农民进城务工，还有1.5亿农民需要转移。据有关部门测算，北京市每年需要外来农民工93万人，其中接受过培训的不到4万人。民进中央和六个民进省级组织合作开展了关于农村教育的专题调研后发现，应当鼓励城乡合作、区域合作；应当把农村职业教育的改革和发展纳入农村教育综合改革之中，强化各类职业教育资源的统筹协调和综合利用；应当支持各级各类学校和社会力量，积极参与新型农民、进城务工人员中农村劳动力的转移培训。

再提职业教育的合作空间。“校企合作”是我国职业教育培养人才的有效途径之一，也是目前制约职业教育发展的瓶颈。职业教育的发展离不开企业，企业的发展也需要大量技术人才。为此，职业学校和企业为建立平等、互利、共赢的合作关系必须进行有益探索。从而看出“职业教育培训示范基地”策略的内涵并不仅仅局限于职业教育培训本身。

这里就是市场，这里就是机遇。在互联网经济提出“眼球经济”的今天，要特别提出有关经济发展需要转变的两个观念：一是是否就只关注高端人群的市场，二是低端人群的市场是否有可持续性。地方政府对职业教育培训示范基地的重视程度没有达到与其他“红海”战略中的经济热点相同的高度，主要缘由可能就是没有看到示范基地的对经济发展的潜在推动力。

比较丰台区最近打造的青龙湖国际会展中心，“职业教育培训示范基地”产生的经济拉动力与影响力同样强大。前者定位的国际化高端市场，后者也能设计在其中，如国际职业教育高峰论坛，还能围绕主题，年年召开。前者配套的服务性产业，在后者能得到更多的延伸，如全国性与国际性的职业竞技大赛，培训人员的配套服务等。关键是各行各业都离不开培

训，各行各业都期待引起民众的关注，所以示范基地的作用毋庸置疑。

设计规划一个成功的“职业教育培训示范基地”需要大家的共同努力与集体智慧。在此也不妨先行抛砖引玉，如基地包括：1. 全国性各行业协会组织的培训服务中心与考试中心；2. 前厂后店式的，各类企业总部性的培训基地；3. 国际化的职业培训组织机构交流合作中心；4. 国际国内著名职业培训专业机构培训基地；5. 各类就业，创业中介组织与机构；6. 大型活动策划与实施机构；7. 相关基地的服务性设施，如校舍、宾馆、酒店、文化活动场所。

结束语

综上分析可以看出，职业教育改革实验区对北京西南五区经济形成推动力的积极措施可分为两大步：一是站在首都打造世界城市的高度，积极提议北京成为国家级职业教育改革实验区；二是各区携手共力，高瞻远瞩，创造条件，精心打造全国领先，具国际化视野的“职业教育培训示范基地”。在此基础上，西南五区可以借助于各种资源、多方力量和多种经济模式，力争早日成为首都经济发展过程中的璀璨明珠。

作者：北京市丰台区政协委员

建设涿州西部新区　积极融入北京经济圈

刘宝贵

涿州是首都的南大门，是大北京经济圈战略实施与发展的紧密层。特别是涿州的西部地区与北京房山区零距离，且具有丰富的资源、优良的业态，在北京城南行动计划中具有很强的项目和产业承载能力。利用该区域现有优势，建设涿州西部新区，改善生态环境，优化资源配置，推动产业升级，借助北京城南大调整、大扩张的难得机遇，高度融入北京，与北京同城发展，是涿州市委、市政府新的发展战略和奋斗目标。

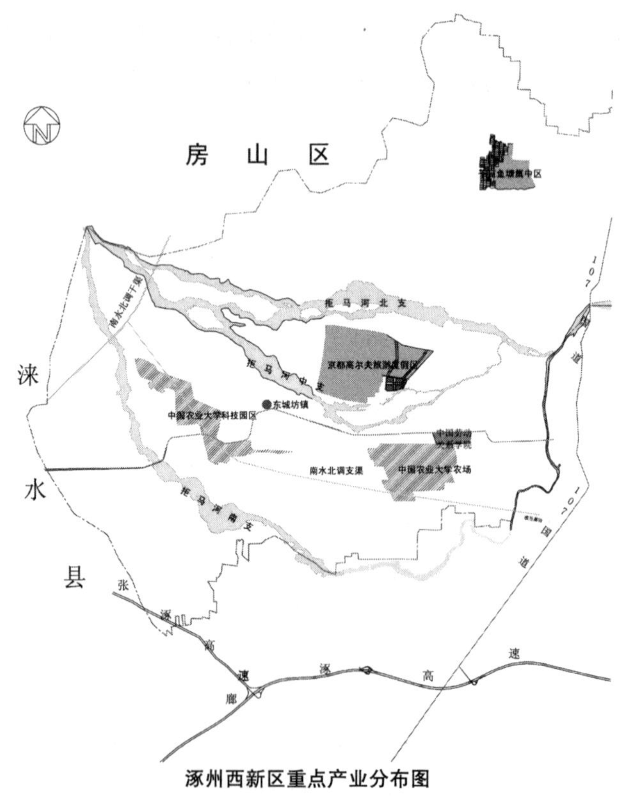

涿州西新区重点产业分布图

一、涿州西部新区发展概念的提出

北京城南行动计划的实施，是涿州发展进程中的一次历史性重大机遇。建设涿州西部新区，就是在北京城南行动计划提出和实施的大背景下所确定的，是涿州市委、市政府发展理念上的一次重大提升，是推动涿州实现崛起的全新发展理念。

涿州是河北省城乡一体化统筹发展试点市和扩权县（市），拥有统筹城乡发展的政策优势，有利于对西部地区进行政策、资源、要素的有效聚合，形成集聚效应，使各种政策、资源、要素找到自己发挥作用的平台和舞台。有利于从政策层面、产业层面、经济层面、城市发展层面引领西部地区释放更加广阔的发展空间。

涿州经济的迅猛发展，经济总量日益攀升，使得实现城市合理扩张、打造新的经济增长极成为必然要求，特别是我市西部已经具备了接受辐射、接受调整、接受扩张的资源、产业、人才、资本等必备要素，西部的发展和崛起势在必行。

涿州西部新区的建设和发展，将有效带动区域中心镇的发展，实现中心镇的壮大和扩张，加速产业集聚、人口聚合和财富集中，完成传统产业的不断整合、高端产业的不断集聚以及新兴产业的不断集中，为新一轮的发展创造更新更强的活力。这里必将成为大发展、快发展的热土，成为涿州经济和社会发展的聚焦点。

二、涿州西部发展的条件和优势

涿州西部新区总面积190平方公里，占全市总面积的四分之一强，总人口10.8万人，占全市总人口的17%。涿州西部新区的建设和发展，是涿州现阶段发展的客观体现和要求，具有其他周边地区不可比拟的客观条件和后发优势：

（一）地域广阔，资源丰富，来源广泛，政策灵活

涿州西部新区具有丰富的土地资源、雄厚的产业基础、良好的发展环境，这些基本条件足以支撑起西部的产业发展。一是涿州市是河北省扩权县（市），拥有“占补平衡、增减挂钩”的土地政策优势和产业发展优势；

二是涿州市是河北省城乡一体化统筹发展试点城市，按照涿州市委、市政府制定的“1个中心”、“5个组团”、“49个中心社区”的空间布局规划，通过未来对西部三个乡镇占地近30平方公里的78个村庄进行城乡一体化改造，可释放出20平方公里以上的土地资源用于项目建设开发和利用；三是经过对北拒马河流域涿州境内的“千河套”进行综合整治，形成生态涵养发展带，不仅可以成为供游人休闲、养生功能于一体的森林、湿地、绿地交相辉映的天然氧吧，而且可以成为创意产业发展的重要领地；四是现有的规划面积达14.5平方公里的中国农业大学省级科技示范园区和6.6平方公里的省级京都旅游度假区，可以提供设施观光农业项目开发、教育、科研和旅游休闲、体育健身项目的发展，并最终成为西部发展的最重要的基础和载体。

（二）业态突出，优势明显，基础雄厚，支撑力强

中国农业大学、京都高尔夫旅游度假区、中国劳动关系学院以及北京致远集团的“京南小镇”，都将是跨区域聚合资源，优化生产要素，实现项目和产业扩张的非常厚重而有效的资源——中国农业大学科技示范园区作为“学、科、研、产业”并举的优势集团，将带动西部农业产业化的快速转换升级、高知识经济体的涌入和科技项目的迅猛发展；京都高尔夫旅游度假区的建设和发展可吸引大量的高端人群和财富人群，推动休闲旅游产业的大力发展；中国劳动关系学院拥有的科技和人才资源将为西部区域创造和提供更加丰富的人才资源和智力支持；北京致远公司的“京南小镇”的建设和开发将支撑和带动起西部养老养生产业的快速兴起和迅猛发展。

（三）环境优美，生态良好，资源多样，开发方便

涿州西部，原生态环境优势明显，具有良好的开发利用空间和优势。北拒马河流域规划建设大型平原水库，改造形成数平方公里集森林、绿地、湿地于一体的生态涵养发展带，将使西部地区的森林覆盖率提高到40%以上，成为实至名归的天然休闲氧吧；蓄水而成的万亩水面，碧波万顷，水天一色，成为休憩避暑的乐园；素有“北方小江南”之称的稻谷之乡的万亩稻田，风吹稻浪，蛙声绵绵，令人陶醉和神怡；万亩桃林，果木林立，花团锦簇，鸟语花香，成为一大美丽景观；占地21600亩的中国农大科技示范园区的设施农业，集实验和采摘于一体，予人享受田园生活的美趣；南水北调地上河景观，碧水滔滔，成就郊游的绵绵遐想。可以说，涿州西部绿色生态产业的建设和发展，将会成为支撑各种产业和项目发展的重要的环境资源，成为创业者发展的理想之地。

三、西部新区的发展定位

西部新区的建设，是建设首都大经济圈机遇下的战略构想。西部新区的建设将以教育、旅游、休闲、养老为主的低碳产业发展为主线，成为面向北京的高端区域、释放潜力的带动区域，科学发展的引领区域，城乡统筹发展的先行区域。

涿州西部新区的建设和发展有基础、有机遇、有动力，在实现空间布局、土地利用、产业发展和智力资源的高度整合的过程中，使区域间的小资源变成大优势，承接北京城南行动计划实施中的强力辐射和带动，形成与北京相一致的资源的配置机制，统一规划、统一配置、统一协调，同步建设，同城发展。

涿州、北京是我们共同的家园，涿州西部是我们共同的热土，天然的地缘优势注定了我们必定水乳交融。高度融入北京，与首都同城发展，共享碧水蓝天，是我们的愿望和期盼，也是我们的责任和使命。

同时，我们也希望在下列方面达成与首都的共识：一是在制定和实施本行政区域发展战略时，体现出建设大北京经济圈的气魄和胸怀，打破行政区划概念，以博大的胸襟推动和带动周边地区的发展，使之同步规划、同步实施、同步发展，共享发展成果，共享盛世伟业；二是将北京城南行动计划作为与京津冀合作的重要门户通道，释放出更多的资源，实现资源的异地整合，跨区域配置，使局部资源变成整体资源，使小资源变成大优势，使有限的资源发挥无限的潜力，推动一体化发展；三是加强与地方在信息、技术、人才等方面的交流与合作，共享合作成果，共同谋求更大更广阔的发展空间。

作者：河北省涿州市政协法制提案联络科副科长

后 记

《第四届首都西南区域经济发展论坛论文集》在历时八个月的论文征集、两个月的整理编辑后，最终成书。全书共收入论文62篇，40余万字，分为市区县政府领导特约论文、永定河绿色生态发展带规划建设管理、首都西南区域经济发展方式转变与产业结构调整、首都西南区域城乡一体化发展与城镇化建设、首都西南生态涵养发展区建设和综合篇六部分。此书的编辑出版得到了西南五区政协、论文作者、各界人士和中国经济出版社及责任编辑王振岭先生的大力支持，在此，表示衷心感谢。

在整理编辑过程中，尽管我们做出了很大努力，但由于成书篇目和字数所限，加之时间仓促、经验不足，不妥之处和遗珠之憾在所难免，敬请谅解。对部分论文的某些删节，未及与作者沟通，亦请见谅。欢迎大家提出宝贵意见。

编 者

二〇一〇年十月